［新装・新訳版］

キッチン日記

J・クリシュナムルティとの1001回のランチ

マイケル・クローネン［著］／大野純一［訳］

The Kitchen Chronicles

1001 Lunches with J. Krishnamurti

Michael Krohnen

コスモス・ライブラリー

アーリヤ・ヴィハーラのベランダに佇むクリシュナムルティ
（1930 年代、カリフォルニア）

アーリヤ・ヴィハーラのパティオで
ランチをとっているクリシュナムルティ
（1977年、カリフォルニア）

パイン・コテージの前で微笑んでいるクリシュナムルティ
（1979年）［フリッツ・ウィルヘルム撮影］

オーク・グローブ校でイチジクの木を植えようとしているクリシュナムルティ
（1979年、カリフォルニア、オーハイ）［アール・スコット撮影］

フリッツ・ウィルヘルム、クリシュナムルティ，マイケル・クローネン
（1980 年、カリフォルニア、アーリヤ・ヴィハーラ）
［アシット・チャンドマル撮影］

サラル&デヴィッド・ボーム、クリシュナムルティ、マイケル・クローネン
（1981 年、アーリヤ・ヴィハーラ）［リタ・ザムペシ撮影］

訪問客と会食中のクリシュナムルティとププル・ジャヤカール、
（1985年、アーリヤ・ヴィハーラ）
［リタ・ザムペシ撮影］

夕方、マイケル・クローネンと散歩中のクリシュナムルティ
（1985年、インド、リシヴァレー）［スコット・フォーブス撮影］

パインコテージのクリシュナムルティの部屋から見た胡椒の木
（1983 年）［マイケル・クローネン撮影］

Anna dathu sukhi bhava

(May he who gives food be happy)

食べ物を施す者に幸いあれ

――インド人の食前食後の祈り

謝辞

著作は著者と彼の思想を空白のページまたはスクリーンの上に配合させる孤独な作業ですが、にもかかわらず出版の前、途中および後に多くの人々の協力を必要とします。この著作に関するかぎり、数年にわたって私は多くの友人から親切な助けや励ましを差し伸べていただきました。そして私は、その中の若干の名前しか挙げないことをご容赦くださるようお願いします。

私はまず、この上なく貴重な揺るぎない支援をしてくれたことに対する母への感謝から始めなければなりません。不幸にも彼女は、本書の完了を見ることなく、一九九五年七月に八十九才で他界しました。

とりわけ、第一稿から第二稿まで、私の朗読を注意深くかつ忍耐強く聴いてくれたメアリー・ジンバリストに心からの謝意を表します。彼女は私を激励してくれただけでなく、事実を正しく把握し、語調を整えることを大いに助けてくれました。

寛大で気心の知れた友であり続け、そして本書の重要性についての認識を共にしてくれたキャスリン・ハーンに深謝します。

フリードリッヒ・グローエから受けた援助と寛大な配慮は、言葉では言い表せないほどです。彼の揺るぎない友情と鼓舞、そして粘り強い励ましがなかったら、本書を完結させることは困難だったでしょう。

また、デヴィッド・ムーディーと彼の妻ヴィヴィエンヌの友情にお礼申し上げます。彼は私の最初の読者かつ編集者であり、進行中のこの著作のすべての側面について正直かつ貴重な助言を与えてくれたので、彼の行き届いたコメントなしには、本書がこの最終的な形で日の目を見ることはできなかったと思います。

同様に、多くの誤りを注意深く指摘し、構文の変更に関して優れた示唆をしてくれたレイ・マッコイに負うところが大でした。一方ならぬ仕方で助力してくれた彼の友情に深く感謝します。

私はまたトム・ヘッゲスタッドにも、エレクトロニクスに関する不明な点に悩んでいるときに快く救いの手を差し伸べてくれたことと、コンピュータに暗い友人と粘り強く付き合ってくれたことに対して感謝します。

さらにアランならびにヘレン・フッカーには、多くのランチ・メニューについて報告する努力の中心にある、十年余りに及ぶ最も稀有な協力と友情に対して謝意を表します。

マーク、アーシャ、そしてナンディーニ・リーには、決定的な瞬間に援助してくれただけでなく、永続的な愛情と理解の関係を続けてくれたことに対して、特別な謝意を表したいと思います。

単に熟練していて理解度が高いだけでなく、感受性の豊かな編集者に巡り会うことは稀有のことです。ステファンならびにウェンディ・スミスに深く感謝します。

ニコスならびにステファニア・ピラボア、ジュアンならびにマリア‐アンゼルス・コレル、バイロンならびにアリダ・アリソン、アイヴァン・バーコヴィックス、ドン・エヴァンス、サラ・クラウド、フランシス・マッカーン、およびベン・ケリーには、援助と友情に対して心からの謝意を述べないわけにはいきません。

また、リタ・ザンペースに対しては、素晴らしい写真を見せてくださっただけでなく、それらを本書中で使用することを許可してくれたことに対して、深くお礼申し上げます。

最後になりますが、ラシェル・フェルナンデスに私の愛と感謝を捧げます。


一九九六年四月、カリフォルニア、オーハイにて

マイケル・クローネン

キッチン日記　目次

第3部　完成の年月……187

断り書き

本書に記載されている対話は、大部分、クリシュナムルテイの考え方を述べるべく試みているが、彼の発言の逐語報告ではない。彼の講話からの短い引用以外は、記述された期間からの私の回想やメモに基づいて会話形式にしたものが主体となっている。

同様に、私はこの偉大な革命的思想家であり教師でもあった人物の面前にいるという気分や臨場感を再現すべく、詩的許容〔詩などで効果をあげるために用いる韻律・文法・論理上などの逸脱〕を適宜用いた。私が以下のような話を書いたのは、私が自然に他の人々と共にしたいと思った稀有で驚嘆すべき美しさを目の当たりにしたからに他ならない。私はまた、人間意識の道筋と歴史の中で重大な意義を持っている生――クリシュナムルティのそれ――を証言することが重要であると感じた。おまけに、友人ならびに他人から、クリシュナムルティのような人物と共に生き、そして仕事をすることはどのようなものだったのかと何度も訊ねられた。そして、とうとう、私はそれらの質問に対する、納得がいくと思われる答えを提供することができたと思っている。

最後に、私のメモや回想を集め、それらを年代順に配置したことは、私自身のためにもなった。それは私の人生の最も意義深い時期についてのより明瞭な知覚を私が得るのを助け、それがもたらす解放的作用は今までずっと私の日常生活に深い影響を与え続けてきた。

本書は、実のところ、Ｊ・クリシュナムルティの印象と彼との交流についてのきわめて主観的な記述ではあるが、記述された年代と様々な出来事は間違いなく真正のものであり、かつ事実に基づいている。

――マイケル・クローネン

著者のプロローグ

一九四三年秋にドイツのフランクフルト・アム・マインに近いアーンスティンという小さな町で私が生まれたとき、四年間も戦争が世界中で荒れ狂っており、形勢はしだいに侵略者側に不利になり始めていた。

戦争の余波を受けて成長したので、自然と自然の美は私にとって深い意味を帯びていた。日光を浴びて踊る丈の高い黄金色の草が茂った野原、青空を横切っていく白雲、木々の間を通過していく風、夜空にきらめく星は、私にとって人間が作り上げた世界とは異質の、より平和な次元の発見だった。物心がついたときから私は、目に見える世界の彼方にあるもの、究極の原因、聖なるものへの激しい好奇心を抱いていた。聖書の中の物語、ことに創世記の中の「創造」に魅了された。不幸にしてローマカトリックの司祭たちは、私の若い、だまされやすい精神の中に儀式や祈祷や教義ばかりをやたらに注ぎ込もうとしていた。間もなく私は、自分が、無知な魂を地獄行きから免れさせるために伝導師になることを欲していると信じ込んだ。

しかし、幸いにも、罪の意識が介入してきて、私は自分の中の自然の力とそれに伴う問いと疑いを経験し始めた。女性の肢体や少女たちが、不可解にも、突然魅惑的で誘惑的になった。目覚めていく私の性的衝動の快楽と苦痛は、私が制御することも理解することもできない異様な力だった。伝統的な説明はこの問題に対していかなる解明の光も投じてくれず、私の混乱を、道徳的な脅威と恐怖と罪悪感と相俟って、いたずらに募らせるだけであった。

より知的なレベルでは、歴史は同時に私に一つの教訓――われわれの最近の集合的な過去という教訓――を教えてくれた。私と私の同輩がアドルフ・ヒットラーと彼の狂った策謀に乗じた世代の子孫だったということを思い知らされることは異様なことだった。私が自分自身の目で強制収容所の戦慄すべき光景に満ちた映画を見たとき、ショックと涙が私の全存在を貫いた。私がその中で育ってきた、かつての誇り高き文化と社会がこんなことをしでかしたのであり、そして私の同胞は少なくとも無言の共犯者だったのだ。私が感じた恥辱感と罪悪感は慰めようがなかった——アウシュビッツ、ソビボル、トレブリンカがこうむった苦痛、かくも多大な苦しみをおのれ自身に与えてしまった人類への悲しみ。

社会によって、文化によって、宗教によって定められた目標と理想は、突然、私にとって無意味になった。読書、作詩、描画、吹笛、遠国への旅、異文化の発見——これらだけがなおも私にとって価値のある活動だった。

学士号を取得した後、私は、映画、漫画、西部劇で子供の頃から私を魅了していた〝機会とゴールデン・ドリームの国〟へ移住した。南カリフォルニアに腰を落ち着けてカレッジに通学したことが、新しい人生へのドアを開き、同時に真理探求への私の関心を燃え立たせた。人間の様々な宗教的表現を探査し始めるにつれて、私は無心の境地や豁然大悟を伴う禅を発見した。禅から、仏陀と苦の普遍性への彼の高貴な、解放をもたらす洞察までは一歩以下の距離だった。仏陀は、渇望、野心、執着の流れの向こうにある彼岸を指し示していた。

よりつかみどころがなかったのは〝タオ〟（道）の概念、言い表わされたり、名づけられたりするやいなや真のタオではなくなるというそれ、であった。努力なしに行為し、判断せずに見守り、出来事の流れから離れずにいることは、隠された宇宙の法則と調和することであった。『易経』(The Book of Changes) という古代中国の占筮《せんぜい》の書物は、単純な直線的符号を用いて変化の法則を表現した。陰陽二つの元素の対立と統合により、森羅万象の変化法則を説くことによって、それは自己知（self-knowledge）と正しい行為を指し示した。

インドからは、個人の精神と宇宙の精神は一体であるという、ヴェーダとウパニシャッドの知恵がもたらされた。この事実を悟ることは、マーヤ、すなわちすべてを覆っている錯覚のヴェールからの解放をもたらす。

人間による聖なるものの探求のテキスト——ユダヤ教の伝統、スーフィー教、ファラオの時代のエジプト人、キリスト教の神秘家、等々――を読み、そして調べていくうちに、これらの異なった表現の間の類似性に興味をそそられるようになった。しかし私は懐疑的でもあった。それらはすべて、生の神秘ないし謎への元々の洞察に基づいており、それをそれぞれが属している歴史的時間の言葉とイメージで伝えているように思われた。けれども同時に、何か本質的なものが欠けているようにも思われた。多分それは、時間の経過――二十世紀に生きている私を仏陀、ソクラテス、ピタゴラス、孔子、マイスター・エックハルトから引き離している、とてつもなく大きな時間的隔たり――と関係があったのだ。たとえ本質においては同じことを示唆していたとしても、彼らの各々は、彼自身の時間に、彼自身の文化的背景から、彼自身の言語で、彼の時代の人々に話しかけていたのである。彼らの中の誰も二度の世界大戦、強制収容所、月面着陸について何も知らず、電話も飛行機も車も、テレビもコンピュータも電子メールも、さらに現代の生とそのとてつもなく大きな複雑さを構成している、他の多種多様な工業技術的装置のことも知らなかったのだ。

一九六六年、カリフォルニアのサンディエゴでのある運命的な朝、私はJ・クリシュナムルティという人物と彼の静かな精神の哲学についての一冊の本に出くわした。好奇心をそそられた私はそれを精読し、そして彼の哲学についての解釈よりはむしろ、逐語的な引用文に魅きつけられた。彼の言葉は私の精神の中の琴線に触れ、深い、持続的な感動を起こさせた。すぐに私は彼によって書かれた数冊の本を見つけ出し、そしてただちに、ここには理性の声、私が今まで一度も聞いたことがない、人間の状態への透徹した洞察の声があることに気づいた。信念体系、方法、解釈を提供することなく、彼は人類全体が置かれている状況を明解かつ単純な言語で正確に述べ、宗教的、国家的組織の破壊性を指摘した。彼は、あらゆる人が真理を自分自身の力で、自分自身のために見出すよう促し、彼自身のそれも含めて、いかなる種類の霊的または宗教的権威も否定した。

彼は、新しい、包括的《ホリスティック》なものの見方を提供することに加えて、私が漠然と感じ、思いあぐねていたことを明確な言葉で描いていた。彼の著作に出会ったことは貴重な宝石を発見したようなもので、また彼が言ったことは完全に私を震撼させた。そこで、この人物について見つけ出しうるすべてを見つけ出し、もしまだ彼が存命しているなら、ぜひ探し出して、会ってみることに決心した。

私は、彼がまだ生きており、世界の様々な場所で講話を行なっていることを知った。しかし彼の所在を正確に突き止めたのは一九七〇年十二月になってからだった。私は旧友のスンニャータに会うためにインドへ旅立った。彼は、チベットとネパールの国境に近いウッタル・プラデーシュ州にある、雪をかぶったヒマラヤ連峰が見えるアルモラに住んでいた。私が彼に熱心にクリシュナムルティについて語ると、彼は何年も前にラホールでクリシュナムルティに会ったことがあると話した。そして彼がインド・クリシュナムルティ財団から最近受け取った、自分の祖国でのクリシュナムルティの講話日程通知を見せてくれたとき、私の興奮は募った。彼の次回の連続講話がマドラスで催されることを知ると、私を引き留めるものは何もなくなった。十二時間バスに乗ってニューデリーに到着した私は、私を待ち受けているマドラスまで、さらに六十時間の汽車の旅に乗り出した。私は、彼の講話を聞くのに間に合うことだけを望んでいた。

一九七一年一月十四日にマドラスに着くやいなや、私は、クリシュナムルティの講話があると聞かされていたグリーンウェイズロードに速やかに直行した。私に応対してくれた女性は、残念ながら、昨日行なわれた三回目の最後の講話に私が間に合わなかったと知らせた。一瞬、私は打ちのめされた。すると彼女は、もし私が望むなら、明日、クリシュナムルティが小人数の若者のグループとすることになっている対話に参加したらどうかと、もの静かに示唆してくれた。私は元気づけられ、私の心は舞い上がった。

翌朝、現代人のために最も並外れた自由のメッセージを宣言していると私が感じている人物に会うことを待ち望みつつ、私はグリーンウェイズロードの外れにある家までオート・リクシャー〔三輪タクシー〕に乗って出かけていった。

第1部　道なき土地への導き

自由とは、誰かに指示されたり、
罰を恐れたり、報いを求めたりせずに行なう
純粋な観察のことである。
自由には動機がない。
自由は人間の進化の果てにではなく、
彼の存在の第一歩にある。

（J・クリシュナムルティ「教えの中核」）

第1章　最初の数歩

彼は静まりかえった部屋にそっと入ってきた。ゆるやかなインド服をまとった彼は、床に坐っている誰かの足を踏まないように気をつけながら、壁ぞいにきわめて慎重に歩を進めた。冷静沈着で威厳のある態度だったが、日当たりのいい大きな部屋の一隅にある空いた席に近づいていくときの彼は、控えめで、ほとんど内気であるように見えた。が、いったん小さな敷物の上に足を組んで坐ると、彼は両目を正面に向け、彼に対坐して待ちもうけている四、五十名の若者たちの凝視をそっくり受けとめた。彼らのほとんどは、クリシュナムルティと同じように明るい色のゆるやかな衣服をまとい、熱心で尊敬の念を抱いているように思われた。

私は内面に静かな喜悦の念がわき起こるのを感じた。状況がうまく運んでくれたおかげで、ここ数年にわたり私の考え方を鼓舞し続けてくれた人物にとうとう巡り会うことができたのだ。私の眼前に生身の彼、なだらかな白髪を戴いた、七十代半ばの、美しい、整った目鼻立ちの彼がいた。彼は、喜びをたたえ、きらきらとした、大きな鏡のような目で、目の前にいる一群の若い男女を静かに見つめていた。何枚かの写真で彼の顔を見たことはあったが、それが実際に表わしている若々しい溌剌さ、および威厳と開放性の組み合わせに私は驚嘆させられた。

彼は急いで話し始めようとしているようには思われず、むしろそれぞれの顔を順に見つめるための時間をかけていた。われわれの目が会ったとき、あたかもわれわれの間に突然エネルギーの流れが走ったかのような衝撃を私は感じた。私は、集団の外縁に坐っていた、五十名の中の一人にすぎなかったが、その短い視線の接触はとてつもなく直接的な衝撃を与えた。

部屋の中の静寂はますます深まっていき、時計の時間では一、二分以上続かなかったにもかかわらず、ほとんど触知できるほどになった。が、それは重苦しい感じではなかった。私は、むしろ、それを心地よい静けさ、その中で静かに私自身、私の身体とその動き、私のまわりの人々、外の街路からの騒音、そして私の絶え間ない思考活動に気づく、そういう静けさとして経験した。しかし、とりわけ、一隅に坐ってわれわれを熱心に、けれどもユーモアのセンスと共にじっと見つめている人物に私は気づいていた。私は、彼の身体が、少年のそれのように、いかに小柄で繊細か、そして彼の存在の微妙な力が、一言も発することなく、いかにそれ自体を浸透させているかに驚嘆した。

とうとう彼は沈黙を破ってこう訊ねた。「今朝はどんな話をしたらいいでしょう?」

一瞬の躊躇の後、彼から一、二メートルほど離れた所に坐っていたインド人の若者が言った。「あなたは『あなたは世界であり、世界はあなただ』と言っておられますが、それはどういう意味なのですか?」

緑色の絹のサリーをまとった西洋人の女性が別の提案をした。「宗教的な精神の性質について論議したらいかがでしょう?」

クリシュナムルティは質問者たちに注意深く耳を傾けていた。そして、他の誰もさらなる提案をしなかったとき、彼はこう訊ねた。「まず初めに宗教的な精神を探求しましょうか? それから別の質問にも立ち入ることにしましょう。それでよろしいですか?」

グループの間から熱心なうなずきと同意のつぶやきが発せられた。皮切りに彼は、これからすることは、誰もが参加すべき対話であり、そして彼は権威ではないと強調した。対話が展開していくにつれて参加者の数は多くなり、活発な意見のやりとりが続いた。しかし彼は「宗教とは何なのでしょう? そして〝探求する〟とはどういう意味なのでしょう?」等々の根本的かつ単純な質問をし、探求の焦点を元々の質問に合わせ、そしてみんなが一緒に、ゆっくりと慎重に進んでいくように促した。

それから突然、彼はわれわれに、いま論議していることに観念的にではなく、現実的に直面するよう熱心に懇願した。「どうかお聴きなさい。私たちは生あるいは存在のちっぽけな一隅ではなく、その全部を理解することに関心があるのです。自分たちの日常生活の中で、毎日実際に生きていく中で、何が真理なのかを自分自身の力で見出し、発見しなければならないのです。」

私は、理論化や抽象的な推測からかけ離れた、彼の取り組み方の単純な直接性と実際性によって感動させられた。どんな答えも彼を満足させず、どんな結論も受け入れられなかった。ある時点で彼は、歴史を通じてずっと組織化された宗教が人類を分離し、言うに言われぬ葛藤と苦しみを引き起こしてきたという事実に注意を向けさせて、対話を中断させ、そしていたずらっぽい微笑が彼の顔一面に浮かんだ。

彼は不意に「皆さんにちょっとしたジョークを披露させていただいていいでしょうか?」とさしはさんだ。「すでに聞いたことがある人もおられるかもしれませんが、どうか退屈なさらないでください。悪魔と彼の友人が散歩していると、前方で一人の男が屈み込んで、何かきらきらするものを地面から拾い上げているのが見えます。彼は嬉しそうにそれを見つめ、ポケットにしまい込み、そして立ち去ります。『あの男は、彼をあれほど一変させるような何を見つけたのだろう?』すると悪魔が答えます。「実は、彼は一片の真理を見つけたのだ。』『なんだって!』と彼の友人が叫びます。『それは君にとってはさぞかし厄介なことになるにちがいない。』『いや、少しも。』と悪魔は薄笑いを浮かべて答えます。『私は彼がそれを組織化するのを手助けしてやるのだ。』」[原註1]

このジョークを語っている間、彼は話し上手のそれらのような物腰と仕草をし、物語の細部を味わい、そして〝落ち〟のところで、われわれをどっと起こる笑いの渦へと容易に引き込んだ。深い真剣さを主張し、人間存在の永遠の問題を探査している人物が、ジョークを言い、一連の解放させる笑いを共にする自由を持っているというのは、とてつもないことだと私は思った。

「私は多くのジョークを知っています。ただし上品なジョークです、下品なジョークではなく。」笑いさざめきが静まるのを待って、彼はふと思いついたように言い添えた。「笑いは真面目さの一部です。そうではありませんか？　自分自身を本当に笑い飛ばすこと、自分自身を大いなる明晰さと真剣さをもって、けれども笑いを忘れずに見つめることができること……」

私は生き生きした対話の流れに、くつろぎと気楽さとおのずから伝わってくる深さの感覚に驚嘆しつつ、募りゆく熱情とともについていった。私はこのすべてに対してまったくの新参者ではあったが、まわりのあらゆる人、特にクリシュナムルティと、深く関わり合っていると感じた。このような種類のグループ対話に参加したことがなかった私は、その状況の新しさを感知し、〝全体性〟と述べられるのかもしれない何かを思いがけず一瞥して、思わず身震いした。われわれの日常生活を探求する上での大いなる自由は爽快であった。この瞬間まで私は、グループと話し手との間の意味の流れに顕著な寄与をすることを切望していたにもかかわらず、部分的にははにかみから、部分的には力量不足感から、一言も発しなかった。

ちょうどそのときクリシュナムルティは、強調するための両手の仕草を交えながら、こう言った。「苦しみと葛藤があるかぎり、英知はありえません。ではあなたは、まったく葛藤なしに生きることができるでしょうか？　どのようにしてそれをもたらしたらいいか、考えたことがありますか？」

私の脳が相槌を打った。私は答えがわかり、そしてさらに熟考することなく、出し抜けに言い出した。「瞑想によって、です。」

会話に積極的に参加しようとして発した自分自身の声が聞こえてきたが、それは奇妙な感覚だった。短い間合いに、私は自分自身の声の響きを聞き、自分の言葉ががらんとした空間に宙吊りになっているのを見た。クリシュナムルティの凝視が私の上に集中した。洋服を着込み、グループの中の誰よりも背の高い私を、彼は容易に見分けることができたであろう。彼の鋭い視線は柔らぎ、頭はほんの少し傾き、そして「いや、ちがいます、ダーリン！」とややおおらかに彼が言ったとき、彼の顔一面に笑みが浮かんだ。

一瞬、私は何かの聞き間違いかと思ったが、やがてそれは徐々に、確実に心にしみ込んできた。彼は本当に間違いなく私を「ダーリン」と呼んだのだ。これをどう受けとめるかについて、私の気持ちは二つに分かれたが、それから私はそれを肯定的かつ個人的な意味で受け入れる方を選んだ。私の意見が拒否されたということは、ほとんど問題ではないように思われた。親愛の情を示された結果として私は感情の高ぶりを経験したが、いったんそれをある程度抑えることができた後は、私は、進行中であった葛藤のルーツへの探求に集中した。

「いかなる比較も、いかなる適合もないとき、葛藤は消えてなくなります。そして生は英知——君たちのものでも私のものでもないそれ——に他ならなくなるのです。単にそうなるのです。」そしてクリシュナムルティは言った。「葛藤のない精神だけが宗教的な精神なのです。」

私が彼の言葉、彼の声の調子に傾聴していくにつれて、彼が言うあらゆることがとてつもない真理、真実在のとてつもなく正確な記述であるように思われてきた——「言葉はそれが指し示すもの自体ではありません、記述はそれが述べ示すもの自体ではないのです。」と、再三にわたり彼が指摘しているにもかかわらず。それはあたかも私の精神の中のドアがこじ開けられ、そしてあっと息をのむほど美しい、広大で果てしない風景を見つめているかのようであった。

「そして私が自分は世界であり、それから別にあるのではないということを悟るとき、私が自分の恐怖を観察して、それから自由になることができるとき、多分、瞑想がドアを開くことでしょう。」彼の言葉はまわりの空気と共鳴して、厳かな詠唱のように響いた。

全員が完全に沈黙した。陽光が部屋中に流れ込み、無数のほこりがその中で舞い、そしてそこには一体感があった。一瞬の間、時間と空間の区別があいまいになり、あたかもあらゆる場所がここにあり、カチカチという時計の一秒一秒が今あるかのようであった。私が誰であり、どこにいるのか判然としなくなり、私は自分自身が内面、自分自身の精神の中を見つめていることに気づいたが、しかしそれは記憶の貯蔵庫へと向かう習慣的なそれとは異なった仕方でであった。それは新鮮で、とてつもなく新しく、そして生き生きとしていた。

私が目を上げると、クリシュナムルティは、まるで全員をまるごと受け容れるかのように、われわれを見つめていた。それから彼は無言のまま合掌し、〝ハロー〟や〝グッドバイ〟に相当する、祈りに似たヒンディー（サンスクリット）語の〝ナマステ〟の挨拶をした。これに対してグループの全員が返礼した。しかし誰も立ち上がろうとしなかったとき、彼はすぐそばにいた何人かに目配せして、「どうか起立していただけますか？」と低い声で言った。

私のまわりの人々が立ち上がりつつある間、私は時計を見ていささか驚いた。われわれの対話はほぼ二時間も続いていたのに、少しも時間が経っていないように思われたのだ。私は、立ち上がるまでにいささか苦労した。しばしば位置を変えたにもかかわらず、両足がすっかりしびれていたので、真っ直ぐに立ち上がろうともがく間、鋭い、刺すような痛みを覚えた。が、私の注意は身体の苦痛にはさほど向かわなかった。私は、依然として、数人の若者たちと言葉を交わしているクリシュナムルティによって魅了されていた。彼の歩き方や身振りは優雅だった。年齢にもかかわらず彼の容姿は輝いていた。そして、すべての点で彼は非凡な人間、まるで王侯のように思われた。

色あでやかな絹のサリーをまとった二人の若いインド人女性が彼に近づき、二、三言葉を交わした後、三人とも揃つて隣接した部屋につかつかと入っていき、背後にある木製のドアを閉めた。

人々が右に左に立ち去っていくのを眺めながら、家の階段のところで靴を履いていると、対話の芳香がまだ私のそばに漂っていた。それはあたかも私の脳の中に光が点されたかのようであった、または、もっとましな言い方をすれば、あたかも私の五官が磨かれて、光が入り込むことができるようになったかのようであった。その日の残り中ずっと、私は不可解な軽やかさと歓喜を感じ、そして喧噪と混乱を伴った周囲の世界についての私の知覚は、不思議なことに、悩みや自己関心によって妨げられることはなかった。

私は自分がもっと多くのことを欲しているのを知った。彼の講話をもっと聞くことを欲した。彼との個人的な接触をもっと持つことを欲した。ある意味で、それは恋しているような感じであった——人としてのクリシュナムルティにだけではなく、また彼が言ったことに、自由についての彼の解放させるメッセージに、そして明晰さに。

グリーンウェイズ・ロードからやや離れたところにある居宅で、私は、クリシュナムルティが翌日の午後、インド工科大学で公開講話を行なうということを知った。指定された時間の一時間前に、私は心地よい緑地の中にある大学のキャンパスまで行くため、そこらじゅうにいる小さなオート・リクシャー［三輪タクシー］のうちの一台を呼んだ。階段式座席のある野天の大集会場は人々であふれていた。二千名はいたと思われるが、大半は学生だった。

クリシュナムルティがステージの上に現われたとき、おしゃべりは静まり、全員が彼に注意を向けた。彼は超然とし、前日の小グループでの会合のときよりずっといかめしいように思われた。人々が彼らの人生をその中に陥らせている混乱について、彼の前にいた人々に直接、面と向かって辛辣に指摘したあと、一転して、いともたやすく彼は聴衆とのより和合的な雰囲気をかもし出していった。選択の余地のない状況を例証するため、彼は次のようにジョークを飛ばすことによって、一服のユーモアを注入した。「それは、妊娠している妻が出産寸前になっているときの夫のようなものです。彼らが病院に到着すると、夫は妻にこう訊ねます。『ダーリン、おまえは本当にこんなひどい目にあいたいと思っていたのかい？』」

笑いの波が聴衆を通り抜けた。「一緒に笑うことができることは良いことです」と彼は評した。「良質のジョークを聞いて笑い――そして私たち自身を笑い飛ばすこと――は良いことです。私たちが自分の心の中にあまりにも多くの涙を溜め込んでいるからです。あまりにも多くの不幸があるのです。」

彼が多数の聴衆の前で話しているのを聞くことは、熟練したアーティストが彼の言葉で人間の〈サイキ〉[訳註1]のパノラマ的な絵を描いて、われわれの意識のシスティーナ礼拝堂を示している[訳註2]ところを見守るようなものである。より大きな集会形式は、当然、私が彼との最初の直接的な接触中に経験したような温かさと親和感は減じていたが、しかしそれは彼の言葉のインパクトを低減することはなかった。彼は明らかに聴衆たちの心に迫り、一緒に参加しているという気持ちを再三再四喚起していたが、しかし相互のやりとりを伴う対話には携わっていなかった。彼は人間の状態への彼の洞察を非常に直接的に提供した。この洞察の簡潔さと美しさは、蓄積されてきた過去の信念と教義を脇にのけて、自分の実際の日常生活を新たに見つめ直す気のある誰もがそれに近づくことを可能にした。

講話の後、私は離散していく数千名の人々の間にいた二人の旧友にぱったり出会った。私は思いがけない出会いに喜んだが、彼らから戦争前にクリシュナムルティが創立した中学校のあるリシヴァレーで近々行なわれる講話のことを聞いたとき、興奮が一層高まった。そこはマドラスから内陸に向けて三百マイルも離れていて、辿り着きにくいので、彼らは私に彼らの車、中古の英国製ステーションワゴン、に一緒に乗って行くよう誘ってくれた。

他の選択肢は何もなかったので、私はそれに喜んで応じた。ヒマラヤからマドラスまでずっとわが心に従ってきた私は、ものごとが自ずから正しい方向に動きだしたように思った。私の側からあまり干渉せずに出来事が展開するままにさせておきさえすれば、クリシュナムルティからより多くのことを聴けるようになるかもしれない。それが何よりも私が望んだことであった。

[原註1] このジョークの元々のバージョンは、「真理は道なき土地である」で始まる、一九二九年八月にオランダのオーメンでおこなわれた〈星の教団〉解散宣言の冒頭で語られたものである。大幅に修正されたバージョンが *Krishunamurti to Himself* (London & New York, 1985)(邦訳『最後の日記』高橋重敏訳、平河出版社、一九九二年)の一九八三年四月二十三日の箇所に出ている。最後のバージョンは一九八四年八月二十八日のブロックウッドでの第一回質疑応答集会中にクリシュナムルティ自身によって述べられたもので、自分で〝考え出した〟ものであることを明らかにしている。

[訳註1] psyche：意識的・無意識的精神生活の全体。

[訳註2] システィーナ礼拝堂 (Cappella Sistina)：ローマ教皇の公邸であるバチカン宮殿にある礼拝堂。サン・ピエトロ大聖堂北隣に位置するその建物とともに、ミケランジェロ、ボッティチェッリ、ペルジーノ、ピントゥリッキオら、盛期ルネサンスを代表する芸術家たちが内装に描いた数々の装飾絵画作品で世界的に有名な礼拝堂である。ローマ教皇を選出するコンクラーヴェが開催される場所として広く知られている。(Wikipedia)

愛は死と同じくらい真実で強い。
それは想像や感傷や空想とは無関係であり、
そして当然ながら、それは
権勢、地位、威信とも無関係である。
それは海水と同じくらい静かで、
海と同じくらい力強い。
それは満々として、初めも終りもなく、
果てしなく流れ続ける川の水のようである。

（J・クリシュナムルティ『最後の日記』）

第2章　友情の始まり

リシヴァレーは、痩せた丘陵、奇岩群、巨大な丸石の風景の真ん中にあるオアシス、緑豊かな場所である。何世紀もの樹齢のバンヤン、マンゴー、タマリンドがキャンパスに日陰を作り、植民地風の家屋の側面を紫や紅のブーゲンビリヤが一連の小さな滝の流れのようにおおっている。実にうっとりとさせる場所である。

われわれの到着後間もなく、クリシュナムルティがリシヴァレー校の生徒や教師に講話を行なう予定になっていた。嬉しいことに、われわれを含む訪問客もまた招待された。大きな講堂にいる数百名の生徒やいかめしい表情の教師たちにわれわれが加わったときは、お祭り気分になっていた。四方がすべて空けっぱなしになっている建物の一隅に、カラフルな敷物でおおわれた低い演壇があった。そのまわりにはいくつかの植木鉢が置かれており、台座上のマイクスタンドは、ラウドスピーカーと録音装置付きのテーブルに接続されていた。

クリシュナムルティが入場してきたとき、私は再び彼の小柄な体躯によって印象づけられた。彼のゆったりした着衣が彼の小柄さを目立たせており、それは私の精神の中で彼が占めている巨大さと鋭い対比を成していた。演壇に近づいてく途中で彼は聴衆の方に顔を向け、〝ナマステ〟の挨拶をした。教師と生徒が一斉に同じ尊敬の仕草で答礼したとき、群衆の興奮したざわめきが不意に止まった。

クリシュナムルティはサンダルを脱ぎ、ゆっくりと注意深く壇上に登った後、足を組んで坐った。彼が聴衆の方に顔を向けると、軽い笑みが唇のまわりに浮かび、そして再び彼は〝ナマステ〟の挨拶をした。再び、全員が無言のまま同じ仕草をした。彼の視線は、彼の方に向けられた、期待に満ちた多数の若い顔全部の上に注がれた。皮切りに「何について話しましょうか？」と彼が問いかけたとき、彼の顔は嬉しそうに微笑んだ。少し間を置いた後、数名の男子および女子生徒が可愛いらしい声で簡単な質問をした。「神様って何なのですか？」「なぜ私たちは教育されているのですか？」「なぜ先生の言うことに従わなければならないのですか？」

クリシュナムルティは優しく質問に答えた。そして精神がまだ新鮮で、生計や就職の圧力によって比較的妨げられていない若い生徒たちとの言葉のやりとりを楽しんでいた。そこには抑制されていない率直さの雰囲気があり、それが時々起こる嬉々とした笑い声によって生き生きとさせられていた。ある時点で、満面に笑みを浮かべながら彼は叫んだ。「祖母が亡くなったこと以上に嬉しいことは、今までなかった。」が、古い諺《ことわざ》が容易に誤解される可能性があることに気づいて、彼は「本当にそう思っているのではありませんが。」と言うことによって、すぐに自己修正を施した。

私は講堂の最後部の席に坐って、黒い髪の多数の頭を見下ろしている、演壇上の人物を観察していた。そして彼が言っていることによってだけでなく、また彼の声の調子によっても夢中にさせられていた。太くて低く、そして朗々たるそれは、時にはほとんど女性的な抑揚とともに、より高いオクターブまで上がった。彼は一定の言葉の構成音（文字）を落とす[訳註1]傾向があり、それが彼の話し方に顕著に英国風の性格を付与していた。

そこには五百名以上の人々がいたが、私は彼が私の特定の関心事や問題を取り上げて、直接私に向かって話しかけているように感じた。それは薄気味が悪かった。率直な精神と心で彼が言っていることに耳を傾けているうちに、私にとっては未知の、新しい結合感、大いなる軽やかさと歓びの感覚が起こってきた。

講話が終りに近づいた頃、彼は言った。「数分間、黙ったまま静かに坐っていましょうか？」それはあたかも彼が合図を送ったかのようであった。誰もが――床の上に足を組んで坐り、講話の間中そわそわしていた若い生徒たちさえ――急に凍りついたように動かなくなった。一、二分間共にされた沈黙の後、彼は両手を上げて〝ナマステ〟の挨拶をしたが、それは明らかに、生徒たちが一斉に立ち上がり、わいわいおしゃべりしながら四散していいという合図だった。

私は自分のまわりの突然の動きのさなかで、うっとりしたまま今までいた場所に坐っていた。静かに見まわすと、私は自分が明るい、色鮮やかな光景に取り囲まれていることに気づいた。きらきらする羽衣を纏った鳥たちが飛びまわっており、この上なく優美な花々が咲き乱れていた。自然が私自身の中にさえ力強く遍在しているように思われた。

立ち上がったとき、私は背後の方に数名の人々が居残り、クリシュナムルティを取り巻いているのに気づいた。その中の一人と愛想よく二、三の言葉を交わした後、彼は隣の人の方を向き、欧米風に握手をした。

私は、虚ろな精神で静かに立ったまま、そうしたやりとりを二十メートルほど離れたところからもの欲しげに見守っていた。突然、クリシュナムルティは、一人きりで立っている私を認めた。一瞬のためらいもなく、彼は話を交わしていた相手から離れ、私がいる所へ大股で近づいてきた。親しみの込もった笑顔で彼は手を差し延べ、そして無言のまままわれわれは握手した。

この思いがけない出会いの衝撃は私を唖然とさせた。彼もまた一言も発しなかった。長いように思われた静寂の間合いの後、何か言うべきだという社会的慣習の衝動が私を捉えた。しかし強く心に訴えるような言葉は何も思い浮かばなかった。私が口に出すことができた唯一の言葉は、この謙虚な人物への、何か根本的に新しいものについての観点を与えてくれたことに対する感謝の気持ちから出てきた。

私は口ごもりながら言った。「ありがとうございました。先生、ありがとうございました。」

彼は、快活な笑みを浮かべながら、私について訊ねた。

「どちらからいらしたのですか？」

私は答えた。「元々はドイツ生まれですが、ここ数年間はアメリカのカリフォルニアに住んでいます。」

「あー、カリフォルニアですか。私も時々そこへ出かけます。」

その瞬間私は、最近読んで感銘を受けた、若き日のクリシュナムルティにより書かれた数首の詩を思い出した。私は自分のことを勝手に詩人だと思っていたので、これは詩について語るための絶好の瞬間かもしれないと思った。そこで私は彼に訊ねた。「私は何年も前にあなたが書いた詩のいくつかを読み、そしてそれらを堪能させていただきました。あなたは今でも詩を書いていらっしゃるのですか？」

それはあたかも私が一本の神経に触れたか、またはわれわれが運動していた場の構造を変えてしまったかのようであった。彼は私から退いているように思われ、そして突然、超然とした雰囲気が彼を包んでしまった。「すみません、忘れてしまいました。」そう、よそよそしく答え、素早く握手した後、彼は歩き去っていった。

私は彼の行動によって動揺させられることはなかったが、それによって少々面食らわされた。この非凡な人物に近づけば近づくほど、ますます私は好奇心をそそらされた。それは一輪の薔薇の花をより子細に見つめていくうちに、その花弁の細部、その色の深さ、そしてその香りがますます明らかになっていくのに似ていた。


数日後、昼下がりの日光を浴びているキャンパスの並木道をぶらぶら散歩していたとき、私は学校の校長に出会った。彼は、はげ上がった頭と鋭い目を持った痩せた人で、洋服を着ていた。親しみのこもった挨拶の後、彼は私がクリシュナムルティと一対一で話し合うことができないか、問い合わせたかどうか訊ねた。実は、私はその朝、クリシュナムルティが今でも個人的会見をしているかどうか、学校の教師の一人に訊ねていた。それは何げなしの問い合わせで、緊急の願いでも、私の側の実際の意図を込めてのものでもなかった。だから、それが学校のトップに迅速に伝えられたことを発見して、かなり驚いた。校長は、二十分以内に、私がクリシュナムルティの自宅で彼に会えると話してくれた。このような思いがけない出来事のために身なりを整えるべく、私は興奮して、大急ぎで部屋に戻った。自分が最近書いた二首の詩を思い出して、それらをクリシュナムルティに捧げるための絶好の機会が訪れたのかもしれないと思った。

私は彼の家に向かった。それは二階家で、異国風の樹木で囲まれていたが、その中の一本は美しい、紅い花々をつけた豪州梧桐《あいぎり》（flame-tree）であった。誰も私が来るのを待ち受けてくれていないように思われた。私は内気になり、やや不安を感じ、まるで静かな聖域への闖入者であるかのように思った。私は一階のドアの一つをノックした。すると、親切そうな表情をしたインド女性がそれを開けてくれた。私は彼女にクリシュナムルティと面会する予約を取ってある旨を告げた。一瞬躊躇して、彼女は彼が休んでいるかもしれないと答えた。私は、この会見は校長によって取り決められたものだとおだやかに主張した。典型的なインド風の仕草で、彼女は私に待つように言い、様子を伺うため二階に登っていった。

暑い昼下がりの、そこら中を領している静けさの中で階段の下に立っていると、私は真空の中に宙吊りになり、その中では時間の通常の経過がまったく停止しているように感じた。自分の思考過程がのろのろとし、途切れがちになっていくにつれて、大きな静寂が私を包み込んでいった。なぜ自分はここにいるのだろうと自問した。クリシュナムルティに会うことから何を期待しているのだろう？　彼に訊ねてみたい特定の質問があるわけでもなかった。彼は講話の中で私の関心事に充分に答えてくれていた。同時に私は、彼の日常生活ではどんな様子なのかに言いようのないほどの好奇心をそそられていた。多分私が望んでいたことのすべては、彼の面前にいるということだったのだ。

上の方から足を引きずって歩いているような音がした。見上げると、クリシュナムルティが素足で、慎重に測られた歩調で階段を降りてくるのが見えた。一対のサンダルに足をすべり込ませた後、彼は私の方を向き、われわれは互いに〝ナマステ〟の挨拶を交わした。彼は寡黙で、心ここにあらずというような表情であった。彼のよく整った、彫りの深い顔は、澄み切った、無関心な静けさをたたえていた。彼は一言も発しなかったが、しかしただそこに立ったまま、私が先に動くか、何かを言うか、または多分言わないかをただ待っていた。

私の脳細胞は何か意味のある文言を組み立てるべくもがいていた。咳払いをしてから、私はたどたどしく言った。「先生、私は……いろいろなことで……あなたに感謝したかったのです。つまり、あなたの本を読ませてもらいました。素晴らしいことを書いていらっしゃる。つまり、真実のことを。が、今こうしてお会いし、実際にあなたの声を聞き、それを実際に経験させていただけて、……それは言葉を超えているのですが……。そして……」

彼は心を鎮静させるような仕草をし、そして彼の声は夜明けの湖のように静かだった。「そうですか、とてもよかったです。」

私は後に付いたポケットから二枚の紙を取り出して、彼に手渡した。「ごめんなさい、」私は口ごもった。「これらは私が最近書いた二首の詩です。これらをあなたに捧げたいのです。」それらに目を向けることなく彼が紙を受け取ったとき、彼の顔一面にさっと笑みが浮かんだ。かわりに彼は、普通ではない、焦点の合っていない仕方で私をじっと見つめた――まるで、空間の中にある形よりはむしろ、私のまわりの空間を見ているかのように。

私は押し黙った。数瞬後、それ以上の質問を私が持っていないことが明らかになったとき、彼はただこう言った。「けっこうです。明日またお会いしましょう。」そう言うと、束ねた紙を脇にかかえて、〝ナマステ〟

のさよならをして、サンダルを注意深く踊り場の上に揃えた後、階段を登っていった。

私が物思わしげにぶらりと歩き出したとき、私は、実は、彼の昼寝の邪魔をしたのかもしれないという思いが浮かんだ。たとえそうであっても、この短い出会いによって、私の気分は高揚させられざるをえなかった。

私の決心はこのときまでにすっかり固まっていた。私はできるかぎり彼の行き先についていって、彼の講話を聴こうと決心していた。隠れたいかなる動機もなしに、いかなる教義や伝統に訴えることもなしに、真理を語る誰かに出会ったことは大いなる特権であり、滅多にない幸運であった。私は定期的に彼の講話のすべてに顔を見せる数人のインド人と西洋人がいることに気づいていた。何人かはどうやら盟友であり、協力者であった。その他は〝自由行動者《フリー・エージェント》〟――彼にずっとついてまわっている〝追っかけ〟、インド人の弟子《チェラ》、およびその他の弟子《ディサイプル》――であった。彼らのうちの何人かが私に語ったところによれば、彼らは長年にわたり、世界中の様々な国で彼の講話を聴いてきたという。クリシュナムルティが、定期的な旅程に従って、インド、カリフォルニア、ニューヨーク、スイス、英国で話してきたからである。毎年、彼は同じ場所で、ほぼ同じ時期に講話を行なってきた。ただし、前年の十一月にオーストラリアで一連の講話と対話を行なったように、たまに新しい場所で話すこともあった。

彼についてまわることは人を矛盾に直面させるように思われた。なぜなら彼は、霊的《スピリチュアル》指導者であることを強く否定し、いかなる追従者も弟子も持たないと主張していたからである。事実、彼は師弟間の必要不可欠な関係を力説する古代ヒンドゥー教の伝統の価値を完全に否定していた。真理へのイニシエーションもその伝とを望んだある男性の態度を軽く揶揄した。例えば、リシヴァレーでの講話の一つで、他の人から真理を学び取ることっての光になるべきだと主張した。

「ある物語をしていいですか?」と、若い聴衆の表情を窺い、目を茶目っ気たっぷりにまたたかせつつ、彼は始めた。「一人の若者が真理を探し求めるために家を後にしました。彼はある川の岸に住んでいる有名なグルの許に行きます。彼はこの老人に言います。『先生、どうか私をあなたの許に留まらせてください。あなたから真理を学び取りたいのです。』グルは許可します。そこで彼はグルの衣服を洗い、食事を作り、そして老師のためにその他のあらゆる種類の雑務をこなします。五年後、彼は師匠に言います。『私は五年間あなたと共に過ごしましたが、真理が何なのかまだわからず、そしてあなたから何も学び取れませんでした。ですから、もしご異存がなければ、私はあなたの許を去らせていただこうと思います。多分、他の師を見つけることができ、真理についてより多くその方から学ぶことができるでしょう。』『好きなようにしなさい。』と老師は言います。『どこへなりと行くがいい。』そこでその若者は立ち去り、他の数人のグルを見つけ、彼らからいろいろな魔術を教えてもらいます。さらに五年が過ぎたとき、彼は以前の老師のことを思い出し、彼の許を訪ねます。『ところで、何を教わったのかね?』と老師は彼に訊ねます。すると以前の弟子は、熱い炭の上を歩いたり、空中に浮揚したりすること、等々、ができると老師に告げます。「それで全部かね。」とグルは訊ねます。そこで若者は目の前の川を指さし、誇らしげに言います。『私はまたあの川の上を歩いて対岸まで行くことができます。』『それを覚えるのに五年もかかったと言うのかね?』と老師は叫びます。『ここから五十メートルほど先に、二ペンスで向こうまで運んでくれる渡し舟があるというのに。』」

私は、クリシュナムルティの世界各地での講話のスケジュールを知ったとき、私もそれに応じた計画を立てた。追従者であろうとなかろうとかまわないから、何とか都合がつけられるかぎり、できるだけしばしば彼の講話を聴こうと思った。彼の次回の公開講話は、次の週末の間に、リシヴァレーの西百マイルにある大都市、バンガロールで開かれることになっていた。そこまでの行き方を見つけるのは私にとって難しくはなかった。リシヴァレーからかなり多数の人々がバスやタクシーでカルナタカ州の首都まで旅をしていたからである。

講話は、多くの木や咲き誇っている花のある快適な公園、ラルバーグ・ガーデン内にある大きなテントの中で行われた。数千名の人々がやって来て聴講し、クリシュナムルティは非常に真剣に快楽と恐怖、カルマと輪廻転生の概念、そしてより良い〝来世〟を願うことの愚かさについて語った。「先日私はある雑誌の中で漫画を見つけました。」と彼は聴衆に語りかけ、その内容を詳しく述べた。「ニューヨーク市の繁華街、タイムズスクエアの騒々しい交差点。その歩道の縁石の脇に二匹の犬が坐って、絶えず忙しそうに、足早に、せわしなく動きまわっている人々の姿をじっと見守っています。やがて、一匹がもう一匹に向かって言います。『輪廻転生なんて、考えただけでもぞっとするね。』」

私はそのジョークを聞いて大声で笑ったごくわずかの人々の一人で、聴衆の大多数はじっと静かにしていた。そのジョークの意味がわからなかったか、または輪廻転生は彼らにとってジョークの的にするにはあまりにも神聖なことがらだったからであろう。非常に真面目なことがらの分野に軽やかなユーモアを持ち込み、笑いも真剣さの一部であることを示すクリシュナムルティの力量に私は感銘を受けた。われわれの人生の中の馬鹿馬鹿しさを陽気に、かつ同情を交えて観察することは非常に重要であっただけではない――それはまた英知でもあったのだ。

アラビア海に面する、人々であふれ、ごったがえしている首都ボンベイでの講話はきわめて多くの聴衆を引きつけた。三千ないし四千名もの人々が、交通機関によるひっきりなしの騒音のただ中で行なわれる彼の話を聴きに、市の中心地にある比較的小さな広場にびっしりと詰めかけた。

私は、それぞれに異なった場所でクリシュナムルティの話を聴くことはなかなか魅力的であることがわかった。彼の基本的メッセージはこの上ない簡明さと優雅さを備えた同様のものであるが、その一定の側面は個々の具体的な環境や参加者たちの数の多少を反映していた。そればかりではなく、どの講話もそれぞれに生きており、機械的な繰り返しではなかった。それゆえ、それは常にはっとさせられる新しさ、変化、時の流れの中にありながらそれを超えた指摘の要素を包含していた。

［訳註1］clip：弱母音などを落として発音したり、〈語の一部を〉省略したりすること。例えば、three thirty は〝スリー・サーティー〟と発音するのが普通であるが、tree tirty というふうに〝h〟が落とされ、その結果〝トゥリー・ターティー〟と発音されるなど。これはインド人の英語の発音によくある。

真理は梯子の天辺にはない。
真理はあなたが現にいるところに、
あなたが行ない、考え、感じていることの中に、
あなたがキスをし、抱きしめ、搾取しているときにある——
あなたはそのすべての中および時にある真理を見なければならない、
生の果てしないサイクルの終りにある真理ではなく。

（J・クリシュナムルティ『J・クリシュナムルティ著作集・第五巻』）

第3章　十分な味わい

一九七一年の夏、私は初めてスイスのザーネン・グスタード地方を訪れた。そこは雪をかぶった山々の峯に囲まれた、川と森と緑の牧場のある素晴らしい渓谷である。ここで、過去十年間にわたり、クリシュナムルティは七月から八月にかけての一カ月に及ぶ連続講話と討論を行ってきた。千名以上収容できる巨大なテントが、勢いよく流れるザーネン川の岸の上に設営された。一日おきの午前十一時にクリシュナムルティは、彼の素晴らしいメッセージを聴くために世界中から参集してきた、貧しいまたは裕福な老若男女に九十分間の講話を行なった。

自然の圧倒的な美、清潔で整然とした町並みと道路、国際色豊かな聴衆、そしてとりわけ、明晰さと直接性をもって試みられる人間精神の革命的な探査が組み合わさって、ユニークなイベントが創り上げられていた。私は、あたかも何かの魔法によって他の、より高い次元に運び込まれたかのように、魅了されていた。この気分を浮き立たせる集会の中心にいる主役はもちろんクリシュナムルティで、彼は静かな謙虚さで講話用の木製演壇に登り、そしてそこから降りた。彼は非の打ち所のない洋服姿だった。彼の仕草は、控えめではあったが、大きな表現力を持っており、聴衆に話しかけるときのストレートなやり方を強めていた。

彼を神秘化することは容易であった。これは、多分、われわれが日常生活の中でとてつもなく多くの神秘、奇蹟および魔法を必要としているからだろう。私も確かに、とりわけ彼の私生活に関する資料が乏しかったため、彼の偉大なイメージを創り上げようとする誘惑を免れていたわけではない。私が彼の人生について少しずつ集めた資料は、われわれは悟りを開いた人に対面しているのだという私の信念をただ強化しただけであった。私がそれについて知れば知るほど、ますます彼の人生は最も不思議な種類のおとぎ話、伝説、神話のように思われてきた。

一九〇九年、十四歳のとき、彼は世界的な宗教団体である神智学協会の指導者たちの一人によって、〈ロード〉［マイトレーヤ］の乗り物［器］として発見された。その後、彼らによって養子にされ、新しい救世主になるべくヨーロッパとアメリカで育てられた。しかし、一九二九年、オランダのオーメンでの大集会で、特別に彼のために設立された〈星の教団〉の組織を静かにそして断固として解体し、何千という彼の信徒に向かって、「自分はあなた方の指導者であることを欲しない」と告げたのだった。それ以来、彼は世界中を旅してまわりながら、話を聴きに来たあらゆる人に恐怖や悲嘆について、またそれらを終わらせる必要について語ってきた。これは精神の挙動を観察し、精査することによってのみ可能になる。そう、彼は主張する。

私は本を読んで、大乗仏教の伝統にはクリシュナムルティのような人――ボーディサットヴァ（菩薩）、〈正覚者〉、つまり、人類の苦しみに対する慈悲心からすべての自己関心を放棄して、真理を指し示してくれる人がいるという概念があることを知っていた。この概念を彼に当てはめることによって、私は基本的に彼を神秘化していた。私の好奇心は以下のような他の質問によって募らされた。すなわち、光明を得た人々はどのように暮らしているのだろう？　彼らは日常生活の平凡な活動に携わるのだろうか？　そして、より特定的には、クリシュナムルティは、講話や対話をしていないときは何をしているのだろう？

私は自分の想像の宝庫の中で、ありそうなシナリオを書き上げていた。彼は、俗世の必要性が彼を行動へと呼び戻すまでは〈サマーディ〉――時間を超えた恍惚と至福の状態――に没入しているのだ、という。

クリシュナムルティが自分の靴を自分の手で磨いているということを誰かが述べたのは、ザーネンでクリシュナムルティと彼の私生活について行なった多くの会話の一つの途中でであった。彼が探偵小説を読み、テレビで西部劇を見るのを楽しみにしていたというのは、なおさらセンセーショナルなことのように聞こえた。私はショックを受けた。これらの主張が本当だなどということがありうるのだろうか？　もしありうるなら、それらは、ボーディサットヴァのごとき人が彼の自由時間にしていることについての私のイメージといかにして調和させることができたのだろう？

偶然にも、クリシュナムルティはその後の議論の一つの途中で、この問題に触れた。「私はどんな本もまったく読みません。いわゆる聖書のどれも読んだことはありません。本当にそうなのです。私が読むのはせいぜい週刊誌と探偵小説ぐらいです。」聴衆の笑い声の中で、彼はそうはっきりと言った。悟りと悟った存在に関する私の情報は、もっぱら聖書類と伝統的な風聞から出ているということに私は気づいた。それゆえ、私が思い込んでいたことはまったく間違っているかもしれず、だから私にできる唯一のことはそれらのすべてを脇にどけて、自分自身の力で見つけ出すことだった。これは、クリシュナムルティという個人と彼の日常生活についての私の好奇心をさらに募らせていった。

千人もの人々と一緒になって、人間の意識の高みと深みへのこのわくわくさせる探求に聴き入ることは、仲間の聴衆と私自身、そして話し手との間に一体感を醸成していった。

ある講話の後、彼が狭い通路に沿って大股で、しっかりと、急ぎ足で立ち去っていったとき、私は彼についていきたいという衝動を感じた。しばしば、彼がテントから立ち去っていくときに、一群の熱心な彼の賛美者たちが彼のところに駈け寄ってきて、彼を取り囲むことがあった。そんなとき彼は、友好的にしてはいたが、すみやかに彼らから離れることを常としていた。他のときには、誰かが彼と一緒に歩きながら彼とちょっとした言葉を交わしたり、彼に感謝の念を表したり、または単に彼の面前にいることの喜びを引き延ばしたがったりした。そんなとき彼は愛想よくそれを辛抱していたが、相手は彼と歩調を合わせるのに必死になっていたかもしれない。何度か私も彼に追いつくべく試みたことがあるが、そのつど彼は、到着したときに乗っていたのと同じ、上品な女性に運転されているメルセデス［ベンツ］によってさっさと連れ去られていき、私はそれを見送ることしかできなかった。彼がすたすたと大股で歩いている間に、その車が彼に近づいてきて彼の脇にさっと停まり、彼がそれに乗り込むと、車はすぐにグスタードの方向に走り去っていったからだ。

慎重に調べた結果、私はクリシュナムルティが有名なパレスホテルから少し離れた、グスタードの高い部分にあるシャレー［スイスの屋根の突き出た田舎家］風の家に滞在していることを突き止めた。晴れ渡ったある午後、私は、上の方にあるこの粋な地区を目指して、樹木の生い茂った細道をハイキングした。そこからは、曲りくねった緑の丘陵の向こうに、雪をかぶった山脈の壮麗な姿が一望された。道路の急な曲がり角のところで私は、大きな木造の建物の前面に、飾字で書かれた〝タンネグ〟（Tannegg）という名前があるのを発見した。

私の心臓は発見の興奮と歓びで鼓動が早まった。クリシュナムルティが住まいにしていたのはここなのだ。そして、毎日午後になると、彼は散歩に出かけるということを聞いていた。しばらく待っていれば、このシャレーに出入りする彼の姿を一瞥できるかもしれない。しかし私は自分の好奇心をやや恥ずかしく感じ、このこっそり見張るという行動を誰にも見られたくなかった。そこで私はシャレー・タンネグの車寄せに通ずる私設車道と玄関がよく見える、当時空いていたらしい、道路を隔てた家へと退却した。そしてその家の前にある長円形の芝生を飾っている、花の咲き乱れた大きな藪の一つの後ろに隠れて、じっと待機していた。香りのいい草におおわれた一画に横になって空の青色をじっと眺め、二、三の浮き雲の動きを見守っていると、昼下がりの光線が皮膚に心地よく感じられた。そんなふうにしながら、彼が姿を見せたかどうか確かめるため、時々道路の方に目を向けた。

それから二十分ほど後、三名の人がシャレー目指して道を下ってやって来た。私は黄色い花に覆われた藪の背後にひょいとかがんで、葉叢を通して覗いてみた。三名のうちの一人は間違いなくクリシュナムルティだった。彼に同行している二名の女性は盛んに会話に興じていた。彼女らのうちのすらりとした姿をした方は、メルセデス［ベンツ］を運転している女《ひと》だとわかった。もう一人はかなりたくましい体つきをしており、背も高かった。私は気づかれないように気をつけながら、クリシュナムルティを子細に見守った。スパイのような行動をしていることに私は良心の呵責を感じたが、しかし見守っていることに奇妙なスリルを感じた。

突然彼は、誰かに見守られているのに気づいたかのような反応をした。ぎょっとしたような表情をし、素早くあたりを見まわしてから、足早に歩き始めた。車寄せに通ずる私設車道の石壁に、まるで防護を求めるかのように身を寄せながら、シャレーの入口の方に急いで向かい、素早く中に入っていった。二名の女性も続いてシャレーの中に姿を消したので、私は藪の背後から立ち上がり、今しがた彼らが降りてきた道を登って、森の方へ向かっていった。

数日後、明るい午前半ばに、インターナショナル・ヘラルド・トリビューンを買いにグスタード駅のキオスクまで出かけた。騒がしい道路を横切る前に、私が左側それから右側に目を向けた——すると突然、そこに、私のすぐ隣に彼が立っていた。

嬉しくなって、思わず私は叫んだ。「クリシュナジ、先生、お変わりございませんか?」

数カ月前のリシヴァレーとマドラスでの出会いのことを彼が覚えていたかどうか定かではなかったし、また、この瞬間にはそれは問題ではないように思われた。われわれが親しみを込めて握手したとき、彼は微笑んで、こう説明した。「私はザーネンで数回にわたり講話をしていました。」

その話しぶりの簡潔さと慎み深さは強く私の心に訴えた。

「ええ、知っています。」と私は情熱的に応えた。「私も聴講させてもらいました。本当に素晴らしいお話でした。ありがとうございました。」

彼は注意深く私の表情を探った。「あなたはカリフォルニアからいらしたのですよね?」と彼は訊ねた。

「ええ、そうです。」彼が道の反対側の歩道へ向けて横断するとき、私は彼に合わせて歩調を落として並んで歩いた。「ここ数年間、私はそこに住んでいます。」

多くの歩行者や車が往来している中をぶらぶら歩きながら会話しているうちに、私は、突然、こんなところで彼は一人きりで何をしていたのだろうといぶかしく思った。彼は私の質問に、まるで私がそれを声に出して言ったかのように、答えてくれた。「数人の友だちを待っているのです。」

その瞬間、一台の車が轟音と、黒い排気ガスの雲とともに突っ走っていった。クリシュナムルティは首肯しかねるというふうに首を振った。「近頃はどの車も運転速度が高すぎます。」

私は同意した。「ええ、本当に危険です。街の中心でさえそうなのですから。そしてこのひどい大気汚染……」

彼は不意に立ち止まって、道の反対側にあるベルナーホフ・ホテルのテラスの前に横づけになったベンツを指さした。「あそこです、」と彼は叫んだ。「私を迎えに来てくれたのです。さようなら。」

彼は素早く握手し、私はやっと「さようなら、ありがとう。」と言うことができた。

すると彼はすでに街路を横切り、車に向かって歩いていった。身体を真っ直ぐに伸ばし、ゆったりしたリズムで長い手を振りながらの、彼のエネルギッシュな歩きぶりを私はじっと見守っていた。

車が去っていくのを見守っているうちに、私は自分の内面に歓喜の念がどこからともなく湧き起こってくるのに気づいた。クリシュナムルティと出会うとき、私はしばしばこの種の感情の高まりを経験し、そしてほんの数瞬前の出会いのまさに偶然さがその強さを高めているように思われることに気づいた。

ザーネンでの最初の夏は私にとって魔法そのものだった。それは新しいものごとの発見、自分の精神的および感情的過程の複雑さへの探査、新しい交友、自然への開眼のための時間を与えてくれたのだ。しかし、川沿いにある大テントの中でクリシュナムルティと一緒に過ごす朝から放たれる稀な芳香を吸い込むこと、それが決定的な要素であった。それは、社会および自分のあり方を問い質す人々が集う、偉大な調和のとれた会合であった。一カ月にわたる集会の終りに人が感じたのは、それが終了したことについての悲しみではなく、むしろ測り知れないほどの豊かさと、生き生きした瞬間に自分が開かれているという思いであった。

ザーネン滞在中、私は二年前の一九六九年に、クリシュナムルティによって国際的な寄宿制の学校が英国で開校されたことを知った。ブロックウッド・パークと呼ばれるその学校は、ロンドンから約九十六キロ離れたハンプシャーの起伏のある草原地帯にある、古くからの首都、ウィンチェスターの近くに位置していた。九月の始めに、そこで四回の講話と二回の討論が行われることになっていた。それを目当てに英国の南部を訪れる決意を固めるのに、私はほとんど時間を要しなかった。

スイスからドイツまでは遠くなかった。私はドイツのラインランド北方にあるクレフェルドという町に住む母を訪れ、そこに二週間滞在した。そこから英国に渡ったが、交通規則が左側走行だという事実を別にすれば、ピーターズフィールドに向けてドライブするのにさほど困難は感じなかった。そこからブロックウッドまではほんの数キロであった。

ハイウェイから外れた道路は両側ともアーチ状のムラサキブナによって縁取られていた。それは正門まで通じており、そこから狭い車道が、牧場の間を曲がりくねりつつ、十八世紀の自亜の大邸宅《マンション》まで走っていた。その大邸宅の隣には赤煉瓦の給水塔があり、それに隣接して大きな庭園と薔薇園があった。一群の建物からやや離れたところには〝グローブ〟と呼ばれている植物園があり、そこには数本の巨大なセコイアを含む、世界中から集められた多種多様の大樹がそびえ立っていた。建物の裏手には、樹齢二百年の堂々たるレバノン杉が手入れの行き届いた芝地に君臨していた。ブロックウッドは、明らかに、樹木愛好者の楽園であった。

小さな林檎園の隣には千名以上の訪問者を迎え入れる集会用の大きなテントが設営され、そのうちの何人かは隣接する野原でキャンプを張った。約二週間にわたり、あたりにはお祭り気分が漲った。

ブロックウッド・パークでの講話と討論には、笑いと心安さと自然に生まれる礼儀正しさを伴う、友好的な、ほとんど親密な感じがあった。集会日には、講話用のテントに連結された二番目のテントの中で、講話または対話の後でランチが供されることがあった。そうした機会に、クリシュナムルティが訪問者たちと交流しているのを見ることは心地よい驚きだった。彼が時々彼自身を指して言った〝演壇上の男《チャップ》〟に耳を傾けることはとても深い経験であったが、しかし他の人々と交流しているときの普段の彼を観察することは格別の味わいであった。普段着を優雅にまとい、食物を盛った紙製の皿を片手で持ってバランスを取りながら、近づいてきた誰とでも愛想良く彼が話し合っているのを見ることができたのだ。それはあたかも、われわれが彼と一緒に暮らすために彼の自宅に招かれたかのような感じであった。

私はテントや庭の中で働くボランティアとして手伝っていたので、時々本館の食堂に招かれてランチを共にすることがあった。百人以上の教職員や生徒や客たちがそこで食事をした。その中にクリシュナムルティがいるのを見つけて、私はわくわくした。ある理由から、私は日常的な状況の中にいる、普段の彼を見守ることが魅力的であることを発見した。多分、われわれが高遠な追求だと見なしていることにあまりにも強く彼を結びつけていたからであろう。彼の物腰や仕草、身のこなし方は模範的だった。彼が食べたり、隣の人と談笑したり、または長い木製の食卓の手前に坐っている人々を彼が無言のまま、静かに見つめているところをこっそり観察していたとき、私は驚異と大きな感謝の念を感じた。私は、彼を通して現われ出ていた善性に触れたのだと感じた。時々、それは私のまわり中に見ることができた。

ブロックウッド・パークの講話が終わった後、私は菜園でボランティアとして働くため、さらに一カ月滞在した。寄宿制の学校で共同体的環境の中で暮らし、働くというのは私にとって新しい経験だった。それに特別な意義を与えたのは、クリシュナムルティが教職員や生徒たちと持つ定期的な集いで、それにボランティアたちも招かれたということだった。今までよりももっと強く、私は自分の生活が毎朝ごとに新しく始まっていると感じた。

それでもなお別れを告げるときがやって来て、私は一九七一年の秋にカリフォルニアに戻った。私には熟考してみるべき多くのことがあり、比較的独りきりで生きることが私の気に入った。冬の間中ずっと、私はサンフランシスコの北約百六十キロにあるメンドシノに近い森の中の小さな小屋の中で、簡素な、隠者のような暮らしをした。時々私は文明の中に再び加わり、サンフランシスコとバークレーに住む友人を訪ねた。一九七二年の春のこうした外出の際に私はロサンゼルスまで出かけ、そこで当時クリシュナムルティがカリフォルニアに来ていることを知った。彼は、まず近くのサンタモニカ市民ホールで、その後オーハイのリビー・ボールで、一連の講話を行なうことになっていた。それまでに一カ月もなかったので、私はこの地域に留まることに決めた。

オーハイから来た私の友人の一人が、二、三日前にマリブのある私邸で催されたクリシュナムルティとの少人数の集会に出席したと私に知らせた。この知らせで圧倒的な好奇心が私の中に起こり、そして興奮しつつ、それがどこにあるのか調べた。この友人は正確な住所を思い出すことはできなかったが、様々な目印を述べることができた。それらは、クリシュナムルティがどうやら住んでいるらしい太平洋岸ハイウェイ沿いの居宅のおおよその場所を探し当てるのを助けてくれた。偶然にも、私が友人と一緒に滞在していたトパンガ渓谷は、その場所の南方わずか数キロのところにあった。よく確かめていなかったいくつかの理由のため、私はもしもクリシュナムルティと直接個人的な接触を持つことができれば、それは素晴らしくかつ重要なことになるだろうと感じていた。

交通の激しい四車線ハイウェイから、一本の私道が斜めに上の方に向かい、樹木と薮のある芝地と管理人室との間にある門へと通じていた。煉瓦と木材でできたモダンな平屋が、広大な太平洋の目もくらむほどの眺めを与える岬の上に立っていた。私がベルを鳴らすと、エプロン姿の中年の女性が管理人室のドアを開いた。「こんにちは。」と私は言った。「ぶしつけで恐縮ですが、クリシュナムルティさんはここにお住まいですか?」

「ちょっとお待ちください。」彼女はそう答え、問い質したりすることなく、そそくさと母屋の方へ走っていった。

私は周囲を見回し、あたり一帯の美しさに打たれた。しばしの後、誰かが家から出てきて、私の方へ向かってきた。一瞬私は、ブルージーンズのズボンと長袖で灰色の綿シャツを着用し、サンダルを履いたその男性が若者だと思い込んだ。それがクリシュナムルティだとわかったとき、温かさと歓喜の波が私の中を走り抜けた。

彼が近づいてきたとき、白髪の長い房が一陣の風によってひょいと吹き上げられた。ためらいながら、私は彼の方に数歩近づいた。そしてたちまち、われわれは抱き合っていた。それはまったく信じがたいことだった。われわれの以前の出会いのどれかを彼が思い出してくれたのかどうか、私にはわからなかった。それは単に大きな愛情の表現であり、大きな熊が小さな子供を抱きかかえているような感じだった。この自発的な愛情表現にすっかりに圧倒されて私はどもり、こう言うことしかできなかった。「お目にかかれて嬉しいです。クリシュナジ！」インドとブロックウッド・パーク以来ずっと私は、誰もが使っているように思われたこの尊称を用いていた。〝ジ〟という接尾辞には尊敬と親愛の情が込められている。彼が私の肩をぽんと優しくたたき、「どこから出かけて来たのですか？」と訊ねたとき、彼の顔には素晴しい微笑が浮かんでいた。

彼の顔を見つめるつど新たに、私はそれが表わしている愛情と明敏な知性によって感動させられた。「私はこの六カ月ほど、サンフランシスコの北のメンドシーノ郡に住んでいました。私がここまでやって来たのは、サンタモニカとオーハイでのあなたの講話をお聴きするためです。今は、ここからほんの数キロ南方にあるトパンガ渓谷にいる友人たちの許に身を寄せています。」と私は説明した。

彼は、黒い鏡のような大きなアーモンド形の目で私を静かに見上げた。彼は、向きを変えながら「今おいくつですか？」と訊ね、家の中に私を案内した。

「二十八歳です。」彼に付いて手入れの行き届いた芝生を横切りながら、私は答えた。

「ああ、まだお若いのですね。」と彼は言った。

彼がガラス戸を開けている間に、私はシャツのポケットから折り畳んだ紙きれを取り出して、彼に手渡した。彼はけげんそうな表情でそれを受け取った。

「詩なんです、先生。」私は照れながら説明した。「あなたのために私が書いたものです」

「そうですか、ありがとう。」と彼は言った。「後で読ませていただいてもいいですか？」

「もちろんです、それはあなたに差し上げたものですから。」と私は答えた。

「わかりました。」と、台所の中に入りながら彼は答えた。

それは良く設備が整えられたモダンな台所で、ピカピカするほど清潔だった。流し台ではさっき私を迎え入れた女性がエプロン姿で忙しそうにしていた。

「お茶かコーヒーかどちらにしますか？」とクリシュナムルティは訊ねた。

彼の勧めに私は一瞬驚き、それから答えた。「ありがとうございます。では、コーヒーをいただいていいでしょうか？」

彼は台所のカウンターの傍らにある背のない腰掛けを指して、それに坐るよう私に合図した。「彼女がコーヒーをいれてくれます。」それから彼は手を伸ばして、言った。「片づけなければならない仕事があるので、これで失礼します。」

このよう交誼を得たことに部分的に喜び、またそれがこのような突然の終りを迎えたことに部分的に落胆しながら、私はただこう呟くことしかできなかった。「ありがとうございます。クリシュナジ。」

すると彼は素早く、そして静かに去っていった。一瞬間、私は不在感と空虚感を味わった。

「クリームと砂糖は要りますか？」とカウンターの反対側から女性が訊ねた。

「ええ、お願いします。」と私は答えて、彼女が私の前に置いてくれた飲み物をかき混ぜ始めた。


サンタモニカでのクリシュナムルティの講話は、私がアメリカで出席したうちの最初のそれであった。また、講話への入場料があったのも初めてだった。それ以前の講話はすべて寄付金で賄われていたのである。サンタモニカの市民会館は明らかに賃借料が高く、直接支払われなければならなかったのだ。

それは三月のよく晴れた土曜日の朝のことで、バルコニーのある会場は大半が南カリフォルニア在住の聴衆で満員になっていた。私は、スーツ姿で、手前にマイクロフォンのある演壇の中央の椅子に坐っているクリシュナムルティを見て驚いた。彼はかなり厳めしい表情で話し始め、そして講話の間中ずっと、聴衆のくつろいだムードとは対照的な生真面目さを維持した。


二週間後、オーハイ講話が始まる少し前に、私はマリブにある彼の居宅でもう一度彼に会いたいという強い衝動を覚えた。私は、彼を対話に誘い込むことができるかもしれない独特な質問をひねり出すべく、かなり熟考を重ねた。が、それは容易ではなかった。講話の中で彼はすでに私が考えつくことができるすべての根本的な質問を取り上げ、そしてそれらに暗黙のうちに答えていたからである。私の精神のどこかの片隅に休眠していて、私がほとんど気づいていないような質問でさえ彼は明るみへ出し、簡潔でわかりやすい言い回しで系統立てて述べているように思われた。

私が彼に本当に訊ねたかったのは彼自身の人柄および彼の日常生活であったが、しかしきわめて個人的な性質の質問をするのは不適切かもしれないと私は思った。その上、好奇心の強い私の脳は彼をじかに見、観察し、そして経験することを欲していたので、単に言葉による答えは、どのみち、少しも十分ではなかっただろう。私は本ものの味を味わいたかった。そして、その瞬間に、彼は本ものになるのだ。

私が大平洋岸ハイウェイから外れた瀟洒な家に着いてドアのベルを鳴らしたのは、やはりよく晴れた朝のことであった。クリシュナムルティ自身がドアを開けて、私を居間に迎え入れてくれた。部屋に入りながら、私はひねり出した質問を懸命に見直していた。壁面大の窓が、巨大な鏡のようにきらめく日光を反射して、目が覚めるような濃青色の大洋の眺めを与えていた。われわれが部屋の中でまだ立ったままでいたとき、私は彼の方を振り向いて問いかけた。「クリシュナジ、質問してもよろしいでしょうか?」

この、私の簡単な最初の問いかけは彼の周囲の場にエネルギーを充填したように思われた。一瞬それは静穏であったが、次の瞬間には鏡のようになり、そして一点に集中した。

彼は私をまじまじと見つめ、そして言った。「どうぞ。」

私は質問を切り出したが、その中で私は個人的な関心と疑似科学的な推測を混ぜこぜにしていた。「長い間私は脳の中の絶え間ないおしゃべりによってかき乱されてきました。絶えず思考の動きがあり、悩み、恐怖、欲望、計画、夢などが起こり続けているのです。しかし、あなたは思考することは単に物質的な過程にすぎないとおっしゃっていますね。」と私は言った。

彼はじっと聞き耳を立てて、私が話している間、私を子細に観察していた。「ええ、そのとおりです。」と彼は言った。「何があなたのご質問なのですか?」

「この果てしのないおしゃべりを引き起こすのは、脳の原子の中のエレクトロンの絶え間ない動きだということはありうるでしょうか?」と私は訊ねた。

ごく短い一瞬、私は、私の質問を聞いている彼の目の中にきらりと驚きの表情が浮かんだように思った。彼はまだ傾聴しているかのように、一瞬間思案し、それから単にこう言った。「自分で見出してごらんなさい。」

かくも容易に私の質問が彼からはね返されたことが私の気力をいささか削ぎ、そして、私の推測の線を追求するための糸口を見つけることがまったくできなくなった。私は言葉に窮して当惑し、そして彼は私の窮状に気づいたらしく、会話をより日常的なことに向けた。彼は私にランチはお済みかと訊ねた。私がまだですと答えると、私をすぐにキッチンへ案内し、背のない腰掛けの一つに坐らせた。

「彼女が食事を用意してくれます。」と、カウンターの陰で皿を洗っている女性の料理人の方を振り向いた。

彼が別れの握手をしてくれたとき、私は彼に心から謝意を表した。後からの思いつきとして、彼はにこやかに「さようなら *Auf Wiedersehen!*」とドイツ語で言い添えた。私がそれを知る前に彼はキッチンを去り、私はサラダを食べ続けた。あるレベルでは、彼を対話に誘い込めなかったことに落胆したが、しかし私は軽快さと不思議な高揚感を感じた。

時間は常にその挑戦と問題を反復していく。

応答は即時的なものに関心がある。

われわれは即時的な挑戦ならびにそれに対する即時的な答えに夢中になっている。

即時的な問いかけに対するこの即時的な答えは世俗性であり、解決不能のありとあらゆる問題と苦悶を生み出す。

……真の答えは即時的なものを超えたところにある。


（J・クリシュナムルティ『クリシュナムルティの神秘体験』）

第４章　縁は二度訪れて［訳注１］

一九七二年は、多かれ少なかれ、私がクリシュナムルティの足取りを辿った年となった。四月の初め、オーハイのリビーボールでの二回の講話に出席した後、私は七月と八月のザーネン集会に参加するためヨーロッパへと旅立ち、それに続いて、九月にはブロックウッド・パークの講話に出席した。私はボランティアとして二カ月間学校に留まり、その間にクリシュナムルティが定期的に職員や生徒たちと行う会合に参加することができた。それらはとても開放的で、愛情溢れる対話の場であり、そこでは、他のいかなる場でよりも多く、慈愛に満ちた長老としてのクリシュナムルティを私は経験した。

彼がインドへ去った後ほどなくして、私も十一月にアジア亜大陸に向けて出発した。ニューデリーでの一連の講話の後、再び南方のマドラスに向かった。私は、前年、初めて講話を聴いたグリーンウェイズ・ロードにほど近い同じ家にクリシュナムルティが滞在しているのを知った。いくつかの小さな偶然が重なったおかげで、彼の上品な後援者である女性実業家が私を温かくもてなし、彼女の邸宅の広い庭園に建てられた、仮屋《かりや》（〝パンダル〟と呼ばれている）に一週間私を泊めてくれた。茅ぶき屋根のある木造建築物で、四方が開放でき、片側に小さなデッキが付いていて、その下の草地はカーペットでおおわれていた。

クリシュナムルティはここで講話を行なうことになっていた。それらの他に、彼に敬意を表していくつかの演奏会が催されることになっていた。彼自身の部屋は、中庭の反対側のわずか三十六メートルほど離れたところにあった。私は、そんなにも彼の近くに住むことができるという事実に大きなスリルを感じ、とても名誉に感じた。熱帯地方の夜気は屋外での睡眠にとって心地よく、そして家の女主人は私がバスルームを使えるように配慮してくれただけでなく、仮家の中で召使いがお茶と定食を供するように手配してくれた。

この一時的な状況の中で私にとって特にありがたかったのは、それ以後、夜も昼もクリシュナムルティの動静を間近に観察することができたことである。私のいるパンダルの格子窓や彼の部屋の開けっ放しのドア越しに、彼が動きまわったり、机に向かって物を書いたり、出たり入ったりしているのをはっきりと見ることができた。彼の居場所での振る舞いを見守ることは私をわくわくさせた。そこは私のいるところよりずっと広く、開放的で、がらんとしていると私は想像したが、同時に、そんな比較をすることはまったくの無駄であることもよくわかっていた。

女主人は彼に間違いなく私の存在を知らせていたし、彼もまたそれに十分気づいていたにちがいなかったのだが、私は彼の日常の妨げにならないように一定の距離を置くように心がけた。時折、夜明けに、または午後の昼寝の後に彼が戸外に出たとき、彼は親しげに私に手を振って、歓迎してくれた。私もそれに応えて、中庭のこちら側から黙って同じ仕草をした。あたかもわれわれの間にはなんの距離もなく、むしろ一種の親しい隣人同士間のそれのような親近感があるように感じられた。

その家に逗留した二日目に、私は近所に夕方の散歩に出かけようとしていた。黄昏時の日射しはすでに弱まってきて、熱帯地方に特有のあの照り輝く夕焼けがすっぽりと地上をおおい始めていた。すると、突然、私はクリシュナムルティに出会った。彼は独りきりで宿所から出てきたところだった。

私はインド風に〝ナマステ〟の挨拶をした。「今晩は、クリシュナジ！」

彼は静かに私を見つめ、それから瞬時に私だと認め、両手を差し出して私の両手を握り、西洋風に軽く揺すった。彼の指のなめらかでひんやりとした接触は絹のように繊細だった。

「ああ、今晩は。」と彼は答えた。「ここに来ていたのですね。どのようにしてここまで来たのですか？」

少々の会話なら気にしないだろうと思って、私は言った。「先生、これから夕方の散歩に行かれるのですか？ご一緒してもかまいませんか？」

彼は愛情深く微笑み返した。「いいですとも。出かけましょう。あの角地まで行き、それから戻るだけの短い散歩ですが。」

再び私は完全な開放と明晰さの領域に引き込まれているという、特別な感覚を経験した。それは、何の防壁もないのだが、しかし安全に守られているという、彼と一緒にいるときに私がしばしば感じた感覚である。

しばらくの間われわれは黙ったまま、薄闇におおわれたグリーンウェイズ・ロードを歩いた。オート・リクシャー「三輪タクシー」や自動車が、警笛を鳴らしながら喧しく往来していた。大きな車輪を付けた牛車がごろごろとゆっくり進んでいった。石油ランプや裸電球で照明された角の茶店の前では、男たちが煙草をふかしたり、お茶を飲んだりしながら、うづくまって、互いにおしゃべりし合っていた。至る所に子供たちがいるらしく、笑い声をあげて走りまわったり、悲しげに泣きながら、母親からの慰めの言葉を求めたりしたりしていた。

私は、どのようにしてインドまではるばるやって来たかを話し始めた。「特にヨーロッパでは、私は町から町へとよくヒッチハイクしたものです。」と私は言った。

「どのようにして？」と彼は訊ねた。

私は車道に踏み出し、親指を突き上げることによって、自己流のヒッチハイクのテクニックをちょっとだけ実演してみせた。これは彼の笑いを誘った。

「止まってくれる車はどんなに古くても乗るのですか？」と彼は訊ねた。

「もちろんです。ただし、自分が行こうしている所まで行くか、少なくともその方向へ行くものでなければなりません。また、車に乗っている人々と同行することが安全だと思われる場合でなければなりません。」と私は説明した。私が中部ヨーロッパから、ギリシャ、小アジア、イラン、アフガニスタン、パキスタンを経由して南インドに至るまでの八千キロに及ぶ長旅の詳細を彼に語っていくうちに、彼は私の冒険旅行談に感動させられているように見えた。彼はイランやアフガニスタンのような、彼がまだ訪れたことのない国には特に強い好奇心を示し、そしてある程度まで正確に答えるために素早く考えなければならないような質問をした。

宵闇が濃くなるにつれて、街路沿いや家々の中に燈火が点り始めた。宿舎の前まで来ると、彼は特徴のある愛情深い仕草で私の腕をつかんだ。

「お休みなさい。明日お会いしましょう。」と彼は言った。

そして家の中に入りながら、静かにドアを閉めた。

「お休みなさい、クリシュナジ。」私は彼に向かってそう声をかけた。

これほど彼の間近にいることは、彼の日常生活の一部始終を観察する機会を私に与えてくれただけではない。それはまた私自身の生活に、今までけっして知らなかった種類の黙想的静寂のリズムをしみ込ませた。

あるレベルでは、彼の生活は簡素そのものであった。彼は、彼の朝の体操――ヨーガとプラナーヤーマ――

——を行ない、それから家の中でしばしば会食をする。それから彼は、私の推測では手紙や日記だと思われるものを机に向かって書いた。そう思ったのは、彼が講話のための準備をせず、そのつどの状況の本質から即興的に語っていたからである。午後には、彼は食後の昼寝をした。日没の一、二時間前によく散歩に出かけたが、しばしば何人かの友人が同伴し、彼を近くのアディヤールの海岸まで車で連れていくこともあった。公開講話や対話をする以外のときには、彼はしばしば関係者たちとの会合を持った。彼が迎える他の訪問者たちは、彼に敬意を表するため、しばしば献花やお供えの果物籠を持参してやって来た。〝ダルシヤン〟（偉人に会うことから得られる精神的高揚）を求めることはインドの古来からの伝統の一部であり、そのような宗教的教師やグルなどに対して献身的に振る舞うのである。

私はこの種の献身の一例を、クリシュナムルティに敬意を表して催された演奏会の折に目撃した。M・S・スブラクシュミーという、天使のような声を持った南インドの最も有名な女性歌手の一人が、クリシュナムルティを含む大聴衆の前のパンダル（大仮設構造物）内のステージで献身の歌を歌った。二時間にわたる魅惑的な公演の後、彼女はステージから下りてきて、彼に敬意を表するために跪き、自分の指で彼の足に触れた。このような行為を彼は特に気にかけることなく、丁重にこの献身の所作を受け容れ、お返しにジャスミンとプルメリヤの花輪を彼女の首に掛けた。

クリシュナムルティが早朝にリシヴァレーに向けて出発しようとしていることを知り、私も間に合うように早起きすることに決めたのは、マドラスでの講話が終わった翌日のことだった。まだ暗く、私はシヴァナタラジの鉄像で飾られたアンバサダー車が、小さな噴水と蓮池の前に停められたのを遠くから見守った。ライトがつけられ、サーバントたちがスーツケースを車に積み込み始めた。空気は少しひんやりしていて、私が頭上の星を見上げたとき、夜明けの最もかすかな兆しである一条の光の閃きを東方に見ることができただけだった。突然、すべてのサーバントがおごそかに車の脇に整列し、おかかえ運転手が客席側のドアを開いた。私は素早く前進して、彼らの数フィート背後に立った。女主人と彼の同志の一人に付き添われたクリシュナムルティが車の方へ近づき、われわれ一同が捧げた厳かな〝ナマステ〟に素早く応えた。ウールの肩掛け《ショール》に包まれて車に乗り込んだときの彼は弱々しく見えた。車が中庭から外に去ったとき、私は奇妙な不在感と喪失感を味わった。彼の身近での一週間の滞在は、彼の簡素で輝かしい生活を一瞥させてはくれたが、しかしまた私の中に一種の執着心を生じさせたのだ。そして今やそれが終わったとき、彼の後を追って翌日リシヴァレーまで行こうとしていたのにもかかわらず、充実した気分とともに喪失感も味わったのである。

リシヴァレーでも、数週間後のバンガロールでも、講話の当日以外のときにクリシュナムルティの姿を見ることはあまりなくなった。アラビア海に面した人口過密都市ボンベイでは、ゾロアスター教の墓所（鳥葬施設）である「沈黙の塔」の近くのマラバール丘《ヒル》と呼ばれている町の一画に彼は滞在していた。少し手間取ったが、その家を探し当て、彼に会えることを願ってベルを鳴らした。彼の逗留先の、力強い貴族的な風貌の女主人が私を丁重に迎え入れ、お茶を出してから、彼は今在宅しているが、誰にも会うつもりはないと知らせてくれた。しかし彼女はまた、午後遅くになると彼は近くのハンギング・ガーデンズに散歩に行くことを常としているので、そこで多分彼に会えるだろうと打ち明けてくれた。

この知らせは私を、高層ビルがびっしりと林立している、三日月形の湾を見下ろす公園に行く気にさせるのに十分であった。ハンギング・ガーデンズは、灌木が象や虎や他の動物の装飾的な形に刈り込まれた、園芸庭園であることがわかった。ちょうど日没直前のことで、ほぼ例外なくゆったりした白衣をまとった大群衆が庭園の通路に群がっていた。一瞬私は、彼らが全部クリシュナムルティに会いに来たのだろうかと訝《いぶか》った。この考えをありそうもないこととして放棄した私は、どうすればこの密集した人垣の中にクリシュナムルティを見つけ出せるのだろうと自問した。

突然、私は彼を見つけた。彼は極端なほど早く、ほとんど走らんばかりにして庭園の中央にある芝生のまわりを歩いていた。五、六名の人々が必死になって彼にペースを合わせようとしていたが、彼に追いつくことはほとんどできなかった。そのような状況では、彼に挨拶をしに行こうと望むこと自体が馬鹿げているように思われたので、私はただ彼を遠くから見守った。帰路につく前に、約三十分間、同行者たちを尻目に、歩調を少しも緩めることなく、芝生のまわりを何回も早足で歩く彼のスタミナに私は驚嘆させられた。その間に、サフラン色の黄昏《たそがれ》の光があらゆるものを深い静けさで包み込んでいった。

ボンベイ講話の後、私はまずヨーロッパへ旅し、そこから今度はカリフォルニアへと向かった。クリシュナムルティがサンフランシスコとオーハイで講話を行なうということを知ったからである。一九七三年三月上旬に、彼は市内の湾沿いにあるフリーメーソン団の寺院で四回の講話を行なった。私がかつて数年間過ごしたことのあるこの素晴らしい大都市で彼の講話を聴くことは特別の喜びであった。

豊富な春雨はカリフォルニアを瑞々しい緑色の丘と谷の土地へと一変させ、ハイウェイ沿いを金色のケシや青いルピナスの花のカーペットでおおい尽くした。オーハイめざして南へと車を走らせている途中、私は大地とその美しさをこれほど強烈に感じたことは今まで一度もないと思った。

ベンチュラでフリーウェイ１０１を離れ、ハイウェイ３３を通ってオーハイ渓谷に入った。目の前で刻々に変化していく色鮮やかなパノラマが私のすべての感覚を魅了した。谷間の窪地は、その起伏の多い輪郭とオレンジ畑の幾何学模様とともに、沈みつつある太陽の光輝を浴びていた。山々の尾根と重畳たる起伏は、菫色と紫色の影の中にくっきりと浮き上がり、平地の黄と緑の明るい区画とくっきりとした対比を成していた。とてつもない静寂感が地上と明るい空をすっぽりと包み込んでいた。それはあたかも私が魔法のような深い美の光景の中に入り込みつつあるかのような感じであった。

四月のよく晴れたある土曜日の朝、クリシュナムルティはオーハイのリビーボールで四回にわたる講話の第一回目を行なっていた。側面のドアが開いて、千名以上の聴衆でどの席も埋まっているアンフィシアター（階段式座席のある大講堂）の照明の中に痩身で小柄な人物が歩み入ろうとしたとき、一陣の微風がアメリカスズカケノキ（プラタナス）の葉をそよがせた。彼はくっきりと折り目のついた濃紺のズボンと、よく磨かれた赤茶色の革靴と、長袖のニットシャツを地味ながら上品に着こなしていた。彼のシャツのボルドーレッドが私の着ていたシャツの色とマッチしていることに私は気づいた。彼が前に歩み出たとき、いかに彼が彼自身の中で完全に充実しているように思われたかに驚嘆し、そして彼を包み込んでいる集中された静寂に私は感嘆した。

前に小さなマイクスタンドのある大きなステージの真ん中の椅子に腰を下ろすと、彼は彼を見守っている多くの顔を落ち着いた静けさでじっと見つめた。

とうとう彼が話し始めたとき、彼は聴衆の一人ひとりに別々に、それと同時に全員に向かって話しかけているように思われた。彼は思考および思考が生存のすべてのレベルで引き起こしてきた断片化について、快楽と恐怖、自然の美、死、愛、瞑想について話し、人間生活の全領域にわたる問題を解明していった。そして講話を締めくくる沈黙の間合いの後、聴衆より先に退席するのは失礼だと見なしているかのように、彼らに先に席を立つよう合図をするのだった。

突然私は、最近書いて彼に進呈するつもりだった詩のことを思い出した。私は三列目に坐っていたが、ステージから道路へと至る、ドアの付いた木製の囲いで仕切られている通路があるのに気づいた。素早くそこに近づいてみると、ドアの鍵がかけられていないことがわかった。私以外誰も——ザーネンやインドでとは対照的に——講話の後に話し手との接触を求めて急いで近づこうとしていないようだった。私がドアをくぐり抜けて振り向くと、真正面にクリシュナムルティがいた。

私の最初の感覚は静かな衝撃で、それからドキンドキンという心臓の鼓動があった。そして私は彼のプライバシーの範囲内に侵入してしまったということを恐れて、本能的に後ずさりした。まるでマラソンを完走した後の息を整えているかのように、テーブルに片腕をもたせかけて、一人きりで立っていた。顔にかすかな閃きがよぎり、両目は常ならぬ輝きを放っていた。

けれども、彼は私の不意の出現によって驚かされることも、動揺させられることもなかったように思われ、ただ距離を置いて静かに私を見つめていた。彼はとても弱々しく、傷つけられやすくなっているように思われた。そのような彼を見たことは今まで一度もなかった。私は自分の巨躯に当惑を覚えた。このような瞬間の雰囲気の中では、詩を書き込んだ紙片を彼に手渡すのはいかにも滑稽であるように思われた。が、私はどうにか手渡し、どもりながら言った。「ありがとうございます、先生。ありがとうございます。」

彼は震える手で紙片を受け取り、まるでそれを解読することができないかのように、当惑して見つめた。

「あなたに捧げるために書いた私の詩です。」そう、自分にとって聞き慣れない声で私は説明した。

「わかりました。後で読ませていただいていいでしょうか？」

他に何を言ったらいいのかわからなかった。果てしなく続くように思われた沈黙の間合いの後、彼は私の手を握って言った。「ありがとう、さようなら。」

彼が背を向けて道路の方へ歩き去ったとき、私は彼に対して限りない感謝の念と親愛の情を感じていた。

同じ年、私は再びザーネンの夏期講話に引き寄せられた。私は川のほとりにテントを設営する手伝いをした。ある午後、講話が翌日から始まるので、われわれの何人かは仕事を完了させるのに忙殺されていた。私は、張られるテントの周囲に溝を掘っていた。ちょうどそのとき、メルセデス・セダンが下からやって来て、片側の出口のあたりに停車した。クリシュナムルティが車から降りて来るのに気づいたとき、全身にわくわく感が走った。彼に同伴していた、彼と背丈も体格もほぼ同じ女性は、優雅だがしかし抑制された洗練さのある装いをしていた。二人はテントの周りを歩いて、内側と外側の細部まで注意深く調べていたが、クリシュナムルティは会う人ごとに挨拶した。彼らが巨大なジオデシック・ドーム[訳註2]空間に入ってきたとき、私はテントの内部にいた。彼らは二人とも以前に何度か会っていたので、すぐ私だとわかった。クリシュナムルティが私をファーストネームで呼びかけてきたとき、嬉しさがこみ上げてきた。私はどもった。「またお目にかかれてとても嬉しいです。明日に間に合うようにテントの設営をほぼ終えたところです。」

「さぞかし大仕事だったのではありませんか?」と彼はねぎらってくれた。

連れの女性と二、三度、言葉を交した後、彼は私に訊ねた。「さしつかえなかったら、演壇に上がって、しばらくの間椅子に腰かけてみてくれませんか?」

「いいですとも、先生。」そう私は、要請にやや戸惑いながら答えた。私がステージの上に登ったとき、少し気恥ずかしくなり、その行為の目的について相反する思いが私の精神の中で交錯した。

「さあ、どうぞ、椅子に坐ってください。」私が少しためらっているのに気づいたとき、彼は繰り返した。

木製の椅子に腰を下ろしながら、私は、一瞬、両手で座席の端を掴んでから、その上に腰を下ろすという、クリシュナムルティの特徴あるポーズの一つをとってみたいという誘惑に駆られた。クリシュナムルティと連れの女性は通路に沿ってテントの最も外れまで歩いていき、視角をチェックしたりしていたが、その間、私は人気のないベンチの列を見渡しながら、じっとしたまま黙って坐っていた。

「椅子をもう少し左の方へ移動してくれませんか?」クリシュナムルティが後部の列から呼びかけた。

椅子を動かしながら、私は彼らが互いに相談し合っているのを静かに見守った。私が壇上で話し手の場所を占めて坐っていると、彼あるいは他の誰かの真似をすることは何と根本的に矛盾した行為だろうという思いが浮かんできた。同時に私は自分が彼のようでありたい、または私が想像したとおりの彼のようでありたいと思っていることに気づいた。葛藤のない人生を送り、慈愛と静けさに満ちているが、けれども途方もないエネルギーと活気に満ちた静かな精神を持ちたいと思っていたのだ。

こういう思いが心を横切っている間、クリシュナムルティは後方から手を振って、空いたベンチの列の向こうから呼びかけてきた。「どうもありがとう。」

「どういたしまして。」そう答えて、私はステージを離れ、明日のための準備作業を続けた。

[訳注1] 一九六〇年に公開された映画『ママは二挺拳銃』(High Time) の主題歌 "The Second Time Around" (題訳：〝縁は二度訪れて〟)。三曲から成り、以下がその最後の歌詞である。

who can say
誰が言うのか、
what let us
僕達の行動は摩訶不思議って、
to this miracle we found
僕達の見つけたこの奇跡的な事とは何か、
there are those who bet
二度目の恋では、若き日の気持ちのままだって事。
love comes but once and yet
愛は訪れ、でも一度目は終わった、そして続きが残っていた。
i'm very glad we met
僕は、出会えて、とっても嬉しいって告げた。
the second time around
縁は二度訪れてくれた。

[訳註2] ジオデシック・ドーム (geodesic dome) は、世界的に有名な建築家バックミンスター・フラーによって一九四七年に考案された。球に近い正多面体である正十二面体ないし正二十面体、あるいは半正多面体の切頂二十面体を、さらに対称性をできるだけ持たせながら正三角形に近い三角形で細分割し、球面をその測地線 (ジオデシック) ないし測地線を近似する線分の集まりで構成したドーム、特に、そのような構造を均質な構造材を多数並べることによって組み上げたドーム状構造物である。ジオデシックを訳して「測地線ドーム」、考案者の名から「フラードーム」とも呼ばれる。(Wikipedia)

第2部　クリシュナムルティとのランチ

前菜

・トストグリーンサラダ（軽く青野菜を混ぜ合わせたサラダ。
・ビネグレットソースまたはヨーグルトのドレッシング付き）
・生野菜の取り合わせ（薄切りトマト、薄切りキュウリ、角切りセロリ、
レモンと蜂蜜入りのすりおろしニンジン）
・レンズ豆のスープ（ピーマン、タマネギ、セロリ、ニンジン、トマト、パセリ入り）

主食

・蒸した玄米（スライスアーモンド添え）
・ラタトゥーユ（ニンニク、タマネギ、マッシュルーム、ピーマン、ズッキーニ、
トマト、ナス入り、新鮮なすりおろしグリエールチーズ添え）

デザート

・トロピカルフルーツサラダ（パイナップル、パパイヤ、バナナ、
タンジェリン、桃入り。新鮮な薄切りココナッツ添え）

第5章　月の谷間で

十一月のブロックウッド・パーク講話とニューデリー講話の後、私は東南アジアを一年間かけて巡歴し、最後に、一九七五年の梅が咲く季節に日出ずる国に到着した。京都の私立学校で教えながら、私は一時期を費やして、自分の人生行路とその中味をじっくり吟味してみた。クリシュナムルティの仕事へと導かれたことは私の人生観を根本的に変え、そして過去四年間にわたってなされたクリシュナムルティとの散発的な個人的接触は、意識の他の次元だと私には思われるものへのドアを開いてくれた。しかしそれは〝約束の地〟（あこがれの状態）の単なる一瞥にすぎず、私自身の人生での実現からは程遠いように思われる何かであった。聖なるものを探求するという私の心的傾向は充分に活気づいており、ネパール、ラオス、タイ、そして日本のような仏教的伝統の根づいた文化の中での暮らしは、いかなる宗教的な企ても、いったん組織化され、制度化されると、真理の生きた本質からかけ離れた、まったく空虚な形式、迷信、教義および儀式に帰着するだけだという事実への有無を言わせぬ洞察を私に与えてくれた。

こうしたことを目のあたりにして私は、権力的階層組織や、葛藤、競争、圧力のない環境の中で、すべての、またはほとんどの制度がはまる罠に陥ることなく、同じような思いを持つ人々と共に仕事をすることはできないだろうかと思案した。そして私は、自分の周りの至る所、また自分の内部で観察される自己関心や私利私欲の狭い境界線を越えた意義深い何か、人間の意識を変容させることを可能にするかもしれない何かを把握することを切望した。

ちょうどそのとき、オーハイにいる友だちから一通の手紙が届き、新しいクリシュナムルティ・スクールがオーハイに九月に開校されると教えてくれた。そして、まだいくつかの勤め口――庭師、料理人、用務員――が空いており、もし関心があるなら応募できるというのである。これは天からのメッセージのようなもので、私の問いかけと切望にぴったり答えてくれた。私は電話をかけて、オーハイの友だちを呼び出し、どんな資格でであれ、新しい学校で働くことに関心があると確言した。

私は一九七二年にリシヴァレーでアラン・フッカー[訳注1]と妻のヘレンに会ったことがあり、以来文通し続けてきた。彼は多くの有名な映画や演劇関係者たちに人気のある名高いランチハウス・レストラン（牧場主の家風の平屋のレストラン）の共同オーナーだった。彼は私に、カリフォルニアに来る前にザーネンに立ち寄って講話を聴くといいのではないかと示唆した。それは素晴しいプランのように思われたので、われわれは七月にスイスで会うことに同意した。

その年のザーネンでのクリシュナムルティへの傾聴は私にとってまったく新しい経験であり――まるで初めて彼の話を聴いているような思いがした。もちろん、私は以前にも彼の言葉を聴き、彼の本を読み、それらについて熟考していた。しかし川端のテントの中で彼が熱心に伝えようとしたことには、革命的な新しさの性質が備わっていた。オーハイの新しい教育事業で彼と共に仕事をするという見通しは、人間にとってきわめて大きな重要性を持つ企てに携わるのだという思いで私を満たした。

八月中旬に私がオーハイに到着したとき、私は自分がまったく新しい状況の中にいることに気づいた。第一の驚きは、砂漠地帯に特有のあの空漠さ、ウルシやサルビアの強烈な匂い、星のきらめく夜空などに包まれた、暑くて乾いた真夏の谷の美しさだった。私の住居と仕事場は谷の東端にあった。それは今世紀初頭に建てられた、オレンジとアボガドの二万坪近くもある果樹園に囲まれた、大きな牧場主の家風の建物だった。それは、適切にも、サンスクリット語で〝貴人の館〟を意味するアーリヤ・ヴィハーラ（Arya Vihara：略称A・V）と名づけられており、一九二二年以来ここにクリシュナムルティ、彼の弟、およびその他の関係者が住んでいた。果樹園とは別に、ユーカリ、糸杉、松、柿およびその他の様々な樹木、ならびに夾竹桃、薔薇、ジャスミンなどの様々な花が咲く薮があった。この素晴しい土地は教職員たちの住居にだけでなく、少なくとも新校舎がオーク・グローブに隣接した谷の別端に用意されるまでは教室にも充てられることになっていた。

私にとって最も大きな驚きだったのは、私が学校の料理人となるということを知ったことである。一瞬、私は唖然とした。どれにするかは私が選べるのだろうと素朴に想像していたからである。実は、庭仕事の経験は事実上皆無だったのだが、私は庭師および地上作業員として働くと思い込んでいたのだ。が、この根本的に異なる状況に内面的に合わせるのにさほどの時間はかからなかった。初めから、まったくのゼロから始めることには大きな自由があった。この仕事のことは何一つ知らず、それゆえ自分の力で自由に発見し、見つけ出せばいいのだと悟ったのである。私には自分の能力と重要性についてのいかなる気負いもなく、自分のことを気ままに歩きまわって探索する子どものように感じていた。こうした精神状態はまた、私自身を料理法に深く入り込ませるのを助けた。調理術を徐々にだが限りなく身につけることを可能にしてくれた一つの環境は、フッカー家との親交であった。彼らは手始めに、アランが書いたベジタリアン料理の教本のうちの一冊を私に進呈してくれたのだ。

その後数カ月間かけて私はこの本を全部精読し、ハーブやスパイスについて、計量、乱切り、撹拌、味見のし方について学んだ。それは料理に関する一種のバイブルになり、そして著者自身が質問に答えたり、料理のこつを直々教えてくれるというのはきわめて好都合であることが判明した。事実、アランもヘレンも素晴らしい教師で、自己主張したり、押しつけたり、知ったかぶりしたりすることはいっさいせず、ただ援助してくれた。生徒が、たとえ無知であっても、彼なりのやり方で進むようにさせ、必要なときにだけ助けの手を差し伸べるという——本当の教師の道をわきまえていた。

ベジタリアン料理を供するという私の新しい役割に私が楽に収まるのを助けた他の要因は、アーリヤ・ヴィハーラでの少なくとも最初の数カ月間は、教師と生徒の数が合計でも十名以上になることは滅多になかったという情況である。それでもなお、キャリアと私生活の釣り合いを取ることに腐心している実に多くの人々がこうむる奇妙な心理的疾患、つまり、緊張、ストレス、または単に時間の圧力を私は少しも免れていなかった。私の場合は、もちろん、それは主として、容赦なく昼食または夜食の時間を知らせるキッチンの時計の両針によって引き起こされた。

校長が学校と財団のシェフとしての私の責任を定めたとき、クリシュナムルティのオーハイ訪問中に彼に食事を用意することも任務の一部だということを明らかにした。これもまた他の大きな驚きであり、私にショックを与え、私を不安にさせ、かつ喜ばせもした。私は依然として料理の専門知識を広げることを大いに必要としており、それゆえ、そこまでの任務を果たす資格はまだないと感じていた。その上私は、クリシュナムルティのために料理することはとても大きな責任だと認識していた。何かの間違いをしでかしたら、どうすればいいのか？

しかし他のレベルでは、私の立場の思いがけない側面によって高揚させられるのを感じた。自分が賞賛し、大事にしている人のために料理をすることは確かに特権かつ名誉であり、そこで新しい料理法とレシピを手に入れることに加えて、私はクリシュナムルティの食べ物の好き嫌いについてできるだけ見つけ出すべく努めた。再び、Kのための料理の基本的必須要件を私にたたき込むことができたのは主にアランであった。彼は過去二十五年間にわたり、多くの機会にクリシュナムルティのために料理しただけでなく、またブロックウッドパーク・スクールのキッチンの設置にも寄与していたのである。

基本的なベジタリアン食の範囲内であれば、クリシュナムルティの食事上の制限は少なかった。こってりした食べ物を避ける、つまり脂肪や油や酪農品の使用を最小限にすること。バターとクリーム、精粉、砂糖製品、ならびにその他の加工品の使用を避けること。唐辛子のようなきつい香辛料を用いないこと。もし可能なら、できるだけ新鮮な、有機栽培野菜を用いること。

クリシュナムルティは、通常、二月の末頃カリフォルニアに到着するので、私の料理の腕を磨き、彼好みの食事作りに熟達するまでに私にはほぼ半年間の猶予があった。

突然、一九七五年十月の終り近くに、私の精神の中で非常事態に類することが宣言された。それは不安と喜びの両者の種になった。クリシュナムルティがインドへのいつもの三カ月間の旅行を中止し、そのかわりにカリフォルニアに向かっているというのである。この劇的な変更の理由は、その年の初め頃、インドの首相インディラ・ガンジーが非常事態を宣言し、すべての出版物、メディアの伝達、公開の催し物に対する事前検閲を命じたことである。クリシュナムルティのそれのような講話は最後の部類に入り、そして彼はそのような制限下で講話をする気はなかったので、即刻インド訪問を中止したのである。ここにはある種の皮肉がある。首相がしばしば彼に精神的な助言だけでなく、実際的なそれをも求めていたからである。しかし、たとえ非常事態下の規制からの特別の免除が彼に与えられたとしても、彼は明らかにそのような恩恵に預かろうとはしなかったであろう。そういうわけで彼はカリフォルニアにやって来たのである。

最初彼はマリブに滞在したが、しかし結局はオーハイの新しい学校を訪れるだろうとわれわれは予想していた。

十一月としては珍しいほど暖かでよく晴れたある朝、クリシュナムルティがアーリヤ・ヴィハーラを訪れて、昼食のために留まるだろうという知らせがいち早く伝えられた。私はただちにこれを、過去三カ月にわたり料理術の分野で学んだことを実証するための最初の大試練だと見なした。それは、私を刺激しかつ恐れさせた挑戦であった。

アランとヘレンが食事の準備とテーブルのセッティングのため、ランチタイムの二時間前に現れたことは渡りに船だった。幸先のいい機会であるにもかかわらず、私は飛び切りの、または実験的なごちそうを出すという気分にはならず、ただ無難にこなすことだけを望んだ。十四人分のランチは、ビネグレットソースかヨーグルトのいずれかのドレッシングをかけたトストグリーンサラダで始まった。それに生野菜、薄切りトマトとキュウリ、角切りセロリ、ニンジンのすりおろしと続き、それにレモンと蜂蜜の風味を加えた。その次に供されたのはレンズ豆のスープで、どれもきれいに切り揃えられたピーマン、タマネギ、セロリ、ニンジン、トマト、パセリを含んでいた。主食は蒸し料理で、細長く切ったアーモンドをちりばめた玄米と香りの良いラタトゥーユだった。それは始めに各種のハーブで別々に調理されたニンニクとタマネギ、マインユルーム、ピーマン、ズッキーニ、トマト、上手に大きめに切られたナスが一つの鍋の中で一緒にされて、完全にとろ煮になっていた。それにおろしたてのグリエールチーズが添えられていた。

私がデザートとして、細長く切った新鮮なココナッツで飾られたパイナップル、パパイヤ、バナナ、ミカン、ピーチから成るトロピカルフルーツサラダを用意していたちょうどそのとき、校長が急いで台所に入ってきた。彼は私に、クリシュナムルティが、アーリヤ・ヴィハーラの建物から五十ヤードほどのオレンジ園によって隔てられた、一九二〇年代初め以来のオーハイでの彼の住家だったパイン・コテージを出て、こちらに向かっていると告げてくれた。数分後に居室で学校の職員と会談することになっていたのだ。

クリシュナムルティに会うことは、私が完全に慣れてしまうことはけっしてできない刺激的な出来事であった。そして料理長（*chef de cuisine*）という私の新しい資格で彼に会うことは、出会いを特にわくわくさせるものにした。レンジの上のガスバーナーを切って、エプロンを外し、キッチンの隣にある私の居室に入った。私は静かに顔を洗い、どうにか見られる程度になっているのを鏡で確かめてから、髪をなでつけ、コロンをさっと振りかけ、それからキッチンと食堂を通り抜けて図書室まで足を運んだ。

財団理事、教職員、それにボランテイアなど十二名の人々が小グループに分かれて立っており、互いに丁寧な口ぶりで話し合っていた。それは、いわばドラマの一シーン、俳優たちが互いに牽制し合いながら、義務的にもてなし合っている間、注目の的である主役だけが彼らから離れて、彼自身の内なる物思いに耽っている、そんなシーンのように思われた。ここではまさにそのようにクリシュナムルティはしていた。簡素な衣服を優雅に着こなし、片側の壁一面をおおう書棚の前に独りで立って、時々背表紙を見てその本を抜き取り、拾い読みした後、それを元の場所に戻していた。

部屋にいる人はすべて旧知だったが、私はやや気恥ずかしく、神経質になり、そして独りだけ離れて立ち、しばしの間クリシュナムルティを見守った。すると、背が高い、驚くほど青い目の校長が私が頼りなさそうにしているのに気づいて、彼が私をクリシュナムルティに紹介できるように、こっちに来なさいと手招きした。

彼は「ごめんなさい、クリシュナジ。」と、本を片手にしてこちらを向いたクリシュナムルティに言った。本を書棚に戻しながら、「はい、何でしょう。」と彼は答えた。

「こちらはマイケル・クローネンという新しい料理人です。」

「こんにちは。」クリシュナムルティはそう挨拶し、われわれは握手した。

「ありがとうございます。ここで新しい学校の仕事をさせていただくことはこの上なくありがたいことです。しかし、学ぶべきことがまだ多々あります。」と私は儀礼的に言い添えた。

どちらもわれわれの以前の出会いには触れなかったし、彼がそれらのどれかを覚えているかどうかも定かではなかった。とにかく、われわれはあたかも初対面であるかのように、新しい出来事の流れの端緒に立っていたのだから、それは問題ではないように思われた。高揚感に圧倒されて、言うべきもっと多くの言葉を私が探している間に、クリシュナムルティは本のタイトル調べを再開した。突然私は、ちょうど彼の真上の本棚の天辺に、インド的およびギリシャ的風貌の組み合わさった、どことなくクリシュナムルティの顔に似ている、ガンダーラ様式の縞大理石製仏頭彫刻があるのに気づいた。

キッチンに戻ったとき私の中に、自発的に展開していく一つの劇、その形や輪郭を思い描くことはまだできないが、しかし自分がその観客または目撃者であるだけではなく、その中の俳優でもある、そういう劇が思い浮かんできた。

ランチの準備に最後の仕上げを施した後、われわれはキッチンのすぐ外側にあるバック・パティオ（スペイン風中庭）の上の食卓へと盛り皿を運び出した。まだ暖かく日当たりもよく、そして二つの田舎風のレッドウッドの丸木造りのテーブルが置かれ、それぞれの両側に長いベンチが配された。どちらもテーブルマットでおおわれ、その上にフォーク、スプーン、コップ、パンとバター、水やミルクやジュースの入った水差しなどが並べられた。皆が一列になって、それぞれ自分で食べ物を供するのだが、私はクリシュナムルティが列の最後尾にいるのに気がついた。キッチンをざっと整頓した後、私は取り皿を手にして彼の背後に歩み寄った。彼はちょうど自分の取り皿に食べ物を盛ろうとしていた。彼は私の存在を感じたにちがいない。なぜなら、振り向いて私を親しげな眼差しで見つめたからである。

「ああ、マイケル。」と彼は言った。私を先にさせるため脇へどいて、「どうかお先に。」と彼は丁寧に私に促した。

「いや、けっこうです。」とややきっぱりと言って、私は理由を述べた。「私があなたより先というのは適切ではありません。食事を用意する者は最後になるべきです。つまり、常に——家庭でも、宴会等々でも——そうあるべきだという意味です。」

私の言い分を聞きながら私をじっと見守っていたとき、彼の目の中に喜びの光がさっと閃いた。「なるほど。」と彼は笑顔でそれを認め、そして冗談ぽく語気を強めて「では、あなたが最後尾にお付きなさい。」と言った。

テーブル脇に残っていた二つの席のうちの日陰にある方を彼は選び、私はもう一つの、彼から数席離れた方に坐った。が、私の視線は思わず彼の方へ向かってしまった。彼は食物を噛みながら、われわれの間で交わされていた控えめな会話を静かに聞いていた。彼はやや内気そうに思われ、そして質問されると、簡潔に、だが丁寧に返答した。彼の関心が高まったのは、話題がいろいろな国の車、速度制限および交通規則に及んだときだけであった。「私は、今年の初夏にスイスの高速道路で時速九十マイルで走りました。」と元気そうに語り、そして客のうちの何人かがびっくり仰天したのに気づいて、言い添えた。「スイスではそれは規則違反ではないのです。実際それは安全だったのです。メルセデスベンツを運転していましたので。」

われわれのうちの何人かは、彼が疾走しているところを思い描いて笑った。

「ちょっとしたジョークをお聞かせしましょう。」と彼は切り出したが、それからややいたずらっぽく訊ねた。「ここにはクリスチャンはいらっしゃいませんか？」

「私たちはみんなクリスチャンですよ、クリシュナジ。」とある夫人が冗談ぼく答えた。「というか、私たちのほとんどはそうでした——あなたの話をお聞きするまでは。」これを聞いて、より多くの笑いが起こった。

「わかりました。では、天国についての次のようなジョークを皆さんにお話しても気になさらないでしょう。」と彼は続けた。「ある人、スミス氏という中古車のセールスマン、が死に、天国に行きます。聖ペテロが真珠門（Pearly Gates：天国の十二の門）のところで彼を出迎え、そして彼の生前の言行日録をよく調べてから、彼に言います。『けっこうです、スミス君。貴君はかなり慎みのある人生を送り、さほど多くの罪も犯さなかったので、天国に入ることができます。どんな願いごとでもかなえてしんぜよう。』すると彼は即座に言います。『ああ、新品のフェラーリ・コンバーティブルを手に入れたいとかねがね思っておりました。』聖ペテロは答えます。『いいですとも、貴君が思い描くことができるいかなる機種、色そして年代のものも揃っています。黙ってついてきなさい。』そしてペテロは彼を雲の上の広大な駐車場に連れていきます。そこには最高に素晴しい車が次々に列を成して並んでいます。『どれでもいいから、お望みの機種を選びなさい。』と聖ペテロは彼に言います。そこで彼は彼の好みの、ピカピカに磨き上げられた新品を選びます。それから聖ペテロは言います。『ただし、ここには速度制限があるということを貴君に知らせておかねばなりません——それは天上の掟です。時速三十五マイル以上で走ってはならない。これは誰もが遵守しなければならない規則です。もしも貴君がそれに違犯すれば、一巻の終りです。それをよくわきまえておくこと。』そこでスミス氏は同意して、常に制限速度以内で嬉々としてあちこち乗り回します。やがてある日、一台の車が時速百マイルで彼の車の脇をブーンという音を立てて追い越します。彼は仰天して聖ペテロのところまで車で行き、『一台の車が時速百マイルで追い越していきました。』と文句を言った。『私はずっと制限を守ってきたのに……』聖ペテロは彼をさえぎります。『どんなタイプの車でした？』『赤いコンバーティブル、ポルシェだったと思います。』とスミス氏は答えます。「運転手を見ましたか？　髭をはやし、長髪ではなかったですか？』と聖ペテロが訊ねます。スミス氏は驚いて言います。『そのとおりです、どうしてご存知なんですか？』『実は、』聖ペテロは溜息をつき、肩をすぼめて言います。『われわれは何も口出しできないのです――その男はボスの息子なのです。』」

われわれは全員大笑いした。ジョークそれ自体だけでなく、溌剌とした身振りと滑稽な顔の表情を交えたクリシュナムルティの愉快な話しぶりもまた面白かったのだ。それを話すことに彼が大きな喜びを感じていることは明らかだった。

最近そう呼ばれるようになったオーク・グローブ校での最初の三名の生徒への授業がアーリヤ・ヴィハーラで行なわれている間に、最初の校舎、「パビリオン」の建築が、約七マイル西にある渓谷の他の端で進行していた。クリシュナムルティと彼の世話役兼秘書であるメアリー・ジンバリストが、ほぼ毎週末にマリブから車でやって来た。彼らはアーリヤ・ヴィハーラに寄宿している職員たちとよくランチを共にし、私は彼らが一泊するパイン・コテージまでよく夜食を運んだ。また、晴天の日には、バックパティオでの戸外ランチをよく提供したものである。

こうしたランチの場でのクリシュナムルティとの出会いは、私に一種の魔法のような効果を及ぼした。そこにはまったく独特の洗練された雰囲気と、探求心を大いにそそる環境があった。その上、それは彼を観察し、彼と交流するための大きな機会でもあった。しかし、初めのうちは、私はあまりにも自意識が強かったので、とりわけ他の人々の面前では、ちょっとした日常的な会話以外のいかなる種類の会話にも彼を誘い込むことはできなかった。しかしながら、時々、思いがけない出会いに恵まれて、まゆつばものの話をしたりすることもあった。ある土曜日、私が食べ物をキッチンから戸外のテーブルまで運んでいたとき、突然私は、数日前にパティオの壁に取り付けたいわゆる〝フリーダム・マシーン〟の前に彼が立っているのに気づいた。彼は、絶えずブンブンと音を立てながら青味がかった光を放っている装置にじっと見入っていた。

「これは何ですか?」と彼は私に訊ねた。

私は丁重に答えた。「これはですね、クリシュナジ、昆虫、蠅、その他の飛んでくる虫を引き寄せて、それらを除去するために考案された電気式装置です。」

反発や嫌悪感など、その破壊的装置を見て彼が持つかもしれないと私が懸念した反応のどれも出てこなかった。彼はただ、いかなる感情的または道義的な判断も交えない、一種の冷静な科学的関心を示しただけだった。

「どのようにしてそれは虫を引き寄せるのですか?」と彼が訊ねた。

「どういうわけか、この青味がかった光が、特に夜間、虫を興奮させるのだと思います。」と私は推測した。

「では、どういうわけでそれが殺虫効果を生じさせるのですか?」

私が使うのを避けようとした言葉を平気で使って、彼は訊ね続けた。私は神経質になり、いささか居心地が悪くなり始めた。オレンジ園の地面の上の腐りかかった果実の中で増殖し、戸外でのランチの間中かなり迷惑になる昆虫類を駆除する装置を取り付けるように提案したのは、他ならぬ私だったからである。

「電球の前に線が巻いてあるでしょう。それらに電流が通され、虫がその光の方に飛んできて、羽が触れたりすると感電するのです。」と私は説明した。

ちょうどそのとき、まるで私の説明を例証するかのように、一匹の蠅が誘蛾燈に向かって飛んできて、ひらひら翻る羽がフィラメントにぶつかったとき、ジューという鋭い、短い音とともにぼっと小さな火花が出た。彼がその装置の殺傷作用を見守っているのを、私は懐疑的に眺めた。静けさが彼を包み、そして彼の両目は観察の機敏さを表わしていた。彼はジュージューという音で素早く退いたが、しかし装置の作用が完了するまで、熱心にその過程を見つめ続けていた。それから私の方を振り向いて、事務的に言った。「なかなかすさまじいものですね。そうではありませんか？」

私は、昆虫撃退装置およびわれわれがそれをここで使っているという事実を彼がいかなる判断も交えずに受けとめているということに驚いた。講話や対話ではいかなる殺生も断固として非難し、人間が他の人間を殺すことを最大の悪だと言明していたからである。当然ながら私は、これは、一つの教義のように、必然的にあらゆるものに適用されるものだと結論づけていた。が、彼の言明はいかなる種類の教義とも無関係であった。彼の英知は、理想や信念によって妨げられることなく、事実のみによって導かれてものごとの全体を知覚したので、いかなる事態においても——ごく些細な、一見して取るに足りないそれにおいても——働くことができたのである。

私は彼の寸評に応えて頷き、装置に取り付けられている小さな銅板を指した。「見てください。この装置の名称がおわかりでしょう？」

彼はじっと見つめ、そして読んだ。「〝フリーダム・マシーン〟ですか。いやはや。」

私はこの表現とその名称の逆説的な皮肉に思わず苦笑した。クリシュナムルティもちょっとの間私の笑いに合わせたが、しかしすぐ真顔に戻った。

「それにしてもひどい匂いですね。」と彼は評した。

私は申し訳なさそうに肩をすぼめた。「せめてランチの間だけは消しておくべきでしょうね」と私は示唆した。

「それは良い考えです」と彼は言って背を向け、網戸を通ってキッチンの中に入っていった。


[訳注1]アラン・フッカー（一九〇二～一九九三）は、「優秀レストラン賞」を受賞した、オーハイにおける菜食レストラン経営の草分け的存在。ピアノの授業を生計の糧とし、ジャズピアニストとして活躍した後、一九四九年に財産を整理してオハイオを後にし、クリシュナムルティの教えを学ぶべくオーハイに向かった。

一九九二年のインタビューの中で、彼は次のように述べている。「オハイオで真夜中に目を覚ますと、私は思わず言いました。『オーハイ！　オーハイ！　オーハイに行かなければならない。』」

『回想のクリシュナムルティ　第二部：最後の一歩……』の中で、彼は次のように回顧している。


私は多くの歳月にわたりクリシュナムルティの食事の用意を手伝うことを常としてきましたが、けっして彼のことがわかったとは感じませんでした。なぜなら、私にとっては常に、そこにいたのは〝属性のない存在〟だったからです。そこにいたのは、特定の習慣や好き嫌い等々を持った人々と会うような仕方で会うことができる人ではありませんでした。私が知りうるかぎりでは、そこにはそういったすべての属性から自由であるように思われる人がいたのです。ですから、そこには〝普通の意味での〟出会いはなかったのです。しかし、彼が問題を抱えて訪ねて来た人々と話しているのをテーブル越しに聞くというのは、この上ない特権でした。私の人生の中で、彼とのこうしたランチ以上に素晴らしいことは想像できません。

私の考えでは、この地上でものを考える人に対してクリシュナムルティがした最も重要な貢献は、彼がわれわれに信念（belief）の性質を探究するよう促したことです。なぜなら、ほとんどの宗教は信念に基づいており、そして彼はその全部を単なる思考のプロセスにすぎないとして粉砕するからです。彼は、多分、仏陀を除いて、これを言った最初の人の一人であるように思われます。そしてこれは、信念に根ざしている人々をかなり驚かせ、狼狽させ、彼らに衝撃を与えるのではないでしょうか。

フッカーは、クリシュナムルティの食事を用意するかたわらキッチンで学んだという点で、まさにクローネンの偉大な先達だったと言える。

前菜

・トストグリーンサラダ（ビネグレットソースまたは自家製クリーミードレッシング付き）

・薄切りのジカマ（クズイモ）（レモンとみじん切りのパセリあえ）

・メキシコ産アボガドのガカモーレ（アボガドのパテ）

主食

・穂付きの蒸しとうもろこし

・トマトソースとチリソースで炒めたぶちインゲン豆

・チリ・レレノ（甘みのあるピーマンにモントレージャックチーズを詰め、卵、ミルク、小麦粉の混ぜ物の中でさっと焼いたもの）

デザート

・セコイヤ大イチゴ（サワークリームとスイートジンジャーソース添え）

第6章　クリシュナジとの集会

二月中旬に私が受けたニュースは脅威でもあり、また興奮させるものでもあった。一カ月以内、一九七六年三月に、クリシュナムルティと北米中からの二十名以上の科学者および大学教師との六日間に及ぶ会議がアーリヤ・ヴィハーラで開催されることになったのだ。これはクリシュナムルティの親しい同志であるデヴィッド・ボーム博士によって企画された、「崩壊しつつある社会の中で自由に生き続けるための正しい行動とは何か?」と題する会議であった。

それはいくつもの仕方で私に影響を与えようとしていた。この会合のためのすべての配膳業務を私が担当しなければならなくなったからである。会議の出席者、配偶者および職員を含めて、全部で四五名から五十名の客がランチにやって来る。ベジタリアン料理の基礎を習得し始めてからまだ六カ月も経っていない新米の私が、一週間にわたる催しのための昼夜食のメニューを作り、用意しなければならないのだ。それはひるませるような任務に思われたが、幸いにもアランとヘレンがやってきて私を助けつつ、彼らの専門知識を授けてくれることになった。さらに、数名の有能なボランティアが急に現れて、手伝ってくれることになった。

食事はアーリヤ・ヴィハーラで出されたが、会議自体は、付近にある、「アメリカ・クリシュナムルティ」財団の理事で、長年にわたるクリシュナムルティの友人であるテオおよびエルナ・リリーフェルト夫妻の邸宅で行われた。毎朝の会議の後、正午過ぎに、博士や教授たちが配偶者共々アーリヤ・ヴィハーラにやって来た。先ほどまでの討論によってまだ盛り上がっていた彼らは、ランチの間もずっと論題について話し合っていた。

自分たちの推論に没頭している学者たちの間で、クリシュナムルティはむしろ思索に耽っているようで、ほとんど無口であった。学界と彼とのやりとりを観察することは魅力的だった。それは、一方では彼の好奇心を誘ったが、他方ではそれを痛罵することを躊躇しなかった。英国の有名大学の入試を何度もしくじり、学位も肩書きも持っていない彼が、居並ぶ科学者や教授たちに根本的な仕方で挑戦したのである。

会合の初日に彼は「すべての思考は悲しみへと行き着く」と宣言することによって、彼らのど真ん中に心理的な爆弾を投じた。この単純な言明の絶対性は出席者のほとんどの生計と経歴が依拠している知識の基盤に疑義を呈しただけでなく、それはまた彼らの個人的および集団的価値構造を暗黙のうちに否定したのである。それゆえ、それに続いた騒ぎが会議の終了後まで収まらなかったというのは意外ではない。

数名の派手な参加者の存在がドラマチックな雰囲気をさらに盛り上げ、それはセミナー全体に行き渡った。初めの頃、カナダの大学から来た一人の教授がかなり常軌を逸した行動をした。自己に関する彼の長い学術論文を披露する機会がなさそうだと思って不満を募らせた彼は、粗野になり、大声を出した。罵詈雑言を吐き散らした後、三日目にそそくさと立ち去ってしまった。南カリフォルニアから来たある学者は、食事のため坐っている間もずっと、羽毛の飾りのついた幅の広いカウボーイ・ハットをかぶっていた。彼はそれを彼の〝パワー・ハット〟と称していたが、その考えは当時有名になりつつあったカルロス・カスタネダの著作から取り入れたものだった。この教授はそれらの本の中心人物であるドン・ファンの教えとクリシュナムルティの教えの類似点を照合すべく努めていたのである。二十代後半の魅力的な女性が変名でやって来たが、翌日、たぶん誰も彼女が誰なのかに気づかなかったことへの不満から、自ら正体を明らかにした。彼女はかなり高位にある国家的指導者の有名な配偶者であることが判明した。

これらすべてのてんてこ舞いの最中にクリシュナムルティは平静を保ち、周囲で起こっていることを黙って見守っていた。二つの超大国、アメリカ合衆国とソビエト連邦間の対立についての昼食時の会話中に、彼は不意に会話に加わり、そして訊ねた。「ジョークを一つ披露させていただいていいでしょうか？　ある夜更けに一人の酔っぱらいがクレムリンの前の赤の広場をよたよた歩きながら、声を張り上げて歌っていました。『ブレジネフは大馬鹿者だ！　ブレジネフは大馬鹿者だ！』直ちに数人の国家保安委員会（カーゲーベー［ＫＧＢ］）のエージェントが彼に近寄り、有無を言わさず彼を留置場へ連行します。翌朝裁判官の前に出頭すると、彼は『二十年と二日間のシベリヤでの重労働』を言い渡されます。その男はとても信じ難いので、こう叫びます。『二十年と二日間？　なぜですか？　私はただ公共の場で酔っぱらっていただけではないですか！』すると裁判官が答えます。『公共の場で酔っぱらっていたことに対しては二日。二十年は国家機密をばらしたことに対してだ。』」

テーブルのまわりに笑いの渦が起こり、そして教授たちの何人かが素早く彼ら自身のジョークを披露した。クリシュナムルティは彼らの話を注意深く聞き、そのいくつかに屈託なく大笑いした。それに続く短い沈黙の間合いの後、彼は彼の十八番《レパートリー》の中の別のジョークを披露した。

「ロシア人が最初の宇宙飛行士たちを宇宙に行かせたときのことを憶えておられることでしょう。彼らは、帰還すると、クレムリンの盛大な宴会に招待されました。ブレジネフ書記長を始めとするすべての党幹部たちが出席していました。ブレジネフは、彼らの胸に勲章をつけていたとき、低い声で言いました。『後で私の部屋に来なさい。』彼らは、言われたとおり、彼に会いに行きました。すると彼は彼らに訊ねました。『諸君が地球のはるか上の宇宙空間にいたとき、多分長くて白いあご髭を生やし、円い頭光のある非常に高齢の老人を見たのではないかね？』宇宙飛行士たちは答えました。『はい、われらが同志なる書記長殿、そのような人を確かに見ました。』ブレジネフはうなづきました。『やはりそうだったのか。が、同志諸君、よく聞きなさい。

このことを誰にも口外してはならない。もし誰かに漏らしでもしたら、シベリヤの強制労働収容所送りとなる。わかったね。』宇宙飛行士たちは『はい、書記長どの。』とさりげなく挨拶しました。次に彼らは東ヨーロッパのすべての共産国を歴訪し、さらに大きな共産党のあるイタリアを訪問しました。ローマ法王がこのことを聞いて、彼らをバチカンの盛大な晩餐会に招待しました。その後、法王から特別の祝福を受けるため彼のもとへ連れていかれました。すると法王は『私の専用室に来てください。』とそっと小声《ソットヴォーチェ》で（sotto voce）求めました。宇宙飛行士たちは法王の専用室を見て驚嘆しました。それは豪華さと古めかしさの点で書記長の部屋をはるかに凌いでいたのです。そして法王はおもむろに彼らに訊ねました。『諸君がはるか上の宇宙空間にいたとき、多分長くて白いあご髭を生やし、円い頭光のある老人を見たのではないですか？』宇宙飛行士たちは驚いてお互いの顔を見やり、そして首を振って言いました。『いいえ、同志たる法王さま、宇宙にはそのような人は誰もいませんでした。』法王は物思わしげにあごをなでました。『やはりそうですか。実はそうだと思っていたのです。しかし、どうか誰にもそのことは言わないでほしい。』」

　それを聞いてテーブル全部がわっという笑い声に包まれた。

　六日間のセミナーの終了時に、その成功度合いについてのいくつかの質問があった。クリシュナムルティは厳しい懐疑精神でもって、思考と知識の役割を根本的に新しい仕方で調べてみるという、その所期の意図を成就したとは思えないと述べた。しかしながら、狭いキッチンから見たかぎりでは、会議は成功だった。普段は肉食をしている客たちですら、われわれが提供した純然たるベジタリアン料理に誰一人文句を言わなかった。事実、いくつかの賛辞があり、時々レシピへの要望があった。それは、料理術への火による洗礼だったと私は感じた。

四月の初めに、オーク・グローブで二週間にわたる公開講話が催された。国中から、また海外からも、数千名の人々が樫の木の天蓋の下の芝草の上に参集し、椅子に腰かけていた。いまだかつて建物を築かれたり、商業的な目的のために使用されたりしたことのない、自然のままの、隔離された区画であった。グローブの北側の木々の間に演台が設けられて、そこから簡単な木製の椅子に坐ったクリシュナムルティが参集した人々に講話をする慣しになっていた。彼らは、時々エキセントリックになるが、概して南カリフォルニア特有のざっくばらんで気の置けない、友好的な聴衆で、様々な民族、人種、階級、年齢の人類の良い見本であった。

娯楽が重要な役割を果たしているだけでなく、白昼堂々とまかり通っている社会の中で、クリシュナムルティはこの集会が娯楽的な催し物でも講義でも、いかなるプロパガンダでも説教でもないということをきっぱりと指摘した。彼にとってそれは生の諸問題を一緒に探求することである。われわれの生き方を絶えず一緒に問い、疑い、調べてみることである。キーワードは〝一緒に〟(together)であった。まったく同じ瞬間に彼、話し手、とわれわれ、聴き手、との間のこの一緒の運動がないかぎり、創造的な火花は消え去るであろう。背後の青い山々、常緑の樫の木をくぐり抜けてくる光と影の交錯、拡声器によって拡大された言葉に熱心に傾聴する聴衆——それらすべてが組み合わさって、私の精神の中に高揚した出来事という印象を創り出していた。

オーハイ講話の後、クリシュナムルティはニューヨークに飛び、そこからヨーロッパとインドへ向かった。

このたびは、しかしながら、オーク・グローブ校での任務が続いていたため、私はこれらの集会のどれにも出席することができず、そしてわれわれがオーハイで再会したのは翌年の二月のことだった。

一九七七年二月に開催された三週間にわたる会議には、五つの国際クリシュナムルティ財団の理事たちが一堂に会した。国別に認可されたこれらの財団はそれぞれの国での公開講話を手配し、出版物や翻訳を統括し、彼の名を冠した様々な学校の運営を監督し、これらの活動を支持するための寄付金を集めたりしていた。米国、カナダ、英国、インドならびにラテンアメリカからの約二十名の理事がオーハイにやって来て、その中の数名は会議の期間中ずっとアーリヤ・ヴィハーラに逗留した。その間に彼らの食事を作るのが私の責任だった。

クリシュナムルティと彼の長年にわたる盟友や親友との日々の交流を見ることは、私にとっては魅力的であった。一方では、周囲の人々の扱い方において、彼は完全に民主的で人類平等主義的であった。単なるボランティア、庭師、調理師から、成功した実業家や裕福な貴族に至るまで、全員が彼にとっては同等であるように思われた。彼はあらゆる人を同じ敬意と配慮をもって遇した。彼はどの人にも「サー」あるいは「マダム」と呼びかけただけではなかった。あらゆる人々に対する彼の深く機敏で、愛情深い関心を，人は実際に見ることができたのである。動物、花、木、日常生活の事物などのどれも親切な思いやりと尊敬から除外されることはなかった。私は彼ほど、何かに左右されたり、機械的になったりすることなしに行儀正しく、騎士道的に振る舞う人を今まで一度も見たことがない。

他方では私は、あらゆる種類の微妙な、またはさほど微妙ではない階級的な区別を伴った、王侯君主の宮廷にいるような印象を受けざるをえなかった。誰もが自然に敬意を払う、議論の余地がない注意の焦点がクリシュナムルティであった。彼は、事実上誰もが恋してしまう愛情の対象であり、そして彼への近さおよび彼からの遠さが微妙なランキングを付与しているように思われた。しかし、これらの心理的区別と、それらに伴う比較および分離的な障壁を作り出したのは、もっぱらわれわれだったのだ。

たとえそうではあっても、ランチは殊の外楽しかった。クリシュナムルティを中心にして、われわれは一つの大きな家族、その成員の間には比較、羨望、嫉妬がまったく不在ではなかったかもしれないが、しかし一般的に言えば善意が行き渡っている、そういう家族を成していた。私はリリーフェルト夫妻宅での討議には参加しなかったが、それに続くランチの際の会話から、また客たちの一般的雰囲気と様子から、会合とその全般的な傾向についての印象を得るために十分なほどの情報を少しずつ集めることができた。

明らかに、彼は彼らを叱責していた。ランチのためアーリヤ・ヴィハーラに到着したときの彼らの真面目な表情がそれを立証していた。彼らは憂鬱そうにも意気消沈しているようにも見えなかったが、むしろ思慮深く、内省的になっているように思われた——あたかも誰かが彼らに宝石を見せ、その光が彼ら自身の心の中から放たれていると示唆したかのように。普通、職員や公衆との会合中は、彼はわれわれを叱るのに個人的な小言や文句を言ったりはしなかった。むしろ、われわれの人生の輪郭と本質とをはっきりさせて、その瞬間のありのままのわれわれの姿を、いわば鏡に映し出してわれわれに見させるのだった。しかし、ここ、友だちや同志の間では、彼は明らかにそれを超えており、彼の仕事への彼らの寄与を含むあらゆることを問いただしただけでなく、未来の彼の死や、それが彼らと財団に与えるかもしれない影響などにも言及した。彼の関心は財政的な存続や記録された彼の仕事の保存とかにではなく、むしろその生きていく性質、炎が彼の個人的な死を超えて生き長らえることができるかどうかにあった。彼と多年にわたり仕事を共にしてきた人々が、彼と共に生きることがどんなふうだったについての感覚と感触を、彼と一度も会ったことがない人々に伝えることができるだろうか？　彼は理事たちに訊ねる。「クリシュナムルティのことを知りたくてシアトルからここにやって来る人、こういったすべてについて何も知らない人にどう言って聞かせますか？　どのようにそれを彼に伝えたらいいと思いますか？」そう、彼は大いなる切迫感をもって訊ねた。その後、シアトルからの架空の人物はちょっとした語り草になった。

そして、あたかも彼らの傾倒の力の程度を確かめるかのように、彼は仏陀の衣鉢を継いだ弟子の例を巧みに持ち出し、そのような人に会って、仏陀と共に生きることがどんなふうだったかを教えてもらうため、地球の果てまで旅したいと思うだろうかと訊ねた。

こういったすべてのことが起こっている間中ずっと、私はキッチンで三十五人分のランチを用意していた。その日の献立はメキシカン風で、薄切りクズイモ、ここの果樹園からのアボガドのソース付きガガモール、グリーンサラダ、それに穂付きの蒸しとうもろこしから成っていた。さらに、チリソースで味付けしたぶちインゲン豆が添えられ、主食としてチリ・レレノ、卵とミルクと小麦粉の混ぜ物の中で軽く揚げられたというよりはむしろ焼かれた、チーズ詰めのグリーン・チリペッパーが供された。デザートは近くのオックスナードの畑からのセコイヤ大イチゴで、サワークリームと甘いジンジャーのソースが添えられた。

理事や他のランチの招待客たちはすでに到着して、クリシュナムルティの到着を待っている間、居室で盛んに会話を交していた。十五分後、彼はパティオからキッチンに入ってきた。そして午後一時を過ぎていたが「おはよう、マイケル。」と呼びかけてきた。私は手を休めて、私の全注意を彼の方へ向け、「おはようございます、クリシュナジ。」と答えた。

彼はブルージーンズをはき、市松模様のグレーの綿シャツの上に青いウールのカーディガンを羽織っていた。彼は陽気で呑気そうな表情をし、そして私が愛情深く彼を見つめていると、突然、今という瞬間にどっぷり浸っている感じ、彼の面前で私がしばしば経験した溌剌たる新しさの感覚が起こった。

「ランチには何を?」と彼は訊ね、鍋の中をのぞき込むため調理台まで近づいた。私はメニューの概要を伝えた。チリ・レレノのことを告げると、彼は言った。「ビリッとしますか?」

「少しホットな辛味があるかもしれませんが、」と私は答えた。「辛味を少なくするために種と膜を取り除きました。」

「では、私は用心のため少しだけいただくことにします。」と彼はさりげなく言った。私がオーブンから陶製の焼き皿を急いで取り出そうとしていたとき、彼は突然愉快そうに笑った。私の怪訝そうな表情に応えて、彼は冷蔵庫に私がビンでとめた小さなゴム製のステッカーを指した。

『私は欲ばりではない。すべてのものを手に入れたいという、たった一つの願いをかなえたいだけだ。』愉快げに笑いながら、彼は大声で読み上げた。「とても秀逸です。どこで手に入れたのですか?」

「アランがくれたのです。言い得て妙だと思ったのです。」と私は説明した。

涙を拭きながら、彼は目配せして訊ねた。「準備万端整いましたか? みんなにランチの用意ができたと伝えていいですか?」

「ええ、けっこうです、クリシュナジ。あとはでき上がった料理をテーブルまで運ぶだけですから。」

「私も何か運びましょうか?」と彼は申し出てくれた。

私は一瞬ためらったが、湯気を立てている穂付きのとうもろこしが山盛りになった皿を指した。「もしさしつかえなければ、この皿を運んでいただけますか?」私は彼にポットを運ぶ二枚の布製の鍋つかみを手渡し、ランチの用意ができたことを客たちに知らせに居間に行く前に、彼が注意深くバランスをとりながら皿を持ち、パティオの中のテーブルに載せられるように、自動網戸を開いたままにしておいた。

私はたまたま、同じテーブルのまわりに、彼およびほとんどはインドやアメリカからの理事である八名の客と共に坐った。ある時点で会話は、真理は師から弟子へと伝達されるというインド人の伝統的な信念に移り、またヒンドゥー教徒たちが〝ダルシャン〟と呼んでいる、悟った人またはスピリチュアルな教師の面前にいることの価値を強調した。多分、テーブルを囲んでいる誰もが、クリシュナムルティがこの考えを深く疑問視していることに気づいていた。この議論に傾聴しているうちに、ここに居合わせている人々のほとんどは、和らげられた状況においてではあるが、何らかの仕方で逆説的にも師の言葉に傾聴するという立場に置かれているという思いが私の中に浮かんだ。

クリシュナムルティは、時々彼自身のいくつかの言葉を差しはさみながら、一心に会話についていったが、突然、満面に笑みを浮かべて言った。「皆さんにちょっとした物語を披露させていただきたいのですが。」テーブルのまわりの全員が口をつぐみ、彼の方を向いた。「真理を見出すことを欲している一人の若者が有名なグルに会いに行き、そして訊ねます。『師よ、私に瞑想と真理を教えてくださいませんか？』グルは同意し、そこで弟子は自分の知識を示すために直ちに蓮華座になり、両目を閉じ、そして規則正しく呼吸します。師は無言のまま二つの石を地面から拾い上げ、それらをこすり合わせ始めます。奇妙な音を聞いた弟子は、両目を開けて訊ねます。『師よ、何をなさっているのですか？』すると師は答えます。『私が二つの石をこすり合わせているのは、それらを磨いて鏡に仕上げ、その上に私の顔が映るようにするためだ。』弟子は笑います。『しかし師よ、言葉をはさむようですが、それらの石をこすり合わせることによって鏡に仕上げることなど無理です。いつまでしていても無駄なことです。』すると師は言います。『同様にして、そのように座ってずっと瞑想していても、けっして真理の理解へと至ることはできないであろう。』」

こう、彼が多面的な含意を持ったこの物語を結ぶと、テーブルのまわりにはそれにうなずくように笑い声が湧き起こった。

アーリヤ・ヴィハーラでの国際理事会議の後、彼はオーク・グローブで十日間の公開講話と討論を行ない、それから精神科医や心理学者たちとの週末セミナーのためにニューヨークへと旅した。しかし、いつものようにそこからヨーロッパに行くかわりに、彼はロサンゼルスの病院で前立腺の手術を受けるためカリフォルニアに戻った。マリブで二週間休養した後、オーハイを二、三回訪れた。アーリヤ・ヴィハーラでの手術後の最初のランチの後、彼が私にクランベリー（ツルコケモモ）のジュースを作って食事のときに出してほしいと頼んできたので、私はさっそく実行した。翌日のランチの直前、テラスのある裏庭の芝生の上で彼にぱったり出会い、そして彼のジュース好きの理由を知りたくなったので、それについて訊ねてみた。彼がこの特別なフルーツジュースを飲むのは、それが腎臓と泌尿器系を浄化するという理由で医者に薦められたからだと彼は説明した。そして驚いたことには、彼はさらに一歩を進めて、彼を悩ませてきた軽い慢性病やちょうど施されたばかりの手術についての簡潔だが詳しい説明をしてくれた。彼はそれについてまったく率直で、そこには私を深く動かす虚心坦懐さがあった。

午後遅くに、私はパイン・コテージに彼の夕食を盛った盆を運んだ。ベルを鳴らすと彼はドアを開けてくれ、すぐに私は精神的障壁を少しも立てない人の面前にいるという、無条件の友情を感じた。盆を食卓の上に載せた後、彼は私に言った。「マイケル、私にあのスープをこしらえてくれませんか？」

「いいですとも、クリシュナジ。」と私はうなずいた。「どんなスープのことを考えているのですか？」

「豆入りの、何種類かの異なった豆の入ったスープを時々出してくれましたね。」彼は説明した。「あれを何と名づけているのですか？」

頭の中にしまってあるスープの成分とそのレシピの索引を数秒間検索した後、私はそれらしい名称を引き出した。「〝九つ豆のスープ〟（nine-bean soup）のことですか？」

彼は笑った。「そう、それです。先日作ってくれたでしょう。ジンバリスト夫人が数日間いなくなり、マリブで私一人になるのです。ですから、それを大量に作り、運びやすく、冷凍しやすいように、一ガロン入りのガラスの大瓶に入れておいてほしいのです。」

「数日間も同じものを――しかも解凍してから――立て続けに食べてかまわないのですか？」

「それは滋養分の豊富なスープでしょう？　おまけにたっぷりあるので、事実上それ自体だけで一食分になるでしょう。私はただ温めさえすればいい。料理のことはよくわかりませんが、それくらいはできます。」

「ご自分で料理されたことはないのですか、クリシュナジ？」

「私の弟と私が初めて当地に来て暮らしたとき、われわれはしばしば自炊しました。そこでわれわれはトーストの作り方、卵の揚げ方、米の炊き方、等々を覚えねばなりませんでした。」そう彼は回想し、そして半世紀前の青春の日々の思い出は彼の満面に笑みを浮かべさせた。

「そしてどういうことになったのですか？」

「よく焦がしてしまい、実にひどい味になったものです。」彼は話し続け、そして笑い始めた。「かつて私は山の中、そそり立つセコイア杉のあるハイシエラ［カリフォルニア州東部の山脈］の中で一時期を過ごしたことがあります。私は一人きりで小屋に住んで、自炊しました。あらゆるものを鍋の中に放り込んで、どろどろになるまでかきまわし続けました。」彼は目を輝かせて、元気そうに笑っていた。そして彼の喜びはあまりにも伝染性があったので、私も思わずつられて笑わざるをえなかった。彼はたくさんの具を鍋に入れて勢いよくかきまわす真似をした。彼の言葉が若くて経験不足のクリシュナムルティが山小屋で彼のシチューをかきまわしているイメージを喚起するにつれて、われわれの笑い声は二人の間に瞬間的な歓喜の絆を創り出した。

「では、食べることができたのですか？」と私は訊ねた。

彼は笑い続け、涙が頬をころがり落ちた。「食べざるをえませんでした。他に何の食べ物もなかったのです。」解放させるさらなる笑いの波がわれわれ二人の上を通っていった。

笑いが静まってから、われわれは何の屈託もなしに、愛情を込めて見つめ合った。

「豆スープ瓶を何本ご入用ですか？　クリシユナジ、一ガロン瓶はかなり大きいですよ。」

湿った目をハンカチで拭いながら、彼はうなずいた。「そうですね、二瓶もあれば十分でしょう。」

次の週末にオーハイに戻って来たとき、彼はランチの後、私にこっそり語った。「スープをどうもありがとう。とても美味しかったです。まだ瓶に半分ほど残っています。あんなに量が多いとは思いませんでした。」

彼はおどけたふうに驚いた表情をし、目をくるくると動かし、そして急いで補足した。「捨てないでとっておくつもりです。凍らせておけばかなりもつでしょうから。」

「冷凍しておけば一カ月ほどは大丈夫、食べられます。」と私は答えた。

六月末、彼はスイス、英国、インドで毎年恒例の巡回講話および議論のため、ヨーロッパに向けて去っていったが、その間、私は職員たちの食事の世話をしながらオーハイに留まっていた。

前菜

・新鮮なガーデン野菜の取り合わせサラダ
（ビネグレットソースまたはゴマ―タヒニのドレッシング付き）
・薄切りのアボガド（アルファルファとラディッシュ、
チェリートマトとレモンの味を加えたもの）

主食

・焼いたサツマイモ
・九つ豆のスープ（九種類の豆とレグーン、タマネギ、
ピーマン、セロリとニンジン、パセリとチャイブ［ネギの一種］入り）
・強火で素早く炒めた新鮮なほうれん草（オリーブオイルとガーリック風味）

デザート

・リンゴのクランブル（蜂蜜の甘味を加え、さらにシナモン、レモン果汁で味付けしたリンゴ。
レーズン、クルミ入り。トッピングをオート、粉、砂糖、バターで作り、
オーブンで焼いたもの。泡立てクリーム添え）
・新鮮な季節の果物

第7章　クリシュナジを待ち受ける

一九七八年になったが、過去数カ月にわたり、一連の暴風雨が太平洋からカリフォルニアへと吹き込んできて、沿岸地帯に破壊力とともに激しく打ち当たった。はるか内陸でも、深く急な渓谷の干上がっていた川床が激流へと変じて、木々を根こぎにし、車や家や人々をなぎ倒した。

しかし、この三月末の特別な午後は静かで、大気はとてつもなく澄んでおり、汚染物質はきれいに洗い落とされ、あざやかな色で彩られた渓谷の美を際立たせていた。小グループの職員と理事たちがパイン・コテージの前の胡椒の古木の下に集まって、クリシュナムルティの到着を待ち受けていた。その木は大きく突き出た結節がいくつもある幹を持ち、アーチ状の枝が大空へ伸び広がり、太陽光線を濾過するレース状の葉のドームを創り上げていた。枝から長い房を成して下がっている小さい白い花の間には、ブンブンいう何百匹もの蜂がいた。あたり一面を牧歌的な平和のイメージが領していた。

パイン・コテージから敷石道でつながっている、車が二台入るガレージの前の木の下でわれわれ十人が待っていた。クリシュナムルティが一九二二年以来住んでいたこの家は、かつてそれを囲んでいた松の木にちなんでそう名づけられたのだが、前年中にすっかり建て変えられた。それは大きな窓が多数ある、水性白色塗料を塗られた日干し煉瓦作りの上品な建物で、メアリー・ジンバリストがマリブの家を手放した後、クリシュナムルティは再びパイン・コテージを住まいにしようとしていた。折しも偶然の一致で、彼はちょうどアメリカ合衆国での永住権を与えられ、〝居住外国人〟(resident alien) で〝グリーンカード〟(green card) の所持者になったばかりであった。

われわれのうちの何人かは胡椒の木を守るように取り囲んだ低い石垣に腰を下ろし、他の人々は木とガレージの間にあるアスファルト舗装回転サークルの上で佇《たたず》んだり、ぶらついたりしていた。暖かい午後はくつろぎに充ちているように思われ、気楽でうちとけた会話がわれわれの間ではずんでいた。

私は他の人々からやや離れて、車庫に通ずる私道に沿ってぶらぶら散歩していた。私は内面で悦ばしい刺激感と大いなる静けさの混じったような気分を感じていた。それはクリシュナムルティに再び会うからだけではなく、彼がわれわれの間でまるまる三カ月も暮らすというまったく新しい、わくわくさせる見込みからでもあった。それは私にとって、またおそらくは学校と財団にいるわれわれのすべてにとっても、大きな変化を約束してくれるだろう。特に私はアーリヤ・ヴィハーラで彼と彼の客たちのためのランチを毎日用意するのだから、春の三カ月間毎日彼に会えることになる。その期間中、私は学校での他の任務から一時的に離れることになるだろう。

車が近づいて来る音が聞こえたときは、太陽光線はすでに木々の間を低い角度で通過していた。一瞬後、灰色のメルセデス・セダンが果樹園を通り抜けて、長い私道の上に現われた。車が見えると誰もが話すのをやめた。坐っていた人たちは立ち上がり、そしてわれわれは本能的に、儀仗兵のように整然と一列に並んだ。セダンが車庫の前で停止した後、客席のドアが開けられると――そこに、痩せて弱々しく見えるが、上品なスーツとネクタイ姿の彼がいた。私はドアを支えて彼が車から降りるのを助けようという強い衝動を覚えたが、しかし彼自身に関するほとんどのことで彼が頑として手助けを拒否するということを知っていた。

彼は姿勢を安定させるためにドアに手をかけ、座席から自分を引き離して、ゆっくりと足を地面に降ろした。彼の視線は気をつけの姿勢で立っている少人数の歓迎グループに注がれた。われわれの間にはごく短い沈黙の間合いと知覚の瞬間があった。それから突然の笑い声が沈黙を破った。クリシュナムルティは事態の馬鹿馬鹿しさを察知して、思わず大声で笑ったのだ。「なぜあなた方はそんな厳めしい顔で立っているのですか?」

まるで一瞬間の白昼夢から目覚めさせられたかのように、われわれは彼の笑いに加わった。彼は足早にわれわれに近づいてきて順番に全員と握手し、手短かながら友好的な歓迎の言葉を交わし、一人の女性の手に優雅な仕草で口づけしさえした。最後に彼は、出迎えの列の最後尾にいた私の許に歩み寄った。彼は、まるで私の身体的および精神的健康状態を点検するかのように、注意深く私を上から下まで見まわした。握手しながら彼は訊ねた。「ご機嫌はいかがですか、マイケル?」

その簡単な問いかけで私の内側に愛情の波が起こり、私の声帯をこわばらせた。私は最良の友の間でしか出会えない配慮と正直さが彼から溢れ出てくるのを感じた。私に洗礼名で呼びかけてくれたことが、この友だち同士であるという感情を強めてくれた。

「ありがとうございます、クリシュナジ。」と私は応えた。「あなたの到着に備えて私たちは大忙しでした。またお目にかかれたこと、これからここでお過ごしになることを心から嬉しく思います。」

「ありがとう。」と彼は言って、また私に握手した。われわれから離れていくとき、彼は歩道を飾る様々な花を鑑賞するように見つめながら言い添えた。「こうしたすべての歓迎の準備をしてくれたのですね。……」かなり形式的な儀式が終わったからには、われわれ全員が通常の活動を再開できるという意味が込められていた。

しかし、実際にはその反対のことが言えた。その状況の中に彼が加わったことがすでにわれわれの日常生活の構成を変え、そして変化の触媒のように、われわれの経験の場に深い影響を与えつつあったのである。

彼は、家に向かって敷石道を歩いていく間中、子供のそれのような興奮した目で周囲の風景を受容していた。

「ここは何という国なのでしょう!」屋根付きポーチの前の背の高い薔薇の茂みを愛《め》でるために佇んで、畏敬の念とともに嬉々として叫んだ。赤、黄、桃色の薔薇が咲き誇っていた。彼はその中の一つを広げ、その深紅色の花弁を手の平に乗せ、そしてその香りを吸い込んだ。

教師の一人と私が重い旅行鞄を車からクリシュナムルティの部屋や家の玄関まで運び入れたとき、彼は支那風の赤いドアの前の小さな中庭に佇んでいた。そこにはいくつかの花壇があり、すみれ、パンジー、忘れな草などが植えられていた。彼はそれらの花を、まるでその瞬間にそれらと意思疎通し合っているかのように、優しさに満ちた喜びとともに見つめていた。

家から続く広い石の階段を下りながら、私は彼がすみれの前に立って、静かにその美に浸っているのを見た。私は彼の隣に立ち止まって、一瞬間考えた後で言った。「本当にきれいですね。そう思われませんか？」

彼は私の方に振り向き、まるで初めて私を見つめているかのように、細大漏らさず点検しているような目つきをした。それから、私の少し突き出た腹部を優しく、愛情深く片手で軽くたたき、事務的に言った。「肥ったのではありませんか、マイケル？」

私は常々自分の体重のことをひどく気にしていたので、一瞬間、彼の率直な観察によってひどくばつの悪い思いをさせられた。「自分の体重に気をつけなければだめですよ、マイケル。」と、彼が非難がましくない、思いやりのある口調で注意してくれたときも、言葉に窮して当惑していた。

私は弁解がましくどもって言った。「ええ、おっしゃるとおりです――最近体重が増えましてね。」

これは彼から屈託のない、友情の込もった爆笑を誘い出した。彼は私のまるまると太った肩を優しくたたいて言った。「確かに太っている！」そしてまた笑った。

道を歩いてくる途中で明らかにわれわれのやりとりをまた聞きしたメアリー・ジンバリストもまた笑い始めた。ばつの悪い思いを乗り越えた私もまた、とうとうこの陽気なお祭り騒ぎに加わらざるをえなかった。快い、解放させる笑いをわれわれが共にしているうちに、素晴しい明るさがあたり一面に浸透していった。

長期にわたってクリシュナムルティがわれわれの間にいることが、毎日ランチが用意され、供されているアーリヤ・ヴィハーラでのわれわれの生活のリズムと質を大きく変えてしまった。参加者の数は日ごとに違ったが、週日は平均十二名で週末には二十名かそれ以上になった。時々、特にボーム博士と彼の妻のサラルがクリシュナムルティとメアリー・ジンバリストを訪れたときにディナーを用意したこともあるが、しかし普通彼らは夕食はパイン・コテージでとった。

アーリヤ・ヴィハーラにシェフとして勤務したそもそもの最初から、私は自分が新しい地球文化の芽生えとその極致の目撃者であり、かつその参加者であると確信していた。主として、人々はアーリヤ・ヴイハーラにランチを共にするためやって来た。しかし、食事を共にすること以上に、実に多くの普通人および著名人の精神をランチ・テーブルに引き寄せたのは、クリシュナムルティの哲学と存在である。環境の美しさ、食物、うまの合った精神の持ち主同士の快い会話——そういったすべてが組み合わさって、特別な雰囲気がかもし出されていた。

かならずと言っていいほど、会話は人間の状態のあらゆる面に、自由に、しかし、軽薄さまたは浅薄さなしに及んでいった。誰もが言いたいことを言い、自分の意見を述べ、質問する自由があった。いかなる予定表《アジェンダ》も事前の想定もなく、また露骨な野卑さを除けば、いかなるタブーもなかった。クリシュナムルティは容易に、そしていかなる意図もなしに注目の焦点となった。彼の存在の捜し求められたのでない効果は自然現象のようなものだった。ちょうど一つの方向から吹いている風が丈の高い夏草を反対方向に曲げるように、彼のパーソナリティもわれわれに対して影響を与えたのである。

前菜

・パリパリしたグリーンサラダ（ビネグレットソースまたは
クリームがかかったロクフォールドレッシング付き）

・トマトサラダ（小切りのオリーブ、みじん切りニンニク、ケーパー添え）

・タブーリ［中近東風サラダ］

・ブルガ小麦（粗小麦。細かく切った新鮮なパセリとミント、グリーンオニオン、
トマトをオリーブオイルとレモン果汁で味付けたもの）

主食

・ミネストローネスープ（具のたくさん入った濃いスープ。
クルトンと、すりおろしたパルメザンチーズ入り）

・作りたての新鮮なカッペリ・ダンジェリ［天使の髪のように細いパスタ］

（新鮮なバジル、オリーブオイル、松の実、パルメザンチーズ、ニンニク、
塩、胡椒で作ったペーストソース添え）

・さっとゆでたグリーンアスパラの若芽ハーブ（オリーブオイル、レモン果汁で味つけ）

デザート

・チョコレートムースとオートミールのクッキー

・新鮮な季節の果物

第8章　クリシュナジとのランチ

私は一人きりでキッチンにいた。明るい土曜日の朝、八時少し過ぎで、私はランチの準備にとりかかろうとしていた。前日の午後、私は、サンタバーバラとオーハイにある、良質で新鮮な品物を置いている行きつけの二、三の店で買い入れを済ませてあった。私は新鮮な季節の野菜と果物、もし可能なら有機栽培の材料を用いた食事を作ろうと思っていた。今朝は三種類のサラダを用意することにした。一つはタブーリと呼ばれているアラビヤ風の料理、二番目はトマトサラダで、オリーブのみじん切り、細かく砕いたニンニク、それに新鮮なバジルにケーパーを添えたもの、三番目の料理は生野菜——私は、普通、生のままと料理した食物を半々ずつ供することを目指していた——の簡単なグリーンサラダで、二種類のドレッシングが添えられた。

献立の次のものは、クルトンとおろしたパルメザンチーズを添えたミネストローネだった。クリシュナムルティがスープを好んでいたので、私は定期的にスープを用意していた。その他、最近誰かがキッチン用に寄贈してくれたパスタ・マシーンで新鮮なパスタ、〝カッペリ・ダンジェリ〟(*cappeli di angeli*)を作り、それに新鮮なバジル、オリーブオイル、松の実、パルメザンチーズ、少量のニンニク、塩、胡椒で作ったペスト・ソースをかけようとしていた。これを、さっと蒸して、少量のハーブ、オリーブオイル、レモン果汁を振りかけた、ちょうど旬の美味しいアスパラガスを添えるつもりであった。私は、オランデーズソース(*sauce hollandaise*)［バターとレモン果汁を卵黄を使用して乳化し、塩と少量の黒コショウまたはカイエンペッパーで風味付けしたもの。フランスのソースであり、オランダのソースを模したことによる名前と言われている］を使うことを断念していた。脂肪とコレステロールが多すぎるからである。デザートは、もちろんカロリーが低いとは言えなかったが、チョコレートムースにするつもりだった。

私はキッチンで静かに一人で働くのを楽しんだ。光と空間がたっぷりあり、道具と器具は容易に使うことができた。一、二時間黙って働いた後、クラシック音楽放送を聴いた。（時々、世界情勢の最新の動きについていくため、ニュース専門の放送局を選ぶこともあったが。）私は、自分の料理活動を一種のダンス、キッチンの真ん中にあるまな板テーブルのまわりでの一連の振りつけられた運動として思い描いていた。そこからそれは流し、ストーブ、冷蔵庫、貯蔵棚の方へ広がっていき、様々な材料や用具をひとまとめにし、それらを音楽の旋律へとブレンドさせた。しかしながら、野菜を薄切り、乱切りまたはさいの目切りしたりしているとき、黙想的な気分がよく起こり、そしてあらゆることが自発的に動いているように思われ、私がしなければならないことはただ、ものごとが展開し、香味がブレンドするのを見守るだけであるように思われることがあった。

十一時または十一時半頃、アランとヘレンがアーリヤ・ヴィハーラに到着した。彼らは、通常、テーブルをセットしたり、皿を用意したり、その他いろいろな仕方で手助けをしてくれた。同時に私はその機会を、アランの専門知識をさらに学ぶために活用した。彼は南カリフォルニア料理の偉大な革新者の一人であり、傲慢な態度を少しもとることなく、私のどんな質問にも進んで答え、勝れた実際的なアドバイスを与えてくれた。

土曜日ではあったが、ランチのために来ると私に連絡してきたのは十四名だけだった。一時までにはすべての準備が終わっていた。アランとヘレンは他の客と合流するため居室の方へ去り、私は床を掃き、用具をきれいにし、カウンターを拭いて汚れを取り、キッチン空間内をできるだけ片づけ、真新しく見えるように努めた。すべてのものをいつでも使えるように整頓することは、私にとって特別な瞬間であった。

私は快適なゆとりの感じとエネルギーの盛り上がりを覚えた。ある精神的および感情的レベルで、私が〝入口〟と呼んでいたもの、すなわち、ランチを食べにクリシュナムルティが到着することを待ち望み、そのための心の準備をしていた。それが一日の中のクライマックスであり、たいてい午後一時半頃であった。

最初の数年間、私がまだキッチンの隣の小さな部屋に住んでいた頃、私は掃除と料理を用意する間の合間に、部屋に付属した大きな衣装室の中の静かな薄暗がりに引きこもることにしていた。しばらくの間、枕の上に足を組んで坐り、意図的に深呼吸しながら、それまでの数時間の間に蓄積された圧迫や心配事を自分の精神から払拭することを目論んだのだ。このようにして、近づいているクリシュナムルティおよび他の客との出会いのために内面的に自分自身を整えた後、身ぎれいにするため隣の浴室に行くことを習いとしていた。キッチンからほんの数歩しか離れていない小さな小屋に移った後は、そこから彼の到着を見張ったり、ストーブの上でグツグツ煮えているものに目を注ぐことは難しくなるので、ランチの前の静寂の中に私自身をひたらせようとしても、うまくいくことは稀だった。そこで私は素早く頭髪に櫛を入れ、コロンをふりかけに行き、鏡の前に立って慎重に外見を調べてから、シャツを着替えることに決めた。

われわれは毎日数回は会ったが、その各々を私は何か特別なものとして経験した。なぜかわからないが、彼と接触することは一つの挑戦であり、それは私のエネルギーのレベルと知覚の鋭さを高めさせた。彼が、いつもそうであるように、すっかり現在の瞬間の中にいると、彼のまわりには常に微妙な新しさがあり、それは新しい一日の始まりと同じように驚きであった。そして、何ものもその出来事の実際の状態に人を準備させることはできないように思われた。

再びキッチンに入って、ストーブの上の温度調節器をチェックした。すべてがうまくいっていた。私はラジオのところへ歩を進めて、スイッチを切り、カウンターの下にしまいこんだ。ランチの時間は午後一時に決まっていたが、クリシュナムルティとメアリー・ジンバリストが一時三十分以前に現れることは滅多になかった。そしてほとんどの客はたいてい時間どおりだったが、彼ら二人を待つことを気にしている人は誰もいなかった。

私が冷蔵庫からサラダを出していたとき、網戸の前でクリシュナムルティとメアリー・ジンバリストが話している声が聞こえた。冷蔵庫の上の時計を見上げると、一時十五分であることに気づいた。いつもよりは少し早めだった。ドアのところまで行くと、彼が片手できちんと折りたたんだ衣服を持ち、バランスをとりながら、別の手で網戸を開けようと苦心しているのが見えた。メアリー・ジンバリストは両手に二個のプラスチック製の空き瓶をかかえて、彼の後に立っていた。「どうか私に開けさせてください」と彼女は彼に懇願していた。彼は彼女の懇願に何の注意も払っていないように思われたが、彼自身の動作を強烈な注意とともに見守っていた。ドアの自動スプリングのゆえに、それを開けるには強い力で引っ張ることが必要であった。そうすべく努めている間、彼は言い張った。「いや、いや、マリヤ、自分でできるから大丈夫。あなたの両手はふさがっているのだから。」

「おはようございます、クリシュナジ。おはようございます、メアリー。」そう、私は内側から注意深くドアを押し開けながら言った。

クリシュナムルティは私をちらっと見てから答えた。「おはよう、マイケル。」そして滑らかに私の脇を通り過ぎて行った。

「こんにちは。」メアリー・ジンバリストはわれわれの時間の査定を正して言った。私には一向によくわからない理由のため、正午を明らかに過ぎていても、彼に通常「おはようございます。」と挨拶し、そして彼もまた同様に挨拶する傾向があった。

「それらをお持ちしましょうか、お差し支えなければ。」と、私はメアリーに訊ねた。

「ありがとう。」と彼女は笑顔で答えた。私に一ガロン容器を二つ手渡した後、彼女はパティオのフレンチドア［観音開きの格子のガラス戸］を通り抜けて、居間の中に入っていった。

私が空の水瓶をテーブルの上の五ガロン容器《ディスペンサー》の脇に置いている間に、彼は一山の衣類を長いカウンターの上に置き、それらが清潔であることを確かめていた。

「シャツが何枚かあります。どれも清潔です。このうちどれかがあなたに合うかどうか、見てみてください。もしなければ、誰か他の人にさしあげてください。」彼はやや素っ気ない仕草をした。彼が着用していた衣服をもらい受けてほしいと言われたことを、私は光栄なことと思った。それらのシャツはどれもほとんど新品同様で、純白でシミ一つなく、多分メアリー・ジンバリストによるものだろうが、きれいにアイロンがけされていた。彼女は、彼らがパイン・コテージに住んでいる間は、彼の洗濯物をほとんど一手に引き受けていた。

丁重に彼に謝意を表してから、私に合うシャツがあるかどうか調べてみた。彼は静かに私の脇に立って、私を見守っていた。われわれのサイズの大きな相違を考慮すると、彼のシャツのどれかを私が着用できるということは奇跡だった。しかし、インドで仕立てられた彼の着衣の多くはかなり広めに裁断されており、いくつかは私にも十分なほど大きかった。

シャツの他に、柔らかな手ざわりの、きれいに仕立てられた、袖もボタンもないインドのブーンディー(bundhi) 風のベストがあった。それを試着してから、私は興奮気味に言った。「これは私にぴったりです。実に素晴らしい。素材は何ですか？」

「生糸です。」

「ありがとうございます。クリシュナジ。」

「よかったですね。」そう彼は答え、やはりカウンターの上にあったいろいろな物の間にある二つの紙袋の上に手を置いた。

「この中にスリラーが何冊か入っています。多分、まだあなたは読んでいないと思います。」

私が本のタイトルを見ている間、彼は台所の反対側にぶらりと歩いて行って、水容器から空瓶の一本に水を注入し始めた。ほっそりした狭い背中を私の方に向けて、大きなプラスチックの容器の前に立っていると、彼は不思議なほど弱々しく見えた。彼は自分のしていることに細心の注意を払っていて、片手で瓶を放出口に押しつけ、他方の手でレバーを押していた。水容器のすぐそばに立って、彼は水がゴボゴボと音をたてつつ大きい方の容器から小さい方の中に流れ込むのをじっと見つめていた。私がずっと何か質問しようと考えていたとき、それがぽんと頭に浮かんだ。そして彼に訊ねようとして、彼の右側に一歩踏み出した。しかし、彼の注意をそらしたくなかったので、私は黙って立ったまま彼を見守っていた。

彼が蛇口から満杯になった瓶を引き抜こうとしたとき、ほんの一瞬タイミングの判断を誤り、レバーを元に戻すのが遅れてしまった。水が少々床にこぼれ落ちた。水しぶきを避けるため素早く跳びのくと同時に、彼は叫んだ。「これは申し訳ない。水を少々こぼしてしまいました。ごめんなさい。すぐに拭き取ります。」

彼は自分のちょっとした不注意をくやしがっているだけでなく、水をこぼしてしまったことに苛立っているように思われた。私は急いで別の側に行き、ペーパータオルを数枚ロール入れから引きちぎって、彼に請け合った。「私がやりますから、ご心配なく。クリシュナジ、私が拭きます。」

彼は、しかしながら、言い張った。「私に片づけさせてください。」

しかし、そのときまでには私はすでに身を屈めて、床から水滴を拭き取っていた。「私がやります。もうすっかりきれいになりました。」

私が最後の数滴をモップで拭き取ったのを見て、ようやく彼は諦めた。「どうもありがとう。」と彼は言った。

彼が二本目の瓶をより注意深く、一滴もこぼさずに満たすことに成功した後、私は私の質問を彼に投げかけ始めた。「クリシュナジ、お訊ねしたいことがあるのですが。」

以前にも何度かの機会にそうであったように、真剣な質問を投げかけられたとき、彼の物腰と彼を取り巻くエネルギーの場が劇的に変化した。ある瞬間には――少々の不幸な出来事にもかかわらず――くつろぎ、落ち着いていても、次の瞬間には完全に内面を引き締め、見事なほど注意を集中させた。彼の目は明るい輝きを帯び、最も素晴らしい探求に乗り出すべく身構えて、受動的な機敏さとともに私の上に据えられた。それなのに、しばしばそうなのだが、私の質問は探求的というよりはずっと個人的なもので、彼の静かな活気に少しもそぐわなかった。

「どうぞ。」

「クリシュナジ、昨日あなたがランチにいらしたとき、空腹ですかと私は訊ねました。するとあなたは、決して空腹ではないと言われました――覚えておられますか？」

「ええ、そのとおりです。」

「それによってあなたは、空腹感を経験しないということを意味しておられるのですか？」

一瞬間トップスピードへとギアが入れられた彼の頭脳の回転を、彼はダウンシフトしているように思われた。彼は、片手をそっと楓製のキッチン・テーブルの上にもたせかけて、答える前に目瞼を半分ほど下げた。

「肉体が単に空腹を感じないのです。他の人と一緒にそれを実験してみたことがあります。われわれはまる一週間何も食べませんでした。もちろん、水は少々飲みましたが。」

「では、少しも空腹感がなかったのです？　最初のうちもですか？」

「少しも空腹感はありませんでした。しかし、身体は徐々に衰弱していきました。結局は何か食べなければならなくなりましたが。さもなければ……」彼は、いかにして身体が単に衰弱していったかを素っ気ない仕草で指摘して、答えを締めくくった。彼はそれを独特の子供っぽい熱意を込めて言った。彼は私の肘に彼特有の仕草で軽く触れながら、言い添えた。「実は、一週間目隠しをし続けたり、何日もの間誰にも一言もしゃべらなかったり、完全な沈黙を守るといった、いろいろなことを実験したことがあるのです。」

「が、なぜそんなことをしようとしたのですか？」

彼は笑った。「一言も話すことができないということ――黙ったまま、ただ聞くだけでいること――それがどのような感じか知りたかっただけです。単におもしろ半分で、それがどんな感じがするか知りたかったのです。または、目が不自由であるとはどんな感じかを。」

「では、どんな感じだったのですか？」

「他のすべての感覚がとてつもなく鋭くなりました。触覚と聴覚が非常に鋭くなりました。ごく小さな音を聞くことができるようになりました。一インチ（二・五四センチ）ほど離れたところから、物体、壁、椅子を感知することができるようになったのです。」彼は、細く尖った指先をやや震わせながら、高められた触覚の鋭さを示すために上方へ突き上げた。「しかし、こういうことはすべて何年も前のことです。」

ちょうどそのとき、物を引っ掻いているような音が網戸の方から聞こえてきた。

「あれは何の音ですか？」とクリシュナムルティは訊ねた。

ドアの方へ歩いていって、私は叫んだ。

「クリシュナジ、猫ですよ。」

彼は私の方へ近寄ってきて、私と一緒に目の前の光景を見守った。灰色の縞のある雄猫が後ろ足で立ったまま、網戸に沿って毛皮でおおわれた体をそらせて、むき出した爪で目の細かい網を引っ掻いていた。それが不協和音を出し、それは人の神経にひどくこたえた。同時に猫は頬髭の生えた頭を前足の上で左右に動かしながら、大きな明るい緑色の目でこちらを真っ直ぐに見つめ、訴えるようにニャーニャー鳴いていた。クリシュナムルティはその滑稽な光景を見て笑みを浮かべた。「猫だ、彼女は中に入りたいらしい。」

その猫は、実はアレキサンダー・ザ・グレイという名の、アーリヤ・ヴィハーラの飼い猫だった。一九七五年、アーリヤ・ヴィハーラで学校が開校された後間もなく、この去勢された雄猫がキッチンの入口の前に現われ、追い払われることを拒んだのである。隣近所の誰もどこの猫か知らなかったが、この雄猫はすっかり飼い慣らされていて、人々に対して大胆不敵な愛情を示したが、しかしそれは同じ程度の主張と混ざり合っていた。彼は、誰によってであれ、好んで抱き上げられるままにし、撫でられるとすぐに背を丸め、曲がった尾をピクピク動かしながら、ゴロゴロ喉を鳴らした。オーク・グローブ校の最初の生徒たちが彼をアレキサンダーと命名したが、後に理事の一人によってアレキサンダー・ザ・グレイへと引き延ばされたのである。しかしながら、彼が直ちに応答した彼の愛称は「キティー―キティー―キティー」で、なるべく調子の高い声でそう呼ばれるのを好んだ。

この猫は稀なほど人間との付き合いを好んでいたが、それとほぼ同じ程度まで、他の猫たちを毛嫌いしており、彼は彼らのことを脅そうとするか、または避けようとした。何度か、彼自身よりかなり大きな犬を追いかけているのを見かけたことがある。また、気味の悪い技能と理解力を見せたこともある。外に行きたいと望むときに、後足で立ち上がって、ドアノブを爪でかいたのである。または自在ドア《スイング》を、それが前後に動いて、彼がキッチンから居間へと素早く通り抜けられるようになるまで押すこともあった。居室の中の柔らかな肘掛け椅子の上で丸くなるのが好きだったのだ。しかし、閉まるドアとその脇柱の間に尾がひっかかって以来、そうした操作を行なうことについてやや慎重になった。

クリシュナムルティは、野性のそれであれ、飼われたそれであれ、動物をとても好み、彼らに魅了された。彼は、時々、荒野での動物たちとの遭遇の話をわれわれに向かってすることを楽しんだ。

とうとう彼は要求した。「入れてやりましょう。彼女は食べ物を欲しがっている。」

私が網戸を少し開けると、猫は素早く入ってきた。彼の奇妙な尾は曲がったまま垂直に立ち、先端が背中に触れていた。クリシュナムルティの方に踊り跳ねるように向かっていき、彼の足に身体をこすりつけ、物欲しげに彼を見上げて、猫特有の低いねだり鳴きをした。

「彼女はお腹が空いているのでしょう」とクリシュナムルティは推測し、身を屈めて猫の背中を指先でなでた。すると、それはすぐにゴロゴロ鳴らしを誘発した。

「クリシュナジ、これは雄猫ですよ。」そう、以前何度かしたように、私は指摘した。「食べ物は今朝すでにあげています。皿にはまだかなり残っているんです。」しかし私はもちろん、アレキサンダーがまるで個人的関係を望んでいるかのように、人間から取って置きの食べ物をもらうことを好んでいることを知っていた。

クリシュナムルティは私の言い分を無視して、「何か食べ物をやりましょう。」と頼んだ。

動物と彼との関係が時々人間の領域に食い込んでくるように思われるのは、クリシュナムルティの性癖の一つだった。私は冷蔵庫からチーズの小片を取り出し、それをより小さな部分に分けてから、クリシュナムルティの隣のテーブルの上に置いた。「このチーズのどれかを食べさせてやってください。彼はそれがとても好きなのです。」

彼はチーズの数片を取り上げ、しゃがんで猫の方に差し出して言った。「ほら、キティー——キティ。」

猫は中腰になり、差し出された手を傷つけないように気をつけながら、自分の前足と歯の間にあるテーズ片を非常に注意深く掴んだ。われわれは、猫がしゃがんで、そつのないやり方でチーズをつぶすのを静かに見守った。がつがつと食べ終わると、数回頬髭をこすり、顎をなめ、味わった美味を突然思い出してわれわれを見上げ、明らかにもっとチーズをもらいたがった。

「彼はもっと欲しいのです。」とクリシュナムルティは言い、残っているチーズ片を取り上げて、それらを猫の目の前の床の上に置いた。

彼が猫を見守り続けている間に、私は彼を包んでいる大きな静けさに気づいた。それはまるで、猫を見つめることが世界で唯一のことであるかのようだった。私もまた非常に静かになり、そしてごくしばらくの間、猫の噛む音だけが聞こえた。その間は、十二名の客が隣室に集まり、食事を待ち受けているという事実がまったく頭に浮かんでこなかった。

もう一度頬髭を前足で掻いてから、満足した大猫はあくびをし、曲がった尾をピクピク動かしながら、流し台の下にある水と食べ物椀の方へ意気揚々と歩いていった。

「なんと奇妙な尾を持っているのだろう。」とクリシュナムルティは叫んだ。

私は猫の後を追って行き、彼が椀から水を一すすりするまで待ってから、彼をドアの外に出してやった。

その間、クリシュナムルティはレンジに近寄り、どんな料理が用意されているのか見つめていた。

「これは何ですか、マイケル?」と彼は訊ね、片手を伸ばしてスープ鍋の蓋を取ろうとした。

「気をつけてください、クリシュナジ。かなり熱いかもしれませんので。」と私は彼に警告した。

彼の手は途中で動きが鈍り、そして彼は蓋の取っ手を指先でごく軽くたたいてから、急いで元に戻し、それから私の方を振り向いた。長いまつげによって隠された彼の細長い黒い目は、遊び心の混じった奇妙な陽気さで丸くなり、子供っぽい驚きのきらめきでまたたいた。

「なんとまあ、熱いことか!」と彼は叫んだ。ストーブの隣にある調味料棚の脇から二個の鍋つかみを持ってきて、私はそれらをクリシュナムルティに差し出した。「どうぞ、これを使ってください。」鍋つかみの助けで蓋を持ち上げ、立ち上る湯気から慎重に頭をそらしながら、彼は鍋の中を覗き込んだ。

「スープですね。」と、蓋を戻しながら彼は言った。「どんな種類のスープですか？」

「ミネストローネスープです、クリシュナジ。」

「ああ、ミネスラね。」と、彼はイタリア語のイントネーションで言った。彼はイタリアとその料理や文化を好んでいた。彼はイタリアにかなり長い間住んでいたことがあり、イタリア語に精通していた。

「ランチではその他に何をいただけるのですか？」と彼は訊ねた

「スープとサラダの他に、ペスト・ディ・ジェノア（*pesto di genoa*：ジェノヴァソース）をかけたパスタ、カッペリー・ディ・エンジェリ（*capelli di angeli*）と、ゆでたアスパラガスです。」と私は言い始めた。

「キャペリ・デ・エンジェリ？」彼は、さもおいしそうだと言わんばかりに、高らかにイタリア語で繰り返した。

私が陶器製のバター皿にバター棒を置いている間、彼は網戸の傍の壁の方へふらりと近寄った。壁には月めくりの絵カレンダーが貼られてあり、その隣には道具小屋とガレージ用の小さな鍵かけのついた壁板があった。さらにその隣には、誰かがアーリヤ・ヴィハーラに寄贈した大きなポスターが貼られていた。私はそれを、唯一残されていた壁の空いた部分に画鋲で貼り付けていたのだ。それには「マーフィーの法則」という大きな見出しが付いていた。副見出しはそれをこう定義していた。「うまく行かなくなり得るものは何でも、うまく行かなくなる。」中央の白黒写真がその言明を絵で例証していた。一台の純正フォードT車が泥の中に深くはまり込んでいた。考えられるありとあらゆる部品が壊れたり、車から外れて落ちていた。旧式の自動車用ギアをまとったドライバーが、車の脇の泥水の中に膝まで浸かって、この災厄を前にしてなすすべもなく思案に暮れ、頭をかきながら立ち尽くしていた。ポスターの残りの部分はおよそ五十ほどの滑稽な格言——洞察、ジョーク、馬鹿馬鹿しさの折衷物——から成っており、それらは絶妙な点まで研ぎ澄まされた人生の皮肉であった。そのポスターはかなりの間そこに貼られており、そしてクリシュナムルティはよくその前で立ち止まり、繰り返し読んだ後でさえ面白がっていた。

今、彼は警句の一つを読んで大笑いしており、私も好奇心に駆られ、彼に近づいて傍らに立った。

「どれがおかしいのですか、クリシュナジ?」と私は彼に訊ねた。

「私が好きなのものはどれも私を太らせるものや、不道徳なものばかりだ［人生で楽しいことは、違法であるか、反道徳的であるか、太りやすい。］」彼は読み上げ、まだ笑いながら、目から涙をぬぐいとっていた。「なかなかの明察です。」

私も笑いに加わった。人間の悲喜劇についての良質の笑いを彼と共にすることは心温まる喜びであった。

「これはどうですか、クリシュナジ?」

彼は注意深くそれを読んで、愉快そうに含み笑いをし、それから彼が特に笑いを誘われる別の言葉を指さした。

このようにしてわれわれはしばらくの間ポスターの前で人生の皮肉や馬鹿馬鹿しさ、そして多分われわれ自身をも暗黙のうちに笑い飛ばし合った。このような瞬間、率直な友情には忘れがたいほど強く心に訴える感覚があった。

「準備万端整いましたか?」とクリシュナムルティは訊ねた。

「そう思います、ええ。」私はアスパラをチェックしながら答えた。ゆでるにはごくわずかの時間しかかからないので、ゆですぎないように気をつけなければならなかった。私はポットからつまみで一束そっくり取り出して、結んである紐をほどき、陶製の盛り皿に一本一本並べて置いた。

「何か運びましょうか？」

「もし差し支えなければ、スープ鍋はどうでしょう？」

注意深く彼はステンレススチール製の把手を持って、私が開けたままにしていた網戸を通り抜けた。今日は室内でランチをとることになっていた（彼はパティオでよりはむしろ食堂で食事する方を好んでいたので、われわれはたいてい室内で食べていた）。

彼は食堂に隣接した小さな給仕場の中にある頑丈な円テーブルの上に積み重ねられたスープ椀の山の横にそっと鍋を置いた。「ここでいいですか？」と彼は訊ねた。

「ええ、ありがとうございます。」そう答えてから、私はキッチンへ残っている別の品目を取りに行った。その間、彼はランチの場所を静かに点検していた。

「今日は人数が少ないようですね。これで全部ですか？　もう準備ができたと彼らに伝えましょうか？」

「はい、どうぞ。そうしていただけるのなら。」と私は言った。

最初の一、二年間、私は客をテーブルに呼び寄せるのに、小さな真鍮製のベルを鳴らすのを常としていた。それは元々は、祭礼パレード用のインド象に付けられる装飾品だった。が、どういうわけか、それはもうなくなっていた。そこで私は執事の役を任じ、居室にいる客のところまで歩いていって、ランチの用意ができたと大音声で知らせるようにしていた。私の通告はおしゃべりしている客たちに、通常、唖然とさせる沈黙で迎えられたが、ごくわずかの間合いの後、まるで何ごとも起こらなかったかのように、彼らはまた会話を続けた。私は二度目の招請をしなければならず、また、セルフ・サービスのビュッフェに客たちが一列に並ぶようにさせるために、追い打ちをかけるようにしてより優しく声をかけねばならなかったことにしばしば落胆させられた。しかし、ランチができたとクリシュナムルティが告知したときは、より効果的であった。

　私はスイングドア（自在ドア）の近くに留まって、彼がいかに静かに、ほとんど恥ずかしそうに食堂を通って、ソファにもたれかかったり、群れたまま立っている客に近づいていくかを眺めていた。客たちが彼に気づくにつれて、騒がしさはすぐにトーンダウンし、静まっていった。ちょっとした沈黙の間合いの後、彼が女性たちの何人かに丁寧に会釈し、静かな威厳をもって「ご婦人方からどうぞ。」(*Madame est servie*）と告げた。その振る舞いは、第一級の執事でさえ上回ることができないほど素晴しい役割演技だった。すべての人が素早く立ち上がってその招きに応じ、テーブルに着いた。しかし、ランチテーブルのまわりの狭い通路では別の支障が待ち受けていた。礼儀への執拗なこだわりから、各々が他の誰かにお先にどうぞと言い張り、何度かの行ったり来たりの後、とうとうクリシュナムルティが静かな笑みを浮かべて「レディー・ファースト」と示唆することになった。が、女性たちがいったんひとかたまりになると、誰もセルフサービスの先頭に立つという重責を担おうとはしなかった。何度かの当惑させられる辞退の後、一人の女性理事がとうとうあるスペシャルゲストの女性に懇請して、第一歩を踏み出させることに成功した。

　この間私は、クリシュナムルティの背後、列のしんがりへにじり寄った。彼は、「どうぞお先に、クリシュナジ。」とにこやかな笑みを浮かべて言った校長の腕をつかんでいた。クリシュナムルティが校長を得心させるほどきっぱりと「いえ、いえ、あなたが先です。」と言い張ったとき、彼の声には屈託のない明るさがあった。

　校長は屈した。クリシュナムルティが自分より他人を先行させることについては、時々遅れてきた客も含めてきわめて頑強だということをよく心得ていたからである。私が知るかぎりでは、クリシュナムルティがこのように振舞ったのはオーハイにおいてだけだった。多分ここでは、彼が滞在した他の場所でよりも、ほとんどの場合、より小さな、親しい友人たちの集団の中にいたからであろう。

私は校長と彼がオーク・グローブ校に関する情報を交換しているのを静かに見守っていたが、突然彼は自分の背後に私がいるのに気づいた。ぐるりと向き直って、彼は私の腕を掴み、熱心に懇願した。「どうぞお先に。」私は内心にこみ上げてくる優しい感情とともに彼を見つめた。これが彼の単なる慣例的な挙動ではないことに気づいたからである。他の人々を優先して考えることは彼の自然な謙虚さなのだ。

私は当惑した笑いを浮かべて反対した。「申し訳ありませんが、クリシュナジ――私は最後でなければなりません。結局、私が料理を用意したのです。料理人は自分が食べる前に他の方々に食べてもらわなければなりません。それが、実際上、料理人の伝統的作法なのです。」

彼は、特有の、半ば疑わしげな笑みを浮かべて、私をじっと見つめた。

「家庭においても同じではないでしょうか？」私は勢い込んで続けた。「それはまったく論理的で、筋が通っていると思われます。」

とうとう彼は私の説得力に負けて、譲歩した。「よくわかりました。あなたが最後になさい。」

われわれはこのちょっとしたゲームを、多かれ少なかれ同じ論法で過去数年間にわたり数十回も繰り返して楽しんできた。真剣さと微妙なユーモアの奇妙な混合物がわれわれの愉快なやりとりの根底にあった。はなはだ奇妙なことに、それは決して反復的には感じられず、むしろそれには人の心を惹き付ける性質が備わっていた。それは私に、サン・デグジュペリの星の王子様が小狐を飼い馴らす話を思い起こさせた。もちろん私が狐の役割なのだが。

それまでに全員が着席していて、クリシュナムルティと私がセルフサービスのテーブルのまわりを歩く最後の二人となった。私は彼の後から歩を進め、彼がたびたび所望した料理の説明がいつもできるように心がけていた。彼は皿を両手で水平に持ち、料理をとる前に中味をよく見ようとかがみこみながら、料理を入れた各々の大皿の隣にそれを置いた。

「これは何ですか?」と彼は訊ねた。

「タブーリ（*tabouli*）と呼ばれています。ブルガ小麦という、あらかじめ調理された砕けた小麦でできています。みじん切りのたくさんの新鮮なパセリとミント、グリーンオニオンとトマトをオリーブオイルとレモンジュースで味付けしてあります。」

私が調理法を披露していたとき、彼は私の説明を注意深く聞きながら、身体をまっすぐに立てていた。私が話し終わると、彼は嬉々として目を丸くし、楽しそうに呟いた。「ちょっとだけ試食してみます。」

大さじにたっぷり二杯分を皿の上に乗せた後、彼は歩を進めて他の盛り皿からも少しずつ取ろうとした。残っているもの——少量のパスタ、数本のアスパラ、若干のスープ——を見て、彼はためらい、私の方を向いた。「ほとんど何も残っていないですね、マイケル。」

やや防衛的な気持ちになり、私は評した。「しかしクリシュナジ、私たちが最後です。最後の二人にはこれだけで充分ではありませんか?」

「それにしても、」と彼は言い張った。「恐ろしくきっちり分量を決めましたね。」

「クリシュナジ、」と私は反論した。「私はどの人にも適量になるように用意しようとしています。そうすれば、あまり食べ残しや無駄なものが出ませんから。」

「なるほど。しかし、実に正確に量っているのですね。」

二、三本のアスパラを皿の上に置きながら、彼はなだめるように言った。「たいした料理人です。」

私が観察したかぎりでは、彼は、普通、個人的な賛辞は避けていたし、けっして誰かにお世辞を言うことはなかった。彼の最後の評言をどう解するかについてややあいまいな感情を抱きつつ、私は穿鑿するように彼をじっと見つめたが、いかなる皮肉も目論まれてはいないと結論づけた。

果物やデザートが盛られている小さなサイドテーブルの前で少し立ち止まって、彼は訊ねた。「これは何ですか？　マイケル？」

「デザートです、クリシュナジ。チョコレートムースです。」

チョコレートという言葉を聞いたとたんに、彼の顔にはあっと言うような嫌悪の表情が浮かんだ。「おお、私は食べる気がしません。」とはっきり言った。

私は彼がチョコレートとチョコレートを含む物は何でも避けていることに前々から気づいていたが、嫌いな理由をまったく理解できなかった。

「チョコレートが嫌いなのは、どういう理由からなのですか？」

嫌悪の影が一瞬間彼の穏やかな表情を横切った。「それはドラッグ、刺激物のようなものだからです。それに栄養過多です。油分や糖分、等々をたっぷり含みすぎています。」

私自身は大のチョコレート好きなので、それがドラッグとして類別されたのを聞いてびっくりしてしまった。しかしながら、その刺激的な成分は、人が恋に落ちたときに脳が生み出すようなホルモンの分泌を活発化すると言われているのを読んだことがあった。目の前にある甘くて滋養たっぷりの物が自作であることを自認しつつ、私は用心深く言った。「なるほど。」

彼の反感を見越しつつ、私は別のデザートを用意していた。「しかし私はオートミールのクッキー——いや、ビスケット——も焼いておきました。」私は彼が通常使っている英語の用語に訂正した。

彼の顔は子供っぽい喜びで輝いた。「ありがとう。後でいただきます。」

彼は皿をスープ鍋の隣に置いて、嬉しそうに「ミネストル（*Minestre*）ですね。」と言いながらスープを椀に移した。

その上にパルメザンチーズを少々振りかけて、彼は嬉しそうにつけ加えた。「コン・パルミジアーノ（*Con parmigiano*）」

私の最良のイタリア語で私は応じた。「チェ・ベーネ（*C'é bene*）」（とてもおいしいです）

「チェ・ボーノ（*C'é buono*）」と彼は私の言葉を訂正した。

「ああ、そうですね。ボーノ――形容詞ですね。」と私は言った。

他の客たちがもう食べ始めていたテーブルまで自分の皿を運びながら、スープ皿に目を向けて彼は言った。

「後でそれを取りに来ます。」

「私がお持ちします、クリシュナジ。」

彼のために何かをすることは私にひそかな満足感を与えた。どれほど些細な奉仕でも――頼まれようと頼まれまいと――大きな喜びの源であった。私はスープ椀を持っていって彼の前に置いた。彼は静かに私を見上げて言った。「ありがとう。」

生き生きとした昼食会だった。会話は世界中の政治情勢や、男女関係に対する異なった文化的態度にまで及んだ。時々クリシュナムルティはむしろビクトリア朝風の考え方を支持しているように思われたが、しかし性を非難するというわけではなく、むしろ単にその誇示や搾取に反対しているということは明らかだった。

われわれは、司祭、尼僧、修道士たちが純潔の誓いをたてることによって、異性との個人的な接触を避けるという、通文化的な慣習について話し合っていた。クリシュナムルティはこの伝統の意義を疑問視していた。「独身で（禁欲的に）生きることは真に宗教的な生き方と何らかの関わりがあるのでしょうか？」彼は、真向いに坐っている理事にそう問いかけた。「純潔の誓いをたてる……が、内面では欲求不満と欲望で燃え、沸騰している。抑えよ、抑えるのだ、女性を見つめるなどもってのほかだ、美しい顔を見るな！　それは宗教的精神とはまったく無関係です。」この最後の言明をかなり力強く、多くの情熱を込めて行なった後、彼は一息入れた。

「このことに関連したとても示唆に富んだ物語があります。インドの村から村へと、物乞いしながら遍歴している二人の修道士の話です。ある日、彼らは川岸で泣いている若い女性に出会います。修道士たちの一人が彼女に近づいて訊ねます。『なぜ泣いているのですか？』彼女は言います。『川の向こう岸の家が見えますか？あれが私の住まいです。今朝早く私は何の問題もなく川を渡ってきました。しかし今は水かさが増えてしまったので、戻ることができないのです。かといって、私を乗せて連れ戻してくれるボートもどこにもありません。』その修道士は言います。『心配ご無用、私が助けてあげます。』そして彼は彼女を抱き上げ、背負って川の向こう岸まで無事に渡り、連れ戻します。そして二人の修道士は次の村へと歩き続けます。数時間黙って歩いていると、突然、二番目の修道士が話しかけます。『兄弟よ、君はひどい罪を犯したものだね。われわれは純潔の誓いをたて、けっして女性に触れないと決めたではないか。君があの女性の身体に触れたとき、良い気分になり、強い快感を覚えたのではないかね？』最初の修道士は答えます。『私は二時間前に彼女を置いてきた――しかし君はどうやらまだ彼女を運び続けているようだね。』この物語をおわかりですか？」

われわれはこの物語を聞いて爆笑したが、クリシュナムルティは真剣な目つきでわれわれを見守っていた。

前菜

・ミックスサラダ（レタス、千切り赤キャベツ、芽キャベツ、チェリートマト入り。オイルと酢またはタヒニ［ゴマの実で作る練り粉］ドレッシング付き）

・すりおろしたズッキーニとビートのサラダ（オレンジ果汁とオレンジ皮風味）

主食

・焼いたクミン［セリ科の一年草］ポテト

・スイスチーズパイ（クラッカー、マスタード、グリーンオニオン、パセリ、すりおろしたエメンタール［スイスの地方］チーズ、卵、サワークリームで作ったもの）

・蒸したカリフラワーとニンジン、グリーンピース（みじん切りパセリと薄切りオリーブ添え）

デザート

・アプリコットクリーム（水で戻した日干しアプリコットにクリームとバニラを混ぜたもの）

・新鮮な旬の果物

第9章　「何かニュースはありますか？」

一九七八年の春とその後の数週間および数カ月にかけて、われわれはパイン・コテージで行われたクリシュナムルティとの対話集会にしばしば招かれた。これらの集会は、普通、財団の理事たち、オーク・グローブ校の職員、それに数人の両親とボランティアを含んでいた。それらは新しいパイン・コテージの大きな居間で行われた。そこは真剣な対話にうってつけの場所だった。光のたっぷりある明るい大きな空間、高い、切妻のある（破風造りの）天井の背の真下の天窓の列に加えて、数枚の大窓や一枚のフランス窓からは昼間の明るさが室内に流れ込んできた。壁と天井、および部屋の上部を仕切っている扇形の垂木《たるき》は白く塗られていた。床のイタリアンタイルには優美な花模様が付けられていた。自然岩の炉辺を備えた大きな暖炉は部屋の焦点になっていて、そのまわりにソファ、肘掛け椅子、ランプや花瓶が置かれた低いテーブルなどが配置されていた。開けっ放しの書棚と、いずれも明るい、やわらかな色調の数枚の現代画が壁を飾っていた。ランプの笠を持ち上げている一対のメッキされたバロック風の天使童子《ケルビム》がおり、また五、六本の鉢植えの植物と、装飾用の一本の高いイチジクの木が部屋に活気を与えていた。それは簡素だがしかし洗練された優雅さを備えた場所で、風通しがよく、明るく、五十名もの人々がいても狭さを感じさせなかった。ここでクリシュナムルティはわれわれと会い、われわれの日常生活、われわれの知覚、考え、および行動の仕方、われわれに託された若者たちの教育の仕方などについての最も真剣な問題を探求することを習わしにしていた。

これらの対話中、彼は「水の中のこころ［訳註1］」という、私の注意を引きつけた語句をしばしば口にした。それによって彼が、地球上の大洋の中に存在している多種多様な哺乳類に言及しているということがわかるまでに、しばしの時間がかかった。それは、実は、彼が最近読んでいた本のタイトルだった。彼は、われわれ自身のそれにどうやら似通っているらしい、鯨類の知性についての生き生きした記述に魅了されていた。それはあたかも彼が、突然、まっく異なった生命の領域を発見したかのようで、イルカや鯨についてのテレビ報道や写真、およびその他の解説が延々と彼を喜ばせた。その証拠に、彼は人間がタテゴトアザラシの子供、鯨およびその他の水棲動物に加えた残酷な破壊行為によって戦慄させられた。これらの残酷さを激しく非難するときはいつでも、彼の声は心からの悲しみと苦痛に打ちひしがれ、そして彼の顔は人類がその仲間である生き物、自然環境、およびそれ自体に加えてきたとてつもない苦しみを反映していた。

「水の中のこころ」の他に、アーリヤ・ヴィハーラのランチテーブルでのわれわれの会話に情報を提供した、メディア経由の多くの話題があった。しばらくの間は、ジェイコブ・ブロノフスキーのドキュメンタリーである『人間の進歩』[訳註2]がクリシュナムルティの批評をしばしば引き出させた。このテレビシリーズの手法と解説によって彼は心を動かされたが、しかし人類はその増大していく知識によって進化してきたという主張には強く異議を唱えた。それどころか、現代の男女は、心理的には、石器時代の祖先と同様に原始的であり、科学技術における一大進歩にもかかわらず恐怖や迷信によっていいように左右されており、利己的で、残虐で、暴力的であると彼は主張した。

「六〇分間」(60 Minutes) や「マクニール‐レーラーニュース・アワー」(The McNeil-Lehrer News Hour) のようなニュース番組は、現在の世界情勢に関するわれわれの日々の理解のための多くの原材料を提供してくれた。七〇年代後半のグローバルな舞台での主役は二つの超大国、アメリカ合衆国とソビエト連邦であり、〝冷戦〟が公的には〝緊張緩和〟に取って代わられたものの、依然として競争し合っていた。ほんの数カ月前にジミー・カーターがアメリカ合衆国大統領に就任し、ランチテーブルに着いている人々は全員彼が気に入っているように思われた。われわれがアメリカの新大統領はソビエトの頭首であるレオニード・ブレジネフとどのようにしてうまくやっていくのだろうかと論議していたとき、クリシュナムルティが言った。「もしよろしければこんなジョークはいかがですか?」そして彼は丁寧にテーブルの周りを見渡した。全員が話を止め、彼の話を熱心に聞こうと、彼の方を向いた。

「これはニクソンがまだ大統領だったころの出来事です。」と彼は笑みを浮かべながら説明した。「ブレジネフはニクソンを直通電話で呼び出してこう言います。『ハロー、大統領殿、ご機嫌はいかがですか? 私は貴下がとても信じられないような世界一のスーパーコンピュータを持っていると聞きました。』ニクソンは答えます。『ええ、書記長殿。ですが、どうしてこの情報を入手されたのですか? これはトップシークレットなのですよ。実は、それは世界最速のコンピュータで、事件を最長で三十年も前に予測できるのです。』ブレジネフは感嘆してしまいます。『三十年ですって? 実に驚嘆すべきことです。このソビエト連邦においてさえ、まだそんなものはありません。実は、もし差し支えなければ、聞き入れていただきたいお願いがあるのですが。』ニクソンは答える。『緊張緩和の名において、何なりとおっしゃってください。合衆国の国家機密や利益に反することでないかぎり。』ブレジネフは答えます。『そういうことは夢想だにしていません。ただ、そのコンピュータに聞いてもらいたいのです。西暦二〇〇〇年に共産党政治局の中枢にいるのは誰なのかを。』大統領は答えます。『雑作ないことです、レオニード。一分間ください。』彼がコンピュータに伺いをたてている間、直通電話線は無音のままです。ブレジネフは耳を受話器に押しつけますが、しかし数分が過ぎてもモスクワの雑音しか聞こえてきません。とうとう彼は訊ねます。『あなたはまだそこにおられるのですか、リチャード?』(この時までに、彼らは洗礼名で呼び合うほど親しい仲になっています。)『いますよ、レオニード、しかし私には判別できないのです。』とニクソンは応えます。ブレジネフは性急に訊ねます。「何と言っているのですか？』そこでニクソンは言います。『実は、言っていることが判別できないのです——なにしろ、全部中国語で話しているので。』」

全員が腹の底から笑いころげた。私はクリシュナムルティの向かい側に坐り、彼がジョークを話すことをいかに楽しんでいるかを見ていた。頭を後ろに傾けて、彼は思いきり笑っていた。私はいろいろなジョークをほとんど記憶に留めることはできなかったが、しかし彼が入念に語ったものはきちんと思い出した。多分、彼のユーモアのセンスとそれが生じさせる喜びをかけがえのないものと感じていたからであろう。笑いが静まったとき、私は彼に訊ねた。「何かもう一つお願いできませんか？」

「別のジョークを？」眉を上げながら彼は訊ねた。

「ええ、ぜひともお願いします。」

彼はテーブルの周りの期待に満ちた顔を一通り眺め、それから私を見た。そして一息つくと話し始めた。「ではもう一つ、別のジョークを。またブレジネフについてのものですが。彼は共産党の書記長兼ソビエト連邦の大統領として数年間国を支配しましたが、その間国力は絶頂にありました。隔週日曜日に彼の老母が田舎からクレムリンの彼の許を訪ねてきます。今回は彼の好物である肉団子を持ってきます。帰る前に彼女は彼にどれほど自分が心配しているかを告げます。ブレジネフは彼女の心を静めようとします。『いいですか、ママ、案ずることなど何もないのですよ。クレムリンには食べ物が充分にあり、そして私の部屋はほかほかしているのだから。』しかし彼女は訴え続けます。『いや、いや、私はお前と国のことが心配なのだよ。』二週間後、彼女は再び彼を訪れ、暖かい手袋とマフラーを持ってきます。彼は彼女にお礼を言い、万事が順調に行っていると告げますが、しかし彼女は言い張ります。『いや、いや、レオニード、万事が順調などではまったくないよ。

私は本気でお前と今後の成り行きを心配しているんだよ。これから何が起こるかを誰が知ることができるというのだね?』『しかし、お母さん、』と彼は言います。『私はここで本当に申し分のない、安全な暮らしをしています。ドアのところには私を守護する守衛たちがおり、支配力を掌握していて、あらゆる人に何をすべきかを告げているのですよ。』『いや、いや、』と別れ際に彼女はつぶやきます。『万事順調では少しもないよ。』二週間後、彼女はまた彼の好きな自家製ウォッカを持って訪れます。しばしの後、彼女は再び彼に対する深い心配を表明します。ブレジネフはきっぱりと彼女の心を静めようとします。彼は言います。『お母さん、私は人が望みうるものは何でも手に入れてきました――腐敗した西欧からの最も高価なスポーツカーでさえ。上等な衣服を着ており、最高級の食事をしています。実のところ、私は国中で、というか、多分世界中で最大の権力の持ち主なのです。だから、あなたが何を心配しているのか教えてくれますか?』『息子、レオニードよ、』と彼女は彼に言います。『知らないのかい? 共産主義者たちがお前の後釜に坐るかもしれないのだよ。』

その〝落ち〟にテーブルの周りの全員がわっとばかり笑いころげた。彼のジョークの語り方は無類のもので、堂に入った身振りと顔の表情、それに若々しい生命力を伴っていた。

クリシュナムルティとメアリー・ジンバリストの他に、アーリヤ・ヴィハーラでの毎日のランチに定期的に顔を出した、六~八名の理事と職員から成る中核的グループがあった。彼らはみな目下の政治的・文化的問題に大きな関心を抱いており、テレビや新聞に載るニュースを規則的に追求していた。私もまたたままワールド・ニュースのファンであり、新聞を、通常、端から端まで読むべく努めていた。

明らかに、クリシュナムルティもまた世界で何が起こっているかに非常に関心があり、最近の進展に驚くほど精通していた。私が「クリスチャン・サイエンス・モニター」を購読していたのに対して、メアリー・ジンバリストは「ロサンゼルス・タイムズ」を購入していた。彼らが読み終えた後、私が午後遅くにそれを持ってくるか、クリシュナムルティがランチのときに持ってくるようにしていた。

特にその日の午後は、彼はいつものようにパティオの網戸からキッチンに入ってきた。親密な仕方で私に挨拶してから、彼は窓際の方にぶらりと歩いていき、カウンターの上にロサンゼルス・タイムズを置いた。「ここに置いておきます。それにしても分厚いですね。」

「ありがとうございます、クリシュナジ。本当にそれを全部読むのですか？」

「いいえ、」と彼は答えた。「量が多すぎて読み切れません。来る日も来る日も、長い記事が満載です。そのどれもが同じような題材を扱っている――繰り返しの連続です。時々私はヘッドラインを見るだけでおしまいにします。」

「おお、」と私は、私自身の熱心な読み方とは正反対の、彼の懐疑的な態度にいささか落胆させられて言った。「では、漫画についてはいかがですか？　それらをご覧になることはありますか？」

「漫画ですか？　『ニューヨーカー』誌の中のものを気に入っています。それらは、しばしば、機智に富んでいます。そう、あの少年、何という名前でしたっけ？」

「続き物の漫画『ピーナッツ』の中のチャーリー・ブラウンですか？」

「いいえ、」と彼は言った。「その子はいつも何らかのトラブルを起こしている。悪ふざけをし過ぎます。」

私の記憶の中の漫画の主人公のファイルを点検して、私は素早くそれらしい候補を思いついた。「デニス・ザ・メナスですね、クリシュナジ？」

「そう、彼です。腕白小僧ですが、とても茶目っ気があります。」

その午後ランチに来たのはほんの数名で——いわば、内輪の集まりだった。家族的な雰囲気（*en famile*）の場合、われわれはしばしば活発な議論を繰り広げることが常であったが、このときは誰もやや沈みがちで、会話も途切れがちだった。私はクリシュナムルティの向かい側に坐っていて、私の視線は時折彼の方に向けられた。彼はゆっくりと注意深く，目を半ば閉じて食物を噛んでいた。彼の細長い左手は、皿の傍の白い紙ナプキンの上に置かれていた。彼はすっかり冷静沈着で、テーブルの周りの沈黙のせいで神経質になったり、不愉快になったりしている形跡は少しもなかった。われわれの目が会ったとき、私はやや気まり悪く感じ、照れ臭くなったが、彼の方にはいささかの反応も見受けられなかった。彼の目の中には鏡のような性質だけがあった。

いつまでも続く無言の行によって狼狽させられて、私は突然何かで彼を楽しませたいという衝動に駆られた。私は前かがみになって、低い声で訊ねた。「ごめんなさい、クリシュナジ、中国でどんなことが起こっているかご存知ですか？」彼は私を真正面から見たが、少しの好奇心の徴候も示さなかった。私は同じような、鏡のような静謐を感知しただけだった。彼の答えを待ちながら彼を見返したとき、高架線の上でのバランスの取れた動きのように感じられる、短い間合いがあった。それから面白そうなきらめきが彼の目に入ってきて、彼は言った。「いいえ、知りません。中国では何が起きてきたのですか？」

私は中国や東南アジアの最近の進展について、前日に読んだ記事のある部分を少し訂正したり、他の部分について詳述したり、そして全般的には細部を膨らませたりすることによって、かなり長い談義に及んだ。私の物語の始めには、私自身定かではなかったが、励まされたいといういかなる望みも放棄し、聴き手の中に起こる関心の徴候を探すことをやめていたので、私の論述はそれ自体のはずみをつけていった。私は、自分の論述を進めるにつれてそれに熱中していき、中国の現代史と古代史の概要を、種々様々な出典からかき集められた情報を交えて素描した。孔子の時代の習慣や心理的態度などに話し及んでいくうちに、私は悦に入り始めた。クリシュナムルティはますます熱心に傾聴し、いくつかの質問をしたが、それが私の講義に重みを加えた。とうとうテーブルに着いていた他の人々も引きずり込まれ、革命中の社会における伝統の存続についての活発な会話に寄与した。

突然、クリシュナムルティが手を上げた。「それは私に最近聞いたジョークを思い出させます。これはモスクワのクレムリン、最高権力の場での出来事です。毎朝、親衛隊長がブレジネフ書記長の寝室に、盆に乗せた朝食をプラウダ紙と一緒に運んできます。彼は赤の広場を見下ろす大きな窓からカーテンを引き戻して、凛々しく敬礼し、世界における直近の進展を要約して伝えます。それが終わると、ブレジネフは言います。『よろしい、同志よ、それがすべてかね？』副官は躊躇してから言います。『実は、同士たる書記長殿、もう一つ別のことがあります。外の赤の広場に大群衆がおり、ピクニックをしているようなのです。』ブレジネフは寛大に答えます。『さわやかな朝で、太陽が輝いている。労働者諸君に一度だけは楽しむようにさせたらよろしかろう。』副官は敬礼して立ち去ります。」

副官のことを述べるたびに、クリシュナムルティは彼の手を額のところまで上げて副官の元気な敬礼の真似をした。「次の朝も同じ日課です――朝食、新聞、カーテンの引き戻し、敬礼、最近の出来事についての報告、等々。そしてブレジネフは訊ねます。『他に何か私が知らなければならないことは？』隊長は言います。『はい、同志たる書記長殿。赤の広場には一段と多い群衆がおります。多分十万人はおり、彼らはピクニックをしているようであります。』『させておきなさい、させておきなさい、』と議長は答えます。『このような快晴の朝は、プロレタリア大衆も少しは楽しんでしかるべきである。』副官は敬礼して出ていきます。次の朝もまた同じです。『他に何かあるかね？』ブレジネフは最後に聞きます。そして副官が赤の広場を指して話し始めると、書記長は笑いながら手を上げて彼を制止します。『結構だ、同志よ。貴君が言わんとしていることは正確に知っていると思う。このさわやかな朝、下の赤の広場には百万人の大衆がいて、ピクニックを楽しんでいる。そうだね？』『はい、そのとおりであります。同志たる書記長殿、』と副官は答える。『しかし一つ別のことがあります。みんな箸を使って食べております。』」

われわれがしばらくの間笑った後、クリシュナムルティは私の方を向いて、一瞬間目をまばたかせ、皮肉交じりの声で訊ねた。「私が知らなければならない他の重大なニュースはありますか？」これがわれわれの笑いを新たに燃え上がらせ、また私の火に油を注いだ。私は、タイムズの科学欄に、われわれの銀河の近辺でクエーサー（準星）と呼ばれる天体が発見されたという短い記事があったのを思い出した。この準星は膨大なエネルギーを持っていると言われていた。クリシュナムルティはこの天体発見の話にかなり魅了され、大きな注意を払って傾聴してくれた。

この即興的な出来事に励まされて、引き続く数日間および数週間にわたり、クリシュナムルティに対し、特に会話が中休みしたときに、世界の最も顕著な出来事を報告することにした。しかし、私がそうするようにしたのは、われわれが小人数だったり、私がたまたまクリシュナムルティの近くに坐ったときだけだった。私が報告するのは主にクリシュナムルティに対してだったからである。彼に世界のニュースを報告することは、やがて私自身の新しい役目になっていった。ランチテーブルでの私の総合司会に対する彼の陽気な態度がこのことと大いに関係があった。彼は明らかに世界情勢についての私の簡潔で有益な論評を享受し、そして程なくして私を励まし始めた。特に私がその日のニュースを発表し忘れたときには、「何かニュースはありますか？」と真面目に訊ねるようになった。

それはわれわれ二人の間の親愛の情を感じさせる小さなゲームになり、そしてあるレベルでは楽しいものだったが、やがて新しい形の真剣さを帯びるようになっていった。それは、どちらの側にも動機や目論見などまるでなしに、ごく自然に、事実上ひとりでにもたらされた特別の絆だった。彼のおおらかなユーモアと世界で起こっていることについての彼の率直な好奇心がそれを生き生きとさせ続けた。そこにはまた遊び心があり、彼との意思疎通の特別な手段を持ったことを私は喜んだ。ただしこれは少しも排他的なものではなく、誰もがいつでも中に加わることができた。

われわれのゲームの始めのうちは、事前のいかなる考えもリハーサルもなしに、私の頭の天辺から出て来るニュースを即座に報告していた。しかし、「何かニュースはありますか？」がお決まりの質問、ほぼ毎日の出来事になるにつれて、それは一つの挑戦になっていった。私は、マスメディアの中からニュース価値のある項目を引っぱり出すことに困難を覚えることは滅多になかった。しかし、時々、私が提示した事実、または私の説明の特定の角度が、情報通のランチ参加者によって挑戦されることがあった。そこで、守勢に立たされないようにするため、私の事実を整理し、しっかり頭に叩き込まねばならなかった。同時に、私が提供しているこの娯楽において正確かつ秀逸であろうとする大きな衝動を感じた。挑戦は主に、何の努力も意図もなしに人間のより高い切望を明るみに出すように思われるクリシュナムルティによってなされた。

私の当初の即席的なニュースの総合司会は次第により多く洗練され、様式化されていったが、しかしますます反復的ではなくなっていった。最初に私は単にヘッドラインだけを引用して、当日の最も目立つ出来事の概要を提供するようにした。クリシュナムルティは、多分、私が話していたことのほとんどに精通していた。たとえそうであっても、彼はその日のトップ記事についての私の要約を注意深く傾聴し、そして私を「それは知っていますよ、ええ。」と言って遮ることは滅多になかった。それゆえ私は、あまり公表されていない出来事にますます焦点を合わせがちになっていった。間もなく私は、自分が政界におけるしばしば入り組んだ出来事の探査に相当な時間とエネルギーを注いでいることに気づいた。しかしながら、私の頼みの綱は依然として使い古した卓上ラジオで、私はそれをニュース専用放送局に合わせせっぱなしにしていた。

多くの客がいたり、誰か特別の人がランチに招待されたときは、「何かニュースはありますか？」ゲームは中止されることになった。こういう場合でも、クリシュナムルティはキッチンで私に「何かニュースはありますか？」と訊き忘れることは滅多になく、または、後で思いついて食後に私のところに近寄ってきて、二人だけの間でのこととして、そう訊ねるのだった。われわれのニュースゲームは数カ月および数年間にわたり続き、クリシュナムルティがオーハイに来る季節のたびごとに新規蒔き直しに始まるのだった。

「何かニュースはありますか？」はアーリヤ・ヴィハーラでの慣例のようになっていたが、そのつどそれは若干違った形をとった。

しかし、もちろん、われわれのそれが当地での唯一のゲームだったわけではない。私は、クリシュナムルティがこの種の小さな個人的ゲームを友人の何人かとすることを好んでいることを発見した。その中の一人であるリリーフエルト氏、引退したスエーデン出身の国連外交官は、自分の庭に雨量測定器を設置していた。クリシュナムルティは彼によく訊ねた。「何インチですか？」

「今朝の降雨量は一インチでした、クリシュナジ。」

そして彼らは谷間の豊富な降雨への嬉々とした満足感を表明し、そして今季のおよび平均降雨量についてのちょっとしたやりとりを交わすのであった。

他のゲームはクリシュナムルティの貴重なパテックフィリップの懐中時計をめぐってのものだった。ここでの質問は「何秒ですか?」だった。自分の時計が数秒遅れていることを発見すると、彼はそれをしきりに正確に合わせようとした。時間を比較調整する保守業者がいて、彼のために時間の点検と調節を申し出てくれた。彼は時計をきれいに掃除し、万国標準時に合わせ、それからその時計をクリシュナムルティに返してよこすのだった。彼がランチにやって来たときはいつでも、クリシュナムルティは彼のところに近寄って時計を手渡し、戻されたときに「何秒ですか?」と聞く。すると調整係は答える。「まだ二分の一秒遅れています。」これが数週間続き、とうとう「秒単位まで正確です。」という答えが返ってきた。

このような親愛の情を感じさせるゲームとジョークはアーリヤ・ヴィハーラでのランチ集会に屈託のない要素をもたらしたが、クリシュナムルティがわれわれの間で示した深い真剣さの感覚から少しもぶれることはなかった。彼の真剣さは岩のようで、何ものもそれを揺り動かすことはできなかった。それは瞬間の現実と生きたエネルギーの源泉に根ざしていたが、ユーモアと笑いを排除することはけっしてなかった。

［訳注1］*Mind in the Waters: A Book to Celebrate the Consciousness of Whales and Dolphins*, by Joan McIntyre, Encore Editions, 1975.
［訳注2］*The Ascent of Man*, by Jacob Bronowski（道家達将ほか訳、法政大学出版局、一九八七年）

前菜

・トストグリーンサラダ（ビネグレットソースまたはパセリドレッシング付き）
・ワイルドライス［マコモの実］のサラダ
（種なし干しぶどう、ケーパー、松の実、マリネにした日干しトマト入り）
・レモンと蜂蜜風味のすりおろしニンジン

主食

・蒸したミレット（炒ったスライスアーモンド添え）
・ガルバンゾー豆のシチュー（タヒニとレモン果汁、細切りタマネギ、
セロリとパセリをガルバンゾー豆のソースで煮たもの）
・スイスチャード（トウヂサ）（オリーブオイル、ニンニク、
レモン果汁で味付けし、挽きたてナツメグをふりかけたもの）

デザート

・さつまいものスフレ（焼いたさつまいも、メープルシロップ、
バター、卵、オレンジの皮で作ったもの）
・新鮮な季節の果物

第10章　恵みの水

一九七八年は南カリフォルニアに桁外れの大雨が降り、特にオーハイ渓谷のような山間部は劇的な洪水に見舞われた。来る日も来る日も暗灰色の雲におおわれた空から大雨が降り注いだ。

アーリヤ・ヴィハーラからちょうど百ヤード上手にある橋の下でマクアンドリュー道路と交差しているサッチャークリークの乾いた窪地は、暗褐色の渦巻く水流でほとんど氾濫寸前だった。

われわれがランチのテーブルの周りに集っている間中、激しく屋根をたたいている強い雨音だけでなく、サッチャークリークの轟と、互いにぶつかり合って巨大な岩石をたたいている激しい水音を聞くことができた。われわれは、次週、四月初めに開始予定の公開講話の成り行きを話し合っていた。女性の理事が臨時案の概略を述べた。彼女によれば、たとえ雨がそれまでに止んだにしても、駐車場が泥だらけになっているので講話を計画どおりにオーク・グローブで行うことができないことは明白だというのだ。クリシュナムルティの週末の講話のほとんどはノードホフ高校の体育館で行うという取り決めができていた。火曜日、木曜日の質疑応答集会は、天候が許せばリビーボウルで行おうというのである。活発な議論が交わされ、誰もが口を挟んだ。

一方クリシュナムルティは椅子にもたれて静かに聞いていたが、言われていることには熱心に聞き耳をたてていた。最初のころ私は、自分にとってきわめて大きな関わりがあることについてクリシュナムルティがどちらかというと無口でいるのを奇妙に感じていた。ただ、よく考えてみた結果、実はこれが彼の流儀なのだということに思い至った。講話の編成作業の責任を理事たちに一任していたので、彼らがいっさいの世話を引き受けていたのだ。当然ながら彼らは彼と相談し、彼が望まないことは何もしないようにしていたが、基本的には彼の側からの不適切な干渉なしに彼らが職務を遂行するに任せていたのである。

降り続いている豪雨と今度の講話についてのわれわれの共通の関心は、テーブルの周りに集まっているわれわれの間に強い一体感をもたらした。他の十名の客が日取り、場所、可能な代替案などを盛んに話し合っている間、私はクリシュナムルティをじっと見守っていた。一心にことの成り行きを見ている間の彼の顔の表情は中立的だった。ちょうどそのとき、飲むことを望んでいるかのように、彼の手が空のコップの方に伸びてきたので、私は素早く傍にあった水差しを手にとって、コップに水を注いだ。私の素早い対応に驚いて、彼は目を上げて私を見た。

「ほんの少しでけっこうです」と彼は言った。

彼のグラスに半インチ程の水を入れたとき、彼は言った。「ありがとう、それで充分です。」

私は、食事のとき彼がとる水の量の少なさに驚かされた。時々、私が少々水を注いだとき、彼はそれに触れないように気をつけたと、食後に指摘したことがある。私はそれに答えて、その残った水は無駄にはしません。湯沸かしに戻して次回のお茶用にしますと請け合った。彼は笑みを浮かべて、私の節約ぶりに満足した。

今度はコップからほんの一口すすって、彼は注意を進行中の議論に向けた。数分後、細部までほぼ煮つまってきたらしく、女性理事の一人がクリシュナムルティの方を向いて訊ねた。「これでどうでしょう、クリシュナジ？　このように進めていいですか？」

彼は彼女に明るい笑顔を返し、そして答えた。「ええ、とてもよさそうですね。ただ、対話の日に雨が降ったらどうしましょう？」

彼女は溜息をついた。「そうですね、クリシュナジ、そのときは中止しなければならないか、またはアートセンターの講堂を借りることになるかもしれません。どう思われますか?」と彼女は校長に向って訊ねた。「それは可能な代案でしょう。」と彼は答えた。「ただ収容能力が限られていることが難点です。百五十名から百七十五名が限度でしょう。消防署がとても厳しいですからね。」

ちょうどそのときスコールが大きな断音《スタッカート》を立て、全員が沈黙した。しばしの後クリシュナムルティが言った。「案は皆さんでまとめてください。」素早く周りを見渡して彼は話を続けた。「この雨は私に面白い話を思い出させます。皆さんは以前聞いたことがあるかもしれません。ナーラダは大いに修行を積んだヨーギだったので、ある日ビシュヌ神が彼の前に現れて、こう言った。『ナーラダよ、何か望みがあるのなら叶えて進ぜよう。話してみるがいい、実現してあげようではないか。』そこでナーラダはビシュヌに言います。『私の唯一の望みはマーヤ(迷妄)、すなわち錯覚の力を理解することです。』ビシュヌはため息をついて言います。『それは非常に難しい。何か他の望みはないのかね。お金、権力、または何か神聖な快楽といった。』しかしナーラダは言い張ります。『私の望みはそれだけです。』ビシュヌは言います。『よろしい、わかった。しかしよく晴れた日だから、一緒に散歩しながらそれについて説明することにしよう。』

彼らは遠くの雪をかぶった壮厳な山々を見ながら、二人の友だちのように丘を縫って歩いていきます。太陽が強く照りつけてビシュヌは木陰に立ち止まり、ナーラダに向って言います。『いやはや、とても暑いのですっかり喉が乾いてしまった。だから本題に入る前に、あの下にある小屋まで行ってコップ一杯の水を持ってきてはくれまいか。私はここで待っているから。』ナーラダは答えます。『わかりました、すぐ行って戻ってきます。』彼は駆け降りていって、小屋のドアを叩きます。ドアがとても魅力的な美しい娘によって開けられます。彼女が彼を家の中に招き入れると、彼はすっかり魅入られてしまいます。彼は彼女の家族に会い、彼らは彼を昼食に招待し、そして彼はいつのまにかその若い娘に恋してしまいました。彼らは彼にその晩泊まっていくように勧め、結局彼はその娘と結婚してしまいます。彼らは子供たちをもうけ、幸せな恵まれた人生を過ごします。が、ある年、かつてないほど激しいモンスーンに見舞われます。来る日も来る日も雨が降り続き、田畑を冠水させ、家屋を押し流してしまいます。水嵩が上がり続けるので、ナーラダは妻と子供たちの手を取り、一番幼い子を肩に背負って一緒に屋上に登り、なんとか一命を取り留めようとします。が、荒れ狂う水によって子供たちは一人また一人と押し流されてしまいます。そして妻をなんとか屋上に引き上げる寸前に、彼女もまた洪水に呑み込まれてしまいます。自分が大事にしていたすべてのものの喪失によって、ナーラダはすっかりうちのめされてしまいます。かろうじて一命を取り留めた彼は、自暴自棄になって、熱心に祈り始めます。『おお、神よ、かくも不幸な目に遭っているこの私をどうかお助けてください。』すると水の轟音を通してビシュヌ神の声が聞こえてきます。『ところで、私のコップ一杯の水はどこにあるのかね。』」

大きな雨音の最中に、われわれは爆笑した。クリシュナムルティが逸話やジョークを語るのを聞くことは私にとって常に大きな楽しみだった。独得の洞察と崇高さを備えた教えを生きそして具体化している人物が、同時にジョークを言うことを楽しむという事実は常に私を驚嘆させた。もちろん、それらは良質のジョークであった。この場合は、この物語が古代のヒンドゥー教のナーラダとビシュヌの神話の短縮バージョンであることを私は認識していた。同じ物語がヘルマン・ヘッセの *The Glass-Bead Game*（『ガラス玉演戯』復刊ドットコム、二〇〇三年）の最終章でも形を変えて語られている。

その後、一九七八年の公開講話はノードホフ高校の体育館とリビーボウルで行われた。雨のせいで、対話集会の一つは、どん詰まりになってから、オーハイ・アートセンターに移動させられねばならなくなった。ホールは満員になり、さらに百五十名ほどの人々が入場すべく待機していた。しかし入る余地がまったくないので、数個のラウドスピーカーが屋外に急いで設置され、雨の中で立っている人々が、傘と雨具に守られつつ対話の内容についていくことができるようにした。

室内では、聴衆がお互いに押し合い、閉所恐怖症にかかりそうな状態だった。小さなステージの上にいたクリシュナムルティでさえ、他に坐るところも立つところもない人々によって身動きできなくされるのを免れなかった。私も含めた学校の職員たちが数人がかりで彼の周りを円く取り囲み、彼が最少限の身動きだけはできるように計らった。その上、ホールの音響効果が降りしきる雨音と組み合わさって、彼が他の誰かの話を聞き取ることを非常に困難にしていた。その結果、彼は隣に坐っていた教師の一人に、聴衆からの一つひとつの質問や発言を繰り返してくれるよう頼んだ。このようなその場しのぎの手立てにもかかわらず、この場が非常に活気があり、人を元気づける質疑応答集会となっていることが判明した。その特別な一体感は、部分的には、われわれの身体的な接近と逆境的な要素によって引き起こされたのかもしれなかった。

背景雑音が大きかったり、数名の人が一度に話し出したときなどは特に、クリシュナムルティが時々難聴気味になることがますます明らかになっていった。パイン・コテージでの職員会議や公開対話中に、一つの質問を彼が理解するまでに数回それを繰り返すことがしばしば必要になった。職員の何人かは彼の悪化してきた難聴を心配し、彼およびメアリー・ジンバリストと話して、彼に補聴器を使用するよう提案した。長々しい熟慮と最初のためらいの後、彼はついに試みることに同意した。数回にわたりその器具を装着した後、彼はキーンという金属的な高音を出さないように音のレベルを調整することに慣れることができなかった。また、耳たぶの後ろが何かで塞がっているという感覚も気に入らないように思われた。結局、質問を繰り返し言う以外に術《すべ》はなかったのである。

一九七八年のオーハイ講話の最終回は、ノードホフ高校の運動場というあまりふさわしくない場所で行われた。小さなステージが外野席の前のフットボール場に設置された。きらめくような晴れた朝で、冷たい風が濃紺の空を横切っている白雲を追いかけていた。奇妙な光景だった――一方の側では急傾斜に段になったベンチが外套や毛布にくるまった人々であふれ、向かい側ではたった一人の人物が、普段はまったく無人の広場の演壇の上で話をしていたのだ。風はラウドスピーカーにうなるような音響効果を及ぼしており、一方、その左側ではマリコパ・ハイウエーを車が次々とせわしなく走り過ぎて行った。しかしこの美しい朝、クリシュナムルティはこれらの異様な情況によって動じさせられていないように思われた。平静に、ほとんど厳粛に、彼は瞑想、死、愛、そして聖なるものについて語った。

講話の終結から数日後、彼とメアリー・ジンバリストは、［カナダの］ブリティッシュコロンビア州のバンクーバー島に新設されたウルフレーク校を訪問するために出かけた。オーハイに帰還後、一週間滞在しただけで、毎年恒例の長旅に出発した。五月初旬にブロックウッドに到着し、それからザーネンに行き、再びブロックウッドに引き返してから、十月にはインドにいた。

私はカリフォルニアに留まり、オーク・グローブ校の仕事に忙殺されていたため、各地での講話に出席する機会を逸してしまった。一九七八年の九月にわれわれは彼からの回覧状を受け取り始めた。これらが後になって *Letters to the Schools*（『学校への手紙』ＵＮＩＯ、一九九七年／『アートとしての教育』コスモス・ライブラリー、二〇一〇年）として出版されたのである。簡潔できびきびした文体で、それらは人生の真面目な問題に教師と生徒の両者の注意を集中させた。平均して一、二頁ほどの中に、彼は、彼の教えのエッセンスと、彼が思い描いたものとしての教育の意味を要約した。それらの中に彼はしばしば、以下のようなはっとさせる名言をちりばめている――「理想は精神を腐敗させます」、「余暇《レジャー》という言葉には観察するための十分な時間を持っている精神が含意されています」、「生計の糧を得ることのみを追求することは生きることを否定することです」、「神は無秩序に他なりません」、「私たちは言葉を糧にして生き、そして言葉は私たちの獄舎となります」、等々。それらは非個人的な口調で、オーハイ、カナダ、英国、インドの学校の数百人の職員や数千人の生徒に宛てて書かれていたが、私はそれらが私に向って個人に語られているように感じた。われわれがそれらを数年間にわたり受け取っていくうちに、それらは教育の意義とその中でのわれわれの役割についての、職員同士の多くの活発な議論の基礎になっていった。

クリシュナムルティは一九七九年の二月にオーハイに戻った。彼の到着後の土曜日の昼食会には十六名の客がいた。誰もが彼と再会したことを喜び、何よりも先ず彼ら全員を結集させた人物の帰還を歓迎する大家族、友人同士の集まりのように感じられた。クリシュナムルティから斜め向いの位置にある席に坐っていた私は、彼が物思わしげで、口数が少ないことに気づいた。彼は活発な会話についていってはいたが、そのどれにもほとんど加わらなかった。ブロックウッドでの短期滞在の後、インドから到着したばかりだったので、何人かの人々が彼にそれらの土地の学校について訊ねたが、気のない答えが返ってきただけだった。何か他のことが彼の精神を占有していたのだ。

客のほとんどがチョコレートムースを賞味し始めていたとき、クリシュナムルティは、突然、よそよそしい態度を放棄して、彼の隣にいる二人の客に向って話しかけた。しばしばそうだったように、彼の質問はあっと思わせるほど言い表し方が単純だったが、にもかかわらず、他の人々のそれとはまったく異なる展望のインパクトを持っていた。そして、それは手近の状況に直接関連しているように思われた。だしぬけに彼は訊ねた。

「アメリカ精神とは何なのでしょう？」

テーブルを取り囲んでいた人々は、その質問を受けとめたとき、一斉に黙り込んだ。誰もが噛むのをやめ、フォークやスプーンを下に降ろし、質問の主の方に頭を向けた。それは私にあるテレビ・コマーシャルを思い出させた。それについてクリシュナジが話したとき、人々は聞き耳を立てていた。私はまた、数年前、クリシュナムルティがカリフォルニアに到着したときに同じ質問をしたことをぼんやりと思い出した。多分、アメリカ文化および社会の直接的印象が彼の精神の中に依然として新鮮に刻まれていたからだろう。

即答はどこからもやって来なかつた。「アメリカ精神とは何なのでしょう?」という彼の言葉について思案している十数名の頭脳によって作り出された沈黙の中へ、彼はその質問に応えるよう繰り返し促した。私は、ほとんど、各々の頭蓋の中で回転している精神の車輪が立てているキーキーという音を聞き取ることができそうであった。なぜなら、それは軽々しい、いい加減な質問ではなく、臨席しているほとんどの人々の文化的ルーツに触れるそれだったからである。クリシュナムルティと私自身などごく少数だけが在留外国人だったのだ。

少し経ってから、何人かが彼らの意見を述べ始めた。まず老婦人が口火を切った。「そうですね、物質的および商業的な関心がアメリカ精神の重要な特徴であることは確かです。お金、財産、物質的生活水準が、多分、他の何よりも大事にされています。」

「もちろんです。それがアメリカン・ドリームなのです。」と誰かが同調した。

「アメリカン・ドリームとは何なのですか?」しばしば耳にするこの用語によって意味されているものについてやや漠然とした観念を持っていた私は訊ねた。

「それはマイホームとマイカーを持ち、また、あらゆることが常により良くなるだろうという期待と信念を持つことです。」とアランが説明した。

「いえ、いえ、」とクリシュナムルティは拒むような仕草で言った。「それは質問への本当の答えにはなりません。結局のところ、西洋世界、多分全世界のほとんどが高度に物質主義的で商業化されています。それは格別にアメリカ人の特徴ではないのです。いいえ、アメリカ精神とは——詰まるところ——何なのでしょう?何がそれをフランス、英国、中国の精神とは異なるものにしているのでしょう?」

理事の一人が言った。「アメリカ精神はきわめて個人主義的です。個人の自発性や進取の気性が大いに尊重されています。……」

クリシュナムルティはまた首を振って否認の意思表示をし、議論の筋道をしっかり押さえ、彼の質問の限度範囲内に押しとどめていた。「いや、いや……」

「そこには無邪気さがあります。精神の天真爛漫さ、子供っぽい特質、あらゆるものに好奇心を持ち――陽気で、またとても寛大です」と別の女性が示唆した。

これがクリシュナムルティの関心をそそり、アメリカ精神の特質としてそれに同調した彼と他の数名の人々によって長々と吟味されることになった。いくつかの点でそれは、クリシュナムルティと彼の弟のニティヤが一九二二年に初めてカリフォルニアに来たときに彼が感じた、最も初期のアメリカの印象と符合していた。彼は新世界との最初の出会いについてのエッセイを書いたことがあった。その中で彼は、この国の土地の美について、また、生への若々しい熱情を持った、率直で、偏見のない人々のメンタリティについて熱情的に描いた。彼の浅黒い肌色が時々公衆の嘲笑を引き起こしたことがある英国や世界のその他の地域でよりもずっと寛容な態度に遭遇したことが、若いクリシュナムルティの精神に肯定的な影響を与えたことは明らかだった。しかし、もちろん、その後の六十年間にアメリカでも他のどの地域でも非常に多くのことが変わってしまった。合衆国では人口、軍事力、経済力がとてつもなく増大しただけでなく、社会的頽廃の顕著な徴候もまた見られた。

彼は提起された見解に部分的には賛同したが、それ以外の見解には同意しかねた。彼がすでに自分の質問に対する特定の答えに到達していたとは私は思わず、そしてわれわれがそれを探し出すことを期待していたのだが、しかし彼はアメリカ精神の特質についての特定の、多分非常に包括的な知覚を持っていたのである。この精神は、率直になされる協働的探査を通して、実際に働いている最中に探し出されねばならないのだ。

彼は次のように言うことによって慎重に自分の答えを隠蔽した。「そうです、それには何かがあります。一定の無邪気さや天真爛漫さはありますが、それだけではその精神の特質を十分に捉えているとは思えません。」

他の一人がアメリカ人魂の精髄についての自分の考えを言葉で言い表わすべく試みた。「しかし、アメリカ精神の偉大な達成は自由ではないでしょうか？　社会的自由、選択の自由、万人にとっての均等な機会ではないでしょうか？」

彼女の示唆は笑いを引き起こし、クリシュナムルティもそれに加わった。なぜなら、彼が自分の教えの中で提起したものの実に多くが心理的な現実としての自由のまわりを旋回していたからである。そういうわけで、彼は〝自由〟という言葉を非常に微妙で純粋な意味で用いた。彼が話していたのは、何か〝からの自由〟や何か〝への自由〟でもなければ、〝選択の自由〟や〝自分がしたいことをする自由〟のような概念化された、一般的なそれでもない。これらのどれも、彼がほのめかしている生の根本的特質に固有の美には触れていない。私が考えつくことのできた最も近い言語表現は〝観察の自由〟であった。

今度は他の客が次のように示唆した。「この社会では、事実上の基本的平等があらゆる人のために存在していると言えるでしょう。その一例は、誰でも利用できる司法制度があるということです。」

引き続く賛否両論の活発な議論を通して、合衆国の司法制度の長所と短所が検証された。一人の教師が論駁した。「誰もが法の利用において平等であることは確かなのではないでしょうか？　それはつまり、何らかの理由で誰もが他の誰のことも訴えることができるということです。もちろん、それにはそれなりの正当性があるのです……」

理事の一人が彼をさえぎった。「しかし、何が起こっているか見てみるといいでしょう。私たちは世界で最も訴訟好きな社会を持っています。もはや誰の言葉も何の意味も持っていません。いかなる種類の合意も取り決めも判事や弁護士によって文書化され、封印を施され、確認され、署名されなければならないのです。」

一人の女性が同意した。「おっしゃるとおりです。この国には今や七十万人以上の弁護士がおり、さらに毎年数千人ずつ増えていますーー世界の他のどこよりも多いのです。しかし、正義についての本当の関心はどこにあるでしょう？　どの弁護士も、事件の実際の事実にはおかまいなしに、自分の訴訟に勝つことしか望んでいません。」

「しかし、開かれた司法制度が機能するための他のどのようなやり方を提案できるというのですか？」と居合わせた法律家が口をはさんだ。

「いいですか、」とクリシュナムルティは議論のさざ波を静めたが、それは単に彼自身の〝津波〟を誘発するためだった。「単純な事実を直視しましょうーー世界には何の正義もない、という。ここにも、他のどこにも。これは争う余地のない事実です。正義は存在していません。それを直視しましょう！」

一瞬間、私は彼の単純な評言によって雷に打たれたように感じた。そのような考えを以前一度も聞いたことも抱いたこともなかったわけではないが、しかししばしばそうだったように、簡潔で正確な言葉で表現された彼の観察は途方もない力を持ち、私の意識の奥底にまで影響を与えているように思われたのだ。私は、彼が言っていることの真理を、その様々の意味合いと共に、自分が直接的に知覚していたように感じた。それはあたかも、瞬時に私が〝正義〟という概念によって構築されてきた錯覚の全ネットワークと、それが存在している、または人間の努力によって実現されるかもしれないという、根底にある思い込みを自分が見つめているかのようであった。同時に、この洞察は人間の社会構造が法の前の調和、公正、平等を求めて努力することの望ましさ、いや必要性を否定するものではないということが、私には明らかであった。が、正義は存在せず、それは思考のこしらえもの以外の何ものでもないという事実を理解することが、それをなんとか可能にするための前提条件だった。

テーブルのまわりの誰もが私自身と同様にショックを受け、クリシュナムルティが彼の見解を述べ続けるのを注意深く傾聴した。「どこに正義があるのでしょう？　あなた方はここに、この国に生まれる――行き届いた教育、裕福な家族、等々と共に。他の何人かはアフリカ、またはひどく貧しい国に生まれる――貧乏な家族、飢餓、無教育、等々と共に。その中のどこに正義などあるでしょう？　あるいは裁判沙汰を起こす。」彼は含み笑いをして言った。多分、そういったことすべての不条理に対して。「あなた方は裁判沙汰を起こすのですが、敏腕弁護士を雇うお金を持っているので、さっさと勝訴して裁判所から立ち去る。他の誰かは――貧乏で、無学，等々なので――同じ罪なのに投獄される。何もかもご存知なのではありませんか？　そう、そこには何の正義もないのです。」

この言明の後、長い沈黙の間合いがあった。私がまわりを見回すと、誰もが自分自身の思考についていったり、はっとさせる啓示が沈潜していくにつれて、それを内面的に聴き取ろうとしているようであった。

昼食のテーブルのまわりに数瞬の透明な沈黙が起こり、起伏のある風景の上の雪のように、静かに場を領していくことがよくあった。そんな瞬間には、人は心臓の鼓動や呼吸のリズムを感取することができ、われわれは一緒に静かにしていた。

「いえ、いえ、いえ、」とクリシュナムルティは言った。「アメリカ精神とは何なのでしょう？　さあ、皆さん、この質問に答えてください。何がその根本的特質なのでしょう？」

女性の理事が突然異議を唱えた。「しかし、クリシュナジ、これは正しい質問でしょうか？〝アメリカ精神〟によってあなたは何を意味していらっしゃるのですか？　それはとても大まかな概念化なのではないでしょうか？　多種多様な国民性や文化についての偏見を作り上げるのは、まさにそれなのではないでしょうか？」

クリシュナムルティは笑顔で彼女に耳を傾け、それから彼の前に坐っている、今までの会話中一言も口を挟まなかった教師に目を向けた。その女性の反論に直接応えることなく、彼は教師に話しかけた。「どうかお聞きくださない。もちろんそれはとても大まかな一般化です。しかしアメリカ精神と呼べるような何かはあります——それは明らかなのではないでしょうか？　アメリカ精神は、非常に賢いが、迷信的で、だらしなく、階級組織、権威、伝統などを信じているインド精神とは異なっています。またはフランス精神——きわめて個人主義的で、利己的で、分析的で、鋭敏で、語学が達者な——とも、イギリス精神——島国的で、孤立的で、俗物的な——とも異なっています。」

国民的特質というテーマは熱心に取り上げられて、誰もがそれぞれの観察や意見を披露したが、最後にはクリシュナムルティが、論議のまとめ役を果たすべく、静かに繰り返した。「アメリカ精神とは何なのでしょう？」

誰も何も言わなかったので、彼は今までのいくつかの示唆を組み合わせることによって、彼自身の質問に答えようとした。「いいですか、アメリカ精神はだまされやすく、浅薄で、卑俗です。それは変わりやすく、人生のあらゆる側面についてのあらゆる種類の専門家を信じている。宗教、セックス、行動の仕方、坐り方、髪のくしけずり方、等々の専門家がいる。娯楽のとりこになり、非常に商売好きである、等々。が、それはまた非常に寛大で、純真で、開放的で、好奇心旺盛で、行動的でもある。」

クリシュナムルティの向かいに坐っている、今まであまり発言しなかった教師が、とうとう〝多元的共存〟(pluralism) という一語を慎重に言うことによって、アメリカ精神のついての彼の評価を提示した。クリシュナムルティは、いささか煙に巻くようなこの評価に興味をそそられたように思われた。テーブルの他の端にいた人々の中の誰かが訊ねた。「彼は何と言ったのですか？」

その教師は進んで彼の見解を繰り返し、そして開陳した。「多元的共存です。それは、アメリカ精神および社会が多くの異なつた意見、ライフスタイル、価値（観）、集団を許容しているという意味です。人種的、文化的、政治的、または宗教的団体が自由にそれぞれの活動を実施し、組織化し、見解を広めることができるのです。マイノリティの権利は憲法と国法によって保護されています。」

彼の簡にして要を得た概説はクリシュナムルティを魅了した。多分、彼がアメリカ精神の本質だと感じていたものに、今までに述べられたどれよりも近かったからであろう。彼の入念な記述は私に合衆国コインと一ドル紙幣の上に書かれている〝エ・プルリブス・ウヌム〟(E pluribus unum（多数から一つへ／多州から成る統一国家）という、統合と多元的共存の考えを表しているモットーを思い出させた。

「なるほど、」とクリシユナムルティは納得した。「アメリカ精神は多元的だということですね。ということは、アメリカ精神というようなものは実際にはないということを意味しているわけです。そうではありませんか？　なぜならそれは伝統を欠いており、まだ若く、流動的で、変化しているからです。が、多分、それはまたとてつもなくばらばらで、断片化していて、混乱しているのです。」

「私たちのほとんどのように。」と、女性理事の一人が皮肉っぽくつぶやいた。

これはアメリカ精神の存在または非存在について今までに言うことができたことを適切に捉えていた。ほとんどの人々が無言のままうなずいて賛意を表した。しかしながら、すでに三時を過ぎかかっており、何人かがいやいや立ち上がり、所用のため暇乞いしなければならないと弁解した。

会話はある話題から他の話題へとだらだら続いた。昨夜の素晴らしいピアノ演奏会、最近のイランの政治的動乱、いくつかの校内問題、等々。ある時点で一人の婦人が訊ねた。「クリシュナジ、オーク・グローブのようなところで公開講話をなさるとき、聴衆の中の誰かがあなたの言っていることを本当に理解しているかどうかおわかりですか?」彼の返事は素っ気なく、その問題を追求することに興味がないことを示唆しているように思われた。「さあ、マダム、私にはわかりかねます。」

翌月、三月末に、若い芸術家、科学者、哲学者たちとの一週間にわたる会議がパイン・コテージで開催される予定になっていた。オランダ生まれの妻と共に二年前に学校に加わったドイツ人の物理学教授が、この催しを組織していた。いくつかの会合は異種の文化的背景を持つ一群の人々を結集させた。一名のユダヤ教のラビ〔立法学者〕、数名の南アメリカの過激派、そしてペルシャ湾から来た一組のカップルすらもいた。イスラム教の背景を持つ人々がクリシュナムルティの教えに関心を示すことは滅多になかった。それゆえ、クエートとバーレーン出身で、共にカリフォルニア大学サンタバーバラ校の学生である二名の若いアラブ人の男女がこの会議に参加するためにやって来たというのは意外であった。いくつかの会合の間中ずっと、この若者は自分の見解を繰り返し主張したが、それらは、多分、ずっと静かにしていた彼のガールフレンド以外のどの出席者からも実際には賛同を得られなかった。彼の執拗さは対話の流れの妨げになった。同時に、彼は自分が遭遇した反対によって困惑させられた。

バックパティオ〔スペイン風中庭〕での二回目のランチの後、クリシュナムルティは彼の隣に坐りに行った。彼らは難題のいくつかについて活発に話し合った。巻き毛で端正な黒い容貌を持った若いアラブ人は、彼の信念の弁護に熱心だった。クリシュナムルティもまた熱心だったが、態度は冷静だった。それは私的な会話ではなかったので、われわれ数名の小グループはレッドウッド製のテーブルのまわりに坐って、熱心に会話に耳を傾けていた。学生は興奮気味に彼の見解を述べ、しわがれ声を張り上げて力説していた。彼は、〝神〟は単に人間の思考によって作り上げられた観念にすぎないかもしれず、そして心理的進化は存在しないという示唆に対して猛反発していた。しかし、クリシュナムルティは何か異なったことをほのめかしていた。彼の関心は毎日の行為に現れわれわれるものとしての人間の生の全体にあるのだが、それは常に増加していく文化的条件づけの中へと蓄積していく、世代を経たパターンのせいで、徐々に生のとてつもない美が専門化と日課によって狭隘化されて、小さな片隅に押し込められてしまうのだ。

ある時点で、クリシュナムルティは彼の細長いしなやかな人差し指をテーブルの上の栗色がかった表面に勢いよく押しつけた。私は指先の二つの関節がほぼ九十度近くまで曲がるほどの柔軟さに魅せられた。彼はきっぱりと述べた。「生まれて」と言ってから彼は一息入れ、彼が話そうとしていることの意味を掴んだかどうかを確かめるかのように相手を見つめた。しかし、明らかに、当惑させられたのはアラブ人だけではなかった。われわれのほとんどもやや煙に巻かれたように感じた。

クリシュナムルティは彼の曲げられた指を十インチほど右へずらし、それから言った。「死ぬ。」そして再び彼は理解されているかどうか確かめるかのようにまわりを見渡した後、〝落ち〟を述べた。「それがすべてでしょうか?」

何の応答もなかった。私は彼が言っていることにやや当惑させられ、混乱させられさえした。数瞬の間、私はテーブルの端を横に動く彼の指の動きにすっかり気をとられていたので、彼がテーブルそれ自体について話しているのかと思った。それから私は、彼が個人の寿命の短さと限界を例証しているのだということがわかり始めた。今度は、同じ運動をより早く繰り返し、その運動の両極点を述べるために同じ言葉を述べた。「生まれて——死ぬ。それがすべてでしょうか?」

彼の身振りと言葉は禅の公案的な力を帯び始めていた。若いアラブ人は苛立ちをつのらせ、彼自身の考えを持ち込むことによって問いかけに応えることを避けようとしかかっていた。彼が口を開こうとする前に、クリシュナムルティは相手の動きを電光のような早さで察知し、彼の手を掴んだ。再び彼はテーブルを横すべりする指の動きを繰り返しながら、きっぱりと述べた。「生まれて――死ぬ。それがすべてでしょうか？」話を聞いていた人々の一人である女性理事が、青年に助け舟を出すかのように訊ねた。「でも、クリシュナジ、他に何かがあるというのですか？　人は生まれ、生き、そして死ぬ。」

彼は、彼女の単純さによって驚かされ、不意を襲われたかのような表情で彼女を見つめた。それから肩をすくめ、あきらめの仕草で両手を投げ出した。「生まれ、そして死ぬ――もしそれがすべてなら、そのときには……」

彼はドラマチックに文を途中で打ち切り、各人の想像力で空白を埋めるように促した。

クエート人は議論についていかず、神はすべてに手を差しのべるという彼の主張へと戻った。彼が持論を強調するたびごとに、クリシュナムルティは静かに青年の手を彼の掌中に収め、握り合った彼らの手を二人の間のテーブルの上に置いた。私はそれを非個人的な友情の仕草と見なしていた。つまり、見解の相違にもかかわらず、彼らの間の区別はなかったのである。アラブ人は、話すたびごとに、半ば意識的に自分の手を老人の握りから外し、そしてクリシュナムルティの番になるやいなや、彼は再び相手の手を握りしめた。これが数回続き、とうとう見物人たちに静かな楽しみを与えるようになったが、若者の方は、興奮していたせいで、繰り返される愛情の仕草に気づかずにいるように思われた。とうとうクリシュナムルティはわざと相手の手を掴んで、まるでボクシング・リングでレフリーが勝者の手を上げるかのように、それを高くまで上げた。われわれはわっと笑い始めた。この時点でようやく若者は手を握ってから離すというパターンに気がつき、当惑気味の笑いを浮かべた後、とうとう一同と笑いさざめきを共にした。クリシュナムルティはもう一度握り合った手を上げながら、笑った。「あなたをあのままで去らせたくなかっただけです。」

数週間後、クエート人はクリシュナムルティに贈りたいと思ったナツメヤシ、ドライフルーツ、菓子入りの大きな布製のバスケットを持って、アーリヤ・ヴィハーラに現れた。それから二年後、私はオーク・グローブでの講話の折に彼に再会した。今や彼の妻になっていたバーレーン人のガールフレンドも彼に同伴しており、彼らは二人とも間もなくペルシャ湾の故郷へ戻るのだと私に告げた。

前菜

・レモン果汁風味の薄切りカンタループ［マスクメロンの一種］

・トストグリーンサラダ（ビネグレットソースまたは
サウザンドアイランドドレッシング付き）

・マリネに漬けたほうれん草・すりおろしたニンジン

・グリーンキャベツのコールスロー

主食

・皮むきえんどう豆のスープ（タマネギ、ビーマン、セロリ、角切りニンジン、多量のパセリ入り）

・焼きポテト（サワークリーム添え）

・蒸したカリフラワー（ケーパーとオリーブ、オリーブオイルに漬けた
薫製酵母のソース添え）

デザート

・ライスプディング（バスマティ白米、干しぶどう、アーモンド、
砂糖、バニラ、シナモン、卵、ミルクで調理されたもの）

・新鮮な季節の果物

第11章　宗教的精神の持ち主

会議の終結から一九七九年四月七日の公開講話開始までは、わずか一週間の余裕しかなかった。その中間の水曜日にわれわれは〝水いらずで〟(*en famille*) ランチ・テーブルを囲んでいた。それは十四名の人々のための簡素な昼食会で、カンタループ、トストグリーンサラダ、マリネに漬けたほうれん草、おろしたニンジンとコールスローなどで始まった。ホットフードは皮むきえんどう豆入りの熱いスープ、サワークリームを添えた焼きポテト、オリーブソースがけのゆでたカリフラワーだった。デザートはライスプディングだった。

全員がリラックスしており、打ち解けた会話は詩を中心にして進行した。何人かがそれぞれのお気に入りの詩人について話していた。ある質問に答えて私は言った。「私は実はリルケが好きなのですが、ロルカ、ネルーダ、それにバイロン、ランボー、ボードレールのようなフランスの詩人も好きです。」クリシュナムルティがまだ彼の気に入りの詩人名を明かさないでいることに気づいて、私は彼に話しかけた（彼は私のはす向かいに坐っていた)。「クリシュナジ、あなたがお好きな詩人は誰かいますか？」

全員の注意が彼の方に向けられた。彼は椅子の背にもたれかかったまま、優しげな笑みを浮かべて言った。「そうですね、キーツの詩は格別です。何とかいう頌詩《オード》がありましたね？」

「〝ナイチンゲールに寄せる詩〟では？」と私は示唆した。

「いや、違います、」と言ってから、突然それを思い出して言った。「〝ギリシャの壷に寄せる詩〟です。『いまなお穢れなき静寂の花嫁よ』で始まり『美は真、真は美、それがすべて／汝らが知り、また知っておらねばならぬことだ〟で終わっているそれです。[訳註1]」彼がその詩句を朗誦している間中、彼は目を閉じ、声はドラマチックなトーンを帯びていた。人は、彼がその詩を好んでいることを感じることができた。彼は再び目を開け、深呼吸し、あたかも圧倒的な印象を追い払うかのように少し頭を振り、それから嬉しそうな笑顔で言った。「私はかつては詩句全部を朗誦することができましたが、今はほとんど忘れてしまいました。その他にシェレー、バイロン卿、コールリッジ、ワーズワースといったロマン派の詩人のものもよく読んだものです。」

若い女性教師が訊ねた。「あなたがバイブルを読んでいたというのは本当ですか？」

意外なことに、彼はすぐ笑いながら答えた。「ええ、しかし旧約の方だけです。確か、欽定訳と呼ばれているそれです。」

「なぜ経典を読まれたのですか、クリシュナジ？　あなたはいわゆる聖書の類いは一度も読んだことがないとおっしゃっていたように私は思うのですが。」

「私はその言い回しが好きなのです。その詩的表現が。」と彼は応えた。「怒っている神、等々についてのおとぎ話やそれに類する雑多な内容には興味がありません。聖書は真理についての特別なメッセージを含んでいる、またはある種の神の啓示だと思うがゆえに読むわけではないのです。それはまったくのナンセンスです。いかなる本も真理を含むことはできません。真理は生きているものです。それは……」彼は、指が広げられた手を上げて、言い表わすことができないものを表現するための言葉を見つけ出すべく努めた。彼は語句を宙ぶらりんのままにし、その不完全さが強められた沈黙の中に広がっていくようにさせた。突然、彼は質問者に向かって劇的に詩文を朗誦した。「わが愛する者はわたしに語って言う、〝わが愛する者よ、わが麗しき者よ、立って、出てきなさい。見よ、冬は過ぎ、雨もやんで、すでに去り、もろもろの花は地にあらわれ、鳥のさえずる時がきた。山ばとの声がわれわれの地に聞える。〟」（日本聖書協会訳「ソロモンの雅歌」）

詩句の詠唱の仕方は魅惑的で、その中に込められた熱情は即座に活気を帯びた。「これらの言葉の美しさがわかりますか？」そう、彼は震えるような間合いの後に訊ねた。「それらは三千年以上昔のものです。〝ソング・オブ・ソング〟または〝ソロモンの雅歌〟――実に見事なものではないでしょうか？」年配の理事が同意した。「また、詩編の詩やヨブ記のことを考えてみてください。文学上の傑作です。」

財団事務所での秘書の仕事に最近就いたばかりの若い女性がクリシュナムルティの対面に坐っていた。ここにいる主たる理由が学校で働いているボーイフレンドと一緒にいることだという彼女は、多分クリシュナムルティの教えに特別な関心を持っていないただ一人の人間だと思われる。したがって、クリシュナムルティについての彼女のイメージは、残りのわれわれとはきわめて対照的に、多分当たり障りのないないものであっただろう。彼女にとって彼は魅力的な老紳士であり、かつて私に〝キュート〟だと言ったことがある。彼女は静かに会話の成り行きを見守っていたが、不意にクリシュナムルティに向かって言った。「推理小説などはいかがですか？　何かお読みになったことはありますか？」

彼は彼女の質問にすぐには答えずに、戸惑った表情で彼女を見つめた。彼女は素早く言い直した。「ミステリーとか探偵小説などのことです。」

嬉しそうなきらめきが彼の目の中に入った。「ええ、スリラー、」と彼は答えた。「それらを読むのは好きです。あなたはいかがですか？」

「私もです！　私はミステリーの大ファンです。お気に入りの作家は誰ですか、クリシュナジ？」

「アガサ・クリスティーはかなりたくさん読みました。レックス・スタウト[訳註2]の著作もいいですね。あの肥っちょの探偵の名は何でしたっけ？」

「ネロ・ウルフ。」

「そして彼の助手、あのへまな……」

「アーチー。」と彼女は言った。「レイモンド・チャンドラーはいかがですか、彼の物語のどれかをお読みになったことはありますか?」

「誰ですって?」

「彼は、四〇～五〇年代にロサンゼルスに住んでいたタフな私立探偵、フィリップ・マーロウを作り上げました。」

「ああ、わかりました。彼のはだいたい読んだと思います。」

「ではジョン・D・マクドナルドはご存知ですか?　私の大好きな一人です。」

「ジョン・D・……?」

「主人公はトラヴィス・マッギー、そして各々の本のタイトルはそれぞれ異なった趣を帯びています。普通フロリダが舞台です。」

「そして小舟の上で暮らしたり、青色のロールスロイスを乗り回したりしている——それが彼ですか?」

「そのとおりです。そして常に、かなり哲学者ぶったところがあります。が、それから主人公が女性と関わりを持つときには、ロマンチックな要素がかなり加わります。つまり、かなりセクシーだという意味です。そう思いませんか?」

そう、彼女は、テーブルのまわりにいる他の人々を素早く横目で見やりながら訊ねた。

クリシュナムルティは当惑した気配を少しも見せずに応じた。「ああ、私はそういう箇所はいつも飛ばし読みをします。私はそれらにはむしろ退屈を覚えるので、素早く通り越してしまうのです。」

彼女は、彼の顔の表情を見て快活そうに笑っていた。それは、大人たちの性生活を目撃しなければならないことに不快を感じている子供のそれに似ていたのだ。今や、テーブルのまわりの他の人々も笑っていた。クリシュナムルティは自分の軽蔑的な反応に気づいて、笑いの輪に加わった。

「ですが、クリシュナジ、映画やＴＶを観ているときに登場者たちがキスをしたり、抱き合ったりしているときなどは」と彼女は続けた。「どうなさるんですか？」

「私はただ目を閉じるだけです。」そう彼は告白し、両手で目をおおい、それから指の間を開けてその隙間から覗き見した。「そしてそのすべてが終わるとき、再び観始めるのです。」

笑いが野火のようにテーブルのまわりに広がった。

ランチの後、配膳台を掃除しに行ったとき、クリシュナムルティが隅の配膳室の壁面の半分を占領している本棚の前に立っているのに気づいた。それはペーパーバック〔紙表紙の普及版〕で一杯になっており、その大半はスリラーやスパイものだった。私は仕事の手を止めて彼のそばまで行き、どのミステリーを彼が選ぶかを見てみた。

「どれが本当に面白いスリラーか教えてくれませんか？」と彼は言った。「つまり、あのセンチメンタルな代物ではなく、筋立て《プロット》が良く、よく書けているものを。」

私は一瞬躊躇した。「ですが、クリシュナジ、多分、ここにある本のほとんどはすでにお読みになったわけでしょう。私は最近、エリック・アンブラーによるとても魅力的なスパイ・スリラー小説を数冊読みました。」私は本棚から一冊のペーパーバックを取り出して、彼に示した。「これがそれらの一つです。」

『ディミトリオスの仮面』と彼は音読し、フロント／バックカバーにざっと目を通した。「それは以前読んだことがあると思います。」そう言って彼はそれを本棚に戻した。

「ではロス・マクドナルドはいかがですか？」そう、私は背の上に彼の名前が載っている本の列を指さして示唆した。「彼は実に良い作家です。サンタバーバラに在住で、彼の物語の舞台もほとんどそこです。」

「わかりました。ベスト・ツーを私にください。」

私は魅惑的だと思うものを二冊選び出した。彼は一瞬間バックカバーの上の梗概を読み流し、それから思案深げに言った。「これらを以前読んだかもしれませんが、しかし思い出せません。それは問題ではありません。単なる時間つぶしで、後には何も残りませんから。」

彼は私の肩を親しげに軽く叩き、本を脇の下に挟み、去り際に振り返った。「さようなら、ありがとう。」と彼は言った。

「こちらこそありがとうございます、クリシュナジ。」と私は答えた。

数日後、インドの俳優と女優がクリシュナムルティに会いにやって来て、われわれとランチを共にするように招かれた。女優はかなり背が高く、どきっとさせるような古典的なインド人的容貌をしており、艶やかな黒髪が肩の下まで垂れ下がっていた。藍色の絹地に金糸が施された精妙なサリーをまとった彼女は、優雅な身のこなしをした。彼女の両目の間〔通常は眉間の少し上〕にある深紅色の〝ビンディー〟(斑点)が、両目のエキゾチックな美しさをより一層際立たせていた。彼女の連れはアスリートタイプの、筋骨隆々とした好男子だった。ランチの間、美人コンテストの優勝者で、映画スターに転身したこの女性は、二人ともハリウッドへ行く途上だと言った――彼女は大作のサイエンス・フィクション映画で米国デビューし、彼はテレビ向けのアドベンチャー映画で主役を演ずるために。彼女はさらに、自分の役割が豊かな頭髪をそっくり剃り落とすことを必要としていると告げた。それが彼女の肩まで滝のように落ちているのを見ていた私は、彼女が実際にそれを実行すると想像することは困難だったので、一瞬、大風呂敷を広げているのだと思った。

会話が映画や演技、俳優などをめぐってとりとめもなく流れていたとき、クリシュナムルティはごく一般的な意味で批評をした。「俳優は往々にして非常に見栄っ張りです。」これを聞いて女優は食べるのを止め、目をきらめかせた。多分、彼の批評が彼女に直に向けられたものと見なしたからであろう。気を落ち着かせ、怒ることなく、やや冷淡な口調で彼女は言い返した。「ですがクリシュナジ、あなたもいささか見栄っ張りなのではありませんか？　前額にある禿の部分を隠すため頭髪をなでつけていらっしゃるではありませんか。」

事実に即した彼女の冷静な話し振りは、明け透けな発言のトーンを和らげ、その結果テーブルの周りには瞬時沈黙が生じた。私自身は、彼女の鋭い観察と、大胆になでつけられた頭髪によっておおわれていた大きな禿の部分を彼が持っていたことに今までまったく気づかなかったという事実によって不意をつかれた。

クリシュナムルティはまったく応えなかった。息もつかせぬほどの一瞬、目蓋をまたたかせることも、言葉を発することもなく、静かに彼は彼女を見つめた。唇にわずかな笑みを浮かべ、フォークで食べ物を口まで運ぼうとした。会話は和やかに続いた。ランチの後、クリシュナムルティは二人を、最近の雨の後に青みを増したオーク・グローブの中での散歩へと連れていった。

それから数カ月後、その年の終り頃に、私はその女性が主演した「スター・トレック・ワン」という映画を観に行った。最初のうちは、剃髪した彼女を見つけることはかなり難しかった。すっかり剃髪していたにもかかわらず、というか多分そのせいで、彼女ははっとさせるほど美しい印象を与えた。

雨は過去数週間にかけてたっぷり降り続き、われわれは雨がオーク・グローブでの講話に間に合うよう止むかどうか、または前年のように再び町中を走りまわらねばならなくなるかどうかを見極めるべく、息を殺して待った。結局、地面はちょうど、われわれが計画どおり事を運ぶために十分なほど乾いたことが判明した。あらゆるものが青々とし、花が咲き始め、一つのイベント――私にクリスマスとイースターと新年が同じ日に起こっているかのような祝祭気分を喚起させるそれ――の準備ができたように思われた。

クリシュナムルティの話を聴くために世界中から何千もの人々がオーハイ渓谷に集まってきた。疑いなくそれは第一級の文化的イベント、新しい意識を探査し、その基礎を築き上げ、多分新しい文化の先触れにすらなるそれであった。最初の数回の講話を通して、彼は自分が新しい文化の源と見なしていたもの――善性《グッドネス》――を探求した。「善き社会――古代のインド人、ギリシャ人、エジプト人たちのそれら――はこれを夢見ていました。」と彼は言明した。

多くの点で、彼は彼自身の人となりの中にこの新しい文化の本質を具現しているように思われた。なぜなら、文化は彼にとって生きているものであり、記録されたり、死んだも同然だったり、化石化されたりしている何かではなかったからである。彼が講話に間に合うよう到着し、演壇の上に登り、数千名の聴衆と対話を交わしているところを見ることとは、偉大な文化と洗練さを兼ね備えた一人の人間を見ることであった。彼には尊大な点や軽率な点は少しもなかった。

彼は英知、すぐそばの瞬間についての気づき、一切衆生への純粋な慈悲心に根ざしていた。彼は〝文化〟(culture)という言葉が含意しているものを具現しているように思われた。すなわち、大地や動物や木や花への深い敬意と思いやり、そして、とりわけ人間――彼らの地位、社会階級、背景に関わらず、あらゆる人間――への敬意を。

善性が新しい文化の源泉だと認める一方で彼は、文化の創造的精神と自然および宇宙の本源的な創造力との間には微妙だがしかし明確な区別があると主張した。霊感に満ちた詩を書き、交響曲を作り、壮麗な大寺院を建設すること——それらのどれも創造の根源的な基底には触れていないと彼は感じていた。最も洗練された精妙な文化的表現物すら、狭く限られた関心を持った思考、自己あるいはエゴから派生したものなのである。「真の創造性はそれ自体を表現する必要がまったくありません。」と彼は言い、そして個々の人生に根ざした新しい文化の全包括的《ホリスティック》な側面を示唆した。「最も偉大な芸術《アート》は生の芸術《アート》なのです。」

オーク・グローブでの最初の二回の週末講話の終結後の月曜日で、われわれはほぼ二十名の客をランチに迎えた。アメリカ財団のすべての理事に加えて、それ以外の財団からの数名の理事が来ていた。雰囲気はいつもよりやや形式的で、会話は芸術および文化の問題に集中していた。クリシュナムルティは英国の理事の一人に話しかけていた。「シャルトル大聖堂を見たことがありませんか？　何という素晴らしい聖堂でしょう！　あのようなものを築き上げるために費やされたとてつもないエネルギーと協力を考えてごらんなさい。何十年も、いや何百年もかかったに違いありません。」

「そしてそのすべては神の偉大な栄光のための宗教的熱情によって鼓舞されたのです。」

「しかも、まったく無名の人々の仕業なのです。ご存知ですか？　誰が建築したのか誰も知らないのです。当時は、現在のように、自分たちの作品に署名などしませんでした。人間は，一念発起するとき、最も並外れたことを成し遂げることができるのです。月面到着は十万人に及ぶ人々の共同作業を必要としたと聞いていますが、しかしとうとうそれをやり遂げたのです。」

インドからの訪問客が、宗教精神によって鼓舞された人々によって創り上げられた寺院、洞穴、モスクなど、彼の国の驚異的建築物について語り始めた。彼はエローラとアジャンタの洞窟寺院、タジマハール、コナラク、プリーのことを話した。クリシュナムルティは彼の話にじっと耳を傾けていたが、静かに口をはさんだ。「ボンベイの近くに島があり、そこには何人かの修道士たちが岩の中に彫り込んだ寺院があります。それは千年以上も前のことだったにちがいありません。壁面の彫刻の一つはシヴァ神のそれで、彼の三つの顔を示しています。それはとても巨大な彫刻です。」

数年前に私が訪れた光景が語られていることに気づいて、私は言った。「エレファンタ島のマヘシャムルティですね。」

「このトリムルティ（三神一体）――そう呼ばれています――は」と彼は続けた。「本当にとてつもない彫像で、深さと威厳に満ちています。そのような記念像を創り上げた人々の精神状態がどのようなものであったか想像してみてください！」三面神の彫刻を創り上げた意識について思いをめぐらしているうちに、彼の声には畏怖の念が込もっていった。

エレファンタ南島の奥の壁面に彫刻された、高さ5.45 mの3面のシヴァ神像

あたかも宗教的精神がわれわれの間に顕現しているかのように、沈黙の間合いがテーブルの周りに広がった。とうとう私は思いきって言った。「彼らはとてつもなく鼓舞され、献身していたにちがいありません。」

「いや、そうではなく、」と彼は答えた。「彼らは何かを理解していた、そう、宗教的精神への洞察を持っていたのです。」

彼はぴんと指を広げて、力強い仕草をした。彼が言及していたもの、宗教的精神、を全員が把握したように思われた。彼はそれを人間存在の理解への鍵、および調和のとれた生き方と新しい文化の始まりのための必須条件と見なしていたのだ。

四月末、講話が終了した後、いくつかのことを討議するため、彼はパイン・コテージで職員たちと会った。しばしばするように、彼は傾聴することの重要性を強調した。「あなたの全存在、精神と心の全部、すべての感覚を傾けて聞いてごらんなさい。木の音に、風や葉のそれだけでなく、幹のそれ、根の静かなそれにも耳を傾けてごらんなさい。」

その後、ランチタイム中にわれわれが音楽や現代の有名な古典音楽演奏家のことを話していたとき、クリシュナムルティは南インドの古典的器楽のレコードカセットを誰かが送ってくれたと述べた。きわめて異例なことに、彼はランチの後にそれを聴きに来るようわれわれを招いてくれた。

われわれ十名ほどはパイン・コテージに行き、彼の寝室の隣の小さな居間に入っていった。そこには簡素ではあるが優雅な家具がしつらえられていた。われわれが彼の私室に入ることは滅多になかったので、ここで彼と共にいることは一種の特権のように感じられた。われわれは壁面に沿って並べられた椅子に坐り、十名分としてはやや小さな空間だったが、狭苦しい感じはしなかった。私は、長い期間にわたってこの限られた場所内で起こってきた強烈な傾聴に思いを凝らしているうちに、内面に沈黙が強まっていくことに気づいた。

紹介のため、クリシュナムルティはわれわれにこう話した。「今から皆さんは素晴しい音楽を聴くことができます――有名なインド人音楽家が西洋向けに作る類《たぐい》のそれではないものを。それらは宣伝と金銭によって駄目にされ、腐敗してしまうだけです。彼らは単に商業的な理由、金儲けのためにそうするので、音楽は二の次になるのです。しかしこれは単なる金儲けのためのものではない、本物の音楽で、とてつもない誠意が込もっています。それは神聖な音楽なのです。」クリシュナムルティの芸術的純粋性の基準は断固とした、厳粛なもので、優れた技巧だけでなく、一途な無私性をも要求するものであった。人は、いかなる動機もなしに、まったくの生の歓び（*joie de vivre*）から、音楽をそれ自体のために演奏したのである。

間もなく彼はカセットプレイヤーをつけた。弦楽器や打楽器の反響音と竹笛の甘い旋律が異なった気候風土、そして異なった音楽的伝統を喚起した。私は自分の自然な傾向についていき、楽器から引き出される持続低音と調和するために目を閉じた。それは内なる音の宇宙を再創造し、宇宙の創造と破壊の果てしない循環の物語を告げる、イメージのない純粋な音の開示のように思われた。

音楽が終わり、目を開けたとき、私は一瞬間新しい世界を見ていたように思った。周りの人々は、まるで内なる光が彼らの表情を照らしているかのように、新しい顔を持っているように思われた。一瞬、沈黙と傾聴の絆がわれわれを結束させ、そして人は気恥ずかしさと奇妙なほどのしなやかさを感じた。それから、いかなる感想も会話もなしに、わざわざ鑑賞させてくれたことへの謝意をクリシュナムルティに表し、一列になって彼の居間を去り、それぞれの持ち場へと戻って行った。

数日後（五月の第二週だった）、私はキッチンでこの季節のクリシュナムルティとの最後のランチのために料理の仕上げをしていた。卓上ラジオのスイッチをひねり、ベートーベンの合唱交響曲の音に調子を合わせていたが、それは日当たりのよいキッチン空間に広がっていった。第二楽章の終わり頃、私が時間の進み具合を見失いかけていたとき、クリシュナムルティがキッチンに入ってきた。私はラジオを消すためにカウンターの方に歩み寄ったが、しかし彼は素早く私を制して言った。「いや、いや、消さないでください。それはベートーベンの第九交響楽ですね。」

「あなたは本当にそれをよくご存知なのですね、クリシュナジ」

「もちろんです、私はハイ・シェラ［High Sierra：カリフォルニア州東部に位置し、南北に連なるシエラネバダ山脈の別名］山中の丸太小屋で独り暮らしをしたことがあります。たった一枚のレコードを持っていて、それを毎日かけていたのです。それはベートーベンの第九でしたが、それを大きな拡声器付きの、手巻きの旧式のターンテーブルの一つで聴いたのです。」彼は豊穣の角［*cornucopia* (horn of plenty)：幼時のゼウスに授乳したと伝えられるヤギの角］のように開いた古い拡声器を真似る仕草をした。

「レコードはたったの一枚、ベートーベンの第九のそれしかなく、そして私は毎日それをかけました。何週間もぶっ続けにそのあらゆる微妙な音色やメロディーに聴き入ったのです。一、二週間すると、様々な楽器の音を聞き分けることができるようになったように思われました。とうとう私は全曲を暗記してしまいました。毎朝十一時にそれをかけたのです。」

「なぜいつも十一時だったのですか？」「朝食後で、皿洗いを終えていたからです。それはくつろぎの瞬間で、朝日がさんさんと室内に射し込んでいました。それは、荒野の中での一日の経過における秩序感覚を創り出したのです。」

一つのイメージが私の脳裡をよぎった――山だらけの世界の中のどこかにある、沈黙の目撃者である樹齢千年の巨大なセコイヤ杉に囲まれた小屋の中で、若きクリシュナムルティが黒いレコードの上に針を置き、木製のベンチに坐って目を閉じ、聴覚を失った巨匠の音楽の旋律に聴き入っている。

ラジオの合唱の声が普遍的友愛の歌を詠唱し始めた。「歓喜よ、神々の麗しき霊感よ／天上楽園の乙女よ／我々は火のように酔いしれて／崇高な汝（歓喜）の聖所に入る／汝が魔力は再び結び合わせる／時流が強く切り離したものを／すべての人々は兄弟となる。」私の隣に立ったまま音楽に聴き入っている彼を、私は静かに見つめていた。私は突然、思いがけない大きな自由の感覚を感じた。一瞬間、いかなる切迫感も、時間も、圧力も、いかなる次の瞬間も、思考もなくなり、ただ傾聴だけがあった。すると合唱を縫って彼が訊ねている声が聞こえてきた。「ランチの献立は何ですか、マイケル？」

直ちに、いかなる理由もなしに、私は思わず爆笑しそうになるのを感じた。自分自身を抑えて、私は彼に笑顔で答えた。「今日は、クリシュナジ、メキシコ料理です。ガカモーレとジカマのサラダ、エンチラダ、穂軸付きのトウモロコシ、黒豆、それにマンゴーとパパイアのフルーツサラダで、クッキーとビスケット付きです。」

「そうですか、けっこうですね。何か手伝うことはありますか？」

「ええ、あります。」私は弾んだ声で答えた。

それは私を含めて十六名による、くつろいだランチだった。クリシュナムルティとメアリー・ジンバリストが翌日英国へ出発することになっていたので、会話の大半は彼らの出発・到着時間、搭乗する航空会社などの旅行に関することに集中した。われわれのほとんどはこれから九カ月間彼に会うことはない。しかしわれわれの誰も悲しんだり、感傷的になってはいなかった。それは、彼が感情的な態度を嫌っていたからだけではなく、彼はこの瞬間はまだわれわれと一緒におり、そして彼の存在が静かに場を圧倒し、完璧だったからである。

不意に彼は言った。「先日聞いた物語を皆さんにしておかねばなりません。それは古代インドでの話です。徳の高さと質素な生活で有名なヨギがおりました。彼の持ち物はたった二枚の腰布だけです——一枚は洗濯用、もう一枚は着用の。彼が王国の首都を訪ねると、彼の名声が国王の耳に達し、国王はヨギを丁重に宮殿に招き入れます。王はうやうやしく彼を出迎え、宮殿の中を案内してまわり、そして大量の宝石や金銀などが保管されている地下宝物庫に連れて行きます。彼はヨギに向って言います『ここにある私の宝物のどれでもあなたに差し上げます。どれをお望みかおっしゃりさえすれば、それはあなたのものです。』しかしヨギは傲然して断ります。『世俗的な所有物は私にとって何の意味もありません。この世で私が所有しているのはこの二枚の腰布だけです。』王は感銘を受けて、彼に言います。『どうか一、二日逗留して、あなたの偉大な無執着と知恵の秘訣を伝授してください。』ヨギはこの招待を受け入れます。召使いが彼を、その晩寝泊まりすることができるがらんとした部屋に案内します。真夜中にあたりがひどく騒がしくなり、人々が叫んだり、走りまわったりしています。誰かが彼の部屋のドアをこじ開けて叫びます。『逃げ出さないと命取りになります。宮殿が燃えているのです。』ヨギは部屋からあわてて飛び出します。廊下には炎と煙が充満しており、人々が逃げまどっています。彼が闇の中に突進していくと、長衣《ローブ》をまとった王が彼の隣にいるのが見えます。宮殿が焼け落ちていくのを振り返って眺めながら、王はヨギに言います。『ああ、私の宝石も財産も何もかもが焼失していく。しかし、私は平気です。あなたが私に所有物は重要ではない、質素な着衣さえあれば充分だと教えてくださったからです。』その言葉を聞くとヨギは突然振り向いて、燃えている宮殿の方へ走って行きます。王は思います——いったいどうしたというのだろう、死地に赴くようなことをするとは。そこで彼は早足でヨギを追いかけていき、追いついてから言いました。『何をしておられるのですか？　気でも狂ったのですか？　間違いなく焼け死んでしまいますよ。なぜですか？』ヨギは顔に恐怖と困惑の色を浮かべて王の方を振り向いた。『私の腰布、もう一枚の方も。それを宮殿に置き忘れたのです。なんとしてもそれを取り戻さねば。それは私の全財産なのです。』王は突然笑い出します。『たかが腰布のために命を投げ出そうというのですか？　あなたは私に無執着、所有物からの自由について教えてくださったではありませんか。』

「では、この物語の教訓は何なのですか？」と一人の女性が訊ねた。「炎上中の家の中に戻って、自分の所有物を取り出そうとしたりしないようにということ？」

「いや、それは執着に関することです。」他の誰かが評した。「人が何かとても大きなもの、またはごく小さなものに執着するかどうかは問題ではない、執着であることに変りはないのだから、ということです。」

「が、それは欲望に関わっているのではありませんか？」と年配の女性が示唆した。「欲望から自由になることを望むこともやはり欲望なのです。」

「執着してはならないということです。」とクリシュナムルティは言った。「誰にも、何にも。」

全員が起立してテーブルからそれぞれの汚れた皿を流しに運んでいくのを見ながら、私はそれが別れの挨拶にふさわしい物語だと思った。

クリシュナムルティは、いつもそうであるように、さりげなくテーブルの拭き取りを手伝い、水差し、皿、椀などをキッチンに運んでくれた。彼がキッチンの雑用を手伝っているのを見て、客と理事たちは早速彼に従った。普通ならこのような場合に手を貸すことなど夢にも思わなかった人々でさえ、態度を変えて、何か手伝うことがないかどうか私に訊ねた。そこで私は喜んで申し出を受け、ゴム手袋、布巾、エプロン、帚などを手渡して、しなければならないことについての簡単な指示を出した。

片づけ仕事で誰もが忙しそうにしていたとき、クリシュナムルティは冷蔵庫とまな板の間に静かに立って、じっと楽しそうに自分のまわりの活動を見守っていた。私が食べ残りをプラスチックの貯蔵容器に入れていたとき、彼は私に訊ねた。「それをどのようにするのですか？」

「今夜食べるのですよ、クリシュナジ、まだ大丈夫です。通常、食べ残りを利用しています。食物を無駄にしたり、捨てたりしたくないのです。」

「けっこうなことです。」

彼はそろそろ待ちきれなくなり、ゴム手袋とエプロン姿をして流しで忙しそうにしていたメアリー・ジンバリストに声をかけた。「マリア、」とイタリア語風に呼びかけた。「そろそろ行かないと。これから荷造りをしなければならないのでは？」

「間もなく行きます、」と彼女は答えて、彼の方を振り向いた。「最後の数枚の皿を洗い終わりますから。」

食べ残りのクッキーを私が金属製の箱に入れているのに気づいた彼は、私の所へやって来て、低い声で頼んだ。「旅行用にこれらのビスケットを少々分けてくれませんか？」

「もちろんです、クリシュナジ、今すぐ用意します。」私はそう答えて、八個ほど一まとめにして、まず透明なフィルムで、それからアルミ箔で包んだ。「こうしておけば鮮度が保たれるでしょう。これで足りるでしょうか？」

「充分過ぎるほどです、ありがとう。」そう彼は答えた。それを持って彼はもう一度呼びかけた。「マリア。」

「はい、今行きます。」と彼女は応えた。

［訳註1］「ギリシャの壺に寄す *Ode on a Grecian Urn*」（壺齋散人訳）の冒頭と末尾を以下に紹介しておく。

いまなお穢れなき静寂の花嫁よ
沈黙と悠久の養女よ
森の歴史家でもあるお前は
誰よりもやさしく花物語を語る
お前が神であれ人間であれ
お前の姿にはテンペあるいはアルカディアの谷の
緑に縁取られた伝説が付き添う
お前に描かれたものは　男か神か　拒絶する乙女たちか
狂おしき狩の追跡か　逃れようとする獣のあがきか
ラッパと太鼓　荒々しい陶酔か
耳に響くメロディに増して　沈黙のメロディは甘い
（中略）
アッチカ風の形　上品な風情に
大理石の青年や乙女が彫りこまれ
木々の枝や踏みしだかれた草が描かれている
その静かな形は見るものを慰め
永遠の感情に包んでくれる　冷たい田園の光景よ！
人間たちの古い世代が滅び去っても
お前はそのままに生き続ける
そして友として人間にいうのだ
〝美は真　真は美　それがすべて
汝らが知り　また知っておらねばならぬことだ〟と

［訳註2］一八八六年、インディアナ州で誕生し、クエーカーの両親の元、カンザス州で育つ。一九〇六年から一九〇八年まで合衆国海軍で働いた後、約四年間に三十もの職を転々としながら詩や小説を雑誌に投稿していた。一九一六年頃に学校金融制度を考案し、大金を得てヨーロッパに滞在したが、一九二九年の大恐慌で財産を失った。

始めはロマンスや冒険小説を書いていたが、その後アメリカに戻って探偵小説に転向し、一九三四年に四十八歳で『毒蛇』を発表した。探偵ネロ・ウルフと助手アーチー・グッドウィンが活躍するシリーズを精力的に執筆した。さらに私立探偵テカムス・フォックスが登場する長編三作や、当時珍しかった女私立探偵セオドリンダ・ボナーが登場する『手袋の中の手』なども発表した。アメリカ探偵作家クラブの会長を務めたことがある。一九七五年に八十九歳で死去。遺作『ネロ・ウルフ最後の事件』が刊行されたのは死の直前九月のことだった。（Wikipedia）

前菜

・ミックスグリーンサラダ（ビネグレットソースまたはヨーグルトと
ガーリックのドレッシング付き）
・ギリシャ風サラダ（トマト、キュウリ、ピーマン、オリーブとフェタチーズ入り）

主食

・手作りのほうれん草ラザニア（トマト・ベシャメルソースの中で多層にしたもの。
モッツァレラ・パルメザンチーズを加えたもの）
・蒸しアスパラ（ハーブソルトとレモン・オリーブオイルのドレッシングがけ）

デザート

・オレンジのサンシャインケーキ（オレンジと干しぶどう入り、ホイップクリーム添え）
・新鮮な季節の果物

第12章　不死の友

われわれは、ちょうど彼がオーハイに到着したときに歓迎の挨拶をしたときと同じように、彼がヨーロッパに向けて出発したときに別れの挨拶をした。その五月の午後、われわれ八、九名の一行は胡椒の木の下に参集した。われわれは荷物を学校用のワゴン車に積み込んだ。校長がクリシュナムルティとメアリー・ジンバリストをロサンゼルス空港まで送っていくことになっており、そこから彼らはノンストップでロンドンまで飛ぶのである。今残されているのはただ手早く没感傷的な別れを告げて、それぞれの日課に戻ることだけだった。

クリシュナムルティはこざっぱりとしたスポーツコートにネクタイという出で立ちで、柔らかな皮手袋をして家の中から現われ、旅行向けの優雅な盛装をしたメアリー・ジンバリストが同伴していた。ひととおり握手をし終わると、いつも客のように感じ、振る舞っていたクリシュナムルティが一人ひとりに謝意を表し、われわれ全員は彼と共にここにいることに対してそうした。その後彼らはワゴン車に乗り込み、車は走り去った。

われわれは互いに見つめあい、溜息をついた。奇妙に思われたのだが、突然私は淋しさを感じた。別離の鋭い痛み、突然の不在感、死のような虚無の感覚があった。しかしそれは明確なけじめがつけられており、感情に流されてはいなかったので、口の中に苦い味を残さなかった。

夏と秋が駆け足で過ぎていき、私はいつものようにオーク・グローブ校の職員と生徒たちのための料理作りの他に、いくつかのクラスでの授業、実地見学旅行への随行などの学校がらみの活動で忙しかった。また、アーリヤ・ヴィハーラで毎月ドイツ人の物理学教授と彼の妻によって週中から週末にかけて催される成人センターセミナーの手伝いもした。クリスマスと一九八〇年の正月が巡り来るまで、けっしてクリシュナムルティのことを離れたことのない私の思考は、二月初めのオーハイへの帰還のまわりを廻っていた。

彼の到着は新しい季節の香りを運んでくる新鮮な微風のようであった。一週間前から私は、アーリヤ・ヴィハーラでの来るべき昼食会に備えて、キッチンでの準備に取りかかっていた。私が留守の間は、副シェフがオーク・グローブ校での私の料理責任を引き継いでくれることになった。それは歓迎すべき交代であり、これからまるまる三カ月間クリシュナムルティと彼の客たちのための料理番をする機会に恵まれたことに私は感謝した。

最初のランチでは、彼の旅行の詳細についてのいつもの質問が出尽くした後、彼は、突然、はす向かいに坐っていた校長の方に振り向き、そして訊ねた。「子供たち、生徒たちはあなたを信頼していますか？　先生方を信頼していますか？」

「ええ、ある時点までは。が、年齢が加わるにつれて、ますます大人たちを信頼しなくなります。」

「それは良くないですね。」とクリシュナムルティはきっぱりと言った。「信頼は不可欠です。ただし本当の信頼が。単なる限られた信頼ではなく。彼らは完全な安心感を持ち、あなた方といるときにすっかりくつろぎを感じられるようでなければなりません。」

会話が進んでいくにつれて、私は基調となるテーマに気づいた。今回は〝信頼〟だったのである。毎年テーマが変わり、テーマのバリエーションの形式も変化したが、テーマが最初に提示される仕方には一定のパターンがあった。ある年は〝責任感〟であり、その翌年は〝心理的圧力〟、それに引き続いて〝関心と自己関心〟、その翌年は〝尊敬〟であった。クリシュナムルティは、通常、テーマをまずランチ・テーブルで持ち出し、それからそれを理事、教職員および両親との討論や対話中に発展させていった。もしも科学者や芸術家たちとのセミナーや会議があれば、彼はこのテーマを、意識、生、死および瞑想への彼の探究の焦点である諸問題と取り組むためにしばしば用いた。いつもながら、それは探求の生きた過程であり、花のように開いていく有機的な運動であった。そして最後に、そのテーマはオーク・グローブでの公開講話の中に織り込まれるのだった。

「あなたにとって信頼（trust）とは何ですか？」と、彼は理事の一人に訊ねた。「あなたは誰かを信頼していますか？」「奥さんを信頼していますか？　この点では信頼しているが、その点ではしていないというふうに部分的に信頼しているのですか？　あなたにとって信頼とは何ですか？」

相手は躊躇した。「もしも私があなたを信頼しているなら、」と彼は言った。「そのときには私はあなたを頼りにすることができ、あなたを信用します。」

しかし、そのような答えがクリシュナムルティを満足させることは滅多になかった。彼は、通常、どのようなキーワードを用いようと、その瞬間にはそれに非常に特別な意味を付与し、生についての新しい知覚へのドアを開ける深さと透明さをそれに付け加えた。

「私が意味しているのは頼りにすることではありません。そのときには私はあなたに依存してしまいます。」と彼は説明した。「また、信仰心（faith）を意味しているのでもありません。それは教会が何百年もの間唱えてきた言葉です。『信仰心を持ち、イエスを信じなさい。』これは、誰かが最近私に教えてくれたジョークを思い出させます。お聞きになりたいですか？　あるカトリック教徒が山の上に立って、谷間の美しさを見下ろしています。突然彼は足を滑らせて崖から落ち、途中に生えている木の枝にかろうじてしがみつくことができます。下には千尋の谷が待ち受けています。彼はなす術がなく、そこで祈ります。『主よ、私を助け給え、死の淵から救い出し給え。』すると空から声が聞こえてきます。『信仰心を持ち、手を放しなさい。』そこで彼は上を見上げて呼びかけます。『そこには他の誰かがいらっしゃるのですか？』」

われわれ全員が笑っている間、クリシュナムルティは明るい目でわれわれを見つめ、それからおもむろに訊ねた。「信頼とは何ですか、皆さんは信頼を持っていますか？　何かへのそれ、観念や理想へのそれでなく、信頼そのものを？」

食事の後、われわれは質問への解答が出されないままで起立した。私の場合、それはキッチンの床を清掃している間中ずっと心から離れず、その後も一日中繰り返し心に浮かんできた。それについてあれこれ思いめぐらせているうちに、私は彼が示唆しているものを一瞥し始めているように思った。その中にいかなる恐怖、心配、疑念、葛藤もない、そういう精神の状態としての信頼、圧力をかけられたり、個人的な義務を負わされたりしていない精神。

数日後、われわれは昼食会を取り消した。クリシュナムルティが時々エネルギーを保存するためにしたように（彼は八十五歳だった）、一日分の休息をすることを欲したからである。私は若干の簡単な食事を用意して盆に載せ、パイン・コテージに運んでいった。盆をテーブルの上に置いて、その盆をテーブルに載せた後、いつ片づけに来たらいいか彼に訊ねた。

「一時間後に来てください。」と彼は言った。「ベルを鳴らす必要はありません。そのまま入ってください。ドアに鍵をかけないままにしておきますから。」

一時間後に戻ってきたとき、私は食堂の中で見た光景によってショックを受けた。クリシュナムルティはテーブルの前で正座していたのでも、一口分の食べ物を三十二回噛んでいたのでも、大地の恵みを瞑想的な気分で摂取していたのでもなかった。彼は非常にくつろいだ恰好で皿の上に身をかがめ、片手にフォーク、もう一方の手に本を持っていた。彼は一冊のペーパーバックを読むことに没頭しているように思われた。それはあたかも彼についての私自身のイメージがこなごなになるかのようであった。彼はあらゆることを充分な、百パーセントの注意を払って行っていると私は思っていたのだが、実はそうでもなかったのだ。驚きの念を抑えることができず、私は言った。「物を食べながら読書したりなさるのですか、クリシュナジ？」

「時々、食事がひどく退屈になることがあるのです。」と彼は答え、それからすぐに言い添えた。「料理は結構で、美味しいのです。が、一人きりで坐って食べていると、いささか退屈してしまうことがあるのです。」

彼の簡単な説明が私の気持ちを和らげ、私の顔ににやにや笑いを浮かべさせた。盆の上の皿を集めながら、私は訊ねた。「何を読んでいらっしゃるのですか？」

「スリラーです、レックス・スタウトの。」と彼は答えて、表紙を私に見せてくれた。私がパイン・コテージを去ろうとしていると、彼は笑顔で言った。「ありがとう、マイケル。また明日会いましょう。」

〃クリシュナムルティ〃という名は〃クリシュナに似た者〃という意味で、ヒンドゥー教の神話の神聖なヒーロー、クリシュナのことを指している。マドラスにいるとき、私はそれが南インドではありふれた名前であることを見出した。電話帳には、様々な綴りのそれが数頁にわたって掲載されていた。西洋世界では、彼にとってもわれわれにとっても面白いことに、彼の名はしばしば間違って発音され、綴られた。彼が受け取ったくだらない、おかしな郵便物のいくつかは、クリシュナ・マーフィー、クリスチャン・マーフィー、クリスティー・ムーティ、クリストフ・マーフィー、等々宛となっていた。

彼は彼自身についての独特の言及の仕方を持っていた。公開講話の間は、〝私〟と言うことを避けるため、彼はしばしば〝話し手〟(speaker) および〝人〟(one)、〝私たち〟(we) および〝あなた〟(you) という言葉を用いた。また、〝壇上の男〟(man on the platform)、〝哀れな奴〟(poor chap)、〝老いぼれ〟(old boy) あるいはそれらと同様の言葉を用いて、彼自身を突き放すことを好んだ。しかし、公的および私的に、彼自身を指すのに最もしばしば用いたのは、単に〝K〟である。多分、彼が気に入ったのはアルファベット文字の無名性だったのだろう。

三月初めのある昼食会では、われわれは、クリシュナムルティの長年にわたる友人であり同志でもある年配のインド人女性が特別な客として加わった、比較的少人数の打ち解けたグループとなった。暗赤色のサリーを纏い、額に赤い〝ビンディー〟(斑点) を付けた彼女は、彼の向かい側に坐っていた。彼らが会話をしているとき、彼はテーブルの上にかがみこむようにして、彼女に十分な注意を向けていた。それは、他の十二名の面前で起こっていたにもかかわらず、ほとんど私的な会話のように思われた。

彼らははるか以前、神智学協会にいた当時の人々や出来事のことを話していた。この当時のことについてのクリシュナムルティの記憶はややぼやけているように思われた。彼は彼女に特定の情況の詳細を訊ね続け、そして彼女は彼が何をしたか、当時誰が居合わせていたかを彼に思い出させ続けた。その内容は人の興味をそそるが、しかしいささか人を煙に巻きかねないものでもあった。ある時点で彼は椅子に背をもたせて、疑問を口にした。「なぜその少年は追従、金銭そして権力によって影響されたり、腐敗させられたりしなかったのでしょう?」〝少年〟によって彼は、初期の神智学協会当時の思春期の彼自身のことに言及していた。

私は、以前にも彼が同じような問いを発しているのを聞いたことがあった。それは単なる言葉の上の質問とは思われなかった。彼の人生と人物には、われわれ一同にとってそうであるのと同じぐらい彼にとってもミステリーだと思われる不可解な側面があった。

「それは虚ろな精神だったのでしょうか?」と彼は思案した。「少年は虚ろで、夢想的で、ほとんど低能でした。何も後に残らず、あらゆるものがただその精神を通り抜けていきました。それは篩《ふるい》のようなもので、何ものも保持しませんでした。」彼は、あたかも彼の人生を織り成していた異様な出来事に対する答えをわれわれの中の誰かが出してくれるかもしれないと期待しているかのように、まずインド人女性を、それから残りのわれわれを見つめた。

「列車で旅行するときには、」と彼は回想し、半ばは驚いたような、半ばは愉快そうな感じで言った。「彼だけのために仕切り客室がまるごと一つ確保され、その両隣、つまり前方と後方の二客室は彼の同伴者たち用に供されたのです。」

「しかし、なぜですか?」と、私は訊ねた。

「彼を守護するためです。」と彼は笑った。「誰も彼の邪魔をしないようにし、そして彼が純潔を保ち、汚染されないようにするためです。誰も彼および彼の持ち物に触れることを許されませんでした。そして、常に誰かが彼に付き添っていました。」

「弟さんも同じ扱いを受けたのですか？」そう私は、一九二五年にアーリヤ・ヴィハーラで亡くなつた彼の弟のニティヤナンダに言及して訊ねた。

「いえ、いえ、」と彼は答え、一本の細長い指で胸を突つきながら、皮肉っぽい笑みを浮かべて言い添えた。「これは〔世界教師の〕乗り物〔容れ物〕だったのです。他の全員は彼の世話をしなければなりませんでした。彼らはよく彼の前でひざまずき、文字どおり彼を崇め奉ったものです。しかし、いかなる追従もお祭り騒ぎもその少年に何の影響も与えませんでした。そういうものはどれも、彼にとっては何の意味もなかったのです。おわかりですか？　なぜだったのでしょう？　なぜ彼はそういったすべてによって堕落させられなかったのでしょう？　それは彼の精神が虚ろだったからでしょうか？」彼はそれから無言になり、はるか昔のミステリーに思いを馳せた。

翌日のランチはギリシャ風サラダ、ブロッコリーとオリーブのサラダ、ベシャメルソースとトマトソース入りのほうれん草ラザニア、アスパラで、デザートはオレンジ・サンシャインケーキだった。われわれがオーク・グローブ校とその周囲の社会との関係について話し合っていたとき、クリシュナムルティは校長に訊ねた。「メイナーズ・オーク・マーケットのレジ係員はオーク・グローブ校のことをどう思っているのでしょう？　私たちがしていることに関心があるのでしょうか？　それとも怪しげな東洋系カルト教団か何かだと思っているのでしょうか？」

われわれの何人かは、この、ナイーブに聞こえるがしかし非常に適切な角度を持っている質問を聞いて、思わず微笑んだ。校長は答えた。「さあ、クリシュナジ、中産階級以下の労働者がこの学校やあなたのことを耳にしたことがあるかどうか、私には疑問です。」

他の教師が言い添えた。「彼らが車で通り過ぎるときに、多分学校の標札を見たことがあるでしょうから、少なくとも学校があることぐらいは知っていると思います。」

「彼らが自分の子供を持っていないかぎり、学校に関心を持つことはないでしょう。」と他の誰かが示唆した。クリシュナムルティはこれらの答えに満足しなかった。「いえ、そういうことは承知しています。マーケットにいる主婦ではなく、オーハイ渓谷さらには世界で何が起こっているかによく気づいている、かなり教養のある人だったら、」彼は笑顔で自分自身の思考の矛先を向けた。「いいですか、とても教養のある、かなり知的な人、医師、弁護士――いや弁護士はやめます――あるいはサッチャー・スクール〔一八八九年にオーハイに設立されたボーディング・スクール〕の校長など。彼らはオーク・グローブ校について何と言うでしょう?」

校長は応えた。「ご存知のように、私たちはちょうどキャンパスへの入口に木製の大きな標札を掲げたばかりです。そして……」

「もちろん知っています。ポイントを絞りましょう。問題は何ですか? 名称ですか? クリシュナムルティという名称ですか?」

彼の素早い裁断と率直さは、〝名称〟問題が持ち出されたときにはいつも起こった不安感にズバリと切り込んだ。一人の教師が正直に言った。「クリシュナジ、〝クリシュナムルティ〟という名前は平均的なアメリカ人の中に、偏見ではないまでも、懸念を起こさせます。それは何か異国的なもの、怪しげなグル、宗派、カルトといった観念を生じさせるのです。まず第一の連想は、世界中に広まっているクリシュナ意識運動とのそれです。これらの事情にほとんど通じていない人々は、これらの名前――クリシュナ、クリシュナ意識、クリシュナムルティ――の間にほとんど自動的な連想を働かせてしまいます。彼らには同じもののように聞こえ、そしてある意味では確かにそうなのです。もちろんそれは非常に表面的な反応ですが、あなたの名前を聞いたことがある人よりもはるかに多くの人がクリシュナ意識という名を聞き知ってきているのです。」

「では、それを取り除きましょう。」クリシュナムルティは非常にきっぱりと、いかなる躊躇もなしに言明した。「名前を外しましょう。名前は少しも問題ではありません。もしそれが障害になっているのなら、それを取り除きましょう。」

彼の行動は即座であり、選択の余地を与えなかつた。しかしながら、テーブルの周りの他の誰もが彼の示唆に対して様々な程度のショックでもって応えた。一人の理事が言った。「しかし、クリシュナジ、どうしてその名前を取り除くことができるのですか？　私たちはクリシュナムルティ財団なのですよ。」

他の一人がどもりながら言った。「名前を外すことなどできるわけがありません――いったいどうやって……？」

一人の教師は言った。「それは道理にかないません。私たちのことを何と呼んだらいいのですか？　〝教育協会〟（Institute for Education）とでも？」

誰もが一斉にそれぞれの見解を口にし始めたので、突然ざわめきが一同を捉えた。私は、自らの発言によって感情的動揺を引き起こした張本人であるクリシュナムルティを見つめていた。彼は椅子の背にもたれかかり、静かに手を膝の上に重ねて、自分の周りで起こっていることを超然たる表情で観察していた。彼は本気で言ったのである。名前は――それが彼自身のそれであろうと、他の誰かのそれであろうと――彼にとつてはほとんど、またはまったく重要ではなかった。とりわけ、もしもそれがより大きな、より不可欠な何かの妨げになるのなら。

校長が言った。「クリシュナジ、私たちが新しい標札を掲げたばかりであることはご存知ですね。」彼は、最近学校のキャンパスへと至る私道の入口に立てられた木製の大きな標札のことを言っていたのである。それは「アメリカ・クリシュナムルティ財団：オーク・グローブ・スクール」と書かれてあり、最初の部分の方が後の部分よりもずっと目立っていた。

「それを立てるのに相当な時間がかかりました……」

「下ろしましょう。」

「ということは……」

「今の標札を外して、校名だけを書いたものに取り換えるということです。その方がましです。これでおしまい。」

今回のように、彼は、思考の紆余曲折、賛否の長々とした計算を乗り越えて決断を下すための稀な能力を備えていた。しかし彼は、彼自身が真っ先に認めていたように、判断にまったく誤りがないどころではなかった。ことに実際的または個人的な事柄においては、彼の決断は時々間違いであることが判明した。そしてわれわれは、あまりにもしばしば彼を喜ばせようという願いに従う傾向があり、彼に充分に挑もうとしなかった。

この問題になんとか決着をつけるため、彼はユーモラスに言った。

「多分、私の名前をクリストファー・マーフィーに変えるべきなのでしょう。」

テーブルの周りで募っていた緊張が和らぎ、理事の一人が笑いながら言った。「そうすれば多くの問題が解決するでしょう、クリシュナジ。」

この会話の帰結として、学校の前の標札が取り外され、単に〝オーク・グローブ・スクール〟と銘打たれた、より小さなものに取り替えられた。

三月になると、クリシュナムルティは週末の午後、パイン・コテージで定期的に学校の教職員および生徒の両親と会い始めた。それらの日の昼食会は多くの客が集まった。教師たちの多くは彼の人生に関する質問を彼にする機会に恵まれたことを喜び、そして彼は自由に、腹蔵なく、彼らの質問に答えた。

ある日の昼食会のときに彼の隣に坐っていた教師の一人が、カリフォルニアで彼が会った有名人のことをしきりに知りたがった。彼はストラヴィンスキー、イシャーウッド、チャップリン、グレタ・ガルボ、ジョン・バリモアなどに会ったことを思い出したが、彼らについてのあまり多くの逸話は持っていなかつた。彼女が英国人の小説家、オルダス・ハクスレーの名を挙げたとき、彼はより雄弁になり、二人の長い、実り多い友情の物語を詳しく述べ始めた。

「私たちが最初に会ったのは戦争の前で、それからしばしば互いに訪れ合い、文通を続けました。あるとき私は、彼と彼のベルギー人の妻マリアに会うため、彼らが最近引っ越したばかりのモハーヴェ砂漠［アメリカ南西部のカリフォルニア州、ユタ州、ネバダ州、アリゾナ州にまたがる砂漠］まで訪ねて行きました。私はちょうど自分が観察したことのいくつかを書き留め始めていたところで、私は自分が書いたものをオルダスに見せたのです。当時、私はひどく内気でした。しかし彼はそれに熱心に目を通し、非常に独創的だと言い、書き続けるよう促してくれました。彼は、世界文学の中でこのようなスタイル――自然描写の後、哲学的な論述と対話が続いていく――の著作を見たことは今まで一度もないと言ったのです。彼は私に規則的に、多分一日に一、二頁ずつ書くようアドバイスし、そこで私はそれに従いました。」［後に *Commentaries on Living*（『生と覚醒のコメンタリー』として刊行された］彼は、彼自身について述べるときに時々したように、やや弁解がましい仕草をした。「私たちはよく丘の間で長い散歩をし、そして彼は路傍にある花や植物について、また私たちが遭遇した動物について、長々と解説してくれたものです。」十七年前〔一九六三年〕に亡くなった彼の友人について話している間中、彼の言葉を通して深い愛情が輝き出ていた。「オルダスはあらゆることに関して膨大な知識を持っていました。まさに生き字引でした。彼にはどんなことについても訊ねることができました。それが宗教であれ、音楽、芸術であれ、珍しい昆虫や植物であれ、どんなことについても、その気になれば博識な講義を行うことができたでしょう。」彼は一息入れて、隣りにいる若い女性をじっと見つめた。「しかし彼は、彼の厖大な知識が重荷になり、物事を新鮮に体験することを妨げるものになりうるということを悟っていました。そうしたすべての蓄積された記憶が、彼が新しい、オリジナルなものと接触することを妨げたのです。彼はそれによく気づいていました。時々彼は私に言ったものです。『真理についての直接的な知覚を持ち、それを一瞥できるなら、私は喜んであらゆるもの、自分のすべての学識と知識を放棄するでしょう。』」そしてクリシュナムルティは言葉を超越したものを指さすかのように、力強い仕草をした。「私たちは不思議な関係――非常に愛情深く、思いやりのある――を持っていました。しばしば、長い散歩の間中私たちは一言もしゃべらなかったり、一緒に無言のまま坐ったりしていたものです。」

「彼は一時、幻覚剤を服用していたこともあったのではありませんか?」と彼女は訊ねた。

「彼はそれについて *The Doors of Perception and Heaven and Hell*(『知覚の扉・天国と地獄』)の中で書いていますね。」と私が口を挟んだ。

「ええ、彼はそれらで実験してみたのです。」クリシュナムルティは答えた。私は彼がいかなる種類の薬物も是認せず、薬物により誘導された体験の価値を退けていることを知っていたが、彼の声の中にいかなる批判的な調子も認めることはできなかった。「彼は私に彼の感覚について話してくれたものです。いかに花の色がとてつもなく鮮明で生き生きとなったか、そしていかに彼と花の間の空間が消え失せたかについて。」

彼は一息入れ、微笑した。彼はわれわれの熱心な顔を見渡しながら訊ねた。「こういったすべてのことに関心がおありですか？」

われわれの中の何人かが「ええ、ありますとも。」と熱心に答えると、彼は彼の特徴的な肩をすくめる仕草をして、続きはもっぱらわれわれ次第だということを示唆した。「オルダスは片方の目が見えず、」と彼は続けた。「もう一方の視力も損なわれていました。彼はベイツ法という、目の特殊な運動法をよく実践していました。彼はそれについて私に非常に詳しく説明してくれ、以来、私もそれを実践するようになったのです。」

「毎日それをしているのですか？」と私は訊ねた。

彼はうなずいた。「毎日、三十分程度。」

「その運動はどんな手順から成っているのですか？」眼鏡をかけた教師が興味深げに訊ねた。

クリシュナムルティはすぐに、片方の目を手の平でおおいながら、円を描くように目蓋をマッサージしたり、眼球をいろいろな方向にまわしたり、遠方の物体に集点を合わせたりするなどの、簡単な運動のいくつかを実演して見せた。彼がベイツ法のいろいろな側面を細かく説明するときのうれしそうな顔を見るのは愉快であり、そして私は彼がそのような、一見して取るに足りないことがらを説明する際の配慮に驚嘆した。以前、彼が規則的にしているという、靴の徹底的な磨き方をきわめて詳しく教えてくれたことがある。また別のときには、イタリアのアルピニストである大佐から正しい山歩きの仕方をどのようにして習ったかを話してくれたこともある。

目の運動について一通り話し終わると、彼は英国出身の彼の偉大な友人の話に戻った。「オルダスはヘビースモーカーでした。彼はとうとう舌癌に冒されてしまいました。それが彼の死因になったのです。」

第3部　完成の年月

前菜

・トストグリーンサラダ（ビネグレットソースまたはロクフォールのドレッシング付き）

・パスタサラダ（エンジェルヘアパスタ、細切りオリーブ、松の実、ペーストソースで味付けしたもの）

・新鮮な薄切りトマト（モッツァレラチーズと新鮮なバジル添え）

主食

・コーンキャセロール（タマネギ、ピーマン、ニンジンを含むトウモロコシ入りの焼き鍋）

・キュバナの黒豆（セロリ、ピーマン、コリアンダーと辛くないチリパウダー入りのトマトソースで味付けしたもの）

・ニンジン、パイナップル

デザート

・タピオカプディング

・新鮮な季節の果物

第13章　二つの精神の出会い

一九八〇年三月、デヴィッド・ボーム教授が妻のサラルと一緒に六週間にわたる滞在のためにやって来た。彼らは一九七六年以来、講話の時期に合わせて定期的にオーハイを訪れ、パイン・コテージのはす向かいにあるゲストハウスの二階に一、二カ月宿泊するようになった。数年にわたり私は、二十年にわたり開花してきたクリシュナムルティとデヴィッドとの間の魅力的な友情を近距離から目撃することができた。

私が最初にデヴィッド・ボームのことを聞いたのは一九七二年のブロックウッド公開講話のときで、そのとき一人の生徒が彼のことをクリシュナムルティの右腕のような存在だと述べたのだが、それは私には何か妙な表現に思われた。彼はさらに、ボームは元々は米国出身で、ロンドン大学の理論物理学の教授をしていると教えてくれた。一時期、彼はアインシュタインやオッペンハイマーと一緒に仕事をしたことがあり、またブラジルとイスラエルのいくつかの大学で教鞭をとった。彼は英国のクリシュナムルティ財団理事として、妻と共に定期的にブロックウッドを訪れ、クリシュナムルティならびに教職員および生徒たちと対話をしたのだった。

私は翌年、一九七三年に、ザーネンで、最近出版されたクリシュナムルティの本 *The Awakening of Intelligence*（『英知の覚醒』邦訳なし）を通読していた。「英知について」と題する最終章は、クリシュナムルティとボームとの間のわくわくさせる対話の編集されたものを含んでいた。二つの明敏な精神が一緒になって動き、思考と英知の幅と深さを探究していた。私はその種のものを以前一度も読んだことも聞いたこともなかった。この発見から数日後、その朝クリシュナムルティが講話をしていたテントに行く途中でたまたまデヴィッドと彼の妻とすれ違ったので、短い挨拶を交わした。しかし、われわれがお互いをよりよく知り、良い友人になったのは、一九七六年の春になってからだった。

彼らの友情が深まっていくにつれて、クリシュナムルティとデヴィッドは思考の働き方を明らかにすることへの熱情だけでなく、言語とその適切な用い方への関心、ならびに言葉の語源的意味を突き止めることへの好みも共にしていることに気づいた。彼らは二人とも、対話の中で一つの言葉の元々の意味に遡ることは意外な洞察——その歴史へのそれだけでなく、それが実際に表しているものへのそれをも——提供することができるということをしばしば実証した。意外にも彼らは、オックスフォードでもウェブスターでもない、*Universal Dictionary of the English Lauguage* by Wyld & Partridge（ワイルド&パートリッジによる『ユニバーサル英語辞典』）という同じ辞書を用いていることを発見した。

彼らが協力していた年月の間、クリシュナムルティとデヴィッドは多くの対話に携わり、ブロックウッド・パークでの十二回に及ぶ連続対話のようないくつかのそれらは記録された。一九七六年、クリシュナムルティ、デヴィッド・ボームおよびニューヨーク市からの精神科医、デヴィッド・シャインバーグによる七回の討論は初めてビデオ収録され、*Transformation of Man*（人間の変容）という題で一般公開された（単行本の邦訳は『生の全体性』として刊行されている）。

対話が進むにつれて、彼らは精神の性質を探求しただけでなく、主要な概念を明確に定義づけることによって彼らの言葉の使用上の正確さを高めていった。クリシュナムルティは、彼の洞察を言い表わすために一貫して簡単な日常的言語を用い、時々詩的なイメージを採用した。心底では、彼は「記述は記述されるもの自体ではない。言葉はそれが指すもの自体ではない」という事実に固執していた。すなわち、彼は言葉を超えている何かを指し示すために言葉を用いたのであり、それゆえ言語の使用において柔軟になる傾向があった。

このことが明らかになったのは、〝精神〟(mind)、〝脳〟(brain)、〝知性〟(intellect) および〝思考〟(thought)、〝気づき〟(awareness)、〝注意〟(attention)〝洞察〟(insight) および〝現実〟(reality)、〝実際の事実〟(actuality)、〝真理〟(truth) といった、クリシュナムルティによって互換的に用いられている、関連した概念間の区別を彼らが微調整したときである。特に後者の例において、区別の明確化は、意味が持っているいくつかの手応えのある側面を明るみに出した。〝現実〟(reality) という言葉は、〝事物〟(thing) を意味しているラテン語の〝res〟から来ており、それは順に〝reri〟＝〝考えること〟に関連している。だからわれわれの日常的現実は、現に存在している事物と、われわれが考えることができるそれらから成っている。したがって、幻想／錯覚、嘘および欺瞞でさえ現実の事物である——少なくとも、それらが起こる脳の中で、またそれらが起こすことができる行為／行動の結果生じる現実の効果／影響の中では。かくして、自分はナポレオンだという妄想に囚われている人は、ナポレオン特有の行動を起こすであろう。

〝現実〟に対比して〝事実〟——〝行為するところのもの〟(that which acts)、クリシュナムルティの言い方を用いるなら〝あるがまま〟(〝現にあるもの〟)(what is)——がある。〝実際の事実〟は〝現実〟を含むが、しかしダイナミックな全体性を指し示しているという点で、それを超越している。その中ではすべての事物が関連し、相互作用し合い、そしてそれらの通常の区別が停止され、全体へと統合されるのである。それから〝真理〟は、事物が現れることを許容する基底または背景のようなものとして、〝現実〟と〝実際の事実〟の両者を超越している。結局、真理はわれわれの把握と言語化を超越しており、まったくの無事物 (no-thing-ness)

である。

このような言葉、イメージおよび概念の定義づけは、意味論的な（語義に関する）単なる遊び以上のものであった――それは現実的な過程、その中で二つの明敏な精神が、思考の境界線を超えた何か、未知なるもの、限界なきものがあるかどうかを見極めるために人間の意識を探査した、そういう過程だったのである。

デヴィッドとサラルがアーリヤ・ヴィハーラでわれわれと共に過ごすためにやって来たとき、それは教職員と私自身の双方にとって、一つ以上の点で大きな飛躍となった。アーリヤ・ヴィハーラで私が彼らのために用意した夕食はある種の文化的行事になった。どの教職員もデヴィッドおよびアーリヤ・ヴィハーラの住人と共にディナーに合流し、そして普通は食事中に始まり、その後は居間の中で続いた対話に参加することを歓迎された。多数の教師がくつろいだ雰囲気の中でデヴィッドと会話する機会を楽しみ、それによってクリシュナムルティによって提起された質問についての新鮮な見方を得るだけでなく、彼ら自身の見解を表明することもできた。デヴィッドと一緒のこれらの夕べは発見と打ち解けた笑いに満ちていた。

一九八〇年三月のある晩、ディナーが終わって居間に退いた後、新任の女教師が、クリシュナムルティとデヴィッドのように性質も気質も背景も異なっている二人の人間がいかにして最初に出会ったのかをしきりに知りたがった。

「あなたとクリシュナムルティが互いに知り合うというようなことが、どうして起こったのですか?」と彼女は訊ねた。

彼は、時々そうしたように、彼らの両方に関わっている質問に答えることをサラルに一任した。「一九五七年」と彼女は話し始めた。「デーブがブリストル大学で仕事をしていたときのことです。ある晩、地元の公共図書館にいたとき、私は *The First and Last Freedom*（旧訳『自我の終焉』／新訳『最初で最後の自由』）という題の本を見つけました。読み進めていくうちに、私は〝観察者と観察されるもの〟について語っているいくつかの箇所を見つけました。それは私にデーブが量子力学の分野で携っている仕事を思い出させたのです。そこで私は彼にその本を見せ、そして彼がその本を読んでいくうちに、ますます興味をそそられていきました。著者について何も知らなかったので、結局私たちはクリシュナムルティについての情報を入手するため、出版社に手紙を書き送りました。彼らは私たちに住所を教えてくれ、そのため私たちは彼についてより多く知ることができました。当時ロンドンにあった事務所に連絡すると、彼が話すことになっていた講話の日時と場所を知らせてくれました。こうして私たちは一九六〇年に初めて彼の講話を聴いたのです。」

「そして個人的には彼とどのようにして会われたのですか？」

「彼の講話を聴いた後、デーブは大いに彼と個人的に話してみたくなりました。そこで再びロンドンの事務所に手紙を書いて、私的な会見を手配してもらうことができるかどうか問い合わせました。すると早速返事が来て、これこれの時間にこれこれの場所でクリシュナムルティ氏に会うことができるかどうか、私たちの都合を訊ねてきました。彼はロンドンのホテルに宿泊しており、そこで私たちは彼の部屋に訪ねて行ったのです。彼は非常に友好的で、私たちがくつろいでいられるよう、気遣ってくれました。しばらくの間はやや堅苦しい感じだったのですが、デーブが彼の仕事について話し始めると、クリシュナムルティは非常に開放的になり、また注意深くなりました。一心不乱に耳を傾け、何の腹蔵も妨げもなしにデーブにいろいろな質問をしました。デーブが観察者と観察されるものについて話し始めると、クリシュナムルティはますます興奮していき、

『そうです、そうです、そのとおりです。』と言って、とうとうデーブを抱きしめました。」話の終りの部分を述べながら、彼女は笑い始めた。

照明の行き届いた居間のソファアとアームチェアにゆったりと坐っていたわれわれ十名は、彼女が保守的で静かな教授と、彼よりも二十歳年上のエネルギッシュなクリシュナムルティとの出会いについての思い出話をしていたとき、思わず彼女と一緒に笑い出してしまった。デヴィッドもまた屈託なく笑い出し、彼特有の仕草の一つなのだが、片手で後頭部を勢いよく叩いた。

その後、ボーム夫妻がザーネンでの講話に定期的に出席するようになるにつれて、彼らの間には友情と協力が育まれていった。スイスの山々の素晴らしい自然美の中で二人は長い散歩をしながら、人類が直面しているとてつもなく大きな問題と挑戦について語り合った。一九六八年に新しい国際的財団――クリシュナムルティファンデーション・トラスト――が英国に設立されたとき、クリシュナムルティはデヴィッドに理事の一人になってくれるように懇請した。その後、デヴィッドとサラルはブロックウッド・パークの新しい学校の仕事に深く関わるようになった。

一九八〇年三月末に、クリシュナムルティはオーク・グローブの教職員および両親との午後の定期会合を持ち始めた。ちょうどそのとき、ボーム夫妻が到着した。クリシュナムルティは心から彼らを歓迎し、彼自身の居宅から二十ヤードも離れていないゲストハウスを提供し、彼らが必要とするものはすべて揃うように手配した。彼とメアリー・ジンバリスト、デヴィッドとサラル、さらに残りのわれわれも交えて、その晩のサパーを共にすることになった。彼らは通常パイン・コテージで自分たちだけで夕食をとっていたので、これは稀な出来事であった。クリシュナムルティはデヴィッドを翌日の教師たちとの会合に来るよう招待した。

パイン・コテージの居間での対話の初めに、クリシュナムルティは自分の隣のアームチェアにデヴィッドが坐るよう請い、改めて彼とサラルを教職員に向って紹介した——われわれのほとんどはすでに彼と知己になっていたのだが。人前では彼は保守的なまでに形式的になる傾向があり、また彼のことを〝ボーム博士〟または〝ボーム教授〟と呼んだ。しかし、議論の中程で、彼は突然ボームの方を向いて、訊ねた。「あなたをデヴィッドと呼んでもよろしいですか？　結局、私たちはすでに二十年以上もの間の知己であり、互いに議論し合ってきたのですから。」愛情と軽やかなユーモアを交えてはいたが、それはまったく真摯な質問だった。

デヴィッドは答えた。「もちろんですとも、クリシュナジ。結局、私もあなたのことをずっとクリシュナジと呼んできたのですから。」

愉快そうな笑い声がわれわれの間に起こり、クリシュナムルティとデヴィッドもそれに加わって、友情の輪が広がった。

翌日のランチの途中で、クリシュナムルティは彼のはす向かいにいたデヴィッドに訊ねた。「対話はいつから始めたらいいでしょうか？」

「あなたにとって好都合のときならいつでもどうぞ、クリシュナジ。向こう二、三日中でどうでしょう？」

「明日の午後は？」とクリシュナムルティは、オーディオ記録係をしていた教師を問いかけるように見ながら訊ねた。

「明日の午後はどうですか？」と教師は言った。「つまり四月一日、火曜日ですが、それでいいですか、クリシュナジ？　何時にしますか？　四時でいいですか？」

翌日の午後、二人の友は、マイクを襟につけ、人間の状態への真剣で徹底的な探求を始めるためにパイン・コテージの暖炉の前で対面した。理事たちと私を含めた他の数名が、オブザーバーとして対話に出席するよう招かれた。クリシュナムルティはジーンズにカーディガン姿で、デヴィッドはいつものようにセーター、ジャケット、それにネクタイという出で立ちであった。

クリシュナムルティは、まず、人類はずっと以前に間違った進路を取り始め、それが果てしのない葛藤と悲嘆へと行き着いたと示唆することによって始めた。〝私〟とその様々な形の区別および何かになろうとする思いが葛藤の根底にある。心理的な時間は人間の敵である。一歩一歩確かめるようにして話し進めながら、彼らは、外的なものと内的なものは別々ではなく、一つの同じ運動だと結論づけた。その運動が停止し、精神それ自体が沈黙するとき、瞑想がある。クリシュナムルティは、彼の過去にあったそのような一つの出来事を語った。ある晩インドで、彼は十二時十五分に目が覚め、そのときあらゆるエネルギーの根源に到達した。これはまったき平和と愛の感覚に行き着いたので、彼は他の人々もその地点に辿り着くことを欲したとデヴィッドに告げた。

心理的進化などというものが果たしてあるのだろうかと問い質すことによって、彼らは精神と脳の相違、および思考、知識、記憶、経験の相互関係を調べた。ひとたび〝私〟を形作っている心理的な知識に終止符が打たれると、〝無事物〟（no-thing-ness）が現出するであろう。この無事物が万物であり、万物はエネルギーなのである。

確かに、彼らの対話中に起こった、何度かの驚くべき大飛躍があった。傾聴者であるわれわれにとって、それはぼうっとさせる完全さの円環であった。われわれはこれら二つの精神の探求力、いかにして彼らが長い沈黙の間合いの間に一緒に沈思黙考したか、いかにして時々同時に語りながら、しかしけっして互いの触れ合いを失わなかったかに、ただ驚嘆することしかできなかった。それは意識から空《くう》へ飛躍するあざやかな舞踏であった。会話を要約して、彼らは、時間の終りには、時間に属さない新しい始まりがあると結論づけた。

新しく始まったスリラーまがいの対話は翌日も続き、われわれ数人が再びオブザーバーとして立ち会った。クリシュナムルティとデヴィッドは前回終わったところを踏まえて、何かになりたいという思いや葛藤をいろいろと抱えた特定の精神だけでなく、普遍的な精神、さらにそれを超えたものの中にまで探求のメスを入れた。心理的時間、何かになりたいという思いや願望を除いた後、彼らは一歩一歩自然と創造を超え、普遍的な精神を超え、エネルギー、空《くう》、沈黙を超えて、とうとうその中では初めと終りが同じである無限なるものへと移っていった。ある時点で彼らは、彼らがしていることは絶対者を言葉で言い表わすことだというパラドックスに直面した。が、たとえ絶対者はけっして言葉で言い表わすことはできなかろうと、それは成し遂げられなければならないことに同意した。とうとう彼らが、それを超えたものは何もないもの、原因を持っていないものに到達したとき、彼らは試みにそれを、その中では始めも終りもない〝基底〟(ground) として言及した。

言葉で言い表わしうるものと言い表わしえないものとの間のまさに縁まで息を呑むような旅をした後、彼らはこういったすべてのことを普通の人に伝えるにはどうしたらいいか思案した。明らかに困難ではあるが、〝基底〟との何らかの関係なしには人生は何の意味も持たない以上、そうすることは必要であると彼らは感じた。クリシュナムルティは、それを追求することは見事に秩序づけられた世界へと行き着くだろうと示唆した。デヴィッドは、それに対して、そのような世界の中では人は何をするのだろうと疑義を呈したが、クリシュナムルティは、葛藤と無秩序の要因がなくなるやいなや、何か他のもの、〝創造性〟(creativity) と彼が呼んでいるものが働き出すであろうと示唆した。教授はこのことを明確にすることが重要だと考えた。なぜなら、完全なものとしての天国というキリスト教的観念は、そこでは何もすることがないのでいささか退屈な代物だと思われたからである。

「それは私に気の利いたジョークを思い出させます。」とクリシュナムルティが話し始めた。「一人の男が死んで〝真珠門〟まで行と、聖ペテロが彼に向って言います。『君はさほど人を騙したり、罪を犯したりすることなく、かなり善い人生を送ってきた。しかし、天国に入る前に君に言っておかねばならないことがある。それは、われわれがみんなここで退屈しているということだ。神はけっして笑わず、天使たちはひどく不機嫌で、ほぼ四六時中祈りを捧げてばかりいる。だから天国に行く前によく考えた方がよい。多分、階下に降りていってそこがどんな所か見てきたらいいだろう。それから戻ってきて、どちらへ行きたいか聞かせておくれ。しかし、それは君次第だ。そこのベルを鳴らしなさい。エレベーターが来るから乗り込んで、降りていってごらん。』そこでその男はベルを押し、エレベーターに乗って降りていきます。ドアが開くと、彼は絶世の美女たちに出迎えられ、手厚くもてなされます、等々。『おお、』と彼は考えます。『これこそは人生だ。』そして彼女たちに言います。『ちょっと上がっていって、聖ペテロに会って話してくるので待っていてくれますか？』彼はベルを押してエレベーターに乗り、上がっていき、そして聖ペテロに彼は言います。『私に選択を任せてくださり、ありがとうございました。私は階下の方を選ばせていただきます。』聖ペテロは言います。『私が予想していたとおりだ。』男は再びベルを押して降りて行きます。ドアが開くと、二人の醜怪な悪鬼が男を掴み、さんざんなぐりつけ、押したり蹴ったりします。彼はうめき声を出します。『ちょっと待ってください。ついさっきは私を王様みたいに扱ったではないですか。そして今度はなぜこんな仕打を？』『ああ、さっきまではお前は観光客だったからだ。』」

彼が息もつかせぬような勢いでジョークをまくしたてている間に、われわれはすでにクスクス笑いをし始めていた。話の落ちの瞬間、われわれはどっと爆笑した。彼の友人との対話の中で絶対者を探求し、その後で天国と地獄についてのジョークで締めくくるというのは、彼には何かまったく無邪気な一面があるということの証しであった。笑い声がすっかり収まった時、彼は言い添えた。「すみません。崇高なものから滑稽なものまで――それもまた良しとしましょう。」

われわれが目には笑いの涙を浮かべ、心には畏怖の念を抱いて立ち上がったとき、クリシュナムルティはデヴィッドに対話の続行について示唆していた。

引き続く二週間にわたり、彼らはさらに六回の対話に携わり、その間数名のオブザーバーが部分的に参加した。彼らは人間が思考に与えてきた支配的な役割を探求し、また、直接的な洞察によって脳細胞の実際的、具体的な変容が起こりうるかどうかについて訊ねた。死の意味、および〝基底〟に触れた人が残りの人類との関係の中でするであろう行為または行動が、オーハイでの八回の対話の最後の二回で彼らが取り組んだ関心事だった。五月の最初の二週間に予定されていたオーハイ講話がその間にはさまった。ブロックウッド・パークでのさらに七回の対話中でクリシュナムルティとデヴィッドが精神と脳の性質への探求を締めくくったのは、ずっと後の一九八〇年の六月と九月のことであった。

一九八〇年のこれら十五回の対話のうちの五回はビデオテープに記録され、全体としては首尾一貫したシリーズと見なされ、最終的には *The Ending of Time*（『時間の終焉』）という題の単行本として出版された。

前菜

・トストグリーンサラダ（ビネグレットソースまたは
クリーミーなランチハウスのドレッシング付き）

・ウォルドルフサラダ（リンゴ、ブドウ、セロリ、クルミ入り）

・キュウリのサラダ（サワークリーム、レモン果汁と蜂蜜、コリアンダー入り）

主食

・白豆のスープ（タマネギ、セロリ、トマト入り）

・自家製ほうれん草のフェットチーネ［細いりぼん形のパスタ］

・トマトと新鮮なバジルソース（すりおろしたパルメザンチーズ添え）

・ズッキーニの丸焼き

デザート

・三種類のアイスクリームとシャーベット

・新鮮な旬のフルーツ

第14章　思考の糧

一九八〇年のオーハイ講話は、それ以前の数年におけるように四月にではなく、五月初めに行われた。そのほうが、雨で中止になる可能性が低いと見込まれたからである。三回続けて週末に六回の講話があり、その中間に四回の質疑応答集会が組み込まれた。専門班がその模様をビデオ収録した。

集会の完了から数日後、われわれが胡椒の木の下でクリシュナムルティに別れを告げたとき、彼は精妙なエネルギーに溢れ、われわれ全員に感じられるほどの炎を内面にたたえていた。弱々しい体躯にもかかわらず、八十五才の彼はパワーの絶頂にあるように思われた。

その後九カ月間、私はオーハイで学校の仕事に専念していた。しかし心の中では、彼の後を追って地球の表面を——ヨーロッパからインドそしてスリランカ——へと横断して旅を続け、彼の講話と討論についての知らせを熱心に待ちわびていた。

クリシュナムルティとメアリー・ジンバリストは一九八一年二月二十日金曜日の午後遅くにパインコテージに到着した。彼らは、ボンベイから戻る途中で英国に立ち寄り、ブロックウッドで五日間滞在した。クリシュナムルティは弱々しく、疲労しているように思われた。これは長旅のせいだけでなく、インドでの強行軍のせいでもあった。

翌日のランチには、ウォルドルフサラダ、サワークリーム入りキュウリのサラダ、白豆のスープ、トマトソースであえたほうれん草フェットチーネ、ズッキーニの丸焼き、それにデザートとして三種類のアイスクリームとシャーベットを用意した。学校の春休みの初日だったので、常連客が合わせて十二名揃った。クリシュナムルティは学校の状態がどうなっているかをしきりに知りたがった。そして校長の報告に、時々質問を投げかけつつ、静かに聞き入った。私は、適切な頃合いを見計らって彼に訊ねた。「最近、何か面白いジョークをお聞きになりませんでしたか、クリシュナジ？」

私は、彼の向かい側の、彼から二席ずれたところに坐っていたので、大きな声で彼に問いかけた。彼は一瞬ぎょっとしたようで、驚いたような眼差しを私のほうに向けた。彼は満面に笑みを浮かべて、彼のジョーク集にごく最近加えたものをすぐに話し始めた。テーブルのまわりを見渡しながら、次のように切り出した。「クリスチャンでいらっしゃる方はおられますか？　私は冒瀆したり、立腹させたりするようなことは言いたくありませんので。」全員が特定の宗教的なこだわりを持っていないと言明したので、彼は続けた。「主と聖ペテロは、天国から地上の様子をモニターテレビで観察しています。彼らはテレビ画面に映っている光景を見てびっくり仰天させられます。人々は絶えずせわしなく右往左往し、穴を掘ったり、家を建てたり、大きな街を作ったりして、至る所で朝から晩まで忙しそうにしています。主は聖ペテロの方を振り向き、信じられないというような面持ちで訊ねます。『彼らはいったい何をしているのかね？　朝から晩まで忙しそうにし、休む暇もなく働き、喧嘩し、競い合っている。何のためかね？』聖ペテロは恭《うやうや》しく答えます『主よ、彼らはみんなあなたの信者で、あなたを信じ、あなたの命令に服しているのです。あなたは彼らに、〝額に汗してパンを食べよ〟とおっしゃいました。』すると主は聖ペテロに言った。『しかし、私は冗談半分にそう言っただけだよ。』

われわれは笑い始めた。しかし、クリシュナムルティはわれわれに静粛にするよう身振りで促してから、話を続けた。「いやいや、まだ笑わないでください。この話には続きがあるのです。聖ペテロがチャンネルを切り換えると、ローマ法王庁の豪華な大宴会場が現れ、いくつもの大きなテーブルの上には高価な料理や飲み物が所狭しと並んでいます。キャビア、トリュフ、極上のワイン、等々。紫色の法衣をまとったお偉方たちが何百人もこれらのテーブルの周りに坐り、美味を堪能したり、談笑したり、コニャックを飲んだり、シガーをふかしたりしています。彼らは枢機卿や司教で、宴会の最中なのです。『しかしこれらの者たちはどうなっているのかね？』と主は聖ペテロに訊ねます。『彼らは額に汗しながらパンを食べているようには見えず、どう見てもただ歓楽にふけっているだけのようだが。』聖ペテロは答えます。『ええ、主よ、彼らはあなたが冗談で〝額に汗してパンを食べよ〟と言っているだけだということを知っている輩《やから》なのです。』」

われわれの爽快な笑いが静まったとき、彼は私の方を向き、一瞬間まばたきをして訊ねた。「何かニュースはありますか？」

私はここ数日、彼の到着に備えてアーリヤ・ヴィハーラのキッチンの用意で多忙を極め、最近のニュースの進展についていくために充分な時間をかけていなかった。深呼吸して、私は素早く記憶を整理した。「クリシュナジ、私が取り上げる出来事のほとんどは、多分、おなじみのものだと思います。それでよろしければ、ごく最近の重要な出来事を要約させていただきます。ご存知のように、先月ロナルド・レーガンが大統領に就任しました。偶然にも、ほぼ一年半に及ぶ抑留の後、テヘランのアメリカ大使館で人質になっていたアメリカ人たちが、大統領就任の日に解放されました。その間、アフガニスタンへのソビエト軍の侵攻が多くの流血とともに続いており、イランとイラク間の紛争は激化しているように思われます。」このような感じで、私は過去数カ月間の世界の出来事のヘッドラインを提供した。クリシュナムルティは、目と口元に笑みを浮かべながら、私の話に十分な注意を払って聴いていた。私はそれ以上何も報告すべきことが思い浮かばなかったので、直接彼に向かって訊ねた。「クリシュナジ、あなた自身がニュースの渦中におられましたね。リリーフェルトさんとフッカーさんの話によれば、インディラ・ガンジーが、多数の武装衛兵と共に、厳重な警護の下にリシヴァレーのあなたを訪問されたとのこと。また、その前に、あなたはスリランカに招待され、総理大臣と対談されたとのこと。どんな様子だったのですか？」

クリシュナムルティは肩をすくめ、特徴的な仕草で、そういったすべては取るに足りないということを示していた。アラン・フッカーとテオ・リリーフェルトは、二人ともテーブルに着いていたが、一九八〇年の十二月に彼と一緒にインドへ行っており、オーハイに戻ってから、インドの首相がリシヴァレー校をクリシュナムルティと一緒に訪れたときの愉快な話を詳述してくれた。今度は全員がクリシュナムルティの方を向いて、以前はセイロンおよびセレンディップとして知られていた宝石の島、スリランカを彼が訪れたときのことをしきりに聞きたがった。

滑稽な顔をして、彼はわれわれを見つめ、そして訊ねた。「そんな話を聞きたいのですか？」

「聞きたいですとも。」とわれわれ数人が口を揃えて言った。

「わかりました。スリランカ政府が私たちを国賓として招待したのです。彼らは私たちを政府所有の迎賓館に泊めてくれました。数名のお偉方や大臣が私たちを歓迎するために訪れ、その後私たちは彼らの一人とテレビで会見しました。それから公開講話がありましたが、四回だったと思います。彼らはそれを新聞、ラジオ、テレビで報道しました。」彼はメアリー・ジンバリストを指して、「彼女はその間一緒にいたので、それについてもっと詳しく話してくれるでしょう。」と言った。彼は、普通、自分の個人的体験を述べるのを避けたし、自分のことを話すときに時々謝ることさえあった。

メアリー・ジンバリストはすぐに話を進めた。「ププル・ジャヤカールとナンディーニ・メータが私たちに同行し、その後数日間、私たちは記者会見やラジオ・テレビのインタビューで多忙でした。私たちの到着後、クリシュナムルティは首相、プレマダサに会いました。彼はとても素晴しい人でした。四回にわたるコロンボでの公開講話には数千人が詰めかけ、その模様は全島中に生放送されました。この後、クリシュナジは仏僧と数回対話し、コロンボ大学で講演しました。ある日の午後、スリランカの大統領が私たちをお茶に招待しました。彼はクリシュナムルティが話したことに非常に関心を持ち、彼との私的会見を求め、それは、結局、ほぼ一時間半も続きました。会見終了後、彼は私たちを国の内陸部にあるキャンディ訪問へと招待してくれました。」

私は十二年前にスリランカのキャンディ［訳註：スリランカ中部州の州都。シンハラ人のキャンディ王国（一四六九〜一八一五年）の最後の都であり、現在でもスリランカ中部における中心的な都市である。キャンディとはシンハラ語で山を意味する「カンダ」が転じた呼称］を訪れたことがある。それは熱帯の高地にある小さな湖のほとりの魅力的な町で、仏教徒の世界では「仏歯寺」があることで有名である。そこには歴史上のゴータマ・シッダールタ・シャカムニ、すなわち仏陀の遺品が安置されている。そこでは、八月の満月の間中、大行列が一週間にわたって繰り広げ続けられる——金銀線細工で飾られた衣装をまとった数千人のキャンディアン・ダンサーたちが、太鼓奏者と笛吹きに伴われ、見事な飾りをつけた数百頭の象も引き連れて、たいまつに照らされた町中の通りをねり歩くのである。「エサラ・ペラヘラ」として知られている、宗教的な意義を持つその行列は「仏歯寺」から始まり、そこにまた戻って終わった。私はその行列の見事さと、何十万もの参加者のお祭り騒ぎにすっかり魅了された。私はクリシュナムルティに訊ねた。「キャンディに滞在中、『仏歯寺』に参詣されましたか？」

「いいえ。私が休息していている間に、女性たち三名は行きました。」と彼は答え、一瞬の沈思の後、彼は言い添えた。「しかし二十数年ほど前に、私はコロンボで講話をしたことがあり、その際に私たちは島中の遺跡や寺院巡りに連れていかれました。その折にキャンディを訪れ、そのとき『仏歯寺』を見物させてもらいました。」彼の目が輝き、彼は満面に笑みをたたえて説明した。「そこには仏教徒の世界で最も神聖な遺品の一つである仏陀の歯が安置されているのです。私たちが寺院に入ったとき、すべてが非常に儀式ばっていて、厳粛でした。そしてサフランの衣をまとった、剃髪した長老が私たちを出迎え、奥の院に案内してくれました。」今や、彼はその出来事を思い出して、笑い出していた。「そして、彼らは豪華な宝石がちりばめてある小さな箱をとり出しました。その中に歯がしまってあるのです。彼らは恭《うやうや》しくそれを開けて、私たちが中の歯を一瞥できるようにしてくれました。それはかなり大きな古ぼけたもので、黄色っぽく腐蝕していました。」親指と人差し指で彼は歯の大きさを具体的に、ほぼ一インチほどであったことを示した。「そして私はそれが本当に人間の歯なのかといぶかしく思いました。馬の歯だと言ってもおかしくないほど、それは大きかったのです。」

彼の表現にわれわれ一同は爆笑した。実は、彼は仏陀を最も尊敬しており、多分、歴史上の他のいかなる宗教者よりも高くに置いていた。同時に、いま明らかにしたように、儀式や宗教的伝統に関しての根本的な懐疑心を捨てることはけっしてなかった。

翌週は雨が降り続き、時々強まって、土砂降りや雷を伴った嵐になり、峡谷の上にそそり立つ山々の頂を雪でおおった。教師の何人かはアーリヤ・ヴィハーラでわれわれに加わり、ランチを共にし始めたが、あいにくクリシュナムルティが数日間体調を崩したので、われわれは彼なしで昼食をとらねばならなかつた。

彼は枯れ草熱、副鼻腔感染症、難聴などで時々彼を苦しめた虚弱体質に対して超然とした見方をし、屈託なく冗談めかして言った。「まず歯が、それから耳が、それから目が、そしてとうとうあなたが土の中に入って行くのです。」時々、今そうであるように、私はこの陳述の真実性を私自身の中でだけでなく、クリシュナムルティの中にも観察するようになっていた。彼はインドでの強行軍と、それに続く広範囲にわたる旅行とそれに伴う気候の変化などの結果、疲労困憊していた。その上、胃のむかつきを覚え、多分、ウイルス性胃腸炎に冒され始めていたのかもしれない。正午頃私はパイン・コテージにランチを持っていったが、彼が私のためにドアを開けてくれたのでびっくりした。彼の顔を見つめたとき、その激変ぶりにより一層驚かされた。唇が異様に引っ込み、鼻と顎の距離を縮めているので、顔全体の構成が変わってしまっていた。彼はすぐ私の驚きに気づいて、手を動かして口の中を探り、何の当惑感もなく言った。「歯の具合が悪くなり、数本抜かねばならなかったのです。そこで医者が取り外しできるブリッジを作ってくれたのですが、私はそれをはめるのを忘れていたのです。」

彼が彼の健康状態の詳細を率直に私に説明してくれたとき、どういうわけか、私は深い謙虚の念を覚えた。私が何の応答もしないでいると、彼は続けた。「私の歯は常に非常に過敏でした。多分、遺伝のせいでしょう。」

数日後、三月の第一月曜日で、学校が春休み明けの初日に、メアリー・ジンバリストがその午後フランスから来る数人の友人を迎えるためにロサンゼルス国際空港に出かけていたので、彼は一人でランチにやって来た。彼はキッチンに入ってきて、われわれが丁寧に挨拶を交わしたとき、私はすぐに彼の口が内側にめくれているのに気づいた。一瞬ためらった後、私は言った。「言いにくいのですが、クリシュナジ、ブリッジをはめるのを忘れたのではありませんか？」

彼は片手で口を覆い、自分の忘れっぽさにあきれながら言った。「いやはや、おっしゃるとおりです。はめるのを忘れてしまいました。浴室に置き忘れてしまったようです。取りに戻らなくてはなりません。」彼はポケットの中の何かを探しながら、思わずくすくす笑いをした。そしてとうとう鍵束を取り出して、言った。「ああ、鍵が見つかりました——すぐ戻ってきます。」

十分後、歯のブリッジをきちんとはめ、いつもの端正な顔に戻った彼は言った。「今日のランチのメニューは、マイケル？」

私は料理を一品ごとに指しながらメニューについて説明した。「もちろん、グリーンサラダ、パスタサラダ、アボガドサラダが出ます。アボガド、トマト、玉ねぎそしてピーマンで作りました。それからベークドポテトと、すりおろしたズッキーニとチーズで作ったキッシュの一種が出ます。それにラタトゥーユにちょっと似た野菜料理が出ますが、ただしズッキーニ、なす、トマトソースで作られている点が異なります。」

彼は私が言っていることに細心の注意を払っていた。私は、彼の鋭い関心が日常生活の些細な点にまで及んでいることにいつも驚かされた。

「それからデザートですが、クリシュナジ、」私はやや大げさな口調で言った。彼が甘い物が大好きなのを知っていたからである。「ハルバを用意します。胡麻と蜂蜜から作った中東風の甘菓子です。」

彼はうれしそうに驚いて眉を上げ、料理を指して言った。「しかし、料理の分量が今日は少なめなのではないですか？」

「今日のランチには五人しか来ないのです、クリシュナジ。」と私は答えた。「だからいつもよりはずっと少ししか要らないのです。」

彼は理解したというようにうなずいた。「ランチにはどなたが来るのですか？」

「ええ、リリーフェルト夫妻がいらしています。それにフッカーさんとあなたと私——それだけです」と私は答えた。

「それは結構、」と彼は言った。「一家水入らずの集まりですね。」

それは、実際、とてもくつろいだ、友好的な食事会であった。現下の世界情勢を概観しながら、われわれは共産主義体制と東欧諸国に対するソヴィエト連邦の主導権について話し始めた。エルナ・リリーフェルトは、これらの国々のうちのいくつか、ことにポーランドとルーマニアでは、クリシュナムルティへのかなり高い関心があると述べた。

「それはまるで地下運動のようです、クリシュナジ。」と彼女は言った。「彼らはあなたの著作を翻訳して、密かにいくつかのコピーを作成するのですが、それらは人から人へと手渡されていくのです。」

「そしてそれは、多分、危険なしにはすまないのではありませんか？」と私は言い添えた。

「チャウシェスク政権は、モスクワから比較的独立しているにもかかわらず、国内でははなはだしく抑圧的です。いかなる種類の異議も容赦なく排除されます。私は先日読んだのですが、タイプライター所持者は誰でも、それを政府に登録しなければならないそうです。」

「なぜですか？　いかなる種類の印刷された公開情報も統制するためですか？」とアランが訊ねた。

「多分そうだと思います。」と私は答えた。「カーボン紙を使えばタイプライターでコピーを作成するのも容易ですからね。」と示唆した後、私はクリシュナムルティの方を向いて訊ねた。「クリシュナジ、あなたは今までに東欧諸国のうちのどこかを訪れて講話したことがありますか？」

「アテネで講話し、コンスタンチノープル経由でブカレストまで旅したのは一九三〇年代の初め頃だったと思います。」と彼は回想した。「女王――彼女の名前は忘れました――が私たちを数回宮殿に招待してくれました。しかし、狂信的な愛国的カトリック教徒の学生が数名いて、私の生命を脅かしました。」

私は信じられないという思いになり、あえぐように言った。「しかし、どうしてですか？」

彼は柔い笑みを浮かべて言った。「私たちが彼らの計画に対する脅威になると見なしたのでしょう。私たちが組織化した宗教、愛国主義、国家主義、等々に反対する旨の話をしたからです。実のところ、私は脅しを真に受けなかったのですが、政府は真に受けました。彼らは、武装衛兵を私たちが滞在していたホテルの部屋の入口に配置しました。私たちが出入りするたびに彼らはついてきて、昼夜を分たず警護してくれたのです。しかし何ごとも起きませんでした。ただ、国を去りつつあったとき、私は汽車の中で突然ひどく具合が悪くなり――吐いたり、出血したりしました。数日間、いかなる食物も受けつけることができませんでした。」

私は彼の生命への脅迫と病気になったこととの因果関係が皆目わからなかったので、こう訊ねた。「しかし、急病の原因は何だったのですか？」

「おそらく、何らかの仕方で私の食物にこっそりとある種の毒物を混入したにちがいありません。奇妙にも、病気になったのは私だけだったのです。彼らがどうやってそうしたのかはわかりませんが。」そして彼は言った。「その状態は長い間続いたのです。」

「病気が長い間癒えないままだったのですか？」

「そうなのです。」と彼は応えた。「病気だったのかもしれませんし、毒あたりだったのかもしれません。その後数年にわたり、それは様々な程度まで再発し、それからごくゆっくりと回復していったのです。」

「今もそれに苦しむことがあるのですか？」

「いや、いや、かなり以前のことですから。」彼は素っ気ない仕草をしてそう言った。

われわれはローマ・カトリック教会とその途方もない富と権力について、そしてどのようにして、それが歴史を通じてずっと世俗的権力と――たとえそれがたまたまファシストのような全体主義的政権であろうと――

結託してきたかについて話し始めた。

クリシュナムルティは突然われわれに訊ねた。「ストレーザのことをご存知ですか?」

私は、彼が誰かのことを話しているのだろうと思って、訊ねた。「いいえ、知りません。それはどういう方ですか?」

彼は微笑んだ。「それは町の名です。北イタリアのマッジョーレ湖のほとりにある有名なリゾート地です。ムッソリーニが政権の座にあった三〇年代の初め頃、私はストレーザで数回の講話をするよう招かれました。第一日目は、前列にすべての司祭、枢機卿、将軍が勢揃いしていました。なぜ彼らがやって来たのか私にはわかりませんでした——多分、彼らは私が国賓だと思い込んでいたのでしょう。私は権威からの自由、他の誰かに従うことがいかに破壊的か、等々について話しました。翌日は、前列には誰もおらず、後ろの列に一人の老婦人が坐っていました。」

五十年前の生き生きした光景を思い描いて、われわれは彼と笑いを共にした。また真面目さを取り戻して彼は続けた。「いや、彼らは自分たちの権威に疑義を呈するいかなる人にも耳を傾けることができないのです。アルゼンチンでも同様でした。私は南米を巡回して、様々な都市で講話を行なったのです。ブエノスアイレスでは新聞が写真等々付きで各講話を報じ、それに関する記事であふれていました。講話をラジオだけでなく、いくつかの街角のラウドスピーカーでも放送していました。しかし教会は私に反対する説教をし、反《アンチ》キリスト[イエス・キリストの教えに背く人]だと決めつけて、国外に追放することを望んだのです。」

「彼らはそれに成功したのですか?」と、一人の女性が訊ねた。

「いいえ、少しも。」と彼は答えた。「いくつかの新聞と何人かの知識人が私の味方をし、私の講話をスペイン語に翻訳して印刷し、配布してくれました。」

われわれがしばらくの間沈黙していると、クリシュナムルティがやにわに話し出した。「それは私に、先日聞いた素晴しいジョークを思い出させます。法王が死に、昇天して、『真珠門』へと到着し、そこで聖ペテロに会います。彼はペテロに言います。『あなたは聖ペテロに相違ありませんね。』聖ペテロは答えます。『ところで、あなたはどなたですか？』法王はめんくらいます。『私が誰だかおわかりではないのですか？　私は法王です。』聖ペテロは彼の人名リストを取り出して、名前を探し出そうとします。『法王、法王と——お気の毒だが、そういう名の人はこのリストにはありません。残念ながら、あなたは天国へ入れません。』法王はショックを受けます。『きっと何かの間違いです。そんなはずはありません——私の名はリストに載っているにちがいありません。どうか、もう一度見直してください。私は法王なのです！』聖ペテロは苛立ち始め、彼にとっとと消え失せよと言います。とうとう法王は目に涙を浮かべて、彼に頼み込みます。『お願いです、聖ペテロ様、私はあなたの後継者で、地上でのイエスの代理人です。聖ローマ教会〔聖ペテロ教会〕の頭首です。私には天国に入る権利があるのです。』聖ペテロは苛立ちを募らせ、そして言います。『こんな馬鹿げた話は今まで聞いたことがない。もしもすぐに消え失せないなら、焔の剣を持った天使を呼び寄せますぞ。』法王は途方に暮れてしまいます。『どうかそんなことはしないでください。私のことを知っている誰かに訊ねていただくことはできないでしょうか？　多分、イエス様か聖人のうちのどなたかが私の証人になってくれるでしょう。』聖ペテロは譲歩して、法王に言います。『よろしい。中に入って聞いてくるので、ここで待っていなさい。ここにあるものに手を触れてはなりませんぞ。』彼が中に入ると、イエスとイエスの母のマリア、使徒、および数人の天使や聖人などがいます。『恐れ入りますが、主よ、』と聖ペテロが言います。『法王という名の者がいて、天国へ入りたがっています。この者は地上でのあなたの代理人だと申しております。』イエスは笑いながら言います。『地上での私の代理人ですと？　馬鹿げたことを言う男だ。法王という名の男のことなど、今まで聞いたこともない。』それから他の方々の方を向いて、訊ねます。『どなたか、法王なる者のことを聞いたことがある方はおられますか？』誰も法王のことを知らないように思われたのだが、突然、聖母マリアが大声で話し出します。『ちょっと待って。法王というのは、私や精霊についての噂をそこら中に広めている者のことではありませんか？』」

爆笑しながら、われわれ五名は共にこの不遜な物語のユーモアを味わった。外のポーチからは土砂降りの雨音と突然の雷鳴が聞こえてきた。

「そろそろオフィスに戻らなくては。」とエルナ・リリーフェルトが言って、テーブルから立ち上がり、自分の皿と銀器を集めた。私も素早く立ち上がり、いつものようにさっと近づいてクリシュナムルティの皿を片づけようとした。「お皿をお持ちしましょうか？」と私は丁寧に訊ねた。私が彼の食器をまとめて片づけようとすると、彼はにこやかに私を見上げた。どういうわけか私は、このようなささやかな仕方で彼の役に立つということから満足感を引き出すのであった。

「少しも汚れていないですね。」と彼は、未使用の紙ナプキンとグラスを指さしながら言った。そして立ち上がってテーブルの片付けを手伝い始めた。

残った食物の一部をプラスチックの容器に入れた後、私はそれらを運び出し、キッチンの前の小部屋にある貯蔵用冷蔵庫へ向かった。様々な残り物を冷蔵庫に入れているうちに、私は棚の上にハルバ［すりつぶしたゴマやナッツをシロップで固めた菓子］の大きな厚切りがあるのに気づいた。デザートで食べたばかりのハルバの甘い香りがまだ舌の上に残っていたので、突然もう少し欲しくなった。私がポケットナイフで一切れ削り取ったとき、背後から突然優しい声が聞こえてきた。「私にも一切れいただけませんか？」

私は振り向いてクリシュナムルティと顔を見合わせた。彼は私の後を追うようにしてキッチンのドアをくぐり、階段を上がってこの小部屋までやって来たのだ。私は突然罪悪感がにじみ出すのを感じ、一瞬、あたかも現行犯で逮捕されたかのように当惑した。しかし、クリシュナムルティは部屋の敷居の上に立って、すました顔で微笑み、多分、子供の頃に何度もした密かなつまみ食いに由来する私の瞬間的な困惑が静まるのを待った。

私はすまなそうに言い訳した。「このハルバはとても美味しいと思いませんか?」その一部分にナイフで線を引きながら私は訊ねた。「どのくらい差し上げましょうか?　このくらい?」

正直な、飾らない率直さで私をしげしげと見つめながらそこに静かに立っていたクリシュナムルティのまわりには、鏡のような驚くべき性質があった。われわれの間にはいかなる分離感も、いかなる共犯感覚もなかった。彼はただ、私が指さしているハルバをじっと見つめた。

「それよりもうすこし多くいただけませんか?」と彼は頼み、それから壁にかかっているプラスチック製の立体地形図をしげしげと見つめた。

「キッチンに持っていって、プラスチックフィルムで包んだほうがいいと思うのですが。」

「ありがとう。」と彼は同意し、それから訊ねた。「これは何ですか?」

「この地方の地図です、クリシュナジ。」と私は説明した。「いいですか、ここがオーハイ峡谷、ここがトパトパ山脈、そして私たちがいるところはここ、マックアンドリュー・ロードです。もちろん山々の大きさは誇張されています。ベンチュラはここで、この方向にロサンゼルスがあります。」

「なるほど、なかなか詳しくできているのですね。」彼は笑顔で評した。

キッチンに戻った後、私はハルバをフィルムで包んでから彼に手渡した。ありがとうと言った後、彼は裏側のドアからパイン・コテージへと戻っていった。突然、私は私の分のハルバを忘れていたことに気づいた。すぐ一切れ切り取って、キッチンの片づけ仕事を続ける前にそのとろけるような甘さを味わった。

雨はその後も数日間降り続き、われわれはアーリヤ・ヴィハーラで、かなり少人数の内輪のランチをとった。ある日、テーブルに六人しか着いていなかったとき、クリシュナムルティは、彼が時々観るのを好んだ番組、「フィル・ドナヒュー・ショー」[訳註1]のことを思い出して語り始めた。

「この社会の放縦は信じられないほどです。」と彼は、向かいに坐っていたテオ・リリーフェルトに言った。「先日——名前はわかりませんが——男性のストリップダンサーがショーに出ていました。彼は、ほぼ全裸で彼のダンスを披露しており、観客の女性たちがみんな興奮して絶叫したり、拍手したりしていました。どうしようもなく下品です。」それを思い出して彼は身震いしていた。「それだけではありません。あらゆる種類の私的な性的なことがらさえも細部までおおっぴらに見せ、汚れた下着を人前で洗っている［内輪の恥を外にさらけ出している］のです。まさに何でもありというありさまで、お互いの関係や結婚などについてひどくいい加減になってしまっています。ある女性は、私はもう夫を愛することができない、もっとずっと素敵でハンサムな彼氏ができてしまったからだ、等々と言っていました。現在の相手を捨てて、別の相手に移っていく。想像してみてください——それを公然と言っているのです！」

「それはつまり、クリシュナジ、」と一人の女性が優しく微笑んで言った。「今の女性は、今まで男性が持ってきたのと同等の権利を持ち、男性が享受してきたのと同じ自由を享受しているのです。」

「誰と同等ですって？　何をする自由ですって？」クリシュナムルティは語気を強めて言った。「ここは自由な国だと言われています。誰もが、したいことを何でもする自由があると思っている——自分の快楽だけを追っているだけで、少しも他人のことを大事にしない。自分自身の行動に対する何の責任感もなく、何の抑制心もなく、他の人々への何の敬意もないのです。」彼は、あたかも、われわれもほぼ同じような態度なのではないかと非難するかのように、探るような視線をわれわれに向けた。

「それはアメリカの文化全体、アメリカ人の気質の一部なのです。」と私は示唆した。彼が私の方を振り向くと、私は強いエネルギーの波が私に押し寄せてくるのを感じた。

「いや、違います。」彼はきっぱりと言った。「それだけでは不十分です。アメリカは世界の残りの国々にも自分の基準を押しつけているのです。今やどこでも、ロシアやインドでさえも、アメリカを模範にしているのです。そこの若者たちは服装やダンスや音楽を模倣しています――ロックンロール，セックス、映画。ご存知のように。この先、いったいどうなるのでしょう？　誰もが自分のことだけ考えて、他人のことはどうでもいいのです。」

「それは世界的な規模の頽廃です。」とテオが言った。

「多分、結婚制度や家族制度が時代遅れになっているのです。」と一人の夫人が示唆した。

突然の笑みがクリシュナムルティの顔を和らげ，そしてわれわれ全員に向かって、彼の質問が真面目なものであると聞こえるように、彼の声に充分な誠実さを込めてこう訊ねた。「では、一人のエゴイストがもう一人のエゴイストと結婚したら何が起こるでしょう？」

私はその質問をどう受け止めるべきか、――真面目な観点から考慮すべきか、それとも滑稽な観点から考慮すべきか、――わからなかった。私は、一体性、利己的な態度、等々の消滅、について考えていた。いくつかのためらいがちな質問が出された後、彼は単純な答えを出した。「二人ともエゴイストのままで暮らすでしょう。」

［訳註１］米国のテレビ史上、最もよく知られたトークショーの司会者の一人、フィル・ドナヒューの司会により、一九九六年までの約三十年間放送された。ドナヒューは二〇〇二年に放送業界に復帰したが、反戦の声を番組で取り上げることを辞さなかったために、米国主導の二〇〇三年のイラク戦争開戦前夜にＭＳＮＢＣによって解雇された。

前菜

・トストグリーンサラダ（ビネグレットソースまたはタヒニドレッシング付き）

・パスタサラダ（きれいに角切りしたセロリ、ニンジン、ピーマン、ズッキーニ、松の実、ブロッコリー、オリーブ、日干しトマト入り）

・アボガドサラダ（角切りトマト、ピーマン、みじん切りニンニク、コリアンダーとレモン果汁入り）

主食

・焼きポテト（タマネギとマッシュルーム詰め）

・キッシュ（すりおろしたズッキーニ、チーズ、卵、パセリ、タマネギ、セロリ入り）

・ナスのプロヴァンス風（トマトソースをかけた角切りナス）

デザート

・ゴマと蜂蜜を使ったハルバ

・新鮮な旬の果物

第15章　人生のミステリーへの鍵？

続く数週間にかけて、クリシュナムルティとの静かで親密なランチの機会はしだいに少なくなっていき、活動のペースが早まっていった。アメリカ政府のプログラムによって部分的に資金が供出された教育会議が三月二十日に開始される前に、彼は学校の教職員と両親たちとの数回の会合を持った。サン・バーナーディーノ州立大学から来た教授によって組織された三日にわたるこのイベントには、約三十名の教授、教師、学生たちが参加した。クリシュナムルティは彼らと教育の意味、知識と思考の性質、教師の役割、〈あるがまま〉(現にあるもの　*what is*)と洞察および正しい行動との関係について議論した。四回にわたるセッションはすべて専門のカメラチームによってビデオテープに収録され、その後単行本として刊行された。

それに続く数日間は、客や友人や関係者たちがひっきりなしに出入りして、しばしばランチをとったので、目のまわるような忙しさだった。彼らの中にはデヴィッドとサラル・ボームもおり、彼らは再び来客用のアパートに約一カ月間滞在した。彼らもまた彼ら自身の予約が詰まっていて、デヴィッドの講演の予約が決まっていたので、五月早々のオーハイ講話の始まる前に旅立たなければならなかった。これは、過去五年間で彼らが講話を聴講しなかった初めてのことであった。

三月の終わり頃、クリシュナムルティはパイン・コテージで教職員および両親たちと数回の週末対話を行った。今回のこれらの会合は午前十一時に開催されたので、対話に参加することを見合わせたいのでないかぎり、私はランチを前夜のうちに、または早朝に準備する必要があった。私は、クリシュナムルティとのこれらの会合を熱望していた。それらに備わっている美しさは、彼が教育と人生の意義を探求し始めるときの根本的な簡素さにあった。二回の会合で彼が追求した質問は「人はどのようにして探求したらいいのか？」だった。それは、われわれの精神が実際にどのようにして問題を調べたらいいかについての探索へのドアを開き、最終的には、われわれの人生の複雑さに直面するために必要な包括的《ホリスティック》な態度としての「尊敬」へと行き着いた。「尊敬は傾聴にあるのです。」と彼は言明した。

　クリシュナムルティが、コンピュータと、それが人事万般において持ちつつあるますます大きな重要性、および人間精神の発達に果たす役割によって魅せられるようになったのは一九七〇年代の終わりから一九八〇年代の初めにかけてであった。特に彼の興味をそそったのは、ほとんどの機械的な頭脳労働においてその創造者よりも速く考え、そして実行するためのとてつもなく大きな能力であった。講話および議論中に、またランチテーブルの前で、彼は、しばしば、われわれの人生に及ぼすコンピュータの肯定的インパクトについて、その否定的な側面を見ることを怠ることなく、述べていた。

　三月の終わり頃、クリシュナムルティのインド人の友人で、クリシュナムルティにコンピュータの機能や役割について多くの情報を提供してきた、アシット・チャンドマルが数日間の予定でわれわれの許を訪れた。

　一九八一年四月一日に、ボーム夫妻が、彼らが出席したロサンゼルスのセミナーからオーハイに戻ってきた。その日のランチの間、会話は、主として彼ら三人の間で、エレクトロニクス機器や人工知能をめぐって繰り広げられた。

クリシュナムルティはデヴィッドに向かって言っていた。「人間の脳とコンピュータには多くの類似点があります。どちらも記憶に基づいており、知識の貯蔵庫であり、そしてプログラムに従って機能します。コンピュータは人間の脳にできるあらゆることをすることができます。それも千倍も早く、そしてより正確に。」

アシットは言い添えた。「日本人は第五世代コンピュータの製造計画を立てていますが、それは人間の脳のプロセスを複製することになるでしょう。政府はこのプロジェクトに厖大な資金を投入しています。すでにそのいくつかの試作品ができていますが、それらは入力されたデータから学習して、それ自体のプログラムを改変することができます。そして遺伝学者がコンピュータ科学者と協同作業して、コンピュータ作りに、シリコンのかわりに脳の水素および炭素分子を使う研究をしています。」

デヴィッドはそれには懐疑的で、慎重に述べた。「私には有機体と機械との結合から何かが出てくるとは思えません。」

クリシュナムルティは彼の質問の流れを辿った。「もしもコンピュータがほとんどの機械的な仕事を引き継いでしまえば、人間の脳には何が残されるのでしょう？　多分コンピュータはモーツァルトやベートーベンのような音楽を作曲することはできないでしょうし、シェイクスピアやキーツが書いたような詩を書くこともできないでしょう。星を眺め、自然と宇宙の美を鑑賞することもできないでしょう。しかし、他のほとんどの仕事はコンピュータやロボットがこなしてしまうでしょう。そうなったら、人間の脳にはどんなことが起こるのでしょう？　萎縮してしまうのでしょうか？」

私は、ランチテーブルを囲んでいる他の人々と同じように、当惑した。「それはどういう意味ですか？」と私は訊ねた。

「脳には、実は二通りの動き方があるだけです。一つは内側に向かっての動き、それ自体の中、自己探求、等々に向かってのそれです。私たちが話し合っているのはそれです。もう一つは外側に向かっての動き、より多くの娯楽、気晴し、快楽、刺激に向かってのそれです――ご存知のとおり。では、脳にはどんな仕事が残されるのでしょう？　その機能のほとんどがコンピュータによって引き継がれてしまったら？　いいですか？　人間に利用できる余暇が大幅に増えるのです。脳がまったく異なった取り組み方を見つけ出さないかぎり、もはや鍛えられずに放っておかれる筋肉のように、それは萎縮してしまうでしょう。ただ萎んでしまうだけでしょう。すでにそれが起こりつつあるのです。」

誰もがこの種の予想を受け入れようとしていたわけではなく、若干ながら異論が出された。クリシュナムルティは、通常、挑戦されることを歓迎し、静かな確信をもって懐疑の流れに対抗し続けた。「コンピュータは、私たちとは違って国境、国民性、政府などによって制限されたりしません。それはそういったすべてのものを超越しており、しかも私たちより速く考えることができるのです。多分、それはそれ自体の神を考え出し、私たちはそれを敬うようになるでしょう。これについて、私はなかなか味のあるジョークをお聞かせしなければなりません。ある男性がコンピュータが多数並んでいる部屋に入ると、そこにいた科学者が彼に、どんな質問でもいいからしてみるように告げた。そこで、その男性は訊ねます。『神はいるのでしょうか？』科学者がその質問を入力すると、コンピュータは点滅し、ブンブンと作動し始めます。しばらくすると答えが返ってきます。『神は今ここにいる。』」

われわれが笑っていると、クリシュナムルティはわれわれを、憐憫を浮かべているとも、諧謔を弄しているともとれる表情で眺めながら、「いかがですか？　それを直視してみてください。」と言い、デヴィッドとアシットの方を向いて言った。「だいぶ時間が経ちました。この会話は午後に続けることにしませんか？」

彼らは同意した。そして数時間後の四時頃、彼ら三名はパイン・コテージの居間に集った。出席するための時間と余裕のある理事、客および教職員たちが居合わせていた。対話は、コンピュータの新技術とそれが人類の未来をどのように左右するかに集中していた。彼らは、人間によって作り出された機械との関連で、思考、知識、英知、洞察に探りを入れた。クリシュナムルティはコンピュータの今後ありうる様々な側面と応用に興味をそそられたが、デヴィッドは彼らのインド人の対話相手によって持ち出された、ありそうもない主張のいくつかについて、より懐疑的であるように思われた。しかし最終的には、人間の脳には無限の能力――コンピュータには欠けているもの――が備わっているという点で一致した。

会話の終わり頃、クリシュナムルティは、洞察によって脳細胞に根本的な変容が起こらないかぎり、コンピュータがそれ自体の神を作り上げ、われわれはそれに隷従するようになるかもしれないという警告を繰り返した。そして彼は人間と神とコンピュータに関する別の小話を披露した。「ある人が神に向かって祈っています。そして隣室には超高性能コンピュータが一台置かれています。するとコンピュータが言います。『お前は誰に向かって祈っているのかね？　神がここにいるというのに。』」

四月の第一週末に、デヴィッド・ボームにより組織された別の会議がパイン・コテージとアーリヤ・ヴィハーラで開催された。午前中に三日続けて、クリシュナムルティは社会学、宗教学および哲学の数人の教授、ニューヨーク市から来た一人のラビ［ユダヤ教の指導者］、そしてサンタバーバラ在住の詩人ケネス・レックスロス［訳註1］と会合した。私は彼自身の詩と東洋の詩文の洗練された翻訳をよく知っており、高く評価していた。私は、それゆえ、その本人に会うことにわくわくしていた。そういうわけで、彼が歩行困難のため杖を持っており、時々妻の支えを必要としているのを見てショックを受けた。その上、彼は非常に厳しい食事制限を課されていた。しかしながら彼は、健康が衰えつつあるにもかかわらず、これらの議論の間中クリシュナムルティとてもよく気が合っていた。（彼は翌年亡くなった。）

四月中ずっと、クリシュナムルティ、デヴィッド、理事、職員および両親との間の、ならびにデヴィッドと教職員との間の話し合いの場がしきりに持たれた。そして一区切りがついた五月上旬に公開講話が行われ、またもや世界中から――大半はもちろんカリフォルニア市民だが――数千名の人々を惹きつけた。

最後の第六講話の翌日、クリシュナムルティはロサンゼルスで重要な会見の約束をしていた。彼は「オデッセイ」と呼ばれるテレビのトークショーのため、ＮＢＣスタジオでケース・バーウィックによるインタビューに応じることになっていたのだ。

私が請求書の支払を済ませるためにちょうど事務所に出かけようとしていたとき、大きな胡椒の木の脇の野天駐車場の前に四名の人々が集まっているのに気づいた。州都への短い旅のために正装しているクリシュナムルティとメアリー・ジンバリスト、それに二人の理事、リリーフェルト夫妻だった。興奮気味に話し合っていたことから察するに、彼らは動揺し、困惑しているように思われた。私が事務所に入って精算してから五分後、アーリヤ・ヴィハーラへ戻る途中、彼らのうちの三名がすっかり当惑して立ちどまっており、一方、クリシュナムルティがせかせかと行ったり来たりしているのを見かけた。好奇心に駆られて、私は彼らに足早に近づき、「何か問題をかかえていらっしゃるようですね。」と言った。

メアリー・ジンバリストが説明した。「四時半までにロサンゼルスに着いていなければならないというのに、車が言うことをきかないんです。」

車の作動の仕方についてまるで無知だというのに、私は車の始動に関する若干の標準的問題を示唆してみた。「バッテリーに原因がある可能性はないですか？」と私は訊ねた。

「それはまず最初にチェック済みです。」と彼女は答えた。「しかしライトはついているのですから、バッテリーではありえないと思います。」

「イグニッションキーをまわしたときエンジンがかかりますか？」

「その点がよくわからないのです。キーをまわしても何も起きないのです。ダッシュボードのインジケータが作動しないのです。」

「音はするんですか？」

「何の音もしません。カチッとも言わないのです。」

「もう一度試させてください。メアリー。」と白髪の前国連外交官、テオが示唆した。

彼女は彼に鍵を渡し、彼はガレージに行って灰色のメルセデス・ディーゼル車の運転席に坐った。

その間クリシュナムルティは、あたかもその解決の手がかりをすぐにも発見できそうな何らかのミステリーに直面しているかのように、深く物思いに沈みながら、ゆっくりと行ったり来たりしていた。「いや、原因は何かそれ以外のことにあります。」と、どうにも不思議だといった面持ちで頭を振りながらはっきり言った。

「確かに原因はそれ以外のところにあります。」

テオはガレージから出てきて鍵をメアリーに戻しながら、「駄目、まったく駄目だ。」と肩を落として言った。

「多分、緊急修理屋さんに連絡して、係員に来てもらったほうがいいのではない？」と彼の妻のエルナが言った。「彼が到着するまでに多少時間がかかるでしょうが、まだ時間前に到着できるでしょうから。」

「始動できさえすればいいのだから。」とメアリー・ジンバリストはもどかしげだったが、すぐ賛成した。「そうね、電話をかけて来てもらいましょう。」

「事務所から私がします。」とエルナは言い、勢いよく事務所の方へ歩いていった。「私のカードナンバーを使います。」

「でも、」とメアリー・ジンバリストは半ばあきらめ気味の、半ば陽気な口調で、頭を特有の仕方で上に突き上げた。「私ももう一回試してみます。」と言って、いちかばちかやってみるべく運転席に向かって歩いていった。

その間ずっとクリシュナムルティは、円を描いて歩きながら、明らかにミッシングリンクを探し求め、そして時々「原因は何かそれ以外のことにあるにちがいありません。私たちが思いついていない何かが。」という不可解な発言をしていた。

メアリー・ジンバリストがガレージから現れ、明らかに不首尾に終わったことを絶望的な仕草で表示した。「原因は何か他のことにあるにちがいありません、どういうわけか、私たちはその明白なことがわかっていないのです。」とクリシュナムルティは、あたかもとてつもなく単純な解決策があるのに、彼自身も含むわれわれの誰もがそれを突き止めることができずにいるのだと主張した。

「別の車を使いさえすればいいと思うのですが、そうできないのですか？」と、私は閉まったままのガレージの左側のドアを指さしながら訊ねた。

「あいにくなことに、現在はそこにないのです。」と、メアリー・ジンバリストは悲しげに説明した。「サービスステーションで修理中なのです。」

ちょうどそのとき、エルナが事務所から姿を現し、こちらに近づきながら叫んだ。「もうすぐです。緊急修理屋さんが十分以内に到着します。」そしてメアリー・ジンバリストの方に手を差しのべながら、彼女は少し笑みを浮かべて言った「それまでの間に私にも試させてもらっていいかしら？」

メアリー・ジンバリストは鍵を彼女に渡し、エルナはいちかばちか試しに行った。その根本原因を思いめぐらしながら、私はためらいがちに私の結論を表明した。「原因は電気系統にあるにちがいありません。」

私の示唆に対して誰も注意を払わず、そしてクリシュナムルティは一時的に彼の巡回を止めて、テオに話しかけた。「原因は何か別のことにあるにちがいありません。私たちが見つけていない、非常に単純で明白な何かに。それにしても、それは何なのでしょう？」

私がすべての考えられる、また考えられない可能性を系統的にチェックすることによって問題を解決しようと必死になっているうちに、私の心眼に滑稽なイメージが閃いた。真剣な物腰で打ち合わせている二人の威厳に満ちた老紳士を見つめているうちに、私にはある謎に直面してそれを解く手がかりを探しているシャーロック・ホームズとワトソン博士のイメージが浮かんだのだ。それから、これは一種のくじ引きだという思いが頭をよぎった——この謎への答えを突き止めた幸運者にはとてつもなく大きな幸運が舞い込むのだ。

エルナが再び現われ、臆しない笑いと共に冗談めかして言った。「どうしても動いてくれないわ。」「私たちが考えつかなった可能性は何なのでしょう？」クリシュナムルティがテオに訊ねているのが聞こえてきた。

ジャックポットを当ててやろうという考えが私の頭をよぎった。私がやったら動くのではなかろうか？　私はおずおずとメアリー・ジンバリストに近づいていって、訊た。「私にも試させていただけませんか？」

彼女は、やや腹立たしげに笑って、私に鍵の束を渡した。「いいですとも、みんなで試したらいいのです。何か違うことが起こらないともかぎりませんから。」

私は、よく知られたメルセデスのシンボルが付いた鍵を見た。私がガレージの中に入っていくと、いつもはクリシュナムルティのクーペが置かれている左側のスペースが空いているのに気づいた。私がふっくらした革製のカバーの中に身を沈めたとき、インテリアの状態が、何年も使われてきたというのに、少しも瑕ついていないことに気づいた。私は、イグニッションに鍵を入れて、それをまわした。何も起こらなかった――カチッという音も、シグナルも、エンジンの轟音も。

私は車から降りて、メアリー・ジンバリストに鍵を返した。

クリシュナムルティはまだ同じテーマを繰り返しており、疑問を口に出していた。「いったい何なのでしょう？　何かごくごく簡単なことなのです。」

ちょうどそのとき、私設車道の見えない部分から大きな音が聞こえてきた。「オートモービルクラブにちがありません。」とエルナが思い切って言った。

われわれが振り向くと、牽引トラックが視野に飛び込んできた。

メアリー・ジンバリストはそのとき、鍵と自分の財布の中の別の何かをかわるがわる見つめていた。トラックがわれわれのすぐ近くまで来たとき、彼女は静かな、はっきりした声で言った。「どうやら、とんでもない間違いをしてしまったようです。申し訳ありません。間違った鍵を使っていたようです。」

クリシュナムルティは、突然、にっこりしながら、何の非難も判断も込められていない声で言った。「ああ、それです！　私たちが思いつかなかったのはそれなのです。」

メアリー・ジンバリストは、財布から発見された二つめの新しい鍵を持って、車の方へそそくさと歩いて行き、一方、クリシュナムルティは愉快そうに笑いながらテオの肩を叩き、そしてテオもそのなごやかな雰囲気の中に加わった。その間に、エルナは修理用トラックの運転手の方へ近づいていった。「たった今、問題を突き止めたところです。」と彼女が説明したちょうどそのとき、メルセデスのエンジンが始動音を出した。修理用トラックの男性は、特に腹を立てているふうもなく、まるでこの種のことには慣れているかのように、素っ気なく言った。「それは良かったですね。でも、あなたの会員カードが必要です。」

こうしたやりとりがなされている間に、メアリー・ジンバリストはトラックとすれすれにメルセデスを後進させ、クリシュナムルティは素早く助手席に乗り込んだ。彼らが車で走り去ってしまうと、私はオレンジ畑を通り抜ける細い道を歩いて、アーリヤ・ヴィハーラの建物の並びの方へ向かった。突然、一人きりになると、私の内なる目の前を先ほどまでのすべての光景が通り過ぎ、私は心の底から大笑いせずにはいられなかった。私がたった今目撃したことは、人生の根本的な事柄や難問の多くに取り組む仕方の一つの実例の役を果たした。われわれが間違った鍵を使い続けている間中、正しい鍵は常にそこに――きわめて身近なところ、われわれがおそらく想像できるであろうよりずっと近くに――あるのだ。

二日後の五月二十日、クリシュナムルティとメアリー・ジンバリストがブロックウッドパークと遠い異大陸の海岸に向けて去っていくときに、われわれは胡椒の木の下で彼らにさよならを告げた。

六月の学期末に、われわれは様々なクリシュナムルティ・スクールおよび財団を結びつけている世界的ネットワークを通して驚愕すべきニュースを受け取った。デヴィッド・ボームがロンドンで重篤な心臓発作を起こしたというのだ。彼が三重のバイパス手術を受けねばならなくなり、そして手術後の数日間、生死の境をさまよったということを聞いて、われわれは大きなショックを受けた。クリシュナムルティは手術の前後に彼を見舞い、死に対する旧友の強い不安感を静めようとした。当然のことながら、死と直面することは彼にとって強烈な経験であり、長く消えない痕跡を残した。それは彼の謙虚の念を深めたように思われた。

デヴィッドはこの試練から徐々に回復したが、それ以後はダイエットと日常的活動に大きな配慮をしなければならなくなった。

恒例の場所での講話とは別に、クリシュナムルティは一九八一年の九月にアムステルダムで満員の聴衆を前にして二度語った。例年のように彼が世界巡歴を敢行している間、われわれオークグローブ校の面々は、徐々に増えてきて百名に近づきつつあった生徒たちを相手に、多忙な日々を送っていた。

私のいつもの料理および授業の責任に加えて、スペイン語の教師が不意に退職してしまったせいで、スペイン語の代理教師として数カ月間スペイン語の授業も担当することになった。

教室でのまったく新しい世代との交流という、手に負えそうもない挑戦に必死で取り組む一方、私はまたクリシュナムルティがしばしば、そして緊急に提起してきた変容という問いに関心を向けていた。私は自分自身に訊ねた。「私は完全な、根源的な変容を本当に望んでいるだろうか？　その問いにはどのような意味合いがあるのだろうか？　それは妥当な問いなのだろうか？　そして、もしそうなら、言葉のレベルでその問いに答えても仕方ないのではないだろうか？　単なる言葉による答えは無意味である。唯一の真実の答えはそれを実行することなのだ。」

私は、変容における決定的な要素は時間であることを悟った。それは活発な現在、現実の瞬間においてのみ起こりうる。私がそれを測定したり、比較したり、未来へと投影したりするやいなや、変容は幻想になった。

観察と行動との間に時間のギャップがなく、即時的であるときにのみ、変化は起こりうる。それが働き出すのは、意識の根源においてと同じく、日常通常の場においてである。しかし私はまた、いかに容易に私が自分自身をあざむき、変容が成し遂げられたという空想的な観念を捏造してしまうかも知っていた。だから、曇りない目で見守ることがすべてであった。

学校の春休みが終りかけている一九八二年二月十四日に、クリシュナムルティはオーハイに戻ってきた。彼はさっそうと現れ、何かをしたくてうずうずしているように思われた。翌日、――ワシントンの誕生日、――彼と理事たちのための昼食会があった。彼は、自分の留守中に学校の活動がどのように進捗してきたのかを、特に高校を（まだ建築されていないビルの中に）設立する計画が順調に進んでいることもあって、非常に知りたがった。しきりに教師たちと話し合いたくなり、彼は翌日の午後にパイン・コテージでわれわれと会見したいと申し出た。

論議の間に彼が提起したテーマは「尊敬と非礼」であった。「生徒たちはあなた方、教師および年長者を尊敬していますか?」彼はわれわれに訊ねた。「また、彼らは自然ならびに地球に対する尊敬心を持っていますか?」それは、その後数カ月にかけて、われわれの会合と対話を支配することになったテーマだった。

その週末、クリシュナムルティはヘルニヤの手術を受けるためにロサンゼルスの病院に入院した。メアリー・ジンバリストが彼に同伴し、UCLAメディカルセンターで彼が回復するまで四日間にわたり彼を介護した。彼が二月二十四日の「灰の水曜日」（聖灰水曜日）にパイン・コテージに戻ったとき、少人数の忠実な「歓迎委員」が彼の到着を待ち受けていた。いかにも弱々しげな彼を見ることはわれわれにとって苦痛だった。

非常にゆっくりとメルセデスの中から現われた彼は、自分を支えるために車のドアに寄りかかった。思わず私は咄嗟に彼に近づき、手助けをすべく彼に手をさしのべた。しかし彼は私の手を払いのけ、きっぱりと言った。「いや、けっこうです。独力でやってみます。」こうして彼は一歩一歩小刻みに歩き出し、敷石伝いにパイン・コテージへと向かっていった。一人の教師と私は、彼が転んだり、滑ったりした場合に備えて、彼の後をゆっくり歩いていった。

彼が充分に回復するまで二週間以上かかり、そしてわれわれがアーリヤ・ヴィハーラでのいつものランチ集会を再開し始めたのは三月十三日の土曜日のことだった。その午後、彼はサンフランシスコ州立大学から来たジェイコブ・ニードルマン博士および、インド人の友人で彼にコンピュータの世界における最新の進展状況を伝え続けていたアシット・チャンドマルと討議した。次の月曜日は土砂降りの雨が続いていたので、われわれは、アシット、理事およびアーリヤ・ヴィハーラの住人たちを含む、小人数だが格別のランチ集会を持った。会話はコンピュータと人工知能および人間の知性（intelligence）を中心にして展開された。ある時点で、クリシュナムルティは〝彼の〟知性に直接言及し、「それは私のものでもあなたのものでもない知性なのです。」と言明することによって、彼自身のものとしてのそれを主張しているのではないことを明らかにした。彼は知性を従来の意味でのそれ——記憶、知識の集積、または打算的な能力としてのそれ——ではなく、活発な現在において働き、最も複雑な場において機能することができる、単純で非個人的な観察力を思い描いていた〔訳註：通常の知性と区別するため、「英知」という訳語が充てられることが多い〕。彼は訊ねた。「Kの脳は単なる変種なのでしょうか、それとも他の人々もそのような脳を持つことができるのでしょうか？」

女性の理事の一人が問いかけた。「その脳をあなたはどのように表現なさるのですか、クリシュナジ？」

「それは空っぽで、単純で、何ものによっても占有されていないが、しかし機敏で、非常に注意深いのです。それはいかなる個人的な傷も心理的な傷も記録に留めないのです。」われわれ全員がすべての注意力を注いで傾聴している前で、彼はそう説明した。

やがて会話は善と悪の問題へと移っていった。クリシュナムルティはこう述べた。「善の貯蔵庫があり、それは悪とはまったく無関係なのです。」

私は彼が意味していることを把握することにやや困難を覚えて、こう訊ねた。「すると、悪は幻想なのですか？」

「いやいや、悪は明らかに存在しています。」と彼は主張した。「が、それは他方に触れることができないのです。善とは無関係だからです。」私がさらに質問を続けようとすると、彼は私を制してこう言った。「どうかよく聴いてください。ただ聴くようにしてください。」

しかし、注意深く傾聴していたにもかかわらず、彼にとってはごく簡単なことが私には難しくて理解できなかった。

雨が降り続き、寒さが身に沁みてきた。翌日の会話の途中で、クリシュナムルティはいまどきのティーンエイジャーについて、十代のセックスと妊娠について思案し始めた。突然、彼は彼の向かい側に坐っていた校長に訊ねた。「あなたの生徒の中に非凡な子はいますか？」

「天才児という意味ですか、クリシュナジ？」と校長は訊ねた。

「そうです。モーツアルトやベートーベンのような。」と彼は答えた。「他に天才児はいるでしょうか？　多分、オルダス・ハックスレー。ところで、Kは天才児だったのでしょうか？　その少年は非凡な才能を持っていたのでしょうか？」一瞬の思案の後、そうではないことを示唆しているように思われるいくつかの点を彼は列挙した。「彼は夢想的で、ぼんやりしていて、ほとんど痴呆同然で、何一つ覚えられませんでした。彼が関心を持ったのはスポーツと機械いじりで、時計を分解しては組み立て直したり、後になると自動車のエンジンを分解してから、また元どおりに組み立て直したりしました。」

一人の婦人が示唆した。「特殊な分野での才能ではなく、異なった次元のそれとして後ほど現われたKの天才の初期の徴候だったのは、クリシュナジ、おそらくこの漠然さ、精神の空っぽさだったのでしょう。」

クリシュナムルティは、慎重な検証なしにそのような示唆を受け入れることを躊躇していた。そして彼が「なるほど。Kは、一定の意味では、天才児だったと見なされうるかもしれないですね。」と許容したのは、長々とした熟考の後であった。

翌日のランチの折、雨がまだパラパラ降っている最中に、われわれはクリシュナムルティのいくつかの個人的な特徴について話し合った。自分自身に対するいかなる感情的執着もない彼は、Kと呼ばれている現象を非個人的に探求するためであるかぎり、彼についてわれわれが質問することを少しもいやがらなかった。

「Kは非常に単純で、」と彼は言った。「そこには無邪気さと信頼の感覚があります。彼は見知らぬ人に対してでも率直で、何の猜疑心も抱きません。数年前、マリブにあるジンバリスト夫人の家に滞在していたときに起きたことを皆さんにお話ししなければなりません。午後、私は太平洋の浜辺をよく散歩したものです。ある日、それまで一度も会ったことがない男性が私に近づいてきて、散歩のお供をしてかまわないかと訊ねてきました。私は言いました。『いいですとも、どうぞついていらっしゃい。』そして、一緒に私たちは海岸沿いにぶらぶら歩き、あまり話をせず、ただ波と美しい風景を眺めていました。すると彼は、少しの間一緒に腰を下ろしていただくことはできませんかと訊ねました。私は『いいですとも。』と言いました。そこで私たちは、打ち上げられた流木の枯れた幹に腰かけました。私たちは黙ったまま坐って、茫漠とした青い広がりを見渡していました。すると彼は手を握ってもいいかと訊ねました。私が手を差し出すと彼はそれを握りしめ、私たちは数瞬の間坐ったまま握手していました。」

テーブルを囲んでいた少数の面々は、彼の異様な話に魅了されていた。それは、危さと潜在的な性的要素を伴った、スリラーまがいの効果を私に与えた。同時に私は、かなりきわどい状況の中に身を置いているにもかかわらず彼が示した信じやすさに驚かされた。しかし、彼はわれわれの危惧の念を気にかけるふうもなしに、話を続けた。「握手をし、美しい風景を眺めながら静かに坐った後、彼は私にキスしてもいいでしょうかと訊ねました。」

思わず知らず、私は息をこらした。

「そこで私が『いいですよ。』と言うと、彼は私の頬にさっとキスをしました。」

われわれ聴き手一同はますますはらはらして、しばらく押し黙った後、やっと訊ねた。「それから?」

「それだけです。」と彼は話を締めくくり、われわれ全員を一瞥した。

どういうわけか私は、自分自身の想像の希薄な空気の中を浮遊しているように感じた。我に返って、私は、彼の無邪気で屈託のない率直さに静かに驚嘆した。恐れや疑いから自由な子供のように、彼は誰の友にもなる覚悟ができているように見えた。

彼が翌日のランチにやって来たとき、私は彼がまだゆっくりとかなり慎重に歩いていることに気づいた。私は彼のために網戸を開けたままにしておいたのだが、挨拶を交わしたあと、彼は私に近づいてきて言った。「デザートも菓子も全部だめです――禁物なのです。」

私はショックを受けた。「が、なぜですか？　クリシュナジ、何が起こったのですか？」

「昨日、地元の病院で再度検査を受けたのです——術後なので。血液を調べたら、血糖値がかなり高いままになっていることがわかったのです。ですから菓子、砂糖、蜂蜜、等々は禁物だというのです。」

「おお、それは困りましたね。」と私は残念そうに言った。「ニンジンジュースはどうですか？　それならかまわないのでは？」一時期、彼は新鮮な搾りたてのニンジンジュースを食事の際に好んで飲んでいたのだ。

「それも駄目なのです。」

「さつまいも、とうもろこし、生または調理済みのニンジンは？」

私は広範囲の食事制限にいささか驚いて、新しいダイエットのすべての側面をしきりに確かめようとした。

「野菜は大丈夫です。生ニンジンも。」と彼は説明した。「が、ニンジンジュースの中に含まれているそれのような、高濃度の糖分だけは避けねばならないのです。」

「フルーツジュースはいかがですか？」そう私は、頭の中でメモをとりながら、続けて言った。

「それもだめなのです。」と彼はきっぱりと言った。

「でも、梨、リンゴ、等々の果物なら食べられるのではありませんか？」

「少量——一日に一、二個程度——なら。それ以上はだめです。」

一瞬、同情の波が私の中に湧き起こった。彼がいかに甘菓子やアイスクリームをデザートとして愛好していたかを思い出したからである。が、いかなる種類の自己憐憫からも懐古的な無念さからも無縁だった彼は、突然私をじろりと見て、言った。「もちろん、他の方々にはデザートを今までどおり作り続けてもらわねばなりません。私が今後甘いものを食べられなくなるからといって、彼らにそのとばっちりを受けさせるようなことがあってはなりません。彼らにも私の食事制限を受けさせるというのは、滑稽千万なことでしょう。」

彼は現実なレベルでものごとを素早く断念あるいは放棄することができた。その卓越した素早さは、精神的および心理的な関わり合いをたちどころに終わらせる能力以上ではないとしても、それと同等であり——まるでものごとを決断するのに少しも時間がかからず、まるで即座に必要な知覚が起こるかのように思われた。それは、快楽、感覚、娯楽に執着していて、いわゆる悪癖を免れるために四苦八苦しなければならない、私のような人間を驚嘆させる能力だった。しかしながら、この内的な自由は、個人的な忠実さや、彼の行動に固執することへの微妙で動かしがたい、断固たる態度を排除することはなかったのである。

三月二十四日の早朝、クリシュナムルティとメアリー・ジンバリストはニューヨークに向けて出発した。次の週末にカーネギーホールで二回の講話をするためであった。

次の日、土砂降りの雨の中、デヴィッドとサラル・ボームがアーリヤ・ヴィハーラに到着した。デヴィッドは手術からはすっかり回復したが、体重がかなり減り、青ざめているように思われ、瀕死体験の影響がまだはっきり残っていた。

［訳註1］アメリカの詩人、評論家，画家（一九〇五～八二）。インディアナ州生れ。サンフランシスコに長く住み、ビート運動（ビート・ジェネレーション）の育ての親であった。東洋文化に関心が深く、数回来日したこともある。短歌と俳句の訳書《日本の古典詩百編》（一九五四）および中国の古典詩、たとえば宋代の女流詩人李清照のすぐれた英訳がある。与謝野晶子、白石かず子など、日本の女流詩人の英訳も手がけている。詩集には、《不死鳥と亀》（一九四四）、《新詩集》（一九七四）などがある。（世界大百科事典）

前菜

・ミックスサラダ（レタス、若芽、赤キャベツ入り、
ビネグレットソースまたはタヒニのドレッシング付き）

・トマトサラダ（新鮮なモッツァレラチーズとバジル添え）

・タブリ（クスクス、パセリ、新鮮なミント、種なしブドウ、日干しトマト、松の実入り）

・ガルバンゾー（ひよこ）豆のホンモスディップ（ピタブレッド添え）

主食

・サフラン米

・なすのパルミジャーノ（シナモンをまぶした薄切りの焼きナスに濃いトマトソースをかけ、
薄切りモッツァレラおよびパルメザンテーズを加えたもの）

・ズッキーニの丸焼き

デザート

・三種のアイスクリーム

・新鮮な旬の果物

第16章　空《くう》のエネルギー

クリシュナムルティとメアリー・ジンバリストは四月一日にニューヨークから戻ってきた。翌日のランチで、彼は会場に入りきれないほど集った大聴衆のことを熱心に語った。彼は、講話への入場切符が街頭でかなり高値で売られ、利鞘稼ぎがなされていたと聞いて驚いていた。

私が一盛りのデザート――ジンジャークリームを添えたセコイヤ大イチゴ――を一人で食べながら、隅にある食器室の窓から外を見ると、一羽の大みみづくが私の居宅の隣にある木の上の方の枝にとまっていることに気づいた。数羽の大みみづくがアーリヤ・ヴィハーラの木々の中に巣を作っていて、昼間はずっと、駐車場のまわりにある白い樹皮のレモン・ユーカリの、かなり上の方の葉群の中にとまっていたのである。黄昏時から夜遅くにかけて、みみづくたちのホーホーいう低くて柔らかい鳴き声をしばしば聴くことができた。

突然わくわくした気持ちになって、私はクリシュナムルティも翼のある生き物を見たがるのではないかと思った。彼は動物が大好きで、荒野の中で山猫や熊や虎と出会った話をよくしていた。彼に美しい野生動物を見せる機会は滅多になかったので、私は食堂へ急いで戻り、大騒ぎせずに、一気に彼に言った。「ちょっといらしてください。木の上の方に大みみづくがいるのです。」

躊躇なく彼は立ち上って、小さな部屋の中に私と一緒に入っていった。テーブルについていた人々のうち、生きたみみづくを見られそうだと興奮している人は他に誰もいなかった。私は彼の脇に立って、熱心に木の中を指さした。「クリシュナジ、あそこ、左から二番目、いや三番目の枝の上です。見えますか？」

彼は私が指さしたあたりをじっと見上げていたが、カモフラージュされた羽毛に包まれた目立たない形を見分けることに困難を覚えていた。頭を左右に動かした後、彼は言った。「見えませんよ、マイケル。どこにいるのですか？」

一瞬、私が見つけたものが、彼と一緒に見る前に飛び去ったのではないかと心配になり、こう言った。「すみませんが、クリシュナジ、しばらくの間戸外に出た方が見やすいと思うのですが。」

彼は反対しなかった。われわれはキッチンを通り抜け、ドアを開け、角をまわって、滑らかで白い肌をした木から十ヤード近くまで近づいた。微風で柔らかに揺れている三日月形の葉の繁みを見上げて、私はそのみみづくがまだ同じ場所にいるのを見つけた。実は、みみづくもわれわれに気づいて、まるでわれわれのことを調べたがってでもいるかのように、丸くて平べったい顔を両肩の中に引っ込めたり、頭を左右にリズミカルに動かすという、なんとも愛嬌がある、みみづく特有の動作を続けていたのである。その突出物のような角と大きな丸い目がはっきり見えるようになった。私は突然わくわくして、それを指さし、ささやいた。「見えますか？見つかりましたか？　頭を前後に動かしています。」

痩せて弱々しい少年のようなクリシュナムルティは、じっと立ったまま、頭を後ろにそらし、左手で目を覆いながら、目を細くして午後の明るい日光の方を見つめた。突然、彼はそっと叫んだ。「ああ、確かに、今度は見えます。」

私はホッとして、思わず充実感を味わった。日なたにわれわれが立っていると、そこには沈黙の中での強烈な見つめ合いの空間があった。みみづくもお返しにわれわれをじっと見つめていたのである。

「実に大きい。そうではありませんか？」と彼はしばしの後に評した。［訳註：アメリカに生息するフクロウの仲間で一番大きい猛禽、アメリカワシミミズクは四十五～七十センチメートルもある。］

「翼スパン〔翼端から翼端までの幅〕はかなりあるにちがいありません。」

黙ったまましばしの間観察した後、彼は独特の仕方で私の腕を掴み、ドアに向かって私を導いて行き、そして「ありがとう。」と言った。

食堂へ戻ると、他の客たちはまだ坐ったままおしゃべりしていた。私は、束の間ながら明るい色彩と発見の別世界に入り込み、それから再び馴染みの狭い空間に戻ってきたという、奇妙な感覚を抱いた。

雨は翌週もずっと勢いが衰えなかった。クリシュナムルティは教職員たちと四回続けて会い、彼が思い描いている学校を新設できるようにするためにわれわれ全員が必要としているトラスト〔信託財団〕について話し合った。

四月十六日から週末の十八日にかけて、クリシュナムルティ、デヴィッド・ボーム、地元の精神科医ジョン・ヒドレー博士、ならびに、最近挑戦的な新仮説を発表した英国の生物学者ルパート・シェルドレイク博士との間の四回の対話をフィルムに収録するため、プロのテレビ局の一行がやって来た。シェルドレイク博士はそれを〝形態共鳴説〟と名づけ、猿や人間のような同一種族の成員は、たとえ個々の成員が身体的には遠く離れて暮らしていて、互いにいかなる身体的接触をしていなくても、〝形態形成場〟〔訳註1〕、生物学的伝播経路を通して、学習したことや有意な新発見などを共有するという仮説を唱えていた。「精神の性質」(*The Nature of the Mind*)としてビデオ収録されたパイン・コテージでの四回の討論は、精神衛生プロジェクトに資金提供しているある私的財団によって後援された。

四月末までには、さしもの雨も降りやみ、われわれは再び快晴の日々を楽しめるようになった。ある日のランチで私はトマトソースとパルメザンチーズを添えた自家製フェットチーネ（フェッチーニ）〔リングィーニより広い平らな細片のパスタ〕、ガルバンゾー（ひよこ豆）炒め、マヨネーズとマスタードソースを添えただけの蒸しアーティチョーク〔キク科チョウセンアザミ属の多年草。和名はチョウセンアザミ（朝鮮薊）。若いつぼみを食用とする（花菜類）〕を用意した。

クリシュナムルティはたいていのイタリア料理やプロヴァンス料理が好きなので、当然アーティチョークも気に入るだろうと私は思ったのだ。われわれはアーティチョークの本場として世界的に知られているワトソンビルの近くに住んでいたので、「ロイヤルあざみ」にたっぷりと恵まれており、地元のマーケットで大型の豪華な品種が安値で入手できた。私は肉付きの厚い葉がますます好きになって、定期的にそれらをランチに供した。ただし、そのために葉の上から突き出している刺を一本一本抜き取るという、手間のかかる、時々痛みを伴う過程を味わわねばならなかったが。

私が食事を堪能している最中に、クリシュナムルティがアーテイチョークの葉を手に取って疑わしげに調べているのに気づいた。彼は向かい側に坐っていた人に話しかけた。「これらすべての葉をちぎりとるのはひどく手間がかかるでしょうね。おまけに、可食部分がごくわずかしかない。」相手の女性は、彼のこの批判的なアーティチョーク評に同意するかのように、騒ぎ立てた。しかし、私は一瞬間唖然とし、幻滅を感じさせられた。言葉が出ない状態から立ち直った後、その頭状花を弁護すべく口を開いた。「しかし、クリシュナジ、これは美味しいだけでなく、ビタミンB12もたっぷり含んでいるのですよ。」彼は私の主張に対して何の反応も示さず、やや皮肉っぽく言った。「それにしても食べるのにひどく時間がかかりますね。」

「あなたが気に入ってくれると思ったのですが。」と私は悲しそうに言った。

数瞬の後、彼は私の方を向いて、訊ねた。「何かニュースはありますか？」

アーティチョークの失望からの気分転換の機会をもらったように感じて、私は英国とアルゼンチン間のフォークランド紛争［一九八二年三月十九日～六月十四日］のごく最近の成り行きを要約し始めた。私は結論として、この致命的な紛争に対してアルゼンチン出身の大作家、ホルヘ・ルイス・ボルヘス［一八九九～一九八六年］が下した見事な評を引用した。私はたまたまそれをあるニュース雑誌で読んだのである。「これは二人の禿頭の男が一つの櫛を奪い合っているようなものだ。」［この上なく不毛な争いだ。］

クリシュナムルティは大笑いした。「それは言い得て妙です――二人の禿頭の男が一つの櫛を奪い合っている！　これはぜひ覚えておかねばなりません。」

会話が進むにつれて、それは人間の葛藤、とりわけ戦争とそれが集団と個人の意識にどのように影響するかを中心に展開していった。デヴィッド・ボームは戦争を組織化された葛藤として特徴づけ、それは一種の公然たる熱狂へと帰着していくが、その根源は自分自身の国が他の国よりも勝れており、常に正しいという信念にあると見なした。その例証として彼は、以前のドイツ国歌の冒頭にある「*Deutschland über Alles*」（ドイツよ、すべてのものの上にあれ）[訳註2]という歌詞と、愛国的スローガンが個人の考え方に及ぼす強力な効果を例証する「善かれ悪しかれわが国」ということわざを引用した。クリシュナムルティはそれを、社会の風潮《エートス》と行動の仕方をすっかり腐敗させてしまう一種の妄想になぞらえた。それから彼は実際に経験したある出来事について語り出した。

「それは私がこのカリフォルニアに数年間いたときのことで、戦争の最中でした。私がサンタバーバラの大通りを歩いていたとき、一人の婦人が手に箱を持って私に近づいてきました。彼女は、それは婚約者が太平洋のどこかの前線からちょうど送ってよこしたばかりの贈り物で、それを私に見せたいと言うのです。彼女が箱を開けると、私は思わず後ずさりしました。その中にはしなびきった人間の頭が入っていたのです。彼女は私に、土産の品としてそれを買ってもらえないかと頼んできました。どうか想像してみてください！」

テーブルのまわりの誰もがその奇怪な光景を想像して、ぞっとさせられた。それから精神衛生に関する最近の対話に戻って、何人かが悪魔やその他の不思議な霊力による精神機能の支配といった、異常な精神状態について話し始めた。

一人の婦人がクリシュナムルティに訊ねた。「あなたは意識が悪魔の力によって取り憑かれることがありうると思われますか？　私が意味しているのは狂気や幻覚のことではなく、何か他の具体的存在のことです。」

一瞬の思案の後、彼は答えた。「ある物語をお話ししましょうか？　それは数年前、ロンドンでの出来事です。私は郊外の友人の家に逗留していたのですが、ある日の午後、私が窓の外を眺めていると一台のロールスロイスが私設車道に入って来ました。運転手が外に出てドアを開けると、化粧して優雅に着こなした貴婦人が現れました。彼女はドアベルを鳴らしました。家には他に誰もいなかったので、私が行ってドアを開けました。婦人は自己紹介して、私と内密に話ができるかどうか訊ねました。緊急を要する事柄だったのです。そこで私は彼女を家の中に招き入れました。彼女は単刀直入に自分は大成功した高級コールガールだと打ち明けました。彼女は最高の社会的地位にある——貴族、政治家、実業家など——何百人もの男性を客に取って、一財産築いていたのです。

六カ月前、彼女の愛人の一人で、他の誰よりも愛していた男性がぽっくり死んでしまいました。こういうすべてのことを彼女は非常に淡々と、冷静に私に打ち明けました。ある夕方、彼女は一人きりで家にいて、暖炉の前に腰かけていました。彼女は、焔の中をじっと覗き込んで、今は亡きその恋人の霊魂を遊び半分で心の中に呼び出そうとしました。すると驚いたことに、幽霊がその恋人の姿になって火の中から現れたのです。彼女は、それから、その幽霊とセックスをしたと私に告白しました。彼女はそれがとても刺激的で、快楽を与えてくれることがわかり、そして同じことがその後の夜にも起きましたが、しかしそれは彼女が一人きりでいるときだけでした。それは数カ月間続きました。ところが幽霊はだんだん力強くなっていき、とうとう彼女を支配し始めたのです。それは彼女にどうすべきかを告げ、その要求はますます厳しくなっていき、次に再会する時間、等々まで正確に命令するようになったのです。彼女は幽霊に取り憑かれ、それは彼女の生活を支配するようになったのです。彼女はそのすべてに終止符を打とうとしましたが、出口が見つかりませんでした。が、彼女はそれについて心理学者、司祭、等々の専門家には相談したくありませんでした。そこで彼女は、高い地位にいる数名の友人に、とても微妙で個人的な事柄について助言してくれそうな、信頼できる人を知らないかと訊ねたのです。すると私の名前が浮かび上がり、私の講話に一、二回出席した後、彼女はこの奇妙な苦境からこの人なら救い出してくれそうだと確信したのです。

彼女はこの奇怪な経験のことを誰にも打ち明けていませんでした。私がそれらについて知った最初の人間だったのです。自分の物語を告げているうちに彼女は今にも泣き出しそうになり、明らかに困惑しきっていました。私は、彼女がきちんと私の言うとおりにするという条件で、彼女を助けることに同意しました。彼女は約束しました。私は彼女にはめている指輪の一つを外して、三日後に返すまでここに置いていくように言いました。その三日間彼女はセックスをしないようにし、夜間は幽霊が彼女に近づけないように、一人きりで家の中にいないよう求めました。彼女は、立ち去るとき、助けてもらったお礼に大金を渡そうとしましたが、私は受け取りませんでした。私は彼女のダイヤの指輪を暖炉の上のマントルピースに乗せました。指輪は三日間そこに置かれたままでした。私は一度もそれに触れたりしませんでした。三日後、彼女はロールスロイスに乗ってやって来ました。私は指輪を返し、それをずっとはめ続け、今までどおりの生活を再開して、何が起こるか見てごらんなさいと言いました。一週間後、彼女は私を訪れました。彼女は狂喜していました。幽霊は追い払われたのです。夜、たった一人で火の前にいるときですら、幽霊は姿を現さなくなりました。それはすっかり追い払われたように思われました。彼女は私に深謝して、再び謝礼金を渡そうとしましたが、私はもちろん受け取りませんでした。」

われわれは坐ったまますっかり魅了されて、この奇怪な物話に聞き入っていた。それはあまりにも多くの魔術的で超自然的な要素があったので、彼の口から出たというよりはむしろ『千夜一夜物語』の空想の世界から飛び出してきたように思われた。唖然とさせられて黙り込んでいる間中、われわれは内なる信じやすさの糸がぎりぎりまで引っ張られている音を実際に聞き取ることができた。その後、まるで命令されたかのように、全員が同時に興奮気味に話し始め、この不気味で恐ろしい物語の細部を見直していた。

クリシュナムルティは、彼の話がわれわれの上に及ぼしている衝撃を静かに、ひっそりと楽しみながら、観察していた。それから、片手を上げ、全員の注意をすばやく惹きつけてから、大声で言った。「ちょっとお待ちください。この話はこれでおしまいではありません。まだ続きと最後の落ちが残っているのです。」彼は微笑んだ。「数カ月後、私たちが市内のレストランで食事をしていると、同じ婦人が数人の友達と一緒に別のテーブルに着いていていました。彼女は私だとわかって、遠くから挨拶しました。私がちょっとの間一人きりになったとき、彼女は急いでやって来て、私に知らせたい重要なことがあると言いました。私に時間をかけさせるのをひどく謝りながら、先日、困惑しきっているときに助けてもらったお礼を繰り返した後、さらに話を進めました。時間が経つにつれて、彼女は退屈と淋しさを感じるようになり、一カ月ほど前に再び遊び半分で幽霊を呼び出し、そしてすっかり元の木阿弥になってしまったと言うのです。」

眉を上げて、皮肉っぽい表情を浮かべながら、彼は各々の顔からその物語の結末に対する反応をしげしげと読み取ろうとしていた。反応は広範囲にわたっており、あからさまな義憤を表明した人から、疑念と不信を抱いた人、そして愉快だったと言う人まで、様々であった。私自身の反応は腹の底からの大笑いに近く、それが自分自身の中で湧き上がってくるのを感じたが、しかしなんとかこらえた。私は、そのコールガールの精神状態とここにいるわれわれのほとんどのそれとの間には驚くほどの相似があるのではないかと思った。われわれは自分の意識が根本的な変容を遂げ、自分の人生が自己本位ではなく、葛藤がないものになることを欲していると主張するかもしれない。が、もし何らかの魔法によって、自分の側でのいかなる努力もなしに、機敏だが、しかし空っぽの精神を持った、より充実した、より完璧な人間へと変容を遂げさせられたとしたら、いったい何が起こるだろう？　われわれは、古い自我の安全で、慣れた親しんだ停泊所、〝われわれ〟になり、〝われわれ〟を構成してきた、あの着慣れた記憶という衣服が欲しいと、わめき声を出さないだろうか？　どこまでも広がっている大空の下に一人きりで立つよりはむしろ、避難場となってくれる住み慣れたわが家の屋根の下にちょこちょこと舞い戻りたいと思うのではないだろうか？　そんな思いをめぐらしながら、自分が実は答えを知らないということを認めねばならなかった。そこで私はクリシュナムルティに訊ねた。「では、その後どうなったのですか？」

彼は意味深長に肩をすくめた。「いや、別に何も……多分、ただ同じことが続いたのだろうと思います。」

彼はそれ以上の説明をせず、この異様な逸話に尾ひれをつけることはわれわれ自身に一任された。そのすぐ後、われわれはテーブルを片づけ、自分たちのいつもの仕事に戻っていった。

数日後、サラル・ボームがランチには客がもう一人加わると知らせてきた。この客はカリフォルニア大学バークレー校でのデヴィッドの学友だった。両者とも量子力学の唱道者になり、一時期ブラジルで教鞭をとったことがある。彼の名はリチャード・ファインマン［訳註3］で、彼はパサデナにあるカリフォルニア工科大学で教えていた。とりわけ、彼は、量子電磁力学のための新しい手法を考え出し、また、後に物理学の教科書として出版された、量子論に関する優れた、そして非常におもしろい講義を行ったことにより、一九六五年にノーベル物理学賞を受賞した。サラルは、慎重な面持ちで、彼が末期癌の一種を持っていると診断されたということを明らかにした。

彼は六十代の、上品な顔立ちをした美男子で、デヴィッドより数才若かった。細身で中背で、表情豊かな顔と高い額を持ち、ふさふさした明るい茶色の髪は後になでつけられていた。彼はカリフォルニア風のカジュアルながらシックな服装をし、屈託のない、無頓着な自信をにじみ出させていた。彼は明らかに科学界における最高度の著名人だった。

私は、新鮮なモッツァレラチーズとバジルを添えたトマトサラダ、ピタブレッドを添えたガルバンゾー（ひよこ）豆のホンモスディップ、タブリ、サフラン米、ナスのパルミジャーノ、ズッキーニの丸焼き、そしてデザートにアイスクリームを供した。その日のランチには十六名ほどが集まった。

いつものように遠慮がちに、デヴィッドは彼の友人をクリシュナムルティに紹介した。彼らは礼儀正しく握手をし、挨拶を交わした。しかし、ファインマン博士は主に彼の大学の旧友であるデヴィッドを訪れるためにそこにいたのであり、クリシュナムルティと彼の仕事に関心があったからではなかった。クリシュナムルティは客たちが自分で料理を皿に盛っているのを静かに見守っていた。ファインマン博士が近づくと、彼は博士をテーブルの首席の椅子まで案内して言った。「どうぞ、ボーム博士の隣の席へお坐りください。」

デヴィッドがファインマン博士の左側に坐ると、クリシュナムルティはいつもの席である右側の第一席、彼の向かい側に腰を下ろした。私は三席離れたところに坐った。私は、いずれ活発な会話がクリシュナムルティとファインマン博士、または彼ら三人の間で展開するだろうと期待していた。しかし、一向にそうしたことが起こる気配が感じられなかった。しかしながら、何人かの教師がこの高名な客に熱心に質問を向け、様々な話題についての彼の考え方を聞き出そうとした。

クリシュナムルティはむしろ静かで控え目に見えた。食事中にそのように寡黙な彼を見ることは滅多になかった。それでも、彼は成り行きを非常に熱心に見守っていた。ファインマン博士は注目の的になることに慣れているようだった。行き過ぎた主張に及ぶことは少しもなしに、彼は雄弁な話し上手の役を楽しんでいた。教師の一人が慎重に「あなたは哲学が教育の中で何らかの役を果たせると思われますか?」と訊たとき、私は、博士はクリシュナムルティと彼の教えに何らかの関心を持っているのだろうかという疑問が直ちによぎった。

ファインマン博士はすぐさま答えた。「私は今まで哲学に関心を持ったことはけっしてありませんでした。私は哲学のことは何も知りませんし、それについては何も話すことができないのです。」

質問者は容易には引き下がらず、引き続き心理学と教育の問題に焦点を合わせた。他の数名も参加した。そしてファインマン博士は明らかにそれらの話題にはずっと気楽に対応した。彼は自分の家族について、自分の子供たちとどのように関わり合ってきたか、等々について話し始めた。彼自身の生い立ちや、地球の大小様々な不思議を指摘し、想像力をかき立てる言葉を紡ぎ出すことによって様々な現象を説明してくれた父親との自然観察の散歩について彼が追憶していくうちに、彼は徐々にみんなの注意を惹きつけていった。

われわれはみな、彼の魅力的で愉快な語りにうっとりしながら聴き入っていた。われわれは、すばぬけた才能のある教師、愉快な話し上手、聡明な科学者、そして多分、素晴しい人間の面前にいるのだと断言することができた。

クリシュナムルティは沈黙したままこの生きいきした話についていき、そして人は彼の静かな見守りの中に尊重の念を感じることができた。彼とファインマン博士が互いに相手から用心深い、が、敬意の込められた距離を保っていたとき、二人の間には互恵的な配慮があった。明らかにファインマン博士は彼の友人であるデヴィッド・ボームを訪れるためにここに来たのであって、それ以上ではなく、クリシュナムルティはそれを充分に尊重して、それにふさわしく振舞ったのである。

ランチが終わった後、クリシュナムルティは、パイン・コテージへの道すがら、彼に同行した教師の一人に、「ファインマン博士のことで何か気づきましたか?」と問いかけた。

若い教師は当惑して、訊ねた。「すみません、クリシュナジ。どういう意味でそう言っておられるのか、私にはわからないのですが。」

「彼はとても不幸な人です。」クリシュナムルティは用心深げにつぶやいた。「私は注意深く彼を見守っていたのです。」

教師はこの評定を聞いてきょとんとしていたが、事務所に行かなければならなかったのでそれ以上深入りしなかった。クリシュナムルティはパイン・コテージへと去っていった。ファインマン博士の末期症状を考慮するなら、それは正しい観察だったと言ってさしつかえないのかもしれなかった。

サラル・ボームが後で教えてくれたところによると、デヴィッドとファインマン博士はその午後の大部分を、彼らのアパートのコーヒーテーブルを囲んだまま、彼女の言い方では、量子力学の知識に精通した少数の専門家にしか理解できない、一種の〝ちんぷんかんぷんな科学用語〟や、数式、公理，およびその他のかなり不可解な用語を駆使して話し合っていた。

数年後、ファインマン博士は二つの理由で全国的に有名になった。一つは、一九八六年、打ち上げ後間もなく爆発して、乗り組んでいた七名の宇宙飛行士全員が死亡するという、アメリカのスペースシャトル「チャレンジャー」に降りかかった大事故に関する調査委員会の卓越した委員長として。もう一つは、彼のユーモアと話術家としての才能をいかんなく発揮し、ベストセラーになった自叙伝の著者として。ごく最近私は、公共放送で放映された〝ノヴァ・シリーズ〟中のテレビドキュメンタリーをたまたま見る機会があったが、それはファインマン博士への生彩あるインタビューの特集番組だった。意外にも彼は、アーリヤ・ヴィハーラのランチテーブルでわれわれに話してくれた彼の子供時代と家族についての物語をまったく同じ言葉で述べていた。

リチャード・ファインマン博士は一九八八年に死去した。

五月一日の公開講話の始まる前に湿った地面が乾き上がるのにちょうど間に合うように雨が降り止み、われわれは喜んだ。パイン・コテージでのクリシュナムルティとの定期的な対話集会とは別に、全員が二週間にわたる行事のための準備で手一杯になっていた。

主に〝常連〟と海外からの数名の理事が居合わせた週半ばの昼食会の間に、われわれは古代ギリシャおよび、現代世界までその基本的な観念と制度を伝えることにおいて収めてきた驚くべき成功について語り始めた。その政治的、文化的、科学的な影響は至る所に及ぼされてきたのである。シャルトル大聖堂、エレファンタ島のシヴァ神の彫像、ルーヴル美術館にある〝サモトラケの有翼の勝利の女神ニケ〟を別にして、クリシュナムルティがアテネの古代城郭、アクロポリスと、信じられないような円柱のある神殿、パルテノンを絶賛していたことを私は知っていた。彼は一九三〇年代に、この民主主義発祥の地を数回訪れ、その後一九五四年と一九五六年にも再訪して、これらの建築上の傑作についての自分の思いを生きいきと表現していた。法の女神テミスの大理石像に恋していると告白するほどであった。

数日前、私は、混雑した首都アテネで、車の排気やその他の工業汚染が二千年を経た大理石の遺跡に対して鳴らしている破壊の警鐘についての新聞記事を読んでいた。これは興味深い情報だと考えて、私の隣に坐っていたクリシュナムルティに話しかけた。「酸性雨と硫黄酸化物が三千年近くも存続してきたこれらの大理石記念物を急速に腐蝕しつつあります。あと数十年も経たぬうちに、かけがえのない傑作が……」

私が話している最中に、彼は私の方を振り向いた。痛々しげな表情が彼の顔にじわじわと浮かび上がっていった。突然、彼はひどく傷ついた口調で私をさえぎった。「どうかやめてください。それについて話さないでください。あまりにも、あまりにも……」

彼は言い終わらないまま、それを言いようのない苦悶の中で途切らせた。突然、私はこの痛ましい話題を持ち出すことによって一線を超えてしまったかのように、ひどい居心地の悪さを感じた。一瞬、テーブルの向かい側にいる人々の何人かが、無言のまま非難がましい目で私を見ているように感じた。私は何をしたのだろう?私は詫びようかと思ったが、思い直して、そうすることはいささか滑稽だと見なした。私はそっと横目でクリシュナムルティを一瞥した。彼は目蓋を半ば閉じて、明らかな苦痛の表情を浮かべることなく、静かに食事を続けていた。私は安堵のため息をついた——私は生来の罪悪感の条件づけに身を委せていたのである。

いつの間にか講話は始まっていた。第二、第四回の質疑応答集会の中で、彼はおなじみのテーマを持ち出し、心の奥まで届くような力で訴えた。「なぜ人間は変わらなかったのでしょう?」と彼はとてつもない情熱で問いかけ、一週間後に同じ質問をより直接的にわれわれに向けた。「なぜあなた方は変わらなかったのですか?」いかなる答えもなかった――人がもっともらしく説明することを欲しないかぎり。人にできることはただ、その質問を自分自身の内側に留め、それに思いを凝らし、そしてそれと共に生きることだけである。週末の講話の中では、彼は「秩序、恐怖、思考」、「知識、死、愛」、そして最後に「宗教的生活と瞑想」を扱った。

五月二十一日、金曜日にクリシュナムルティと共に生きるもう一つの季節の巡りが終わり、彼とメアリー・ジンバリストは英国へ向けて旅立っていった。

［訳註1］シェルドレイクの仮説とは、イギリスの元ケンブリッジ大学フェロー、生物学者のルパート・シェルドレイクが唱えた仮説である。形態形成場仮説とも言う。この仮説は以下のような内容からなる。
・あらゆるシステムの形態は、過去に存在した同じような形態の影響を受けて、過去と同じような形態を継承する（時間的相関関係）。
・離れた場所に起こった一方の出来事が、他方の出来事に影響する（空間的相関関係）。
・形態のみならず、行動パターンも共鳴する。
・これらは「形の場」による「形の共鳴」と呼ばれるプロセスによって起こる。
簡単に言えば、「直接的な接触がなくても、ある人や物に起きたことが他の人や物に伝播する」とする仮説である。
この仮説を肯定する人々もいる。だが、「事実上、超常現象や超能力に科学的と見える説明を与えるようなもので、疑似科学の一つ」と否定的な見解を示す人もいる。

また、シェルドレイクは記憶や経験は、脳ではなく、種ごとサーバーのような場所に保存されており（記憶の外部保存仮説）、脳は単なる受信機に過ぎず、記憶喪失の回復が起こるのもこれで説明がつく、という仮説も提唱している。

[訳註2]「ドイツの歌」または「ドイツ人の歌」は、ドイツ連邦共和国の国歌。この歌は、フランツ・ヨーゼフ・ハイドンが一七九七年に神聖ローマ皇帝フランツ二世に捧げた「神よ、皇帝フランツを守り給え」のメロディーに、一八四一年にアウグスト・ハインリヒ・ホフマン・フォン・ファラースレーベンがヘルゴラント島で詠んだ詩を付けたものである。この歌詞は、黒・赤・金の旗（現在のドイツの国旗）とともに、権威主義的な諸邦を倒して君主制下での自由主義的な統一ドイツをもたらそうとした一八四八年のドイツ三月革命のシンボルとなった。ドイツ帝国崩壊後のヴァイマル共和国時代に正式に国歌として採用されたが、第二次世界大戦敗戦による連合軍のドイツ占領を経て一九四九年に西ドイツに西側諸国の承認を得て設立されたドイツ連邦共和国では三番のみを公式なものとしており、一九九〇年にドイツ民主共和国を統合した後も三番のみを公式なものとしている。

ドイツよ、ドイツよ、すべてのものの上にあれ
この世のすべてのものの上にあれ
護るにあたりて
兄弟のような団結があるならば
マース川からメーメル川まで
エチュ川からベルト海峡まで
ドイツよ、ドイツよ、すべてのものの上にあれ
この世のすべてのものの上にあれ

[訳註3] リチャード・フィリップス・ファインマン（一九一八～一九八八年）は、アメリカ合衆国出身の物理学者である。経路積分や、素粒子の反応を図示化したファインマン・ダイアグラムの発案でも知られる。一九四二～四五年にかけて、ロスアラモスで原子爆弾プロジェクトに携わった。一九六五年、量子電磁力学の発展に大きく寄与したことによ

り、ジュリアン・S・シュウィンガーや朝永振一郎とともにノーベル物理学賞を共同受賞した。

カリフォルニア工科大学時代の講義内容をもとにした物理学の教科書『ファインマン物理学』は、世界中で高い評価を受けた。また、『ご冗談でしょう、ファインマンさん』などユーモラスな逸話集も好評を博している。生涯を通し、抜群の人気を誇っていた。（Wikipedia）

前菜

・トストグリーンサラダ（ビネグレットソースまたは
クリーミーなからしドレッシング付き）
・生野菜の取り合わせ（薄切りピーマン、ズッキーニ、セロリ、
マッシュルーム、おろした赤キャベツ、ニンジンとビーツ）
・ゆでたアーティチョーク（マヨネーズ-からしソース添え）

主食

・蒸したキヌア（パセリ、干しブドウ、松の実を散らしたもの）
・あずき豆（タマネギと醤油あえ）
・焼きカボチャの詰め物

デザート

・新鮮なラズベリー（クリームとコニャックのソースがけ、
ホイップクリーム添え）
・新鮮な旬の果物

第17章　すべてのエネルギーの結集

翌月中ずっと、オーク・グローブの教職員は、「趣意書」――クリシュナムルティによって一九七五年に起草された、学校の目的は「人類の意識に根源的な変容をもたらすこと」であるという声明――を実行に移すべく全力を尽くしていた。

個人的なレベルでは、私は主に関係と性の問題に全力で取り組み、日常生活の核心探しに没頭するようになった。その間中ずっと私は、クリシュナムルティの教えのとてつもない鏡の中で私の人生を検証し続けるかたわら、詩を書き続けた。私の欠陥は消え失せず、私は自分の意識の根底で変わらず、そして自分がすることができるすべては、判断も、努力も、選択もせずに、自分の限度と短所を見守ることだと感じていた。その中には大きな自由があり、それを私は峡谷と山々の野生との日々の接触においても感じ取っていた。

その間中、クリシュナムルティは例年どおりの日程でヨーロッパからインドへと旅し続けた。その間、ロンドンのバービカン・センターで六月に二回の講話をし、一九八二年にはカルカッタで十一月に四回の講話をするという、二つの特別行事があった。

先週は一連の激しい暴風雨に見舞われたが、しかし今は空気が澄み、何の汚染もなく、大地はきれいに洗われ、輝いていた。一九八三年二月九日はクリシュナムルティがオーハイに帰る日であった。昨年の十一月から当地にいたメアリー・ジンバリストは、ロンドンのヒースロー空港から到着する彼を車で迎えに行くために、ロサンゼルス国際空港へと車を走らせた。

われわれ十名は胡椒の木の下で待ち受けていた。灰色のメルセデス・セダンが視界に入ってきて、ガレージの前に停まったとき、私の中に大きな歓喜がこみ上げてくるのを感じた。優雅な旅行服を着たクリシュナムルティが車の中から出てきた。われわれ一人ひとりに順繰りに挨拶したとき、彼は弱々しく、痩せていて、少し疲れているように思われた。なだらかに起伏している丘陵の稜線を横目で見つめ、大地の美しさを一瞥で一気に受け容れ、やや沈黙した後、彼は感嘆して叫んだ。「何という国なのでしょう！　何と豊かで、美しくて、広大なのでしょう！」

翌日の木曜日、われわれは八名だけの昼食会を持った。われわれがクリシュナムルティのインドでの時間やカリフォルニアへの帰還の旅について和やかに話し合っていたとき、うまく機会を捉えて、さりげなく彼に訊ねた。「最近、何か良いジョークをお聞きになりませんでしたか？」

彼はくつろいでいて、ちょうど応えるのに適した気分になっていた。「いいですとも。最近聞いた三つの良いジョークがあります。最初のそれの中では、神がちょうど世界の創造を完了したところで、大洋と大陸、および人間を含むあらゆる生物が揃ったところです。彼がその出来具合を調べていると、一人の天使が、ヨーロッパの中心部に何も手を加えられずに空白のまま残されている小さな部分を指摘します。神は言います。

『そこは見落としてしまったにちがいない。そこをどんなふうにしたらいいだろ?』すると天使が答えます。『主よ、こうしたらどうでしょう? スイスという名のミルクと蜜の産地を創り、雪を頂いた山々、小川、森、そして世界一良質のミルクを生産する牛が草を食《は》んでいる緑の牧場を配するのです。』神は答えます。『それはよさそうだ。では、そこの人間はどうしたらいいだろう?』すると天使はこう示唆します。『彼らを清潔で、秩序正しく、とても勤勉で、お金に最大の敬意を払うようにさせたらどうでしょう?』そこで神は『そのようになれ!』と命じます。するとすべてはそのとおりになりました。それからしばらく経った後、神は自分が創り出したものを実際に見たくなって地上に降りていきます。彼は山間を歩きまわり、風景の美を満喫します。しばらく後に、非常に清潔で整頓された小さな村に辿り着きます。日中暑くなってきたので、彼は少し喉が渇いてきます。そこで戸外にテーブルと椅子のある一軒のカフェに歩み寄ります。店主はすぐに彼を見つけ、走り寄って、うやうやしく彼を迎えます。『おお、主よ、どうぞお坐りください。私たちの小さな町と私どもの粗末なカフェをお訪ねくださり、光栄の至りでございます。何かあなたのためにできることがありますでしょうか?』神は喜び、そして言います。『先ほど、お前の見事な牝牛が戸外で草を食んでいるのを見たぞ。冷えていて新鮮な牛乳を大きいコップにたっぷり入れて持ってきておくれ。』『おお、主よ、すぐ持ってまいります。』主人は走り去り、すぐに新鮮で、冷えていて、泡立っている牛乳を大きなコップにたっぷり入れて戻ってきて、それを神の前に置きます。神はそれを美味しそうに飲み干します。彼がテーブルから立ち上がるやいなや、店主が走り寄ってきて、うやうやしく頭を下げ、小さい紙片が載っている小さな盆を彼の前に置きます。神はそれをじっと見て、彼に訊ねます。『それは何だね?』店主はまた頭を下げ、答えます。『失礼ながら、主よ、勘定書でございます。』」

われわれはそのジョーク、彼の語り方、神とビストロカフェの主人の二役を身振りや表情を交えて演じ分ける彼の恰好に思わず大笑いした。

一人の婦人が訊ねた。「そういうジョークはみんなあなたが作り出すのですか？」

彼は答えます。「いや、いや、ちがいます。誰かがそれらを私に語り聞かせてくれると、時々それらを覚えてしまうのです――もしもそれらが良いジョークなら。自分ではたった一つジョークを作ったことがあるだけで、それもずっと昔のことです。以下の物語はインドで聞いたものです。ビルラという実業家の名前を聞いたことがおありでしょう。彼はカルカッタ出身の大富豪で、長年の間彼の会社はアンバサダーというインド製の乗用車で国内生産を独占していました。出来の悪い車で、乗り心地が悪く、よく故障を起こすのです。そのビルラが死んで天国に行きます。聖ペテロが『真珠門』で彼と会い、訊ねます。『あなたはどなたですか？』『わしはビルラだ。』自分が誰だかすぐにわかってもらえないことに少し苛立って、彼は答えます。聖ペテロは人名簿を調べます。『ビー、ビー、ビルラ（B-B-Birla）。お気の毒ですが、あなたの名前はこの名簿に載っていません。あなたは天国には入れないと思います。』ビルラは怒って抗議します。『わしはビルラだ、実業家の。その名簿に載っていないはずない。もう一度見てくれ、ビ―ル―ラ（B-i-r-l-a）だ。』聖ペテロはその男の横柄さにあっけにとられて、言います。『そんな名前の人は知りません。』『何だって？』とビルラは叫びます。『誰もが私のことを知っている――誰もが、だ。それなのにあなたは私に……』聖ペテロは丁寧に、しかし断固として言います。『どうか興奮しないでください。そんな態度はここでは役に立ちませんよ。あなたの名前は名簿に載っていません。あなたのことを私は今まで聞いたことがありません。残念ながら、天国に入ることは許されないでしょう。』一瞬、ビルラはがっくりさせられ、陰気くさく黙り込みます。聖ペテロは気の毒になって、言います。『しかし、天国に入るのにふさわしい良い理由を私たちに示すことはできるでしょう。』ビルラはたちまち自信を取り戻して、言います。『私は、寺院やモスクや教会の建立のために大金を惜しみなく注ぎ込むことによって、多くの宗教のためになるように尽くしてきた。』聖ペテロは答ます。「それは当然のことです。すべての金持ちはそのようにします。彼らは有名になり、なおかつ納税を免れることを欲していますから。しかし、それによってあなたが天上の楽園に入る資格を与えられることはまずないでしょう。』このときまでにビルラはすっかり欲求不満になり、叫びます。『では言わせていただきますが、インド広しといえども、いや、多分、世界広しといえども、私ほど従業員や彼らの家族のために尽くし、何百もの病院、孤児院、老人ホーム、小中高等学校、大学を設立した人間は一人もいないでしょう。』聖ペテロは言います。『それもたいした理由にはなりません。結局、これらの人々が彼らのエネルギー、労力、命まで捧げてくれたおかげで、あなたは裕福になったのですから。いや、いや――それらのどれも天国では重要ではないのです。私たちが訊ねていること、本当の問題は、神様のためにあなたが何をしたかということです。』ビルラは必死になって記憶をほじくり返し、とうとう気分が晴れやかになって、満足そうに言います。『実は、私たちは何十年もの間あの有名なアンバサダー車を製造してきたのです。そして、人々がドアを開けてその車に乗り込むときにはいつでも、こう叫びます。〝おお、これはひどい！（O my god!）〟』」

われわれの笑いがまだ収まらないうちに、クリシュナムルティは彼の新しいジョークのうちの三番目を語り始めた。

「英国に住んでいるアメリカ人の億万長者が、非の打ち所がない完璧な英国紳士になることを欲しています。そこで彼はサヴイル・ロウ［に店舗を構える老舗テーラー］のハンツマンに行き、ネクタイとトップコートのお揃で最高級の洋服を十二着仕立てさせます。それから、店主に最良の靴屋を紹介してくれるよう頼みます。『それならすぐ隣にあるローヴスがいいです。』彼はそこへ行き、足の寸法を測らせ、最高に美しい手造り靴を十二足注文します。次に彼が最高品質のステッキと洋傘を入手できる店を訊ねると、彼はすぐ隣に連れて行かれます。次々と店をまわっていくうちに、彼は徐々に最高級品を着用していき、とうとう寸分の隙もない完璧な英国紳士に見えるようになります。その次に、少し手直しをしてもらうため、テーラーを訪れ、店の前にロールスロイスを停めておきます。同じクラブに所属したりしているせいで、それまでにすっかり仲良しになっていたテーラーは、すぐさま彼がひどく意気消沈して、暗い表情をし、しょげかえっているのに気づきました。そこでテーラーはアメリカ人に訊ねます。『いったいどうしたのですか？　まるで何か恐ろしいことが起きたばかりのような表情をしておられる。』『そうなのです。ひどく滅入っていて、どうにもならないのです。」と、その金満家は溜息をつきます。『が、なぜなのですか?』とテーラーが叫びます。『極上品ばかりを持っていらっしゃる——素晴らしい車、最高級の衣服、靴、手袋、洋傘。どこから見ても完璧な英国紳士です。意気消沈する理由などあるはずがないでしょう。』とうとう、アメリカ人は泣きだしそうになります。『実は、インドを失ってしまったのです。』」

ランチテーブルのまわりにいた誰もが笑い涙を浮かべた。それほど大笑させられたのだ。それほどまで笑いを誘ったのはジョークとそれを語る彼の仕草だけでなく、彼が並べたてたサヴイル・ロウの店々は彼自身が服や靴を買い求めるためにしばしば訪れていたという事実のせいである。

次の日曜日は中国の亥年《いどし》（Year of the Pig）の新年の始まりで、十六名がランチに集った。われわれはギリシャ風サラダ、ニンジンとジンジャーのサラダ、焼いたアーモンド入りのクスクス、ラタトゥーユ、長ねぎとパセリを添えた揚げ豆腐、果物とニンニク風味パンを添えたチーズの取り合わせ、刻んだナツメヤシとナッツを入れたパン、そしてデザートとしてアイスクリームを食べた。

しばしの雑談の後、クリシュナムルティは真面目な会話を、校長に向かって次のように訊ねることによって始めた。「子供たちは成長過程の一定の時点で、なぜ〝モンスター〟になってしまうのでしょう？　私が何を意味しているかおわかりかと思います――冷酷で、思いやりがなく、利己的になる、等々。」

一人の人が訊ねた。「それはどの児童にも起こると思いますか？」

「多分、男子の方が女子よりもより多くそうなるように思われます。」とクリシュナムルティは答えた。

「それにはまた文化的な相違もあると思います。」と、校長が言った。「インドでは、子供たちは、若年であればあるほど、とても行儀が良く、従順で、相手を敬います。」

クリシュナムルティは同意した。「ええ、それは本当に見事です。私が子供たちに向かって『五分間静かに坐りましょう。』と彼らに言うと、すぐに彼らは足を組み、目を閉じたまま、五分間じっと静かにしています。アメリカの子供たちにそうさせることはできるでしょうか？」

一人の女性理事が抗議した。「しかし、クリシュナジ、文化がまったく違っているのですよ。インドの子供たちは幼い頃から一定の仕方で行動し、坐り、また従順にするよう条件づけられているのです。当地では事情がまったく異なっています。」

一人の教師が示唆した。「ここの子供たちはあまりにも興奮したり神経質だったりします。多分、それは日常の食事や娯楽のせいです。ジャンクフード［カロリーは高いが栄養価の低い若者好みのスナック食品など］があふれており、絶えず同調圧力［ある特定のグループにおいて意思決定を行う際に、少数意見を有する者に対して暗黙のうちに多数意見に合わせることを強制すること］をかけられているのです。

クリシュナムルティは言われたことのどれにも異議を唱えなかったが、以下のように問うことによって探究をさらに押し進めた。「彼らに責任感（responsibility）というものを教えることはできないでしょうか？その『責任感』という言葉によって私が何を意味しているかはご存知でしょう。彼らの中に責任感を育むことはできないでしょうか？」

教師が訊ねた。「クリシュナジ、あなたは生徒の中に特定の責任感——動物や教室の中の小さな空間などへのそれ——を育むことを提案しておられるのですか？　それがあなたが意味しておられることですか？」

「いいえ、単に樹木や動物や植物などへの責任感だけではありません。特定の例は何であろうと狭すぎます。あらゆるもの——地球、自然、全人類——への責任感を彼または彼女の中に育むことはできないでしょうか？おわかりでしょうか？」

「でも、どのようにしたらそうすることができるのですか？　全人類への責任感というのは、子供にとっては桁外れに大きなものです。」

「あなたはそれを問題に仕立て上げています。『どのようにしたら』と訊ねると、それは『方法』になってしまいます。別の問題を作り出さないでください。そうではないのです。『私は責任感を持っていない。どのようにしたらそれを持つようになるのか？』そうではなくて、沈黙の中で聴き、観察し、見守ること——生徒にそれを身をもって示すことができるでしょうか？」

「責任感とは、私が何かを引き受けなければならないと覚悟することだと思うのですが。」

「それが通常その言葉で意味されていることです。それはまた義務、負担などを意味しています。私は責任感によって、それとはまったく異なる何か——すなわち、応答する能力（ability to respond）——を意味しています。自分が直面している挑戦に、現に起こっていることに適切に応答することを。そして、そうすることができるためには傾聴し、観察し、状況の全体に無選択に気づかねばならないのです。」

責任感が次の二カ月にわたるメインテーマになり、クリシュナムルティは教職員たちとパイン・コテージで十九回も会合した。なぜわれわれは変わらないのかと再三再四われわれに問いかける一方、彼は混乱と無秩序、原因と結果、等々の問題を究明し、最後に訊ねた。「鋭敏で、善い精神とはどういうものでしょうか？」

この質問は脳、意識、精神そして英知の探求へと向かっていった。

この年、クリシュナムルティは無尽蔵のエネルギーに溢れているように思われた。かつてないほど多忙な公開講話のスケジュールに加えて、彼は教職員、両親、理事、委員たちと頻繁に会って、今まで以上に自分の洞察を伝えることに熱中していた。彼が注目すべき日記を残し始めたのもまたこの頃からであった。それは以前の手帳とは異なり、早朝、まだベッドの上にいる間に、書き記すかわりにカセットレコーダーに吹き込んだものである。自然や人間の精神に関するこの叙情的な回想は、後日文字に置き換えられ、*Krishnamurti to Himself*（邦訳『最後の日記』）として出版された。

三月末、ジョナス・ソーク博士[訳註1]夫妻が、サンディエゴにあるソーク研究所からわれわれの許を訪ねてきた。アーリヤ・ヴィハーラでの夕食の最中に、このポリオ・ワクチンの発明者は世界の混乱した状態とそれに対して何をすることが可能かについて、クリシュナムルティと活発な会話を始めた。慈悲心とは何か？　悟りとは何か？　そして、いかにしてそれらが世界に影響を与えることができるのか？　これらが、彼らが提起した質問だった。いくつかの事柄で彼らは同意したが、彼らの見解が完全に一致したわけではなかった。翌日、三月二十七日の日曜日に彼らはパイン・コテージでより公的な形で対話を行ない、それらはビデオに収録された。

次の二日間はアーリヤ・ヴィハーラでのランチはなかった。メアリー・ジンバリストとリリーフェルト夫妻がクリシュナムルティと共にオックスナードの弁護士の許に出かけたからである。彼は、ラジャゴーパルに対して財団が起こした訴訟における宣誓証言を行なおうとしていた。これは一九六九年から続いてきた一連の訴訟と反訴訟のうちの一つだった。財団は、クリシュナムルティによって書かれたもの、およびその他の記録されたもの、ならびに彼の仕事のために譲渡された資産をK&R財団から取り戻そうとしていたのである。

一日のほとんどを弁護士の事務所で過ごした後、四人は、稀なことだが、アーリヤ・ヴィハーラで夕食をとった。彼らは、食事中もずっと、長々とした法的手続きによって心を奪われ、宣誓証言の様々な側面について話し合った。クリシュナムルティは、対決相手の弁護士による敵意に満ちた質問にさらされたため、明らかに緊張していた。結局、さらなる苦しみと今後ありうる法廷への出頭を避けるため、訴訟を取り下げることに決め、それは四月一日に正式に承認された。

三月三十日の午後遅く、デヴィッドとサラル・ボームがパイン・コテージに到着した。クリシュナムルティは、教授と彼の妻を出迎えるため、われわれのうちの数名に忘れずに胡椒の木の下に集まるよう頼んでいた。彼は旧友に愛情深い態度で挨拶し、彼らの安否を訊ね、二階の客室でくつろいでいられるよう計らった。デヴィッドは顔色が冴えず、長旅のせいで疲労しきっているように思われたが、サラルのほうはいつもと同じく浮き浮きしているように思われた。

翌日、クリシュナムルティがパイン・コテージの明るい居間での討論のために教職員たちと会見したとき、彼は博士に隣席に坐るよう丁重に求め、名誉席を提供した。デヴィッドはとてももの静かで、直接話しかけられたときに二、三度口を開いただけであった。

今年のクリシュナムルティとデヴィッド・ボームの去来には特有のパターンがあった。一方が到着するやいなや、他方がそそくさと立ち去っていった。ボームの到着から五日後、クリシュナムルティとメアリー・ジンバリストがニューヨーク市に向けて出発した。彼は、四月九日と十日にマディソンスクエアガーデンのフェルトフォーラムで二回の講話を行なうことになっていた。出発前の昼食会で、彼はデヴィッドに教職員たちとの対話集会を開くよう依頼し、この要請は喜んで応じられた。

ニューヨーク市から戻ってから二日後のランチで、クリシュナムルティは四千名余りの聴衆が参集した講話と、新聞・雑誌向けに行なった数回のインタビューについて簡潔に述べた。しかし、彼の精神は学校に関心があり、そしてすぐに、どのような種類の学校を彼が思い描いているかに論議の的を絞り、彼は数百年続くであろう〝強固な〟学校を欲していると強調した。

月曜日のランチの折にクリシュナムルティは、水曜日にサンフランシスコ・ベイエリアへの旅に出ようとしているデヴィッドとサラルに、彼らが参加する予定のセミナーについて訊ねた。それは、あるクリスチャン・カレッジで開催され、数名のキリスト教徒が参加することになっていた。クリシュナムルティはさりげなく訊ねた。「ボーム博士は霊魂（psyche）についてどのようにキリスト教徒に話すおつもりですか？」

戸外で暗灰色の空から雨がどっと降り注いでいる間中、その問題を全員がとても快活な笑い声を立てながら追求したが、結局は具体的なアドバイスを出さずに終わった。午後には、クリシュナムルティはパイン・コテージで教職員たちと会い、〝強固な〟学校を構成するものは何かという問いを力強く提起した。それは学びと思考の双方を基盤とし、好奇心と懐疑精神の養成を含意していた。

翌日のランチのとき、デヴィッドは彼自身の質問を提起し、それをクリシュナムルティにぶつけた。「観察、気づき、無選択の気づき、集中、注意、および洞察の間にはどのような関係があるのでしょう？」続いて、まったく予期していなかった、本格的な対話が主にクリシュナムルティとデヴィッドの間で始まった。それは精妙さ、緻密な差異化、そして突然の明晰さに満ちた会話だった。テーブルに着いていた一同が魅了されている間中、雨は小やみなく降り注いでいた。数名の勇敢な人がそれぞれの見解を提示することによって、対話に加わろうとした。しかし意味の流れの微妙な力はあまりにも間断がなかったので、二人の主役以外の誰にとっても、それに歩調を合わせることは難しいように思われた。われわれのほとんどは静かに、そして熱心に耳を傾けていた。

テーブルに着いていた全員がデザートを食べ終わってから一時間以上が経過した。時々誰かが水やジュースをすすった。それを除けば、洞察への深まりつつある探査だけが重要であるように思われた。それはあたかも、これら二つの明敏な精神の極の間を行き来するようにエネルギーが放射して、彼らのまわりのすべての場所を明るく照らし出しているかのようだった。突然、その流れが止まった。深い沈黙の感覚が部屋に浸透した。そして聞こえるのは、屋外にある木甲板と屋根をドンドンたたきつけている雨の音だけだった。それから彼らは言葉上の握手を交わして、同意した。「洞察だけが行為するのです。」

静かな感動とともにわれわれがテーブルから立ち上がったとき、理事の一人が残念そうにつぶやいた。「この会話はテープに収録しておくべきだった。」

ボームがベイエリアに向けて出発する日、クリシュナムルティは教職員たちと会い、娯楽が児童およびわれわれの人生においてどんな役割を果たしているのかと訊ねた。「生徒たちに条件づけについて説明できますか？　彼らの条件づけだけでなく、同時にあなた方の条件づけについても学ぶことができるでしょうか？」

人生が仕事と余暇に分離されたことについて究明した後、彼は、人を自分の意識の深い探査へと駆り立てるほどのインパクトを持っている、人を迷わせるほど単純な質問の一つを持ち出した。「あなた方は自分がしていることを本当に愛していますか？」

自分がしていることを本当に愛していないかぎり、どうして子供を助け、教育することができるだろうか？

一週間後、ボーム夫妻はベイエリアでのセミナーから帰ってきたが、その翌日、入れ替わりにクリシュナムルティとメアリー・ジンバリストがサンフランシスコに向けて出発した。彼は、週末にかけて、メーソニック・オーディトリアムで二回の講話をすることになっていた。私もまた、翌日、この講話に出席するため車で北上することにしていたので、ボーム夫妻に彼らのオーハイ滞在中の世話ができない旨の謝罪をした。

サンフランシスコを訪れることは私にとって大いにわくわくさせる出来事だった。それは私が一九六〇年代の後半に数年間住んだ都市であり、また、そこのメーソニック・ホールで再びクリシュナムルティの講話を聴くことになるからだ。五月一日、日曜日の第二回目の講話で、日光がまだらに差し込んでいる、樹木の生い繁った小道を並んで歩きながら、人生の様々な問題——誕生と死、喜びと悲しみ、平和と葛藤、自由と愛——について語り合っている二人の友達のイメージをクリシュナムルティが喚起させたとき、私は深い感銘を受けた。

彼は「友情」と「自由」という語は密接に関連し合っており、さらに、それら二つの語の共通のルーツは「愛」を含意していると指摘した。

オーハイに帰還後、クリシュナムルティとデヴィッドはさらに五日間一緒に過ごした。デヴィッドとサラルは、五月八日に、先約があったトロントへ去っていった。そのため、彼らは次の週末に始まったオーハイ講話に出席する機会を逸した。

彼らの出発から一時間後、われわれはクリシュナムルティとパイン・コテージで会ったが、そのとき彼はわれわれに訊ねた。「行動とは何なのでしょう?」一歩また一歩と、われわれは行動という複雑な問題全体に入っていき、そして、思考、記憶、知識に基づいている行動——明らかにわれわれの日常的行動の大部分——は限られているということを見出した。そして制限は区別を、それゆえ葛藤を含意している。区別は葛藤であるというのは、単純な法則である。

クリシュナムルティが高齢である——彼は八十八才である——ことへの配慮から、一九八三年のオーハイでの公開講話は三週間から二週間に短縮され、したがって講話は六回から四回になり、質疑応答集会は四回から二回になった。しかし、彼の前に集った三千人の聴衆に向かって語るために樫の木立の真ん中の演台に上がるときの彼には、いささかのエネルギーの衰えも感じられなかった。第一日曜日に彼は、親友と一緒にしているように、日光がまだらに差し込んでいる小径を聴衆と一緒に散歩している様子を述べ、人間に一生を通じてつきまとう重大な問題を、隔意なく、真摯に探究していった。五月十七日、火曜日の最初の質疑応答集会では、あまりにもしばしばぺてん師や自称救い主に乱用されてきた〝グル〟という言葉の定義を明らかにした。自分はグルではなく、信奉者も弟子も持っていないと断固として明らかにした上で、〝グル〟は「重たい、重々しい、いかめしい」ことを意味するサンスクリット語から来ていると説明した。

「だから、グルというのは幻想や錯覚を指摘してそれらを消散させ、それによって無知を根絶する人のことであって、自分の無知を他人に押しつける人のことではないのです。」と彼は言った。

それから数瞬後に、彼は〝マントラ〟という言葉の意味を詳述し、それは元々は「測る、考える」という意味のサンスクリット語に由来しており、やがて「〝何かにならない〟ように心がけ、すべての自己中心的な行動を放棄する」ことを意味するようになったというのだ。彼はこれがマントラの本当の意味であって、静かな精神状態をもたらすと主張されている特殊な音節を高額で売りつけるというような安っぽい、搾取的な慣行ではないと強調した。

「それは〝コカ・コーラ〟という言葉を何度も繰り返し唱えるのと変わりないのです。」聴衆からの笑い声の中で彼はからかった。「それは、マントラと同じくらい、皆さんに催眠術をかける効果があるのです。」

長年にわたりクリシュナムルティは、人間の真理探求を商業的な搾取の対象にすることを激しく非難し続けてきた。金儲けのためのいかなる宗教的慣行も教えも、彼にとっては忌まわしいことであった。真理は売り物ではなく、誰かによって独占されたり、組織化されたり、所有されたりすることはできないのである。そういうわけで彼は、彼の講話や対話への出席も、公的または私的な会見も、すべて無料であるべきだと断固として主張した。財団による講話のための入場料徴集は、メーソニック・テンプル、サンタモニカのシビック・オーディトリアム、カーネギーホールのような公共施設の賃借料を切符の販売によつて賄う必要がある場合に限られていた。

彼の講話への参加を無料にするというクリシュナムルティの明確な主張は、実は、財団の理事や経理担当役員たちにちょっとした問題をもたらしていた。財団も学校も、クリシュナムルティの仕事を支持することに関心のある人々の寄付に大きく依存していた。そして、オーク・グローブでの講話は、財団の敷地内で行われたにもかかわらず、かなりの支出を招いた。募金箱を持った二人の係員がオーク・グローブへの二つの入口のそれぞれに配置されて、講話参加代として三ドルの寄付を要請した。支払いを拒んだ人も全員入場できたが、彼らは係員たちの非難がましい視線に耐えなければならなかった。これにもかかわらず、また講話に先立って理事たちによってなされた寄付要請にもかかわらず、収入が支出に見合うことは、皆無ではないが、滅多になかった。

最初の質疑応答集会の終わり頃、異様なことが起こった。オーク・グローブを立ち去ろうとしていたとき、クリシュナムルティは、彼ならびに財団の他の理事たちに対する法的令状を手渡されたのである。財団の告訴が取り下げられたというのに、ラジャゴーパルが別の訴訟を起こしたのだ。

三回の講話中ずっと、海外からやって来てアーリヤ・ヴィハーラでクリシュナムルティと定期的にランチを共にする数名の理事たちを含む、多くの客がいた。そのため、私はキッチンの中で多忙を極め、ランチ・テーブルのまわりは活気あふれる親睦の場となった。週中の昼食会の一つの間、様々な組織化された宗教と、それらが人類史を通じてずっと引き起こしてきたおびただしい量の葛藤と苦しみに会話の焦点が合わされた。理事の一人が言った。「二つのイスラム教国――イランとイラク――間の最近の紛争、それにイスラエルがパレスチナ人および他のイスラム教徒の隣人たちとの間で引き起こしている進行中の係争を見てごらんなさい。また、インドにおけるイスラム教徒とヒンドゥー教徒間の戦い、等々もあります。イスラムは本当に剣の宗教ですね。」

クリシュナムルティは応えた。「事実に直面するようにしましょう。キリスト教はこの地上の他のいかなる宗教よりも多くの戦争と流血を引き起こしてきました。それは、神の啓示は馬の口から直接届くと主張しているからではないでしょうか？」

「イスラム教やユダヤ教も似たり寄ったりです。」と私は笑いの渦の中で言った。「いくつかの点で、彼らはみんな聖書のような教典を啓示の共通の源として認めています。彼らはすべて一つの神を信じているのです。」

「しかし、彼らの最も重要な聖典は違っています。」と一人の教師が指摘した。「トーラー〔ユダヤ教の律法〕、新約聖書、そしてコーラン――そして、これらの聖典の各々が唯一無二の、究極的真理を含んでいると言われているのです。」

「それらは〝書物〟の宗教なのです。」と、クリシュナムルティは言った。「宗教がバイブルやコーランのような一冊の本に基づいているときは、信者たちは偏屈で、不寛容で、狭量になります。ご存知でしょう。『聖典がそう言っているのだから、そのとおりにちがいない。』もしもキリスト教徒やイスラム教徒が自らに疑うことを許せば、たちまちすべてが瓦解してしまうでしょう。」

「しかし、ヒンドゥー教徒たちも聖典類を持っています」と一人の女性が反対した。「アジアの他の宗教も同様です。」

「ヒンドゥー教徒と仏教徒も多数のいわゆる聖典を持っていますが、しかしそのどれもが排他的な権威だとは見なされていません。彼らは探究と懐疑の長い伝統を持っています。彼らは、懐疑精神を培ってきたので、あらゆるものに疑義を呈することができます。そしてヒンドゥー教徒は十万の神々を持っています――その中から自分が気に入ったどれかを自由に選んでいいのです。」

引き続いて起こった笑いが静まった後、彼はじっと思いを凝らした。「ローマ法王や司教やその他すべての説教者たちは、自分が言っていることを本気で信じているのでしょうか？　彼らはかなりの高等教育を受けたように思われますが、にもかかわらず処女懐胎、昇天、神の右に坐す、等々のナンセンスを持ち続けています。彼らは内面に何らかの疑念を持っているにちがいありません。彼らはこういったすべてのことを口に出し、人々のだまされやすさを見て、帰宅してから抱腹絶倒する――そう思いませんか？」

彼はいぶかしげな目つきでわれわれを見つめた。テーブルのまわりにいた人々のほとんどは、背景に何らかのキリスト教的またはユダヤ教的要素を持っていたので、彼が提起していることに対してかなり懐疑的になっているように思われた。私は、これら宗教的専門家たちの側のそのような冷笑と偽善を受け入れることは困難であることを見出した。

「なぜ？　クリシュナジ、」と私は反論した。「なぜ、彼らはこれらのことを信じているふりをして、あらゆる人を誤り導くのですか？」

「それはかなり簡単なことです。」と彼は応えた。「それには多くの得があるのです。多くの利益、権力、威信といった。カトリック教会を見てごらんなさい。何と途方もなく裕福であることか！　厖大な土地と建物を持ち、素晴らしい芸術作品を蒐集し、数々の宝石、金塊、宝物を蓄えている――想像できないほどの富です。あるいは、福音伝導者や聖職者たちがこの国で集めている何百万ドルものお金。そして誰もが彼らにお辞儀をし、彼らの手にキスをする。司教や枢機卿が持っている威信や特権を考えてみてください。ですから、この不正な金儲けにはまり込むための多くの理由とそれによる報酬があるのです。それにしても、彼らがそういった教義や教理やおとぎ話めいたことを本気で信じているのかどうか、私は依然として疑問を抱いています。」

何人かの人々は、法王やその他の位の高い宗教者たちが詐欺や搾取まがいの企てに故意に携わっているのだということに対して一定の疑念を表明した。

一人の教師が主張した。「彼らの存在の一定のレベルでは、彼らは自分たちが言い、そして説明していることを信じているにちがいありません。」

クリシュナムルティは様々な異論に直接答えずに、彼自身の推論を押し進めた。「先日、私は一人の男性をテレビで見ました。ご存知の原理主義的説教者の一人です。皆さんは彼らのことを何と呼んでおられますか？」

「テレヴァンジェリスト（テレビで礼拝を行なう伝道師）です。」と一人の女性が答えた。

「そう、テレヴァンジェリストです。彼はモダンな教会の中で彼の会衆――何百、何千という老若男女――に向かって話かけていました。彼らは法衣を着て、歌を歌ったり、祈ったりしているのですが、やがてその男性は言います。『……星座の中に白い穴が開くでしょう。』」彼は探るように見回してから、訊ねた。「あの有名な星座は何という名前でしたっけ？」

「スバル座では？」と誰かが示唆した。

「いや、スバル座ではありません。」

「オリオン座？」と私は申し出た。

「そう、それです。『オリオン座の中に白い穴が開き、イエス様が天使や使徒と共にその穴の中に現れ、そしてその穴を通って彼の一万二千人ほどの信者たちを天国へと連れていくでしょう。』するとカメラが聴衆の顔を写し出します。全員が敬虔で、目に涙を浮かべながら、その男性が言っていることをまるごと信じ込んでいるのです。」

テレヴァンジェリストの物語をしている間中、彼は芝居じみた態度を取り、両腕を突き出して、説教者の鼻につく仕草の真似をしていた。われわれが彼の演技にますます魅了されて見守っていると、やがてくすくす笑いがあちこちで起こり、それはとうとう大爆笑に終わった。

大いに愉快だったのは、彼の熟練したパロディーだけでなく、〝世界教師〟たるクリシュナムルティがテレビの前に坐って、テレヴァンジェリストが〝客寄せ口上〟しているのを見守っているという取り合わせであった。以前、いくつかの機会に、彼は、いくつかの専用のテレビジョンチャンネルに出演して、宗教や奇蹟や癒し《ヒーリング》を売り物にして寄付を募っている数人のキリスト教聖職者について話した。

「居合わせていた人々のだまされやすさは想像できないほどです。」と彼はより真剣になって続け、そして不信感を声の調子に忍び込ませながら言った。「聴衆は全員すっかりだまされやすくなっていて、聖職者の話を鵜呑みにし、一語も漏らさず聞き容れています。そして彼が言ったあらゆることはバイブルに基づいており、それは絶対的な、文字通りの真理だと見なされているのです。何という馬鹿馬鹿しさ！」

一人の理事が訊ねた。「あなたが見守っていた説教師の名前は何とおっしゃいますか、クリシュナジ？」

彼は名前を忘れてしまっていた――結局、テレビに出演している説教師は何十名もいたのだ。しかし、笑い方、法衣、説教や歌い方のスタイルなど、その他の話し方の詳細についての彼の追憶は機知に富み、驚異的であった。続いて始まった名前当てゲームにわれわれのほとんどが加わり、結果的に、より有名な宗教的エンターテナーについてのわれわれのかなり幅広い知識を明らかにした。彼が言及している説教師が誰かについて全員が最終的に同意した後、彼は次のように主張した。「その男性は、おそらく、自分が人々に話していることを信じることはできないでしょう。」

この時点で、事実上あらゆる人が、宗教の名のもとに大規模な詐欺と搾取がテレビ上で横行していることを認めざるをえなくなった。多数の大衆が、孤独、失望、混乱のゆえに、唯々諾々として犠牲者になってしまうのだ。そのとおりかもしれないが「しかし」という、避けがたい異議が小声で唱えられた。一人の教師がこう示唆したのだ。「確かに彼らは人々を騙したり、金儲けをしたりするでしょうが、しかし、彼らがイエスと聖典を信じていることは確かだと思うのです。」

「いいえ、マダム、」とクリシュナムルティは力強く応酬した。「それではあまりにも不充分です。どんな老獪な人間も、イエスを信じていると主張しながら、その一方で卑劣な商売を続けていけるのです――それではあまりにも安易です。」

私は、時々、キリスト教的なことがらに関する彼の一面的な否定はあまりにも断定的だと感じた。「しかし、神秘家たちについてはどう思われますか？」と、私は主題を変えて質問した。「マイスター・エックハルト、十字架のヨハネ〔訳註2〕、ヒルデガルト・フォン・ビンゲン〔訳註3〕、アビラのテレサ〔訳註4〕――彼らは存命中に聖なるものへの何らかの洞察と、それとの何らかの接触を持ったのではないでしょうか？」

「私が理解しているかぎりでは、」と彼は答えた。「キリスト教の神秘家たちは依然としてイエス、教会およびキリスト教的信念体系全体に根ざしています。彼らはけっしてそれを超越しなかったのです。」

私はどう答えるべきかわからず、黙り込んでしまった。

「書物の宗教はどれも、それが基づいているものを真に問うことはできません。」と別の教師が述べた。「彼らは、彼らの啓示を超えることはできないのです。なぜなら、彼らは、彼らの書物が不変の、固定した真理を含んでいると信じているからです。」

クリシュナムルティは同意した。「いかなる書物も真理を含んではいません。真理は生きているものです。いかにしてそれが固定されうるのでしょう？　書物の宗教の信者たちは探究することをやめてしまい、だから彼らは死んだも同然になるのです。〝宗教〟（religion）という言葉の意味をご存知ですか？　私はそれを辞書で調べてみました。その言葉の語源は実はわからないのですが、二つの可能な元々の意味があるようです。一つは〝集める、蒐集する、縛る〟です。そしてもう一つは〝熟考する、観察する、気にかける〟です。ですから宗教とは、真理を発見するためにすべてのエネルギーを結集することだと思うのです。」

われわれは沈黙した。突然、私は宗教の何たるかを把握することができた――制度としてのそれでも、組織化されたヒエラルキーとしてのそれでも、寺院や教会、聖書や教義を備えた信念体系としてのそれでもなく、刻々に生きている営み、精神の中で燃えている炎としてのそれを。

それから間もなくわれわれはテーブルから立ち上がって、皿をキッチンへと運んでいった。クリシュナムルティも手伝ってくれた。

五月二十二日、日曜日、最後の講話の当日に、私はクリシュナムルティと同じ劇場で長編映画を観るという、稀な機会に恵まれた。それは、オーハイ・プレイハウスという、町の中心部にある地元の映画館で午後五時からであった。そこには、財団理事の一人イーブリン・ブローによって制作された「変化への挑戦」という映画の有料試写会に数百名の観客がすでに詰めかけていた。映画の主題は、他ならぬクリシュナムルティ自身であった。上映開始予定時刻のちょうど数分前にクリシュナムルティとメアリー・ジンバリストが到着して、素早く劇場の後列の席に坐った。宗教と瞑想についての啓発的な講話からわずか数時間しか経っていないのに、内気そうに、事実上他人に見られないように気遣っている彼の様子には感慨深いものがあった。

映画は彼と彼の仕事を初期の神智学の日々から現在に至るまで描写し、「千夜一夜物語」から直接飛び出してきたかのように思われるおとぎ話のような生涯を物語っていた。

数日後、五月二十七日、クリシュナムルティとメアリー・ジンバリストが英国行きの飛行時間に合うよう二時に出発するため、われわれは十二時半に早めのランチをとった。

とてつもないシーズンで、クリシュナムルティの去来はかつてないほど激しい嵐のようで、あらゆるものと人を揺さぶった。その後、ごみが書棚に積もるようにわれわれの習慣的パターンが再び始まるまでは、何一つ同じではなかった。

[訳註1] ジョナス・ソーク（一九一四～一九九五年）は、アメリカ合衆国の医学者。ポリオ・ワクチンを開発した。ポリオ・ワクチン開発に際しては安全で効果的なものをできるだけ早く開発することだけに集中し、個人的な利益は一切求めなかった。テレビのインタビューで「誰がこのワクチンの特許を保有しているのか？」と聞かれたのに対して「特許は存在しない。太陽に特許は存在しないでしょう。」と述べた。

[訳註2] 十字架のヨハネは十六世紀のスペインのカトリック司祭、神秘思想家。アビラのテレサと共にカルメル会の改革

に取り組み、『暗夜』などすぐれたキリスト教神秘主義の著作や書簡を残した。カトリック教会・聖公会・ルーテル教会で聖人であり、教会博士の一人。

[訳注3] ヒルデガルト・フォン・ビンゲン（一〇九八～一一七九年）。ヒルデガルト・フォン・ビンゲンまたはビンゲンのヒルデガルトは、中世ドイツのベネディクト会系女子修道院長であり神秘家、作曲家。

[訳註4] アビラのテレサ（一五一五～一五八二年）。アビラの聖テレサは、スペインのローマ・カトリック教会の神秘家であり、修道院改革に尽力した人物である。カスティーリャのアビラで生まれた。カトリック教会・聖公会・ルーテル教会で聖人。カトリック教会での祝日は十月十五日。

前菜

・シェパード（フレッシュ）サラダ（種々の葉菜類にビネグレットソースまたは
　ブルーチーズのドレッシング付き）
・マリネにしたアーティチョークの芯とオリーブ・トマトのサラダ
・すりおろしニンジンとジンジャーのサラダ

主食

・白ねぎとポテトのスープ
・パスタプリマベラ［春のパスタ］（短いリボンパスタ、グリーンピース、ニンジン、ズッキーニと赤・緑色ピーマンに松の実、新鮮なバジルを加え、
　パルメザンチーズを添えたもの）
・蒸しグリーンピース（細長切りアーモンドとみじん切りパセリあえ）

デザート

・フルーツサラダ（メープルシロップで甘くしたヨーグルトあえ）

第18章　対話の極致

彼の出発後にわれわれが自分のいつもの生活のリズムを取り戻すべく苦労している間、クリシュナムルティはブロックウッドで一連の困難に直面させられていた。四月には火事が起きて、彼の寝室と居室がかなりひどく損壊したので、彼はしばらくの間、別の一画を使わなければならなくなった。六月になると、校長のドロシー・シモンズが発作を起こした。彼女の職務を受け継ぐために四名の管理者が任命されたが、それが今度は幹部職員たちの間の仲違いを引き起こした。和睦させるためのクリシュナムルティの様々な試みにもかかわらず、長いだらだらしたもめごとが続いた。六月に起こったより創造的な出来事は、クリシュナムルティとデヴィッド・ボームとの会見であった。二名の旧友間の二回の対話はビデオに収録され、『人類の未来』という題が付けられた。

一九八三年八月のある日、われわれは、ブロックウッド・パーク集会の終結後間もない九月初旬に、クリシュナムルティがオーハイにやって来るというぎょっとさせる知らせを受け取った。この普通でない訪問の理由は、ラジャゴーパルが起こした訴訟のために、クリシュナムルティとメアリー・ジンバリストがベンチュラで行なう宣誓証言の日取りが決められたことである。指定された日は九月二十日で、この日には、もちろん、彼らはカリフォルニアにいなければならなかった。

わが校の校長はわれわれに、クリシュナムルティ、メアリー・ジンバリスト、それに彼に随行しているインド人の医師、パルチャー博士を出迎えるため、空港へ同行するよう頼んできた。よく晴れた日で、われわれは学校のバンをパシフィックコーストハイウェイ沿いにロサンゼルス国際空港まで走らせた。搭乗機は時間どおりに到着し、われわれ一行は長く待つ必要はなかった。

校長は、突然、歩道を出口に向かって歩いて来る少人数の乗客グループを指摘した。それから私は誰かが坐っている車椅子をメアリー・ジンバリストが押しているのを見つけた。その誰かは毛布にくるまっていたので、私はそれがクリシュナムルティだとすぐには気づかなかった。彼の主治医であるパルチャー博士は、スーツケースがうず高く積まれた手押し車を押していた。校長と私は彼らを迎えるために歩み寄った。

クリシュナムルティは両足と胴を毛布で包まれて、子供のように小さくて弱々しく見えた。彼は興奮気味で、顔が火照っているように見えたが、頬はほぼ青ざめていた。荷物をバンの後部に積み込んだ後、われわれ五名の一行は北の方角へ車を走らせた。

私がクリシュナムルティと同じ車に乗ったのはこれが最初だった。なぜなのかよくわからなかったが、私はそれを何か特別なこと、一種の特権のように思った。サンタモニカ、マリブ、オクスナード、ベンチュラを車が走り抜けていく間、クリシュナムルティはちらちら光る青とからからに乾いて黄色っぽくなった丘を、無言のまま車窓から眺めていた。メアリー・ジンバリストは校長と並んで前の席に坐り、学校についての質問をしていた。パルチャー博士は彼らの後部座席で雑誌を読んでいた。クリシュナムルティは次の列の左側に独りきりで坐り、私は最後部にいた。時々、私は、力強い沈黙の振動が彼から放たれてきて、車の中に浸透していくのが感じられるように思った。しかし、私自身の思考、車の騒音、ハイウェイ上の激しい交通が、静かで限りない広がりから私を逸らせてしまった。

翌日、九月八日の最初のランチは、マリネにしたアーティチョークの芯、オリーブとトマトのサラダ、ニンジンとジンジャーのサラダ、白ねぎと馬鈴薯のスープ、おろしたパルメザンチーズを添えたパスタプリマベラ、細長切りアーモンドとみじん切りパセリを添えた蒸しグリーンピースから成っていた。デザートには、メープルシロップで甘くしたヨーグルトあえのフルーツサラダを用意した。総勢わずか八名のこじんまりした昼食会だった。

メアリー・ジンバリストはロンドンのヒースローからロサンゼルス国際空港までの飛行中でのクリシュナムルティの経験をわれわれに語ってくれた。彼はボーイング七四七のファーストクラスセクションにいたのだが、そのとき航空係員の一人が飛行機の技術的細部への彼の関心に気づいて、彼を操縦室《コックピット》へと招き入れた。彼は多くのダイヤルやスクリーン、モニター、メーターなど、この巨大な飛行する機械を操縦するために必要なものにすっかり魅了された。

教師の一人が冗談に言った。「あなたは本当は機長帽子をかぶるべきだったのではありませんか？」

われわれは彼が今までに何マイルくらい旅したか、算出してみることにした。通常少なくとも一年に一度は地球を一周すると見なし――若い頃の汽船による航海も考慮すると――われわれはおおよそ百万マイル以上という数字に到達した。全員が恐れをなした。突然、彼は最近聞いたジョークを思い出した。「皆様、これから完全にコンピューター処理され、全自動運転で、パイロットも乗務員もいない超音速ジェット機が大西洋横断の処女飛行に出発いたします。」と、愛嬌たっぷりに目を煌めかせて，彼は語り出した。「猛烈なメディアキャンペーンの後だけに、飛行機は全席が予約済みです。乗客が席に着くと、離陸がスムーズに行なわれます。いったん上空に昇ると、自動インターホンがクリックして、乗客に歓迎の意を伝えます。『紳士淑女の皆様、ようこそ。完全にコンピューター処理され、パイロットも乗務員もいない弊社の飛行機にご搭乗いただきありがとうございました。これからロンドンからニューヨークまでの処女飛行に出発いたします。完全にコンピューター処理される飛行システムは最高度の安全基準を満たしています。どうかゆったりと着席して、飛行をお楽しみください。ロボットの添乗員が皆様に茶菓をお届けいたします。絶対に故障などいたしませんからご安心ください。故障などいたしませんから。故障などいたしませんから。故障などいたしませんから。故障などいたしませんから……』」

われわれがまだ屈託なく笑い興じているうちに、私は自分がニュース係であることを思い出し、みんなの笑いが収まるのを待って話を始めた。「クリシュナジ、ごく最近起こった空中の大惨事のことをお聞き及びでしょう——ソビエトの軍用機が韓国の民間機〇〇七をサハリンの上空で打ち落としたという。まだ二日前の事件です。」この惨事は四十八時間にわたり大きく報道され続けたので、一同全員がそれについて話し始めた。

今までずっと私は大の映画ファンで、おまけにテレビモニターよりは大きなスクリーン上で観るほうが好きだったので、できるだけ頻繁に映画館に出かけた。もちろん凡作は避けるようにし、稀にある傑作を見つけるよう心がけている。時々、ランチテーブルを囲んでの会話が封切られたばかりの作品に集中することがあった。私は、時々、ベンチュラ、サンタバーバラ——または、より頻度は少ないがオーハイ——で映画を観た後、その批評をしたものである。クリシュナムルティは，通常、私の評言に大きな関心を払ったが、ある時点で単に「それは良かったですか?」と訊ねることによって、私の博識な長話を遮った。

彼は芸術映画や、社会派または恋愛ドラマ、あるいはメッセージ性の強い映画などには惹かれなかったようである。彼は活劇物――冒険物、西部劇、スリラー、等々――のほうを好んだ。九月初旬のある日のランチの最中に、われわれはクリント・イーストウッドを有名にした、いわゆる〝スパゲッティ［マカロニ］ウエスタン〟について話し合った。このタフな男優を気に入っていたクリシュナムルティは、彼の映画を楽しんでいることを認めた。一人の女性客があからさまなショックを表明した。「あんな撃ち合いや殺し合いだらけのものをどうして好きになれるのですか、クリシュナジ?」と、彼女は訊ねた。

彼は静かな注意でもって彼女を見つめた。彼が答えたとき、いたずらっぽい閃きが彼の目に浮かんだ。「しかし、彼らは本当に殺し合っているのではありません。すべて見せかけなのです。彼らは空砲を射っており、血はケチャップや赤い絵の具です。撃ち倒されたとしても、また起き上がります。本当らしく見せているだけなのです。」

その女性はすっかり納得はせず、どもり気味に言った。「しかし、なぜ? どうして?」

クリシュナムルティは彼女の狼狽ぶりを丁重に無視した。椅子にもたれかかって、彼は言った。「実は、私は風景、背景にある山々や谷間が好きなのです。馬が全速力で走り、岩や溝を飛び越したりするのを見ると爽快になるのです。」

最小限の言葉を使うだけで詩的なムードを喚起させ、さらりとした言葉遣いで素早く状況をスケッチする彼の才能に、私はいつも驚嘆させられた。

誰かが、米国および海外で大成功を収めたE・T（*The Extraterrestrial*「地球外生命体」）という映画に言及した。われわれのうちの何人かが、外宇宙からやって来た愛すべき生き物の地球訪問についての物語を激賞した。

突然、クリシュナムルティは聞いたことに興味をそそられ、その映画について質問し始めた。私は、ベンチュラのある映画館がその昼興行を催していることを指摘した。エルナ・リリーフェルトが彼に、なるべく早めに観に行くよう彼に促した。彼の目が輝いて、喜んでその誘いに応じた。

彼のその映画鑑賞の翌日、われわれのうちの一人が彼に訊ねた。「クリシュナジ、映画が気に入りましたか？」

彼はその地球外生命体の物語を思い出し、やや夢見るような目つきをして、ぽつりと言った。「気に入りました。」そして一瞬の思案の後、彼は言い添えた。「実にかわいらしい。なんとも魅力的な生き物ですね、E・Tというのは。」

エルナが微笑みを浮かべてジョークを飛ばした。「クリシュナジ、あなたがE・Tなのです。あなたが地球外生命体なのですよ。」

彼は、何も言わず、ただ微笑した。われわれはその類比《アナロジー》を聞いてどっと笑い出し、そしてすぐに彼もそれに加わった。


九月十五日、土曜日のランチに居合わせたのは八名だけだった。会話は、クリシュナムルティがアニー・ベサントの指導の下、英国のビクトリア朝時代の上流階級の社交界に初めて紹介されたときのことに及んだ。彼は彼女のことを懐かしく思い出し、彼女を〝ベサント博士〟と呼んだ。

アランが彼に訊ねた。「ジョージ・バーナード・ショーに会われたことはありますか？　彼はアニー・ベサントの良き友人だと思われていたそうですね。」

クリシュナムルティは笑った。「彼は自分のことをジー・ビー・エス（ＧＢＳ）として言及することを好んでいました。私が初めて彼に会ったのは、私が弟と共に英国に到着した直後でした。私はその当時ひどく内気で、ほとんど一言も語りませんでした。ある日、私たちは大邸宅の夕食に招かれました。それはウィンブルドンでのことだったと思います。私たちは、祝宴のように整えられ、蝋燭、水晶、召使い、等々で囲まれた長いテーブルに着きました。ベサント博士はテーブルの一方の端に、私と私の弟は彼女の両脇に着き、そして長テーブルの反対側の端には長くて白い頭髪とあご髭を生やしたＧＢＳが着いていました。他の客たちは上流社会の人々で、会話は非常に礼儀正しく、控えめでした。食事の途中で、突然、ＧＢＳがよく響く大きな声で呼びかけました。『アニー、あなたがインドからやって来た新しい救世主を育てていると聞いたんだが。』」

クリシュナムルティは一息入れ、いたずらっぽくにやりと笑って、長い震える人差し指を自分の胸に向けた。われわれは笑い始め、そしてエルナは尋ねた。「他の客たちの反応はどうだったのですか？」

「一瞬間沈黙があり、それから全員が笑い出しました。」

「それであなたはどうされたのですか？」と私は訊ねた。「どのようにお感じになったのですか？」

「ええ、私はずっと坐っていただけで、逃げ出すことができませんでした。ひどく当惑して赤面し、大地が裂けて私をすっぽり呑み込んでくれたらいいのにと思いました。」

それを聞いてわれわれの笑い声は高くなり、一瞬、われわれは素晴らしい、解放させる笑いを共にした。

訴訟での宣誓証言が差し迫っていたので、ランチテーブルでの会話は、時々、弁護士、裁判官、そして現代社会における訴訟の流行に集中した。

「それは、しばらく以前にインドで起こったあることを思い出させます。」とクリシュナムルティは話し始めた。「私はボンベイで講話をしていたのですが、その後、一人の男性が私に会いにやって来ました。彼は白髪で、威厳のある物腰をした高齢の男性でした。そして彼は私に身の上話をしたのです。彼は長年にわたり高等裁判所の裁判官をし、数人の子どもがいる家族を養っていました。ある朝、彼は自問しました。『長年にわたり自分は種々様々の人々——犯罪者や強盗ならびに腐敗した実業家や政治家、等々——に判決を下してきた。しかし自分は真理とは何なのかも、正義というものが存在するかどうかさえ本当は知らない。自分自身が正義のことを知らなかったら、いかにして正義を実行できるのだろう?』そういうわけで彼はインドの伝統に従うことに決め、退職し、家族と別れ——もちろん、彼らが暮らしていけるように計らった後で——そして、瞑想し、真理を見出すために人里離れた森の中に隠棲しました。彼は、森の中で二十五年もの間、たった一人で瞑想したのです。おわかりですか? 二十五年の間、彼はそのようにして過ごし、それから、ある夕方、ボンベイでの講話を聴きに来たのです。聴講後、彼が私に会いに来たとき、彼は目に涙を浮かべていました。『私はあなたの話を聴きました。』と彼は私に向かって言いました。『そして突然、私は自分自身をあざむいていたことに気づきました。二十五年間、私は自分が瞑想していると思い込んでいたのですが、しかし、私はただ自分に催眠術をかけていただけなのです。』それが彼が打ち明けたことです。二十五年間にわたり毎日瞑想を実践してきた挙げ句の果てに、自分自身をあざむいてきたということを認めるというのは大変なことです——が、それもまた人間性の一部なのです。」

このドラマチックな話の後、クリシュナムルティは沈黙したが、テーブルを囲んでいたわれわれも全員がそうした。もしも自分の一生が一連の長い自己欺瞞だったことを突然発見したら、自分はどうするだろう？　そう私は自分に問いかけてみたが、その答えは皆目見当がつかなかった。

九月十九日は新学期の最初の日だった。その後三日間はアーリヤ・ヴィハーラでのランチはなかった。クリシュナムルティとメアリー・ジンバリスト、それにリリーフェルト夫妻がベンチュラでの宣誓証言で忙しかったからである。しかしながら、長々しい訴訟手続きはその後も終結されるどころか、さらに数年間引き延ばされ、決着がついたのは一九八六年の六月になってからだった。

十月十日、コロンブス・デーに、クリシュナムルティはメアリー・ジンバリストとパルチャー博士と同伴で英国に向けて出発した。そこで恒例の旅程をこなした後、十一月にインドへと旅立った。

学校は嵐が吹きすさぶ季節に見舞われていた。数人の親たちが、数名の教師たちと一緒になって憤慨し、学校経営とその最近の指令のいくつかに反対していた。ブロックウッドパーク校とバラナシのラジガート校に続いて、今度はオーハイ校がそれ自体の混乱と葛藤を経験することになったというのは、不思議な因縁であるように思われた。オーク・グローブでも不満があることがまったく知られていなかったわけではない。クリシュナムルティ校に加わった多くの人々は、しばしば高い期待を抱いてやって来て、少なくとも完璧さを――もしも彼ら自身からでなければ、少なくとも彼らの周囲の人々から――求めていたからである。そして、一、二の目立った例外を除けば、われわれはみんな凡人だったので、稀な、悟った人間たちの即座的な楽園を期待していた人々にとって、現実との衝突はまったく興ざめだったのだ。このことを示唆する周知の諺《ことわざ》をクリシュナムルティは時々引用した。「われわれは敵に出会った――それはわれわれである。」

前年に二名の財団理事がオーク・グローブ校の管理を委任された。一人は経営を、もう一人は教育実務を。一九八四年二月二十一日、二人の理事は、クリシュナムルティ、メアリー・ジンバリスト、それにデヴィッドとサラル・ボーム夫妻を迎えるため、空港へと車を走らせた。稀な因縁により、クリシュナムルティとデヴィッドが同時にロサンゼルス国際空港に到着したのは、今回が初めてのことであった。そして、われわれ歓迎委員一同が二人の偉大な友人同志を同時に胡椒の木の下で出迎えるというのは、常ならざることであった。

クリシュナムルティはかなり疲れていて、翌日のランチには顔を見せなかった。しかし翌々日は姿を見せて、ランチ・テーブルに加わり、途中で最近聞いたというジョークを披露してくれた。

「このジョークはすでにお聞きになったことがあるかもしれません――ベツレヘムにおける神の子の命名譚です。」と彼は始めた。「子供がまぐさ桶の中に、雄牛や羊に囲まれて置かれていたとき、彼の母親のマリアと［彼女の夫の］ヨセフはその子にどんな名前をつけたらいいか話し合っていました。ソロモン、モーゼ、さらにダビデが提案されましたが、しかし彼らはなかなか同意することができませんでした。その瞬間、マギ、つまり東方からの三賢者［博士］が馬小屋に入ってきました。彼らは生まれたての子に敬意を表して、彼の前に捧げものとしてミルラ［没薬］とフランキンセンス［オリバナム／乳香］を置きました。三人目の非常に背の高い男は、金塊の贈り物を捧げるためにひざまずきました。立ち上がったとき、馬小屋の低い垂木《たるき》にゴツンと頭をぶつけ、そして痛さのあまり『ジーザス・クライスト［ちくしょう。なんてこった］』と叫びました。マリアはヨセフの方を向いて言いました。『それは良い名前だわ。ぜひそう呼ぶことに決めましょう！』」われわれがまだ笑っている間、彼はテーブルのまわりを見渡し、すまなそうに言った。「どなたも気分を悪くなさらなければいいのですが。」

　理事の一人がインドでの様子を彼に訊ねた。彼は彼の忙しいプログラムやそこで遭遇したいくつかの困難について簡潔に語り、それからわれわれは散会した。

　翌日の二月二十四日、金曜日のランチの途中、デヴィッド・ボームが、彼の隣に坐っていたクリシュナムルティに質問を投げかけることによって会話が始まった。彼は明らかに心中に多くの質問を抱いており、それをクリシュナムルティと共にしきりに明確化し、吟味したがっていた。明晰な意味の流れが、一方の岸から他方の岸へ向かう波のように、両者の精神の間を動き始めた。私を含む数名は会話に充分に寄与する自信を持っていた。このことが対話の迫力を高め、われわれ全員を一つの運動の中で一体にした。議論の自発性が一体感を高めた。単純な質問と単純な答えで始まったそれは、すみやかに真剣さの重みと深みを帯びていった。

　エルナ・リリーフェルトは明らかに窓際のカウンターの下に録音機があることに気づいていた。私のほうに身をもたせかけて、囁いた。「どうして録音しないの？」

　私は囁き返した。「ええ、いい考えです——でも、あいにく空きテープがないんですよ。」彼女はいつものように固執した。「一本ぐらいなんとかならないの？　事務所まで走って行ってみたら？」

　その間に、クリシュナムルティとデヴィッドは質問を絞り込みつつあった。「グローバルなものの観方《パースペクティブ》というものがあるでしょうか？　また、それは何を含意しているのでしょう？」

これは私にとって深い関心のある質問だった。それは、この問題に直接関連した「現在の世界情勢」という課目を私が高校で教えていたからだけではなかった。ちょっとの間、私はこの啓発的な対話の一部を聞き逃すことを恐れて、席を外すことへの抵抗を感じ、そのせいで空テープがないと思い込んでいたのだ。それから突然思い出して、エルナにそっと囁いた。「私の部屋にテープが数本あります。すぐに行って取ってきます。」

二本の空テープを持って戻ってくるのに一分もかからなかった。

グローバルな規模での人間の状態の探求は、テーブルの上のわれわれの汚れた皿越しに続いていた。全員の注意が二名の友人の上に集中していた。二人は優雅に、楽々と意見を交わしていたが、彼らのエネルギーは情熱的に交錯し合っていた。

クリシュナムルティとデヴィッドのすぐ隣にカセットレコーダーを取り付け始めたとき、私は、一瞬間、ばつの悪い思いをした。彼らが対話を中断して、半ば当惑気味、半ば愉快げな表情を浮かべて私の方を振り向いたからである。沈黙の間合いがあった。当惑を隠すために、私はきびきびした口調で彼らに訊ねた。「この会話を録音してもかまいませんか？」

彼らのどちらも私の要請に反対する理由がなかったので、当面の主題に戻る前に、軽くうなずいて同意を示した。私は一本の空カセットを装置の中に滑り込ませ、ボタンを押した。小さな軸が回転し始めた。

「どうしたら生徒たちにグローバルなものの観方を伝えることができると思われますか？」とクリシュナムルティは訊ね、思慮深げに一息入れてから、続けた。「〝グローバルなものの観方〟によって私たちは実のところ何を意味しているのでしょう？　人は、そのようなグローバルなものの観方を通して得られる知覚に従って生きることができるでしょうか？」

「明らかに、グローバルなものの観方は全体性、生の全体性に関連しているにちがいありません。」と、デヴィッドは示唆した。

「ええ、そうです。断片化されていないのです——何かを見て考え、そして他のことを言い、それからまったく違った何かをしたりしないことです。」

われわれはその議論に自分たちの意見を付け加えた。ある時点で、クリシュナムルティはデヴィッドに訊ねた。「〝グローバル宗教〟のようなものがありうると思いますか?」

われわれが組織化されたグローバル宗教の形態を思い描いていたとき、一瞬興奮があったが、しかし笑いもあった。しかし、クリシュナムルティがこのようないかなる提案もきっぱり拒んでいるということが、とりわけ、彼の教えをそのような世界的規模の組織体の基礎にしたらいいのではないかと示唆されたとき、すぐに明らかになった。このような観念は彼が忌み嫌っているもので、内心で思い描いているものとは正反対だった。

「私たちが望んでいることは人間を自由にすることであって、」と彼は大真面目で言った。「新しい足枷を案出することではないのです。」

様々な世界宗教は元々、全人類の福祉のために、すべての人々を結束させるという意図をもって創始されたとデヴィッドは指摘した。しかし、各々の組織化された信念体系は、結局は他のあらゆるそれを排除して、真理を所有していると主張し、その結果、有史以来ずっと分離、葛藤、そして測り知れない苦しみを引き起こしてきた。「グローバル宗教というようなものがあるべきだろうか?」という質問はきわめて純理論的であり、それゆえ追求するだけの価値はない、と彼は淡々と述べた。クリシュナムルティも彼の評定に同意し、かくしてわれわれはそこで中断した。われわれは一斉に立ち上がって、各自の汚れた皿をキッチンへと運び込んだ。その瞬間、われわれを結びつける不思議な絆があるように思われた。われわれ十六名全員が共に何かを調べ、たいていは二人の触媒役のおかげで、二時間もの間心を一つにしていたのだ。

校長と私はテープレコーダーと録音したテープをどうしたらいいか相談した。このきわめて珍しい対話の続きがあるかどうか定かではなかったが、同様の機会が起こる場合に備えて、数日間私がレコーダーを預かることに同意した。クリシュナムルティ、デヴィッド・ボーム博士、およびその他の人々との対話録は無数にあるが、それらは常にきめ細かく演出されたものであった。今回初めて、まったく自然に起こった会話――ランチテーブルでの会話だが、しかし探究の深さと広がりを兼ね備えたそれ――をわれわれは記録したのだ。


翌日は土曜日で、ランチにはおおよそ二十名ほどの客があると私は見込んでいた。その朝、食事の支度を始める前に、私はレコーダーをセットし、別の対話が起きたときに直ちに録音を開始できるようにしておいた。

クリシュナムルティは、まだ最後の一切れを噛んでいたデヴィッドを横目に見て、軽く笑顔で訊ねた。「昨日話し終えたところから続けましょうか？」

口を注ぐため素早く水を一すすりしてから、デヴィッドは親しみのある明るい微笑を浮かべた。ふさふさしているが白髪交じりの髪の毛を片手でいじりながら、彼は答えた。「ええ、いいですとも。どこで終わったのでしたっけ？」

実は、対話が終わった点が、それ以上続けても意味がない点であることを彼らは気づいていた。グローバル宗教についての昨日の探究は個人意識の入口の手前で終わっていた。唯一の難問は、クリシュナムルティが繰り返し、確信をもって、〝個人〟(individual) などはないと論証したことであった。彼は言った。「私たちは

［世界から分かたれていない存在としての］〝個人〟ではありません。〝個人〟という語は〝分かたれていない〟(not divided) 存在を意味しています。しかし私たちは自分自身の内部でもお互いの間でも分かたれ、断片化されている存在であり、それゆえ私たちは［世界から分かたれていない存在としての］個人ではないのです。」

私は彼の論証についていき、それを知的に把握することはできたが、しかし、それを盤石のように堅固な事実として見ることからはほど遠かった。明らかに、「あなたは世界であり、世界はあなたである」という文脈の中でこの洞察を持つためには、とてつもなく精妙な知覚が必要であった。

私は、内面で質問を探しているように思われたクリシュナムルティを眺めた。彼はデヴィッドを充分にかつ注意深く見つめてから、とうとう尋ねた。「正直とは何でしょうか?」

しばしばそうであるように、彼が言ったことの形や中味は極端に単純だったが、より深い意義――言葉を超えたところにあるそれ――は、言葉によらずに伝達された。デヴィッドはその質問を軽々しく受けとめたりすることも、また手っ取り早い、簡単に割り切り過ぎた答えを提供する気持ちになることもなかった。彼は「正直」(honesty) という語の語源を注意深く考慮することによって対話の口火を切った。クリシュナムルティもデヴィッドも携わることを好んだこの種の探査には遊び心が伴っており、そして実際の意味が開花することを可能にしたのは、まさのこの遊び心と真剣さとの結合だったのだ。デヴィッドは言葉とその語源、そしてその元々の意味を暗記するための大きな能力を持っていた。彼は説明した。「『正直』は『名誉』(honor) と関連があり、それと同じ基本的意味を持っています。そして『名誉』は『公的な威厳、評判、評価、報償、名声』を含意しています。」

クリシュナムルティは疑わしげに顔をしかめ、語源的な定義に異議を唱えるというよりはむしろ、目下進めようとしている探査のためにこれらの意味合いを受け入れることに違和感を抱いた。「いや、名声、評判、等々は政治家の関心事ですが、実際には彼らは欺瞞的で、野心的で、偽善的であり続けています。」

「そうです、」と、デヴィッドは言った。「私たちが次に理解しようとしているものとしての正直の意味は『誠実、信頼性、高潔』です。」

クリシュナムルティはしきりに正直と真理、道徳的態度、そして詐《いつわ》らないこととを結びつけたがっていたように思われたので、デヴィッドの指摘は「正直」という言葉の本当の意義について、クリシュナムルティに折り合いをつけさせたように思われた。

会話の途中で突然クリシュナムルティは話を中断し、びっくりした表情でデヴィッドを見つめて言った。

「午後、あなたは学校で会合があるのではありませんか？」

デヴィッドは静かにうなずき、クリシュナムルティは続けた。「間もなく三時です。話を打ち切りましょう。よろしいですか？」

クリシュナムルティは、今年は二週間しか続かなかった彼の友人の短いオーハイ滞在中に、教職員や財団の理事たちと何回かの討論会を主宰するように彼を励ました。対抗心のかけらもなしに、制度化した官僚主義がいともたやすく設けてしまう、取るに足りない、所有欲がらみの職階を超越して、彼は彼の友を高座に上がらせた。翌日、彼はデヴィッドに訊ねた。「いかがでしたか？」すると、デヴィッドは会合の内容をかいつまんで説明した。

われわれは前二回のランチ対話の記録をチェックし、音質が劣っていることを発見した。われわれは、それゆえ、古いレコーダーを新機種のものに取り換えた。それは、クリシュナムルティが、*Krishnamurti to*

Himself「(邦訳『最後の日記』) という題で出版された、単独の口述のために使用されたことがある、由緒ある録音装置だった。どういうわけか私は、この最新型の機械を使用する機会に恵まれたことで意気が高揚した。

議論はより一層形式が整ってきた。理事の一人が卓上マイクロホンに向かって、「一九八四年二月二十六日。カリフォルニア、オーハイ、アーリヤ・ヴィハーラでの昼食後のテーブルを囲んでのクリシュナムルティ、デヴィッド・ボーム博士、その他の人々の間の議論」と吹き込むことによって、セッションを紹介した。幸いにも、探究の自由な流れと、居合わせた人々の遠慮のない参加の感覚がこれらの形式化によって影響されることはなかった。

その日は日曜で、テーブルのまわりには十九名の客がいた。当座は誰もが、外からの義務を免れて、くつろいだ気分にひたっていた。ランチが終わりかけたとき、クリシュナムルティがデヴィッドに囁いた——まるで今始めることが当然であるかのように。「では、始めましょうか?」

そして彼らは、客の中の何人かがまだデザートのアイスクリームをスプーンですくい上げている間に、直ちに対話に突入した。彼らのいずれも、あらかじめ目論まれた質問は持っていなかった。事実、まるで彼らはまだらの光の下の木立の多い小径をそぞろに歩きながら、広く行き渡っている生き方のパターンと意識について話し合っているかのようであった。

クリシュナムルティは〝生の満ち干き〟という比喩を使った。両者は、生の運動は一体であり、同じ性質である——意識の外に向かう運動と内に向かう運動は一体で同じであって、それはちょうど大洋の潮が同じ水の運動であり、流れの方向だけが違うようなものだ——という点で意見が一致した。外への流れが内への流れを作り上げ、内への流れが外への流れに影響を与え、それを形づくる。二つのうちのどちらが最初に現れ、優勢だったのかは、鶏と卵の永遠のジレンマに他ならなかった。ところが、討論が非常に盛り上がってきた瞬間に、クリシュナムルティは〝内なるもの〟（the inner）はない、少なくともわれわれが普通に思い描いている意味でのそれはない、と示唆した。もしも真の〝内なるもの〟が存在しているとすれば、それは未知のもの（the unknown）であり、知りえないもの（the unknowable）なのだ、と。しばらくの間考察した後、彼らはこの重要な点で意見が一致した。

この陳述に私は興味をそそられると共に、煙に巻かれたような思いにさせられもした。私は、その本質を把握することからはほど遠かったが、その真相が充分に意義深いものであることを垣間見ることはできた。

次に、クリシュナムルティは、〝正しい行動〟(right action) を探求することによって、日常生活の領域に入り込んでいった。それは、それ自体の中に分断と不完全さの種子を含まず、それゆえ、さらなる調整の必要を免れている行動であった。彼はそれをこう言い表している。「私はただ一つの問題も抱えずに生きることができるでしょうか？　自由に見守り、観察することができるでしょうか？」

否定的な仕方で質問することは、幸福、悟り、等々を構成している多数の肯定的記述を除去してしまった。彼が指摘したように、「私たちの脳は、幼少の頃から問題を解決するように訓練されてきました。しかし、逆に、私たちが直面している問題のほとんどを私たちは作り出してきたのです。問題は一種の刺激であり、私たちはそれらを解決することに耽っているのです。私たちは、問題なしには死んでいるように感じるのです。」

自然に起こってくる問題を――まさに起こる瞬間に――解決するためには、まったく先入観や偏見がなく、問題から自由な脳をわれわれは必要としていると彼は示唆した。それは堂々巡りの謎、よく知られた〝キャッチ＝22〟[訳註1]のように聞こえたが、きわめて論理的で実際的だったのである。話を聞いているわれわれのほとんどにとって、彼は日を浴びた地平線の彼方にあるものについての記述を提示しているように思われた。われわれはそれをはっきり見ることができたが、しかし、どうすればそこに辿り着けるのだろう？　彼がほのめかしているものを一気に把握し、たちまちのうちに現実化してしまうことからわれわれを妨げているものは何なのだろう？　われわれの知覚を歪めているギャップ、障害物があるのだろうか？　または、われわれにはなぜか不可能な全的行動、内面的に分断されていない即時的応答をそれは要求しているのだろうか？

われわれは順風に乗ったように思われた。今やランチ後の対話は恒例の行事になった。客たちは、事実上、いつでも始められるように、私がカセットレコーダーを持参することを期待するようになった。

三月二十七日、日曜日の第四回目の対話は、クリシュナムルティがデヴィッドに「自然は別にして──脳を超えているものはあるのでしょうか？」と問いかけることによって始まった。

引き続く会話の中で、われわれはほぼ例外なくわれわれ自身が作り上げた世界──思考によって形作られ、作り上げられている世界、解釈され、分析され、操作されている日常生活──を送っているということが示唆された。われわれが坐っている椅子、食卓、直線道路を走行する車から、専門的職業生活、社会的相互作用、内的な観念と記憶の構造に至るまで──そのすべてが脳によって作り上げられているのだ。そして、人間は思考を用具にして自然を操作し、搾取し、支配しようと試みてはいるが、自然全体は明らかに脳の範囲外に横たわっている。自然は、それからわれわれが出現し、われわれはその極小部分にしかすぎない、より大きな場、母体そして基盤である。自然が脳を進化させてきたのだ。

最後にクリシュナムルティは訊ねた。「自然、ならびにそれ自体の現実を作り上げてきた脳とは別個の何かがあるのでしょうか？　質的にまったく異なっている何かがあるのでしょうか？」

その探求の傾向は、四年前の *The Ending of Time*（『時間の終焉』）という対話をかすかに思い起こさせた。なぜなら、それに応えてデヴィッドが「多分、〝無〟(nothingness) がその性質、その状態でしょう。」と示唆したからである。最終的に定義しえないものを定義すべく試みた挙げ句の果てに、結局、彼らはそれを愛、真理、美と同一視し、注意力の源であると見なした。次にクリシュナムルティは「脳からその心理的な中味を完全に空っぽにすることは可能でしょうか?」と訊ねることによって、より実際的な次元へと移っていった。

この心理的空白化が起こるまでは、〝無〟が現われることも、いわば「働き出す」こともできない、と彼は含意しているように思われ、そしてそれは、もちろん、自己関心の完全な放棄、〝私〟(I)および〝私に〟(me)という自己の構成要素の根絶さえも含意しているように思われた。

午後の日光がカーテンのかかった窓を通して流れ入り、テーブルの黒い表面に反射していたが、われわれのほとんどは無言のまま坐り、何も言うことができなかった。「どのようにして? どのようにして?」と、人は訊ねることを欲していた。が、われわれは、また、方法を求めても仕方がないことを知っていた。

突然、サラルは学校のパビリオンで教職員たちとの別の午後の対話セッションがデヴィッドを待ち受けていることを思い出した。われわれは素早くテーブルから立ち上がったが、重い問いかけがまだわれわれの内面で息づいていた。

何人かの理事が新しいレコーダーで録音された対話を点検した結果、音質が劣っていることを発見した。食卓用器具や移動中の椅子の音、ドシンという音や咳の音などの背景音が音声を歪めていた。彼らは、普通は公開講話、公式の対話およびインタビューに使用されている高性能のナグラ・オープンリール式レコーダーの使用を提案した。私はこの変更に懸念を感じた。音響信号を捉えるための別のマイクや、録音中の聴覚レベルを調整するためのヘッドホンを用いることが必要になるかもしれないからだ。おまけに、リールテープの装着や交換は、私自身のような、容易にへまをしでかしかねない神経質な者には薦められない、かなりデリケートな作業であった。

五回目のランチ後の対話の冒頭で、クリシュナムルティはいたずらっぽく言った。「みんな眠り込んでしまう前に、何について議論したらいいでしょう?」

誰も適切な質問が頭の中に浮かばないように思われたので、ちょっとした沈思黙考の間合いの後、彼は簡潔に訊ねた。「腐敗(corruption)とは何でしょう?」

「腐敗」は「断片化し、バラバラになっている」ことを意味していることを明らかにした、簡潔な意味論的吟味の後、われわれは人間社会に蔓延している腐敗の、ありうる歴史的原因を調べてみた。

クリシュナムルティは〝社会〟という概念を対話に持ち込むのをためらっていた。それは、分離していて、外在化されており、そして自律的かつ匿名的な独立体を示唆しているからである。常にそれは各々の人間の責任を否定している。「社会は人間によって作り上げられたもので、ありのままの私たち以外の何ものでもありません。」と彼は主張した。「社会は私たちから別個にあるのものではありません。私たちが社会なのです。」

このようにして彼は議論の要点と関連性をしっかりと定めた。彼にとっては、それについての理論的な点は少しもなかった。居合わせたわれわれ一人ひとりに要点を理解させるため、彼は質問の言い回しを、単純で、直接的な「なぜ私は腐敗するのでしょう?」に改めた。

彼はその質問をわれわれに向かってした——明らかに、彼は自分は腐敗していないと感じていた。また、彼がその共通の破壊的性質を残りのわれわれと共にしていることを示すいかなる徴候も、私はこれまで目撃したことがない。これは、鏡の中でのように、不可避的にわれわれをその問いに直面させた。彼は断続的にそれを繰り返し、そしてこの単純な問いかけに内在している自己探求の容赦ない力はわれわれ全員を窮地に陥れた。

われわれが思いつくいかなる解答も、合理化および遠回しの言い訳として一蹴された。

デヴィッドは、人々が社会の誠実さへの信頼を失ってしまったのだと示唆した。他の誰かが人口過剰とそれに付随した存続への圧力、安全の追求、そして競争を引き合いに出した。が、クリシュナムルティはいかなる説明にも満足せず、再三再四、元々の質問に戻った。言い方を変えて、彼は訊ねた。「なぜ私はこんなにふうになってしまったのでしょう？　なぜ私は腐敗しているのでしょう？　何が私を腐敗させたのでしょう？」

私は自分自身の中を観察して、真剣にこの質問を自分に向かってするのを実は避けていたことに気づいた。私を含むテーブルのまわりの人々のうち、自分が腐敗しているという事実を本当に知覚していた人はおそらく少なかったであろう。デヴィッドは、クリシュナムルティが目指していたものを察知して、科学的な方法に忠実な客観的な仕方で、質問を言い直した。「腐敗はどのように脳に影響を与えるのでしょう？」

しかしながら、クリシュナムルティは、それを個々人の面前に突きつけてみるよう主張した。「『なぜ私は腐敗しているのだろう？』そう、あなた方自身に向かって問いかけてみてください。」

この蔓延する腐敗の内的原因を模索しながら、彼は、われわれのうちの誰も抱いていなかったいくつかの答えをとりあえず提供した。

「それは知識のせいでしょうか？」と彼は訊ねた。「あるいは、知性が過大なまでに重要視されているせいでしょうか？」

彼は答えを、自分自身のそれさえも、けっして安易に容認するつもりはないように思われた。彼は不知（not-knowing）の状態の中に留まっていた。彼は模索し、突き進み、問い続け、特定の確言が、いかにももっともらしく見えようと、けっして結論と化することを許さなかった。結論は、彼にとって、行き止まりであった。とうとう、「私はなぜ腐敗しているのでしょう？」という質問を二時間にわたり二十～三十回ほど繰り返した後、彼は、彼にしかできないように思われるあの大飛躍を遂げた。それは，人を魅了させるサイコスリラーの、思いがけない、想像も及ばない〝大団円〟であり、その中ではわれわれはみんな参加者であり、犠牲者であり、そして加害者でもあった。そして、水平面から、明晰さと単純さをたっぷりしみ込まされた垂直面への一八〇度の転換は、われわれうちの誰も思い描いていなかった何かであった。

たとえそうであったとしても、彼は自分の提案が正しいと主張することを控えた。議論の美しさは、質問、というよりはむしろその奥にある動機に疑義を呈することにあった。彼は、結論を欲すること――それは本質的に原因を知ることを含意しており、それは順に知識になってしまうので――それ自体が腐敗であると示唆したのだ。問題の原因を見出すことを欲することも同じことである。腐敗を引き起こしてきた当のもの、すなわち思考と知識もまた〔思考者・知者として〕質問していたからである。

これは議論を〝不条理〟へと導く事例の一つだったのだろうか？ 私は自分自身に問いかけてみた。または、〝あるがまま（現にあるもの）〟(what is) の探求、無 (nothingness) から無への運動の持つ美しさだったのだろうか？ クリシュナムルティは、自分がわからせようとしていた要点を積極的に明確化するため、――そしてその瞬間には、彼は自分が言ったことを充分にそのつもりで言ったのだと私は思うが、――彼は簡潔に言った。「私は知りたくないのです。」

誰がそれについていくことができたであろう？

翌日、二月二十九日には、ランチ中の対話はなかった。多分、誰もが一休みを必要としていたか、または金銭的問題だけが議論されていたので、基本的事実に取り組む必要があったからである。

しかしながら、翌日、クリシュナムルティは、デヴィッド・ボームおよびわれわれ二流の精神の持ち主たちとの別の対話を行なう用意をしていた。一見単純に思われるが、しかし実際の事実の入口へと導く力を秘めた質問の一つで口火を切ってから、彼は訊ねた。「時間とは何なのでしょう？」

様々な説明、定義および横道にそれる意見があったが、しかし彼はその検証を、しきりに事実に即し、個人的に切実な、即座的なものにさせようとした。「時間はあなたにとって何を意味しているか？」を彼は知ることを欲した。

われわれが自分たちの知覚したものを表明するにつれて、時間の様々な側面が次第に明らかになっていった。過去、現在、未来があり、何かになること（becoming）、連続、死、変化があり、始まりと終わり、記憶、思考、知識、そして今（now）があった。しかし、彼は日常的事実としての時間、その単純または複雑な現実を探求することを欲した。彼は、われわれがわれわれ自身の精神の中を、理論的にではなく、実際に、奥深くまで見ること、われわれが話したり聞いたりしている間にそうすることを求めた。最後に彼は、物の姿を消してしまうマジシャンのように言った。「終わりがあるときにのみ、変化がありうるのです。もしも私たちが変化を求めるなら、変化は起こりません。それゆえ、私はそれを求めないようにします。未来をあてにせずに終わること、それが〝無時間〟（no time）を意味しているのです。」

言葉や意味でついていける範囲内では、われわれは彼が意味したことを理解したと私は思う。しかし、言葉と行動が異なっていない根本的なレベルでは、われわれのうち誰一人としてそこにいるようには思われなかった。静かな短い瞬間があったが、われわれがテーブルの前で立ち上がるやいなや、椅子を動かす音や、テーブルの上の食器がこすれる音が聞こえてきた。

翌日、クリシュナムルティとメアリー・ジンバリストはロサンゼルスに出向き、ランチはなかった。しかし、三月三日の土曜日には、私はクリシュナムルティ、デヴィッド、ならびに様々な理事と教師たちとの間のもう一つのランチ後の対話を録音した。それは、以前の六回の会話とは話題も性質もかなり異なっていた。事実、取り上げられたのが微妙で、要注意の、特殊な主題だったため、デヴィッドはほとんど口を出さなかった。

学校はいくつかの困難に直面していた。ランチの客は主として教職員と理事たちで、誰もが最近寄せられている苦情や非難に心を奪われているように思われた。前日、クリシュナムルティは親たちの一グループから苦情を訴えた一通の真面目な手紙を受け取っていて、かなり動揺させられていた。われわれがその問題について話し合っていたとき、彼はしだいに烈々となっていき、いささか弁解がましく、ひとりよがりになっているように思われたわれわれ全員に激しく挑みかかってきた。いつもは彼にごく親しく接している誰かが信頼という言葉を口にしたとき、彼はもどかしげに彼女に向かって言った。「信頼によってあなたは何を意味しておられるのですか？　人が誰かを信頼するとはどういう意味か、わかっておられるのですか？」それは〝舌戦〟に似ており、その間中ずっと、誰もいい加減な批評だけですますことを許されなかった。

学校の問題は消え失せなかった。特に最近の高校の追加に伴い、どのようにそれを編成したらいいか？　誰が担当し、責任を負うべきか？　両親たちとどう関わったらいいのか？　学業の中でクリシュナムルティの教えはどのような役割を果たすのか、そしてそれらは正規のカリキュラムと衝突しないのか？　クリシュナムルティは、向こう数カ月にわたり、再三再四これらの事柄について理事、両親および教職員たちと話し合った。解決策は容易には見つからなかった。それが力を発揮するようになるためには、奉仕の精神でもって話し合いを重ねていくしかなかった。

デヴィッドとサラルは、彼ら自身の様々な任務を遂行するため、三月四日の朝に立ち去った。そのため、彼らは一九八四年のオーハイ講話には出席しなかった。実は、アーリヤ・ヴィハーラにおけるこのたびのランチテーブルでの六回にわたる非凡な会話が、結果的に、クリシュナムルティとデヴィッドとの間の最後の録音された対話となってしまった――それは二つの聡明な精神の出会いであり、日が陰っている、人生の小径に沿った、二人の偉大な友の稀に見る散歩であった。

[訳註1]『キャッチ＝22』(Catch-22) はジョーゼフ・ヘラーが一九六一年に発表した小説。堂々巡りの状況での戦争を、混乱した時間軸のなか、幻想ともユーモアともつかない独特の筆致で描いた戦記風の物語。狂気の戦争、戦争の狂気を描いた、現代文学の代表的な作品の一つである。表題の「キャッチ」は陥穽、「22」は「軍規第22項」の意。

舞台は第二次世界大戦中のイタリアの一小島ピアノーザ島。アメリカ空軍爆撃隊に所属している主人公ヨッサリアンは、狂っている将校と狂っている同輩、そして自らの狂気におびえている。

ひたすらに死を恐れ上官の暗殺をくわだてるパイロット、ただ他者の足を引っ張ることしか考えていない将軍、卵を七セントで仕入れて五セントで販売する食堂担当者、墜落した飛行機の搭乗名簿に載っていたばかりに死人として扱われる軍医、などに囲まれる主人公は、一刻も早い除隊を求め、日々ドイツ軍陣地に爆撃を繰り返すものの、除隊に要求される爆撃回数は到達のたびに増えていく……。

英語圏では、ジレンマ、パラドキシカルな状況を、「キャッチ＝22」「キャッチ＝22的状況」と呼ぶことがあり、いくつかの辞書では慣用句のひとつとしている。これは、本小説全体のムードと併せ、特に小説中の軍規22項の運用（例えば、狂気に陥ったものは自ら請願すれば除隊できる。ただし、自分の狂気を意識できる程度ではまだ狂っているとは認められない、としたもの）から来ている。（Wikipedia）

前菜

・トストグリーンサラダ（ビネグレットソースまたはガーリックドレッシング付き）

・ギリシャ風サラダ（ぶつ切りトマト、タマネギ、ピーマンにオリーブとフェタチーズをトッピングしたもの）

・ギリシャ–インド風キュウリサラダ（ヨーグルト、クミンパウダー、コリアンダーあえ）

主食

・アスパラガススープ

・野菜のムサカ（ナス、ブルガ小麦、クルミの層にシナモン入りのペシャメルソースを加えたもの）

・トマトソースがけズッキーニ

デザート

・熟れた柿とクリームでできたパーシモンクリーム

・新鮮な旬の果物

第19章　創造性

それはきわめて珍しい出来事だった。クリシュナムルティが、原子爆弾と原子力時代発祥の地であるニューメキシコ州ロスアラモスにある国営機関、ナショナルラボラトリー・リサーチセンターで講話をするように要請されたのだ。四十年前、リチャード・ファインマンがそこでマンハッタン計画の業務に携わり、デヴィッド・ボームもほとんど関与しかかった。

一九八四年三月二十日、クリシュナムルティは数百名の居住科学者たちに向かって「科学における創造性」について話した。彼は科学の領域で創造性が起こる可能性を全面的に否定はしなかったが、彼が創造性と見なしているものがこの地で開花する見込みはあまりないだろうと丁重に示唆した。翌日彼は、同じ主題に関して参集した物理学者たちから出された質問に答えた。

オーハイに戻った翌日のランチで、彼とメアリー・ジンバリストはテーブルを囲んだわれわれ数名に向かって、インディアンの故郷への三日にわたる旅行の印象のいくつかを話してくれた。とうとう、彼はじっと思いを凝らしてから言った。「私が話したことのどれかが彼らに本当に影響を与えたとは思えません。科学者たちは知識にあまりにもどっぷり浸かっていて、常にますます多くの知識を収集しようとしています。いかにしてそれを脇へどかすことができるでしょう?」

一人の女性理事が言った。「しかし、クリシュナジ、彼らの中にはあなたに本気で耳を傾けた人が一人か二人はいたにちがいありません。そして、多分、あなたがおっしゃったことのいくつかは知識の障壁をこっそり乗り越えて彼らの中に忍び込み、いくつかの種子が蒔かれたのではないでしょうか？」

「それは、最近聞いたとても愉快な物語を思い出させます。」と彼は言った。「私は科学者たちと、その物語の中の登場人物――それはたまたま盗人ですが――を比較しているのではありません。」

われわれは全員、彼が逸話を話し始めたときのおどけた仕草を見て笑い始めた。

「それは泥棒一家についての話です。彼らは何世代も泥棒家業を続けてきたのです。父親は二人の息子を人々から物を奪うために連れ出し、盗み方を教え込みました。たっぷり稼いだある強奪の後、彼は息子と共に教会に行き、神に親切にしてくれたことを感謝し、教会の中のキャンドルに火を灯しました。なぜなら、これが彼らの職業だったからです。こうしてある日、首尾よくいった窃盗から得たお金や宝石でポケットをふくらませて帰途につき、そして自宅の前の大きな広場を横切っていきます。すると人々が群がっていて、説教を垂れている人に聴き入っています。彼が話していることを聞くやいなや、父親は息子たちに命じます。『早く、耳を塞ぎなさい。』二人の兄弟のうちの一人はそれに従いますが、もう一人の方はその人が言っていることをしきりに聞きたがります。するとその説教者は聴衆に向かってこう告げています。『他人から物を奪ったり、盗んだりするのは良くないことです。けっして同胞たる人間を傷つけたりせず、他人に親切にしなさい。』彼はこれらの言葉を聞きますが、しかし泥棒としての生き方を続けていきます。そして死ぬまで心痛と内面的な葛藤を抱えたまま生き続けていくのです。」

「しかし、彼は生き方を変え、強奪や窃盗をやめることはできなかったのですか？」と、私は訊ねた。

クリシュナムルティは私の方を向き、そして私は力強いエネルギーの波を感じた。「いいですか、」と彼は驚いたような仕草で言い、両目を広げておどけた表情を浮かべた。「あなたはこの話の勘所を掴んでいませんね、マイケル、それは彼の人生、彼の生計の糧なんですよ。」

私の隣にいた教師は説明した。「彼は真理は聞いたが、それに則して行動していない。それゆえ、それは毒と化し、それ以後ずっと彼の人生をかき乱し続けるのです。」

「ええ、そうです。」と、私は当惑した笑みを浮かべて言った。「それはわかります。しかし、もしも彼が生き方を変えたら、それは物語にならないでしょう——そうではありませんか？」

一週間後の三月二十九日、クリシュナムルティは午後四時にパイン・コテージで教職員たちと会見した。何らかの理由で、食物と菜食についてのいくつかの質問が提起された。食物は、一九七五年の学校設立当初から定期的に検討されてきた課題であり、そして再三再四教職員と両親の会合で取り上げられた。当然ながら、食物は重要な関心事であり、それゆえ文化、条件づけ、健康、正しい生活の適切な文脈の中で取り扱われる必要があった。すべての理事と教職員が菜食者であったわけでも、ましてすべての生徒の家族がそうであったわけではなかったものの、当初から菜食の学園にすることへの同意があったのだ。クリシュナムルティ自身は一生を通じて菜食者で、一度も獣肉、魚肉、鳥肉を食べたことはないが、特定のこだわりの問題、大義、運動としての菜食主義には少しも関心がなかった。あるとき、彼はその問題を明確にしたことがある。「栄養的および科学的に、獣肉を食べる必要はありません。正しい種類の食物を摂ることによって、人はとても健康的に、正常に生き、そして充分なエネルギーを蓄えることができます。それはつまり、獣肉を食べないですむことを意味しています。」

しかし彼は、肉食および非肉食についての異なる規則がどのような影響を子供に及ぼすかに深い懸念を抱いていた。「ここでは肉を食べてはいけないと言われても、家に帰ると家族みんながそれを食べている。子供は混乱してしまうのではないでしょうか？　学校ではこれ、家庭ではそれ――これでは、生徒の内部に葛藤を起こさせてしまうのではないでしょうか？」

誰もが自分の意見を加えてこの問題を活発に論議し合っていたとき、クリシュナムルティは、個人的・感情的な薮の下生えを刈り取って、われわれの入り組んだアプローチを単純化していった。

「私たちは一歩一歩足元を片づけながら前進しているのです。」と、彼はややいたずらっぽい笑みを浮かべて言った。「いいですか、話を単純化しましょう。菜食〝主義〟はいけません。私は菜食〝主義〟には関心がありません。私は菜食主義の信奉者ではありません。私たちは菜食〝主義者〟ではありません。」

われわれの中の何人かはいささかびっくりした。では、何なのだろう？

彼はすぐそれに気づき、趣旨を明確化させた。〝主義〟はだめだということです。いかなる〝主義〟、教義またはイデオロギーの余地もないのです。私はただ殺したくないだけです。殺生はいけません。それだけのことです。」

われわれはぱっと明るくされた場の中に黙って坐っていた。突然、あらゆることが単純明解で、自明になったように思われた。彼の洞察は根深い賛否、議論と反論のもつれを解きほぐし――事実、問題のまさに核心へと迫っていった。ためらいがちな沈黙が明るい部屋を満たしていき、その中で彼は静かに、だが力強く言い添えた。「他の人間を殺すことが最大の悪です。」

われわれは絶妙な静寂によって一時停止させられた。すると彼は、突然、一座の中に快活なユーモアを注入した。「しかし、私のそばにきて、野菜を殺すことは悪くないのかと訊ねたりしないでくださいね。」一人の女教師がすぐにその議論を押し進める必要があると感じて、こう訊ねた。「ですが、ある意味で、それも一種の殺生ではないでしょうか？　もし私がキャベツやカリフラワーを地中から切り出したら……」

「しかし、私たちは生きていかなければなりません！　空気と水だけで生きていくことはできません。」そして一息入れた。「いや、それだけで生き続けていくことなど……」彼の声は、言いかけたことを終わらせないまま、途切れた。「もしもあなたがエスキモーで、不毛の凍土の上に住んでいるとしたら、どうしますか？　野菜などまるでないのです。生き延びるためには狩猟する必要があります。そうではありませんか？」

誰も異議を唱えなかった。

「しかし私たちはカリフォルニアに住んでいる。一年中、あらゆる種類の野菜や果物に恵まれています。容易に菜食で生き、健康でエネルギーに充ちていることができるのです。」

この問題は四月二日、月曜日のランチ中に再び持ち上がった。われわれ八名は、菜食主義、ドラッグ、喫煙、飲酒、等々について、また、学校が規則によってこれらの問題を取り扱うことができるかどうかについて議論していた。何らかの校則を持つ必要があることはわかっていたが、それらが生徒の内面に引き起こす葛藤をどのようにして避けるべきかという問題に頭を悩ませていた。

翌日の日曜の朝、クリシュナムルティは教職員たちと会い、知識が自己である〔の中身を構成している〕と指摘し、自己の終焉の可能性を模索した。自己の感覚、一見して不変のあのアイデンティティ「〝私〟」という感情を抱くことは記憶の束以外の何ものでもないという洞察は、私に解放感ならびに爽快感を与えてくれた。

月曜日――ロサンゼルスでアカデミー賞授賞式がある日――のランチは、出席者がわずか六名だけだった。われわれは気楽で愉快な会話、友だち同志の会話を交わし、超自然的なもの、奇跡的なもの、超感覚的なものの領域に触れる経験について話し合っていた。

「私は、しばらく以前にインドで私に起こった物語を皆さんに披露しなければなりませんね。」そうクリシュナムルティは切り出し、真面目な表情でわれわれを見つめた。「これは想像ではなく、事実あったことです。私たち一同は、芝生と小さなバラ園を見晴らす、石のテラスに腰かけていました。心地よい夕方で、私たちはくつろいだ仕方で話し合っていました。すると、突然、召使いがやって来て、誰かが私たちに会いたがっていると告げました。それは貧しい遍歴中のサンニャーシで、彼は私たちに実演して見せたいことがあると言いました。そこで私たちは同意しました。彼は新聞紙を一枚所望しました。それから、新聞紙を掴んでいた召使いに、真ん中で半分に折るように頼み、それを二、三度繰り返させました。その間中ずっと彼は、私たちから十ないし十五ヤードほど離れた、バラ園の反対側の芝生の上に足を組んで坐っていました。次に彼は、折りたたまれた新聞紙をテラスへ登る階段の真下に置くように頼み、私たちに向かって新聞紙を注意深く見守ってくださいと言いました。彼は、両目を閉じたまま、元の場所にじっと坐り続けていましたが、しかし彼は少しも新聞紙に手を触れたり、操作を加えたりしませんでした。私たちがじっと新聞紙を見つめていると、それは縮み始めました。それは徐々に小さくなっていき、とうとう突然すっかり消え去ってしまいました。空中に消え失せてしまったのです。新聞紙一枚がわずか数瞬間のうちになくなってしまいました。」

クリシュナムルティは彼の細い、上品な手を伸ばし、両手のひらを合わせることによって、その過程を説明した。両手のひらが合わさる寸前、彼はおおげさにそれらをぱっと引き離した。「消え失せた！」彼はわれわれの煙に巻かれた顔をしげしげと見つめた。全員が、信じがたいが、しかし感じ入ったという表情を浮かべた。もしもそれクリシュナムルティによって語られたのでなければ、私はより懐疑的になり、その目撃情報を疑問視したかもしれない。代わりに、私はこう訊ねるに留めた。「それは空中に完全に消え失せたのですか？」

「私は彼と新聞紙を鷹のように見つめており、居合わせた他の人々もすべての出来事を注意深く見守っていました。彼がどのようにしてそうしたのか、私にはまったくわかりませんでした。」居合わせていた観察者たちの信頼性を証明するため、彼は言い添えた。「私たちのうちの誰も飲酒などしていませんでした。」

われわれはその物語に静かに思いを凝らしながら、その魔術的な出来事についての説明を彼が提供するのを待っていたが、何も出てきそうにないように思われた。しばしの沈黙の間合いの後、私は声高に疑問をぶつけた。「しかし彼はなぜそんなことをしたのでしょう？　つまり、彼の魔術をなぜあなたに実演してみせに来たのでしょう？」

「わかりません。」クリシュナムルティは応えた。「多分そこにいた一同、あるいはKの存在に惹きつけられたのかもしれません。実演後、私たちは謝礼のお金を渡そうとしましたが、彼はそれを固辞しました。それに対する謝礼を受け取ったら、それを安っぽいものにしてしまったでしょう。」あたかもインドの多くのサンニャーシの伝統は商業主義の範囲外にあるということを指摘するかのように、彼は小さく肩をすくめる仕草をした。

「しかし、それは本当だったのですか？」と、エルナが訊ねた。

彼は愉快そうな笑みをちらりと浮かべた。「ええ、そうです。本当にあったのです。」

彼は、明らかに、われわれがその不可思議な物語によって当惑させられているのを見、そしてその謎めいた側面がわれわれの意識という、あまりにも騙されやすい、またはあえて原因と結果の限界を踏み越えようとしないものに穴を開けることを楽しんでいた。

「しかし、それにはどんな意味があったのでしょう？」と、誰かが訊ねた。

「多分、何の意味もなかったのでしょう。インドのヨーガ行者やサンニャーシの多くは、たゆみない修練によってとてつもないパワーを獲得します。全力で毎日一つのことをやり続けていると、驚異的なことを成し遂げられるようになるのです――熱く焼けた石炭の上を歩いたり、ものを物質化したり非物質化したり、何週間も続けて断食したり、空中に浮揚したり、長い間息を止めていたり、等々。その挙げ句の果てに訊ねるのです。このすべてには何の意味があるのだろう？　何のためになるのだろう？　針の上に坐ったり、三十分間も息を止めたりすることができたら、それはどんな影響を生じるのだろう？　おわかりですか？」

「しかし彼らは、それらのパワーを獲得するためになぜそんな難行をあえてするのでしょう？」と、私は訊ねた。

「ああ、それはかなり簡単なことではないでしょうか？　それによって彼らは何らかの重要性を身につけ、特殊なパワーの持ち主になり、人々に感銘を与えるのです。先ほどの男性のように、彼らのうちの何人かにとっては、それは特別な才能であり、彼らはそれで金儲けをしたりしません。しかし彼らの多くは、単にそれらのことを成し遂げるために、途方もない喪失を耐え忍びます――彼ら自身および彼らの肉体にどんな慰めも楽しみも与えることを拒むのです。そして彼らはそれをやり抜き、とうとうそれは成し遂げられるのです。もしも人がそれに一意専心するなら、とても信じがたいようなことが成し遂げられるのです。しかし、私たちの真の関心事――私たちがかねてから話し合ってきたこと――はまったく別のことがらです。それは、それらのトリックや魔術を行なう力とはまったく無関係なのです。」

私は彼が言っていることの意味を理解したように思った。ヨーガ行者の妙技が、スポーツ選手のように、もっぱら特殊な技能の完成だけを目指したエネルギーの結集を必要とするのに対して、彼は人間の意識が全面的かつ根本的に変化し、それによって人が聡明に、葛藤なしに生きることができるようになることを求めていたのである。

「このことに関連して、別の話を披露しなければならないでしょう。」と彼は言い添え、彼の顔はいたずらっぽい表情を浮かべた。「私たちがボンベイのある屋敷に滞在していたときのことです。」と彼は続けた。「二人のサンニャーシ、年老いたグルと彼の若い弟子、すなわち〝チェラ〟が家の前の道を通り過ぎようとしていました。彼らはある種の宗教的巡礼――インドを縦断する、つまり千マイル〔約千六百キロ〕も、自動車や列車でではなく、徒歩で縦断するというそれ――の途中だったのです。おわかりですか？ その老師が家の中にいる偉大な存在の気配を感知して、チェラを使いに寄越して、家に入って私たちに会えるかどうか訊ねました。そこで私たちは会うことに同意して、全員が一つの部屋に坐りました。ププル・ジャヤカールが居合わせていたため、老師は自分と彼女とが同じ敷物の上に坐っていないかどうかを確かめました。」

「なぜ同じ敷物の上に坐りたがらなかったのですか？」と私は訊ねた。

彼の目にユーモラスな輝きが浮かんだ。「その訳は、」と彼は説明した。「女性とのどんな接触も彼の純潔の誓いに反し、彼を汚してしまうからです。だから彼女と同じ敷物の上に坐ることは……」と彼は巧みな仕草を交えながら笑い出した。「おわかりですね。敷物を通して彼が彼女に触れてしまうか、または多分、あべこべに、彼女が彼に触れてしまうというわけです。」彼の笑いはわれわれ全員を包み込んだ。静まるのを待って、彼は話を続けた。「それから彼は水を持ってきてほしいと頼みました。私たちの一人が下の水鉢から水を汲んで彼の両手の平に注ぎました。彼は注がれた水を私たちのほうに差し出して、『味わってごらんなさい。』と言いました。そこで、私たちは味わってみました。」

他人の手の平の上に注がれた水を味わうという考えに私はちょっと嫌悪を感じたが、クリシュナムルティは平然として話を続けた。「それはごく普通のきれいな水でした。彼は、その水を捨てるので、彼の手の平に二回目の新鮮な水を注ぐように頼みました。それからまたその水の味見をしてほしいと言いました。すると、その水は確かにバラ香水の匂いと味がしました。私はこの人物の挙動をきわめて注意深く見つめていました。水の中に何かを入れるのではないかと疑ったのです。他の人々もそれがバラ香水の匂いと味がするということに同意しました。彼らも同様に彼を見守っていたのです。それはトリックではありませんでした。この種のことをどう説明しますか？」

われわれは知恵を絞ったが、これらのミステリアスな現象の根底にある因果関係についての説明を提示することはできなかった。クリシュナムルティもまた自分のそれを提示するに至ってはいなかった。

われわれの親密な会話は多くの快活な笑声の中で続けられ、その間私は、レバノンからの米軍の撤退、国教としてのローマカトリック教の廃止がどのような影響をイタリアに及ぼすか、欧州連合に対するマーガレット・サッチャーの最近の表明意見のいくつか等々の、現下の世界情勢について手短に話した。これが明らかにクリシュナムルティに何か愉快なことを思い出させたにちがいない。なぜなら、彼は静かに忍び笑いし始めたからである。彼は、忍び笑いの原因はこの数日間彼が読んでいたポール・セロー[訳註1]の *The Kingdom by the Sea*（『海辺の帝国』邦訳なし）という本にあることを明らかにした。英国人の性格描写のいくつかがあまりにも滑稽で、非常に正確に観察されていることを彼は見出したので、そのことをわれわれに話している間に、彼は思わず爆笑した。

彼の一生を通じて、クリシュナムルティは英国的なものとの奇妙な愛憎関係を保ち続けた。素朴なバラモンの少年が南インドの片田舎から西洋文化の頂点へと導き入れられたとき、英国はその帝国としての権勢の絶頂にあった。貴族たちが彼を彼らの庇護下に置き、適切な生活態度を彼に吹き込んだ。彼は王侯貴族としての完璧な作法を身に付けていたが、彼の褐色の皮膚のゆえに時々人種差別に直面させられた。彼は英国社会に蔓延している、旧態依然たる、しばしば馬鹿げた慣習に対して懐疑的な態度を抱き続けた。支配階級の奇習を熟知していた彼は、彼らの愚かしさをからかうことを好んだ。とりわけ、帝国の礎石である君主政は、彼にとって嫌悪すべきものであった。彼はそれをグロテスクで時代遅れな制度と見なしていた。奇妙なことに、われわれの中にも少数の王政主義者がおり、彼らはニュースメディアの中の王室の悪ふざけに関する記事を好んで拾い読みしていた。王子と王女に関するタブロイド判の新聞のゴシップがテーブルに持ち出されると、クリシュナムルティは両手で耳をおおい、苦悶の表情を浮かべて叫ぶのだった。「そんなくだらない話は真っ平御免です。何と腐りきっていることか！」

二日後、クリシュナムルティは、メアリー・ジンバリストとアシット・チャンドマルを伴ってニューヨーク・シティへと出発し、そこで週末の四月十四日と十五日にマディソンスクエアガーデンのフェルト・フォーラムで二回の公開講話を行なった。その二日後、彼は国際連合の〝Pacem in Terris〟（地に平和を）協会で講話をするように招待された。

彼の帰還後の四月二十一日、土曜日のランチの会食者はわずか五名だった。私がギリシャ風サラダ、きゅうりとヨーグルトのサラダ、アスパラガスのスープ、野菜のムサカとトマトソースあえズッキーニ、それにデザートとして柿のクリームの食事を用意していたとき、クリシュナムルティが元気よくキッチンに入ってきた。彼はビッグアップル〔ニューヨークのニックネーム〕での十日間の滞在のせいで疲れたという様子はなく、むしろ活気を帯びていた。挨拶を交わしてから、私は彼に訊ねた。「いかがでしたか、クリシュナジ？」

彼は過去数日間のことについて、聴衆の数が多かったこと、事実上万事が順調にいったと言っただけで、詳しい話を私に語って聞かせるという心境になってはいなかった。

私は彼が片方の手をさすっているのに気づいた。一本の指に包帯が巻かれていた。「手をどうかされたのですか、クリシュナジ？」

彼は手を見て、素っ気ない仕草で答えた。

「レストランに行き、帰りの車に乗り込もうとしたちょうどそのとき、誰かがドアを閉めたのです。」

ひどく痛かっただろうと思って、私はたじろいだ。

彼はすぐに言い添えた。「もちろん、彼はわざとそうしたのではありません。ただ不注意なだけだったのです。しかし、もうほとんど治りました。」これがきっかけとなって、彼を燃え上がらせる他の記憶がよみがえった。「そして私たちは素晴しい一品を食べたのです。小さくて丸っこい、緑色をしたもので、口の中でとろけてしまう、何とも言いようのないほど美味しいものでした。そのようなものを作ることはできますか？」

彼が食物をこれほど激賞するのを、私は今まで一度も聞いたことがなかった。彼はしばしば──ごく率直に、疑いなく──食物には飽き飽きしたと宣言していたのだ。私は、ごく大雑把な記述だけで料理の妙技を再現してほしいという彼の依頼に驚かされ、いささかあっけにとられた。私はもっと詳しいことをしつこく彼に問い質したが、料理についての彼の記憶はかなりあいまいだった。彼はその一品の特徴についてのごく一般的な記述を与えることしかできなかった──緑色で、丸っこく、筒形で、多分ほうれん草から作られたもので、そして明らかにイタリア料理で、非常に美味である。彼の記述に近いレシピを見つけることができたら、早速作ってみると私は約束した。その謎の一品についてメアリー・ジンバリストに後で訊ねたとき、それは間違いなく*gnocchi verde*（緑のニョッキ［ほうれん草をたくさん入れて、リコッタチーズを加え、薄力粉で団子状にまとめたもの］）だと彼女は確言した。

そのレストランのことが気になって、私は彼に訊ねた。「どんな種類のレストランでしたか、クリシュナジ？」

「かなり小型でしたが、設備がとてもよく整っていました。イタリア人街の一画にあり、クリスタル等々製の素晴しい食卓用器具が揃っていました。店名は『イル・ニド（*Il Nido*）』で、つまり「巣」という意味です。私たちがそこに入ったとき、私は*maitre d'*（給仕長）やウェイターとイタリア語で話を交わしました。すると彼らは私たちを窓際の隅にある最上のテーブルに案内してくれました。すべてがファーストクラスでした。私たちはほぼ毎日そこに出かけました。」彼は、愉快な経験を反映した優美な表情を浮かべて物語った。

「どんな種類の料理を召し上がったのですか？」

彼の記憶力はやや鈍っていた。「バスタがありました――自家製で、もちろん、とてもあっさりしており、それでいて美味でした。バジルの風味を少し加えただけの、新鮮なトマトで作った極上のトマトソース――とてもシンプルですが微妙な香りがする――が用意されていました。」

私はそのようなソースを用意するため、それを記憶の中に書き留めた。しかし、特定の料理を再現すべく試みるときには、とりわけ、それが「イル・ニド」でのそれのように、間違いなく料理長の手で作られたものである場合は、常に大きなハンディキャップがある。最も正確なレシピがあるとしても、それによって元々の料理に匹敵するものを作ることができるとは必ずしもかぎらないであろう。それにはいくつかの要因があるかもしれない。シェフが彼の個人的な秘訣として保持している、伝説的なちょっとした食材とか、よりありうることとして、定義することは困難だが、しかしタッチや熟練の技やタイミングと関係がある、一定のつかみどころのない特質といった。だからと言って、料理の本が不用だというわけではない。それどころか、レシピは言葉と実地との間の素晴らしい連接環《リンク》である。しかし、以前に家庭やレストランで賞味されたことのある料理を再現することは手強い試みである。なぜなら、味覚体験には常に多くの複雑な要因が絡んでいるからだ。

「出されたワインも絶品でした。」とクリシュナムルティは評した。

「しかし、クリシュナジ、あなたはお飲みにならないと思っていましたが。」

彼は、安心させるように私に微笑みかけた。「ええ、そうです。ワインは飲みません――しかし、他の人たちは飲みましたが。私は一、二滴味わいました――ただ、どんな味なのかを確かめるためです。」

彼は逃避としての飲酒には難色を示したが、彼には、ごく当然ながら食事中にワインを飲む多くのフランス系やイタリー系の友人がいた。が、彼は気にしなかったらしい。そして彼のホストまたはホステスは、当然のこととして、彼の客たちにしばしばワインを奨めることを常としていた。

私は緑のニョッキのレシピを探し求め、すぐに一つ探し出した。処方されたステップを慎重に踏んで、私はそれらを調理して、ランチに出してみた。後ほど、私はクリシュナムルティに、彼がレストランで食したものに味が似ていたかどうか訊ねてみた。彼は、丁重ながら、正直に答えた。「ちょっと違うようです。」

数日後、私はもう一度試してみた。今度は、クリシュナムルティはためらいがちに歯ごたえや香りを味わい、それから言明した。「少し近づいてきましたが、まったく同じというわけではありません。」

私はそれまでだと感じ、真似たり、競ったりしようという願いを放棄した――少なくとも、ほうれん草だんごに関するかぎり。

四月の終りは微妙な変化のときであった。学校では不穏な状態と不満がくすぶっており、解決の糸口が見つからずにいた。クリシュナムルティはエネルギーに溢れており、新しいことをすべく力を振り絞り、新たなチャレンジに立ち向かうことを欲していた。何代かにわたり米国政府行政部門のためのスピーチ原稿代作者だった紳士が、ワシントンD・Cから四月末にわれわれの許を訪れた。彼は雄弁で、ひょうきんな男で、クリシュナムルティと彼の仕事に非常に関心があり、グローバル・パワーの砦で公開講話を行なうよう彼に持ちかけた。クリシュナムルティはその考えを気に入り、そして慎重な熟慮の後、その要請に応じることに同意した。それから一年後の一九八五年四月に、ワシントンD・Cにあるケネディーセンターで彼が講話をするための具体的な計画と準備が開始された。

ワシントンD・Cから来たわれわれの新しい友人はジョークを言うのが好きで、多彩なレパートリーを持っていた。クリシュナムルティは彼の社交性に富んだ性格を気に入り、ランチテーブル越しに彼とジョークや逸話を披露し合った。「トゥッティフルッティ」〔刻んだ砂糖漬け果物入りアイスクリーム〕という題の、ローマ法王に関するややきわどい〔わいせつじみた〕ジョークを聞いた後、クリシュナムルティは私が今まで聞いたことがなかったジョークを披露した。

「二人の友人――そのうちの一人は司教――が自動車事故で死にます。彼らは昇天し、聖ペテロに会います。二人とも大した罪は犯していなかったので、聖ペテロは彼らを中に入れてあげます。そして彼らに向かって言います。『何か特別な願いがあるなら、今私に言ってください。それが叶うように取りはからってあげます。』

司祭は信心深い人間だったので、神様にお目にかかりたいと申し出ます。聖ペテロは彼の願いにギクリとし、思いとどまらせようとします。『神様にまみえることは非常にデリケートなことがらです――非常にショッキングなことなのです。ほとんどの人は耐えられません。忠告させていただくなら、ぜひとも会いたいと言い張らないことです。』しかし、その男は頑固者で、彼の願いを言い張り続けます。とうとう聖ペテロは譲歩して、彼に向かって言います。『よくわかりました。そうまで言い張るのなら、仕方がない。後で私を責めないでほしい。あの道を〝神様〟という目印を頼りに行きなさい。そして忘れずにここに戻ってきなさい。』彼は神に会いに行き、その間、彼の友達は彼の帰りを聖ペテロと共に待っています。十分ないし十五分後に、彼は戻ってきます。彼はげっそりし、まるで幽霊のように青ざめ、ひどいショックでよろよろしています。そんな有様の彼を見て友達は心配し、彼に向かって言います『一体全体どうしたというのだ。〝彼〟はどんなお姿だったのだね？』しかし、その男はただうめくように言うことしかできません。『〝彼女〟は黒人だった。』」

この話はみんなを大笑いさせた。再び真面目になった後、われわれは組織化された宗教、宗派、カルト、特にキリスト教について語り合い始めた。突然、出し抜けにクリシュナムルティが客たちに向かって、大胆にも次のように言ったとき、私はかなりびっくり仰天させられた。「イエス・キリストはけっして存在しなかったのかもしれません。彼の名前を述べた、その時代からの客観的な、独立した文献は皆無なのです。私たちが知っていることのすべては、使徒や福音書記者たちが五十年ないし百年後に書いたものだけであり、おまけに彼らがそっくり創作したのかもしれないのです。」

テーブルのまわりの事実上全員が、私同様、びっくり仰天させられたように思われた。ことに、そう発言したとき、クリシュナムルティがかなり真剣だったからである。何度も彼の見解は無批判に受け入れられたが、このたびはいささかやかましい抗議の嵐に直面させられた。「しかし、クリシュナジ、それはあまりのこじつけです。どうして……」

彼は論争を引き起こすことをすっかり楽しんでいた。やがて、彼がイタリアの歴史家、エミリオ・メラが書いた本を読んでいたことが明らかになった。メラは、西暦紀元の初めにユダヤとパレスチナを統治していたローマ当局によって保存されていた記録についてのきわめて入念な調査を行なった。「その当時のローマ人たちは、彼らの管轄内でのすべての処刑を綿密に記録していたのです。」と彼は、自分が読んだことを強く確信して、説明した。「そして、それらの記録のどれにもイエスという名前は含まれていないのです。」

「しかし、クリシュナジ、それはイエスという人物がけっして存在しなかったことを意味しているわけではありません。」と、一人の女性が異議を唱えた。

「しかも、文献は往々にして失われるものです。」と一人の教師が相槌を打った。「なにしろ二千年も前のことなのですから。」

クリシュナムルティが、イエス（ヨシュア）と呼ばれている誰かがいたことはほぼ確実だと譲歩するまで、滅多にないほど活発な理論的・歴史的な争論の応酬が続いた。が、彼はなおも主張した。この宗教的教師は、民間伝承のイメージとはかなり異なっており、公式のキリスト教界が創り上げた肖像とは無関係である、と。

数日後のランチの後、ちょうどクリシュナムルティがキッチンにいくつかのポットを運び込んでいたとき、ドアの呼び鈴が鳴った。それに答えるために私が行ってみると、中年の男性が手に花束を持って敷居の上に立っていた。彼は、落ち着いた様子で、クリシュナムルティ氏にお会いできるかと私に訊ねた。私は、彼に以前会ったことがあることをぼんやりと思い出した。彼は自称スピリチュアル教師で、彼自身の信念体系の中でいくつかのキリスト教的要素とクリシュナムルティの教えのいくつかの側面を結びつけるべく試みていた。

彼は温和な物腰の持ち主で、礼儀正しく私に自分の名前を告げた。私は、まだキッチンにいるクリシュナムルティに彼の要請を伝えるまでの間、待っていてくれるように頼んだ。クリシュナムルティはその人物の不意の出現に驚かされたように思われ、そして彼に会いに行く前に一瞬躊躇した。私は、テーブルを拭き続けながら、彼らの会話の断片に聞き耳を立てた。明らかに、彼らは以前会ったことがあった。クリシュナムルティはちぐはぐに花束を振りまわしながら、わかってもらいたい要点を強調していた。訪問者は、家の中にほんの二歩ほど踏み込み、背後のドアを開けっ放しにしたまま、しつこく迫っているように思われた。クリシュナムルティはきっぱりと言った。「イエスが実在していたかどうか、誰も知らないのです……」

一分後に私が再び食堂に入ると、彼は言っていた。「その当時のローマ人たちは訴訟手続きや処刑について綿密に記録していました。イエスという名前は彼らの処刑リストのどこにも記載されていませんでした……」

数瞬後、私は彼らが並んでパイン・コテージに向かって歩いて行くのを見た。翌日、私がクリシュナジにその顛末を訊ねたとき、彼は単に「私たちはお茶を飲み、少し雑談しただけです。」と言うに留まった。

[訳註1]ポール・エドワード・セロー（一九四一年〜）は、アメリカの著作家。マサチューセッツ州メドフォード出身。メーン大学、マサチューセッツ大学、シラキュース大学大学院を卒業。

一九六三年、良心的反戦主義者として平和部隊に入り、一九六〇年代から一九七〇年代にかけて東アフリカとシンガポールで英語を教える教員生活を送ったのち、作家として独立。小説、旅行記、エッセイ集など多くの作品を著す。

作品に映画化された「モスキート・コースト」「ハーフムーン・ストリート」のほか、旅行記「鉄道大バザール」「おんぼろパタゴニア急行」「中国鉄道大旅行」「ポール・セローの大地中海旅行」、小説「ワールズ・エンド」「わが家の武器庫」「O=ゾーン」「ドクター・ディマー」「九龍塘の恋」など。

日本語訳された作品：『鉄道大バザール』(阿川弘之訳、講談社、一九七七年)、『ふしぎなクリスマス・カード』(阿川弘之訳、講談社、一九七九年)、『ブルートレイン長崎行』(阿川弘之訳、講談社、一九七九年)。『古きパタゴニアの急行列車 中米編』(阿川弘之訳、講談社、一九八四年)、『ワールズ・エンド（世界の果て）』(村上春樹訳、文藝春秋、

一九八七年）（のち中央公論新社から『村上春樹翻訳ライブラリー』として再刊）

前菜

・ベビーライムストーンレタス（ビネグレットソースまたはロクフォールドレッシング付き）

・チェリートマトとアルファルファの若芽

・赤キャベツのコールスローサラダ（クミン、ケーパー、ぶつ切りオリーブあえ）

・ライム風味のすりおろしたズッキーニ

主食

・ライス・プロヴァンシャル（種なしぶどうとカシューナッツ入り）、〝マーマイト〟［麹エキス］入りのきのこソースがけ

・パイの皮なしほうれん草のキッシュ・ア・トロア・フロマージュ（新鮮な山羊チーズ、グリエールチーズ、パルメザンチーズ入り）

デザート

・蜂蜜とレモンにつけた黒いちじく（バニラ味のホイップクリーム添え）

・新鮮な旬の果物

第20章　鷲の飛翔

五月二日、クリシュナムルティとメアリー・ジンバリストが遅れずにサンタバーバラに到着できるように、われわれは早めにランチをとった。彼らはそこからサンフランシスコへ飛ぶことになっていた。彼らの出発から数時間後、私もまたシティー・オン・ザ・ベイに向けて出発した。国道一〇一号線をドライブしながら、私は樫の木が点在している円形の丘と、暑い太陽光線の中で緑から金色に変わりつつある葉の眺めを楽しんだ。

土曜日と日曜日の朝、クリシュナムルティはメソニックテンプルで二回の講話を行なった。私は本の露店の設置および書籍・テープの販売を手伝った。二度目の講話の途中、彼は再び、森の中の日の陰った小道を歩きながら、共通の関心事について真剣に語り合っている二人の友の話をした。それは私を感動させ、私自身のことをこれらの友人の一人だと思い込んだ。日曜日の講話の直後に、私は翌日のランチの準備に間に合うように南に向けて車を走らせ、オーハイに戻った。ランチには四名しかいなかった。ベイエリアで共にした週末についてくつろいだ気持ちでクリシュナムルティと話し合うことは、大きな喜びであった。

イーストベイ〔カリフォルニア州サンフランシスコ・ベイエリアの東側の土地〕在住の数名の友人を訪問した折、私はバークレー大学のキャンパス付近で停車し、テレグラフ・アヴェニュー沿いの大きな古書店のいくかに入って立ち読みした。嬉しいことに、私はセローの *The Patagonian Express*（邦訳「古きパタゴニアの急行列車 中米編」)〔三二九頁〔訳註1〕参照〕を不意に見つけた。それはほとんど新本同然で、カバーはプラスチック被覆によって保護されていた。私はその本を購入した。クリシュナムルティがセローの反語的な筆法をますます好むようになって、*The Great Asian Railway Bazaar*（邦訳『鉄道大バザール』）を読んだ後、この二冊目の鉄道冒険譚を探していたが、入手できずにいたことを知っていたからである。

クリシュナムルティがちょうどパイン・コテージに戻るためにキッチンから立ち去ろうとしていたとき、この本を彼に進呈する好機だと思いつき、後から彼に声をかけた。「クリシュナジ、ちょっとお待ちください。」

彼は振り向いた。落ち着きと忍耐強さの表情が顔に浮かんでいた。

「何ですか、マイケル？」彼は穏やかに訊ねた。

「私は本を見つけました」そう、私は早口で言い、本を彼に渡して、どのようにして見つけたかについて手短かに語った。

彼の応答は私が期待していたそれとは違っていた。私が差し出した本を受け取るかわりに、まるで何か危険なものが隠されてでもいるかのように、それを怪訝そうに見つめた。彼はおずおずと片手を伸ばし、一本の指先をプラスチックカバーにちょっとだけ触れ、それからすぐに引っ込めた。「それを洗いましたか？」と彼は訊ねた。

私は当惑した。「洗いましたかって？」と私は繰り返した。

「それは古本でしょう？　いろんな人が手を触れてきたので、汚れているのではありませんか？」

彼の思考の流れを辿るのにやや戸惑った。それからほんの一瞬、おかしくて思わず吹き出しそうになった。キッチンの流しの前に立って、本の一頁、一頁を石鹸とスポンジで洗っている自分のイメージが何とも滑稽に思われたからである。「おっしゃるとおりです、クリシュナジ。」と応えたものの、私はまだどうしたらいいか迷っていたからである。

「カバーと内側を洗ってから、いただけますか？」と彼はキッチンを出る前に言った。

石鹸と水で本をこすりながら、衛生と清潔に対する彼の態度に私は思いを凝らした。物的なものに対する彼の敏感さに私は前々から気づいていた——清潔な身なりや衣服の尊重だけでなく、何であれ汚れていたり、多くの手で触れられた物との接触への嫌悪といった。車や、汽車や、飛行機で旅行するときに皮の手袋をはめるのは、こうした理由からなのだろう。

　私は洗った本から清潔な布巾で水気を拭き取り始めた。その日の午後遅く、その本と夕食用のスープを持って私はパイン・コテージに行った。

五月十二日、土曜日のランチには九名が集った。会話の途中、クリシュナムルティは関心（interest）と注意（attention）という、教職員たちとの会合ならびに公開講話で彼が追求したテーマを対比させた。二時間にわたる活発な会話の後、われわれは、われわれの探究の骨子を要約した二つの言明に到達した。「注意は学びであり、関心は注意の欠如である。」

　三日後、クリシュナムルティは午後四時にアーリヤ・ヴィハーラの居間で教職員たちと会見した。私はその会話をテープに録音した。皮切りに彼は、教育の真の目的は自己を終わらせることであると言明した。心理的な知識がとりもなおさず自己の中身なのだから、それはその種の知識を終わらせることを含意していた。彼は特定の分野への子供の〝関心〟を喚起させることに強く反対していた。なぜなら、注意が全体的であるのに対して、関心は断片的だからである。「自己関心を終わらせることが英知の始まりです。」と彼は指摘した。

　われわれは、「オークグローブスクールの趣旨」として知られている、元々は一九七五年に彼によって書かれた趣意書の改訂に着手した。それは学校の存在理由（*raison d'etre*）の明確な概要を提示することを目指していた。その表記のいくつかはやや漠然としており、いくつかの点で、あまりに過激であった。われわれは皆明確で正確な表記の必要性を感じていたので、それを一緒に検討し、語句を言い換えた。クリシュナムルティが語調を整えた。学校は「人が全的で、正気で、英知溢れる生き方を学ぶことができる、……オアシスのような場所」であるべきだということでわれわれは同意した。そしてわれわれの教育的営為の目的は、生徒たちに関しても，われわれ自身に関しても、「人類の意識の中に深い変化をもたらすこと」にあった。その後何年かにかけて、この趣意書は指針かつ着想の源であるだけでなく、教職員間の熱心な議論の焦点でもあった。

一九八四年のオーハイ講話が数日後に迫っていたというのに、天候は季節はずれに暑く、太陽は丘も谷も焦がし続けた。

その日のランチには十一名が居合わせた。常連客に混じって、初めてオーハイに来たという新参者がいた。小づくりで、年齢は五十代半ば、頭が禿げていて眼鏡をかけていた。われわれが自己紹介し合っていたとき、彼は私に、自分は元々はドイツの出であるが、長年にわたりスイスで暮らしてきたと話してくれた。三年前にクリシュナムルティの教えを発見したことが彼の人生を劇的に変えてしまった。最近になって家業から引退した彼は、ほとんどの時間と精力を人生のより深い問題の探究に費やしていた。前年、彼はザーネンで初めてクリシュナムルティの講話を聴き、彼と個人的に面会した。彼らはすぐに友情を育み、それは彼に深い影響を及ぼした。ブロックウッドパークを訪れた後、彼はクリシュナムルティの仕事を自分のかなりの額の財産で支援したいと申し出た。

私はテーブルを挟んでクリシュナムルティの向かい側に坐り、フリードリッヒ・グローエ――それがこの人の名前だった――は私の右側にいた。クリシュナムルティと彼の左側の女性が、居合わせていない第三者のことを話し合っていて、彼のことを〝泥の中のステッキ〟（stick in the mud）と評していた。彼らの会話に聞き耳を立てていた私は、その表現に当惑した。その意味がわからなかったので、私はクリシュナムルティに向かって言った。「すみませんが、クリシュナジ、〝泥の中のステッキ〟とはどういう意味ですか？」

彼は間を置いて、一瞬思案した後、返答した。〝進取の気象のない鈍感な人〟のことです［訳註：stick in the mud は動作ののろい人（のろま）、時代と共に歩まぬ旧弊家、時代遅れ、などを意味する］。

グローエ氏はドイツ語とフランス語が堪能で、クリシュナムルティとは普通フランス語で会話をした。彼は英語も充分に理解していたが、それを話すのを恥ずかしがった。言葉遣いの穏かな、慎み深い彼は、低い声で、その語句はドイツ語ではどう言い表わすのかと私に訊ねた。クリシュナムティの説明がよく聞き取れなかったのだ。私はそれに相当するドイツ語での言い表わし方をすぐには思いつかず、たとえそれが存在していたとしても知らなかったので、それをただ逐語訳して言った。「〝*Stock im Shlamm*〟です。」音声学的には、それは *Shtok im Shlumm* といった感じだった。

クリシュナムルティはグローエ氏と私自身とのやりとりを観察していた。私がそれらの言葉を発したとき、彼は不意をつかれたように大笑いし、そして叫んだ。「何？　何ですって？」

「ええ、グローエ氏は、それが何なのかよくわからなかったようです……」

「そう、そう、それは私もわかりますが、あなたはいま何と言ったのですか？」

いささかはにかんで、私は言った。「ええ、私は〝泥の中のステッキ〟という表現をドイツ語に逐語訳したのです。厳密にそれに相当する表現がないかもしれないからです。それは〝*Stock im Schlamm*〟を意味しています。」

私がドイツ語でその言い回しを発音すると、クリシュナムルティはまたもや愉快そうに爆笑した。われわれの会話を聴いていたテーブルのまわりの他の人々も笑いさざめきの輪に加わった——多分、その語句の擬音的な性質とチュートン（ゲルマン）的な響きのせいであった。グローエ氏と私は、共にドイツ系なので、自分たちの自意識を乗り越えるために若干の間合いを必要としたが、やはり笑いの輪に加わった。笑いが静まってからクリシュナムルティは、目の中に一瞬閃きを浮かべて私を見つめ、そして愉快そうに笑いながら「もう一度言ってくれますか？」と言った。

このときまでに私は自分のコミカルな役割をしっかりと認め始め、声量を上げ、抑揚をつけて言った。

〝*Stock im Schlamm*〟。

またもや笑いが巻き起こった。クリシュナムルティがこれほど上機嫌で、夢中になって笑いの輪に加わり、頭を後ろに反らせ、頬に涙をころがり落とさせたまま大笑いしているのを見ることは実に素晴らしいことだった。彼の身体全体が歓喜の波で揺れ動いているように思われた。愉悦が静まったとき、彼はその語句を発音しようとした。しかし彼は子音をぼんやり発音し、ドイツ語の体をなすことができなかった。私が彼の発音を訂正し、「*Sh-tokk- imm sh-lumm*」と一音節ずつゆっくり発音したとき、またもや全員が笑いの輪に加わった。その笑いの輪に彼自身を介入させて彼は再び発音を試み、より正確に発声したが、依然として不完全だった。

「いいえ、*Sh-tokk- imm sh-lumm* です。」

私が音節を発している間、彼は私の唇を見守り、再び発音を試みて、皆を喜ばせた。われわれは二、三度やりとりしたが、なかなか正確な発音にならなかったので、とうとう笑い疲れてしまった。

数瞬後、全員が立ち去ったとき、私はまだ高揚による振動の余韻を感じていた。キッチンの中で一人きりになって、私はこの笑劇全体を振り返ってみた。より高い観点から見ると、われわれのほとんどは、私自身も含めて〝泥の中のステッキ〟（進取の気象のない鈍感な人）と評されうるであろうと、ふと私は思った。私は、誰もいない静かなキッチンの中に大きな笑い声を放った。そう、それは多分、本物のジョークだったのだ。

今まで以上に、私はクリシュナムルティの素晴らしいユーモアのセンスを高く評価した。とてつもなく真実の響きがする、ユーモアについての洞察に満ちた彼の言葉が私の脳裡に浮かんだ。「笑いは真剣さの一部です。真剣さは歓喜や喜悦を排除しません。ユーモアは、実は、自分自身を笑い飛ばし、笑いとともに自分自身を見つめ、そして明晰に、真剣に、もしできれば笑顔を浮かべて観察することを意味しています。」

彼は他の人々の人生の皮相さ（浅薄さ）や不条理（馬鹿らしさ）だけでなく、何よりも、彼自身および彼が時々陥っていることがわかる滑稽な状況を笑顔で受けとめる覚悟ができていた。

五月二十二日、火曜日、クリシュナムルティが質疑応答集会のために木製の折り畳み椅子に坐ったちょうどそのとき、若い女性が演壇の上に飛び乗って、素早く彼の足下に蓮花座を組んで坐り、凍りついたような恍惚の眼差しで彼をじっと見つめ、微笑みかけた。ほんの一瞬、予期しなかった妨害によって彼はびっくりさせられたように思われ、叫んだ。「何としたことか……！」

前列にいた二人のボランティアが飛び上がってその女性を取り押さえ、演台から引きずり下ろそうとしたが、しかしクリシュナムルティはすぐに状況を把握して、二人の青年を押し返した。いささか愚鈍そうな薄笑いを浮かべていたその女性の方へ腰を屈めて、彼は言った。「静かにしていてくれますか？　それでしたら、ここに坐っていてかまいません。」彼女は幸せそうにうなずいて、無言のまま同意し、そして対話が終了するまで彼の足下にじっとしていた。それから彼はまた腰をかがめて、彼女に言った。「終わりました。どうか起立してください。」

同じ日の暑い、よく晴れた日の午後、われわれは新しい高等学校校舎の完成を植樹式で記念することになった［本書冒頭のフルカラー口絵参照］。いくつかの教室と図書館を含むこの複合建造物は、北に向かってオーク・グローブに隣接していた。

理事、教職員、両親、生徒、ボランティア、それに講話への参加者など――二百名近い人々がうろうろと動きまわっていた。ジュースやお茶をすすったり、クッキーをかじったりながら、彼らは盛んに会話を交わしていた。

とうとう灰色のメルセデスが止まり、クリシュナムルティが恥かしそうに客席側から現れた。彼はこざっぱりと優雅に身繕いし、唯一不調和なのは、この場に備えて履いていたジョギングシューズだけだった。彼は握手を求めて近づいてきた人々を迎え、二、三の言葉を交わし、控えめに微笑んだ。

講話のための設営を担当していた長身の校長が彼を植樹する場所に案内した。われわれ七名は彼の背後に続き、他の客たちはあたりをそぞろ歩いていた。彼は慎重に木々を調べ、校長の説明に耳を傾けた。「ここにあるのはアメリカフウ［モミジバフウ（紅葉葉楓：フウ科フウ属の落葉高木］です。秋には、葉が明紅色ないしオレンジ色になります。そしてこれがインド菩提樹です。」

終生、クリシュナムルティは大地とそのすべての生き物を愛し、とりわけ樹木を慈しんだ。かつて彼は言った。「もしもあなたが樹木との深い関係を築くなら、あなたは人類との関係を築くに至る。」他の機会には、耳を澄まして「木の根が立てる沈黙の音」を聴くことについて語った。

さしたる騒ぎもなく、彼はシャベルを掴み、われわれは二人がかりで菩提樹の若木の入った重い鉢を持ち上げ、すでに掘られていた穴の中にそれを置いた。われわれがしていることを注意深く見守っていた彼は、直ちに問題があることに気づいた。「深さが足りません。もう一度それを取り出して、もっと土を掘り出せるようにしてしてください。」

鉢をもう一度取り出した後、クリシュナムルティを含むわれわれ四名は、より多くの土を掻き出した。時々私は、穴底にある岩を緩めるためにつるはしを用いた。精一杯身体を動かすことに没頭していたわれわれは、われわれ若者のすぐ傍らで懸命にシャベルを振りまわしているのが、八十九歳になんなんとしているクリシュナムルティだということを、いともたやすく忘れてしまった。見物客の輪はほどよい距離を保っていたが、彼らの中の何人かは、土を掘っている彼の写真を撮っていた。クリシュナムルティは、奇妙な状況——聴衆の目の前で肉体労働に従事しているという——を一向に気にしなかった。彼は、幸福そうに、植樹という神聖な仕事に全注意とエネルギーを注いでいた。

「大きな岩がありますよ。」彼はそう指摘して、とりとめもなく思案していた私をぎくりとさせた。

「これは失礼しました。」と私は言い、長い木の柄のついた道具の先を、かぶさった土の上に打ち下ろし、岩のまわりの固まっている部分を緩めた。とうとう、穴は充分深くなった。そしていったん若木が適当なレベルに据えられると、われわれは鉢のプラスチック製の外殻を取り除き、その隙間を土で埋めた。それから、全員で若木のしなやかな幹のまわりの土をしっかりと踏み固めていった。また、幹の近くに少し凹んだ囲みを残し、誰かがホースでまいている水がすぐに消失することなく、根元の近くに集まるようにした。われわれは他の数本の樹木にも同様に対処していったが、その間、クリシュナムルティは少しも疲労の色を見せなかった。男性の傍観者のうちの何人かがその作業に興味を示し、シャベルを借りて、作業に加わった。このようにして、十五本ないし二十本の新木を植えるのに一時間弱を要した。作業が終わると、クリシュナムルティは優しい満足そうな笑みを浮かべて、新校舎前の芝生に点在している若木をじっと見つめていた。

　五月二十八日、月曜日、最後の第四講話が終わった後、クリシュナムルティは、学校における執拗な難題について議論するため、パイン・コテージで理事および教職員たちと会った。長い、活発な議論の後、高校の新校長の任命を含む、管理運営におけるいくつかの変更が発表された。

　翌日、数名の有名人がランチ集会に参加した。彼らのうちの一人である映画俳優は、クリシュナムルティの向かい側に坐ったが、私はずっと離れた端のほうに坐っていたので、彼らの会話についていくことができなかった。ランチが終わると、クリシュナムルティとその俳優はパイン・コテージへと一緒に歩いていった。

　翌朝八時頃、部分日蝕があり、私はそれを観察することができた。クリシュナムルティが午後一時二十分頃キッチンに入ってきたとき、私は前日来の客についての好奇心をまだ抱いていた。

「ごめんなさい、クリシュナジ。」と私は訊ねた。「昨日あなたが話し合っていらした方——彼は面白い人でしたか？　あなたに向かって何か良い質問をしましたか？」

彼は目に楽しげな表情を浮かべて私を見つめ、それから愛想よく答えた。「実は、俳優というのは自分が本当はどういう人間か、滅多にご存じないのです！」

最初、彼の答えは俳優だけに言及したものだと受けとめたが、よく考えてみると、それはわれわれのほとんどにも言えるということにふと気づいた。自分が誰なのかを誰が本当に知っていただろう？　何人かによれば、クリシュナムルティでさえ自分が誰なのかを充分に知ってはいなかった。彼は問い、探求し、学び続けており、そして決して明確な結論に至っているようには思われなかった。

過去数週間のランチとは対照的に、その日はたった十名の小グループだった。われわれの以前の同僚が三名いた。そのうちの一人はオックスフォード大学で哲学博士の学位を取得中で、二人目は建設業界で雇用されていた。三番目は小規模の国際的ハイテク会社に加わり、上級職に就いていた。ランチの終わりかけた頃、クリシュナムルティは、しばらくの間途絶えていたジョークを語り始めた。特にこれといった理由もなく、彼は次のように言うことによって始めた。「差し支えなければ、先日聞いた良いジョークを披露しましょうか？」

「ぜひお願いします。」と私は熱心に応え、他の人々も相槌を打った。

「三人の修道士の話です。彼らは、ヒマラヤの雪を頂いた峰々の麓で、一言も発せず、まったく沈黙したまま、深い瞑想状態で何年もの間坐り続けていました。ある朝、その中の一人が、突然、口を開いて言います。『なんと爽やかな朝なのだろう！』それから、再び彼は沈黙に戻ります。五年間の沈黙が過ぎたとき、突然、二番目の修道士が口を開いて言います。『しかし少し雨が降ればいいのだが。』それから再び五年間、彼らの間に深い沈黙が続きます。すると、急に三番目の修道士が言います。『なぜ貴殿らはおしゃべりをやめることができないんだ！』」

われわれは全員吹き出し、ひとしきり笑いを楽しんだ後、立ち上がってテーブルを離れた。

過去数週間と数カ月は、オーク・グローブでもアーリヤ・ヴィハーラでも多忙を極めた。常連の理事と教師の到来に加えて、一般客や有名人の出入りが続いた。アーリヤ・ヴィハーラのランチ集会は多数の来客があり、時には二十名を超えることもあって――それは、もちろん、私の仕事量をかなり増した。

クリシュナムルティは、忠実に、パティオのドアを通ってキッチンに入るのを習わしにし続け、そしてわれわれは短い、慈愛に満ちたランチ前の会話を楽しんだ。たとえそうであっても、私は不満足感を、その原因を突き止めることができないまま、味わっていた。私のニュース報告を提供するための機会が最近は減少していた。クリシュナムルティは、食後にキッチンの中で時々私に近寄り、二人だけの間で「何かニュースはありますか？」と訊ねた。私は、注目すべき記事があると、ごく簡潔にヘッドラインを引用したり、内容を二つの文章に要約したりした。これは、もちろん、私が尊重するようになった、テーブル越しのゆったりした説明からはほど遠いものであった。

ときどき、一群の客がクリシュナムルティと共にぞろぞろと散歩に出かけていくのに、私は買い物や用達しのために町まで車を急がせなければならなかったとき、激しい嫉妬を味わっていると思ったものである。何よりも私は、彼の行為を通してというよりはむしろ――なぜなら、彼の気配りと愛情を常々強く感じていたので

――私自身の行為を通して、われわれの友情が確かめられ、開花するのを見たかったのである。何らかの個人的な必要から、多分、充足感を得たいがゆえに、私は、自分は彼の友だちであるという、彼に対する感情を表現したいという衝動に駆られていたのだ。それはいささか不合理ではあったが、私はそれを振り落とすことができなかった。私が彼の友だちであるということを彼が承知してくれているということを、私は確かめたかったのである。

五月三十一日、英国へ出発する前の日に、彼はいつものような仕方でキッチンに入ってきた。挨拶を交わした後、私は大胆に、しかしためらいがちに言った。「クリシュナジ、あなたに話したいことがあります――もし差し支えなければ。」

彼の打ち解けた態度は急変し、明らかな警戒心が表情に浮かんだ。「いいですとも、どうぞお話しください。」

彼がじっと私を見つめたとき、私はひどく自意識過剰になり始めた。

「私は……あなたに申上げたいことがあるのです。つまり、あなたから……確かめたいことが。」

「どうか要点を言ってください。」と彼はもどかしげに言った。

「私はただ、私があなたの友だちであるとだけ言いたいのです。クリシュナジ。」

「いいですとも。」と彼は言い、張りつめた空気は和らいだ。「大いに結構です、マイケル。さあ、ランチを食べに行きましょう、他の皆さんが待っています。」

彼は真に熱情的な人であったが、すべての感傷的な言動や個人的な感情の表出を嫌悪していたことを私は知っていた。彼は自分の深い愛情を間接的に表現するのを常としていた。例えば、教職員や財団の理事たちとの対話中に、彼が次のように言うのを私は聞いたことがある。「もしも私があなた方を愛していると言ったら、あなた方はそれをそのまま聞き入れますか？　それとも、あらゆる種類の質問や異議をもってそれに応え、そしてこう訊ねるのですか？　どれくらい私を愛してくれるのですか？　どれくらい長く愛し続けてくれるのですか？　私はあなた方を愛している——それがすべてです。」

各々の人と接するときの彼の行為および配慮の中には、正真正銘の愛情があった。しかし、私とのやりとりの最後の瞬間には、彼はそれ以上応えず、私も彼の静かな傾聴以外の何ものも期待しなかったが、しかし私は自分のざっくばらんな友情の告白によって、心地よい思いと安堵感を得ることができた。

それに続いたランチは、ささやかながら、友好的な雰囲気に包まれた。七名の常連の他に、カリフォルニア北部に位置するシャスタ山〔カスケード山脈の南部にある、標高四千三百メートルの火山〕からやって来た旧友が加わった。われわれは世界情勢および神話について語り合った。私は、最近、世界の神話についてのジョセフ・キャンベルの数冊の本を読んでいたので、クリシュナムルティに訊ねた。「あなたは古代ギリシャやインドの神話に多少は関心がおありですか？　また、それらに何か意義があると思いますか？」

「ええ、確かに関心はあります。私は物語自体は大好きです。しかし、すべての分析、何が何を意味しているかについての説明、象徴についての長々とした解釈、等々の馬鹿げたナンセンスなどにはまったく関心がありません。神話は素晴しい昔話であり、それ以上のものではありません。」

翌日、六月一日金曜日には、われわれは十二時三十分に早いランチをとった。クリシュナムルティとメアリー・ジンバリストがその午後遅くに英国へ旅立つことになっていたからである。再び、われわれは胡椒の木の下で彼らにさよならを言う機会を持った。

第４部　善性の開花

前菜

・トストグリーンサラダ（ビネグレットソースまたはピーナッツドレッシング付き）
・セロリアックサラダ（マスタードとホースラディッシュのドレッシングあえ）
・冷たいグリーンピースサラダ（タマネギ、パセリ、オリーブオイルとレモンに、
炒ったヒマワリの種を散らしたもの）

主食

・野生米（種なしぶどう、ケーパー、松の実入り）
・ギリシャレンズ豆（タマネギ、トマト、セロリ添え）
・蒸しブロッコリー（オリーブとケーパーのソースあえ）

デザート

・マンゴークリーム（マンゴー果肉とクリームあえ）
・新鮮な旬の果物
・ピーナッツバタークッキー

第21章　地上の平和

クリシュナムルティがザーネンで二十四回目の年次講話をしている間、ソ連が不参加のまま、第二十三回夏季オリンピックが一九八四年七月と八月にロサンゼルスで開催された。ボート競技が近くのカシタス湖で催されるなど、オリンピック演技の一部がオーハイ渓谷にも波及していた。九月初旬、クリシュナムルティがブロックウッド講話を完結させつつあったとき、われわれは第一級の熱波に見舞われ、寒暖計の水銀が数日間続けて華氏一〇六度（摂氏四十一度）まで上昇した。それと同時に、稀に見る天文現象が起こり、それは西の空にはっきりと肉眼で見ることができた。主な惑星――金星、木星、火星、土星――が一直線に並んだのだ。夕焼け空の色を背に、白い光の点となっている天空の放浪者たちを見て、私はわくわくさせられた。

十月二十六日、クリシュナムルティとメアリー・ジンバリストが英国からインドのニューデリーへと向かった。数日後の十月三十一日に、インド首相インディラ・ガンジーが、彼女の邸宅で二名の護衛兵によって暗殺された。彼女はクリシュナムルティを非常に尊敬し、しばしば彼の助言を求めた。クリシュナムルティは、彼女の家からさほど遠からぬ家に滞在していたが、政治的混乱と、千名余りの罪なき市民が巻き込まれて死んでいった、広く行き渡っていた暴動を避けるため、すぐに町を去った。彼は、若干の変更を余儀なくされたものの、講話をほぼ予定どおり続行した。その一方で、メアリー・ジンバリストは、病気になったので、一月末にオーハイに戻った。

アシット・チャンドマルを同伴して、クリシュナムルティは一九八五年二月十七日にオーハイに到着した。

長旅と強行軍のせいで疲労困憊して、彼は翌日はずっとベッドで過ごし、休息して、元気回復を図った。

翌日の最初のランチのために私が用意したのは、コーンとオリーブのサラダ、ガカモーレ、緑豆のスープ、三種類のチーズ入りほうれん草キッシュにクミンポテトを添えたもの、オリーブソース付きブロッコリー、それに果物のサラダ、ならびにデザートとしてのヨーグルトだった。十一名の客がいたが、全員が彼に再会したことを喜び、インドでの出来事について訊ねた。彼とメアリー・ジンバリストは、インディラ・ガンジー暗殺にまつわる騒然とした出来事について、われわれに真に迫った話をした。

彼は食欲旺盛で、オーハイに戻ったことを喜んでいたが、かなり疲労しているように思われた。テーブルを拭き清めながら私は、彼が最近こなしてきた厖大な量の旅行についてコメントした。彼は親切そうな目で私を見つめ、そして言った。「飛行機や船や車でのこういうすべての旅は、身体にとってあまり良くありません。もう七十年以上もこうしてきたのです。それは体調を乱し、動転させます。身体が再び落ち着きと正常な調子を取り戻すためには、常に時間がかかるのです。もしも絶えず動いたりしなければ、身体はもっとはるかに長生きするかもしれません——多分、百年いや百二十年も生きられるでしょう。ですから、じっと落ち着いて、静かな人生を送ることです。」

私は彼が言っていることを理解したが、しかしいささか疑問を感じた。なぜなら、私は旅行が大好きで、放浪癖を持っていたからである。


二月二十四日、日曜日までにクリシュナムルティはすっかり元気を回復し、学校についてもっと多くのことをしきりに知りたがった。われわれ一同十二名が新たに編成された寄宿プログラムの難点について話し合っていたとき、彼は、彼とオルダス・ハクスレーが設立に力を貸したが、わずか数年後に手を引いてしまった、ハッピーヴァレー・スクールのことを思い出し始めた。「そう、」彼は言った。「ハッピーヴァレー・スクールでも、最初のうちからここと同じ問題――喫煙、飲酒、ドラッグ、セックス、等々――が起こったのです。皆さんも同じ問題をかかえていらっしゃる。基本的な問いは『生徒にどのように対応したらいいか？』です。余暇を与えればいいのでしょうか？　娯楽を与えればいいのでしょうか？　それとも、厳格なプログラムを編成して、彼らを朝から晩まで多忙にさせ続ければいいのでしょうか？　それが彼らにどんな影響を与えるかおわかりでしょう。彼らの内面に分離――課業と自由時間との間のそれ――を育んでしまいます。まさに彼らの生を断片化させてしまうのです。」

かなり長々と寄宿制の状況について議論し、バランスのとれたプログラムが必要だということに同意した後、われわれは健康と病気に対する、慣例にとらわれない取り組み方について話し合い始めた。私は、バランスのとれた生《なま》および調理済みの菜食によって慢性病を癒す、バーチャー・ベナー方式について述べた。私は、ここでの食事を用意する際にも、その食事療法原則のいくつかを取り入れてきた。

「ああ、知っています。バーチャー・ベナーなら。」と彼は言った。「私はチューリッヒの近くの彼のクリニックに数週間いたことがあるのです。」

「何か特定の目的のためにそこに行かれたのですか、クリシュナジ？」と私は訊ねた。

「一九六〇年、インドでひどい腎感染症にかかった後のことです。彼らは、私を診察した後、厳格な食事療法を施すことにしたのです。」

「どんな種類の食物をあなたに提供したのですか？」

「主としてズッキーニ――生および調理済みの――を種々様々な仕方で私に与えました。それはある程度まで私を治しましたが、しかししばらく経つと、同じものを何度も何度も食べることに飽き飽きしてきました。」

彼が滑稽なしかめ面をして見せたので、われわれは笑った。誰かが別の種類の療法を持ち出し、ヴィマラ・タカールという名前が出された。彼女はかなり有名なインド人の社会活動家である。彼女の本の一つの中で彼女は、数名の専門医が治せなかった重い耳疾が、クリシュナムルティによる両手の接触によっていかにして治されたかを述べている。一人の女教師がこの出来事について彼に訊ねたが、しかし彼はそれについて話すことを少々嫌がっているように思われた。彼女が続けて、彼の両手による接触が彼女の耳疾の治療以上のことをした――それはまた、彼女にある種の奥義を伝授した――と主張したからである。

彼は自分のきゃしゃな長い両手を見つめて、もの思いに沈んだ。「すでに私の母が、私の両手の中にはヒーリング・パワーが備わっていると告げていました。」われわれをじっと見つめて、彼は恥ずかしそうに言った。「もしよろしければ、最近起こったある物語をお聞かせしましょう。ただし、私は自分自身のことをヒーラーとか奇跡を起こす人として認めさせようとしているわけでありません。私はその種の宣伝は大嫌いです。ですから、どうか私のことをヒーラーだと言い触らしたりしないでください。それはマドラスで、ある夕方、私がアディヤールの海岸を散歩していたときのことです。そこにはいくつかの漁師小屋があり、その背後には数軒の家があります。それらのうちの一つから十四歳ぐらいの少年が私の方へ駆け寄ってきて、いきなり私の手を握り、しきりに私に感謝しました。『ありがとうございます。あなたがしてくださったことに感謝します。』と彼は言いました。何のことかさっぱりわからなかったので、私は彼に訊ねました。『なぜ私にお礼を言っているの？』すると彼は言いました。『あなたがたった今ここを歩いているのを見かけて、あなただと気づいたのです。私のことを覚えていませんか？　一年前、あなたは私の母の病気を治してくれました。母が重病だったので、私たちはあなたに会いに行って、母をあなたの部屋に運び上げました。今ではすっかり健康で、歩くこともできます。』彼はしきりにお礼を言いました。すると私は、去年、一台の車がヴァサンタ・ビハールの前まで来て停まったことを思い出しました。家族全員が車から降り、子供も数名いましたが、担架に乗せられた母親を私が滞在していた二階までみんなで運び上げたのです。彼らは彼女を助けてくれるよう私に嘆願しました。彼女は明らかに死に瀕していて、動くことも話すこともできず、医者たちは彼女の病気を診断することも、何らかの手を施すこともできなかったようです。そこで私は彼らに担架を部屋の前に置いて、私と彼女の二人だけにしてほしいと告げました。しばらくすると彼女は意識を回復し、手助けされて起き上がることができました。」

教師は実際のヒーリング過程の詳細をしきりに知りたがって、訊ねた。「実際には何をされたのですか、クリシュナジ？」

時々、質問が個人的になりすぎたり、詳しい情報への要求が度を越したりしたときには、彼は優雅な〝矛先《ほこさき》かわしの名手《マスター》〟になることができた。彼は「そこまでにしてください。」という含みのある上品な身振りをして、やや謎めかして答えた。「自分にできることをしただけです。」物語を続けて、彼は言った。「彼女が階段を降りるとき、彼らは彼女を支えなければなりませんでしたが、しかし彼女は歩くことができたのです。彼らはみんな私に礼を言いました。彼女の息子、つまり私の手を握った少年、は彼らの家に来て、家族に会ってほしいと私を招待しました。私は、謝意を表しましたが、丁重に辞退しました。それで終りです。」

彼は口をつぐみ、そしてその物語はわれわれの心眼の前にホログラムのように立ち上がり、その存在がわれわれ自身の生の織物それ自体の中に一本の金糸のように縫い込まれている、この慈悲深い人物の並外れた魔術の正体を明かしていた。

次の週末の三月二日、クリシュナムルティは初めてパイン・コテージで教職員と会見した。われわれは、われわれの人生の中に浸透している断片化ならびに専門化という、人生を仕事と余暇に分け、それによって葛藤の源を作り出している運動について議論した。われわれは果てしのない諸問題の悪循環に陥ってきた。われわれは、自分の思考過程を充分に理解してこなかったにもかかわらず、それを自分たちの行動と存続の主たる道具として、絶えず不適切に用いてきた。これは、当然ながら、あらゆる種類の問題を引き起こしてきた。困難は、思考という、まさに問題の起こし手、いわば張本人を道具として用いることによって問題を解決しようとしてきたという事実によって、いっそうひどくさせられてきたのだ。

われわれが様々な問題をかかえたわれわれの精神の中への発見の旅に乗り出そうとしていたとき、突然雹《ひょう》がどっと降ってきて、屋根と窓枠を激しく叩いた。中から外の庭に目を向けると、大地がきらきら輝く小石のような雹の薄い層でおおわれ、それら白くきらめく小石がみるみるうちに溶け去っていくのが見えた。どういうわけか、私はそれを吉兆として受けとめた。

次の月曜日のランチの際、クリシュナムルティは、ごく最近読み始めた*Breaking with Moscow*（『モスクワとの訣別』読売新聞外報部訳、読売新聞社、一九八五年）という、アルカジー・シェフチェンコによる本のことを述べた。著者は、最近米国に逃亡するまで、ソビエトの最高位外交官であり、ニューヨークの国連事務次長だった。その後任務から放免され、政治的亡命を許された彼は、一般大衆に秘密情報を洗いざらいぶちまけ始めた。クリシュナムルティは、ソビエト政治機構上層部内の陰謀に関する一次情報の詳述によって魅了させられた。彼は、この本を彼に薦めた前国連外交官テオ・リリーフェルトと、詳しい内容について熱心に議論した。彼は共産党最高指導者間の冷笑主義《シニシズム》［社会風習や道徳などを冷笑・無視する態度］、権力と特権の露骨な乱用、そして矯正しがたい腐敗の暴露によってぞっとさせられた。引き続く数回の昼食会の間に、読んだ分を順次きちんと披露した。彼は、彼らの腐敗、堕落、悪行の根深さをほとんど信じることができなかった。

彼はテオに言った。「彼らが言うこととすることとがいかに隔たっているかは、信じられないほどですね。人民が餓えているというのに、これらの政治家たちは彼らに奉仕しているふりをし、ことあるごとに人民という言葉を口にしている――いかに彼らのためになることをしているか、等々。彼らは彼ら自身を大事にしているだけです。それは〝古き良き自己〟のためなのです――高級車、豪邸、豪華な食事と宴会――ありとあらゆる種類の腐敗と欺瞞にまみれている。そしてこれらの輩《やから》が国家の首脳として強大な権力を持ち、核兵器を掌握して、人類の今後の進路を決定する――ぞっとします。」

概して、彼は人間の思考によって紡ぎ出された社会・政治システムのどれについても非常に懐疑的だった。それらが、例外なく、人間性という基本的な構成要素によって損なわれてきたからである。彼にとって、どのようなナショナリズムも、一種の美化された部族主義以外の何ものでもなく、大昔からの分離、偏見、恐怖、憎悪、そして戦争を引き継いだものにすぎないのだ。しかし彼は、彼の言い方では「虚偽を虚偽として、真実を真実として、そして虚偽の中にある真実を真実として」識別した。特定のいかなる形態の政府も支持することなく、彼は民主主義を好み、はっきりと全体主義的システムを本質的に破壊的で邪悪であると見なした。事実、彼はしばしば言った。「権力は、形態のいかんを問わず、邪悪です。」

『モスクワとの訣別』は、共産主義体制が芯まで腐っており、自国民さらには全世界を欺き、そして人類の福祉に由々しい脅威を与えているということの、反駁できない、直接の証拠を彼に提供しているように思われた。その後間もなく、私もその本を読んだが、しかしそのいくつかの側面にかなり懐疑的になった。そこで、私はそれらの疑念について発言した。

「クリシュナジ、」と私は訊ねた。「多くの点で著者は隠された動機を持っており、ことに彼の敵対者たちをより言語道断に腐敗していると描写することによって、［自分の過失・欠点などを隠して］体裁をつくろおうとしたとは思いませんか？　結局、彼もまた長年にわたり党の高級官吏として、こういったすべての腐敗にどっぷり浸かっていたのではないでしょうか？」

彼は私の批判の向け方には関心がないように思われ、こう答えた。「いや、いや、彼が言っていることだけを見ることです。」

長年にわたり要職を歴任した後、三番目のソ連共産党書記長に就任した人物が執務中に死去したのは、一九八五年三月半ばのことであった。ブレジネフは、長年トップの座を占めた後、一九八二年に死去し、彼の後継者ユーリ・アンドロポフは一九八四年に、わずか十五カ月権力を掌握しただけでこの世を去った。そして今度はチェルネンコが一年足らず支配しただけで死亡し、五十四歳のミハイル・ゴルバチョフに取って代わられたのだ。彼は、ソ連の権力者のうちでは最若年の一人として最高指揮権を掌握した。われわれが超大国ソ連の階級組織の変遷について話し合っていたとき、誰かが新しい党書記長の写真を載せた週刊誌を回覧させた。クリシュナムルティは何も言わなかったが、長い間ゴルバチョフの顔をじっと眺めていた。

しばらくして、彼は言った。「最近聞いたジョークを話さなければなりません。ある男が死んで、地獄へ行きます。近づいてみると、地獄の内部へと至る大きなドアが二つあるのに気がつきます。両方とも悪魔によって見張られています。一方の門の前には、中に入るのを待っている人々が長蛇の列を成していますが、他方のそれの前には誰もいません。その男は人気のない門の方へ歩いて行き、その上にある標札を読みます。『資本主義者の地獄』とあります。彼は守衛をしている悪魔に訊ねます。『あなたは、厳密に言って、ここで何をするんですか？』」悪魔は答えます。『死刑囚の身体にドリルでいくつもの穴を開け、それらを沸騰した油で一杯にするのだ。』男はもう一方の門の方へ行きます。その前には何千もの人々が列を成しています。そこの標札には『社会主義者の地獄』と書いてあります。男は守衛をしている悪魔の方を向いて訊ねます。『ここにある社会主義者の地獄であなたは何をするんですか？』悪魔は答えます。『死刑囚の身体にドリルでいくつもの穴を開け、それらを沸騰した油で一杯にするのだ。』男はすっかり驚いてしまい、叫びます。『だったら、あちらの資本主義者の地獄でしていることとまったく同じではないですか。それなのになぜあちら側には誰もいないのに、ここでは何千もの人々が行列待ちしているんですか？』悪魔は肩をすくめて言います。『知ってのとおり、資本主義国では万事が効率よく機能しているが、しかしここの社会主義者の地獄では、われわれはまだドリルの部品が届くのを待っており、おまけに油の供給が途絶えているのだ。』」

笑いのさなかに、クリシュナムルティはほくそ笑んだ。「社会主義と共産主義に利点があるのはそこ——地獄——の中でだけだということです。」

三月中ずっとクリシュナムルティは各土曜日の午前十一時にパイン・コテージで教職員たちと会い、われわれの日常生活と教育活動に関する事柄を——別々のものとしてではなく、相互に関連し合った問題として——議論した。彼は一つの対話のエッセンスを、「自己関心の終りが英知の始まりである。」と言うことによって要約した。それを知的に把握するだけでなく、より重要なこととして、われわれの日常生活の中でそれを悟ることは、事実上あらゆる人の力量を超える大きな飛躍であった。私は思わず自分自身に訊ねてみた。「私は本当に自己関心を終わらせることができるだろうか？　なぜそれはこれほど難しそうに見えるのだろう？」次の対話で、われわれは自己関心というテーマを長々と追求し、それを好き嫌い、意見、個人的な趣味、執着に関連づけてみた。

次の土曜日には、対話の皮切りに、クリシュナムルティは「あなたにとって人生とは何を意味していますか？」という、面食らわされるほどシンプルな質問をした。

会話は、快楽と苦痛、執着、罪悪感、反抗などの分野をくねくねと通り抜けた。探求の途中で私は、滅多に知覚したことがない日常生活の現実に、より大きな文脈の中で直面させられていると感じた。クリシュナムルティに学び始めた当初、私は悟りと変容に深い関心を持っていた。徐々に私は、これらの理想がつかみにくいということ――とりわけ、様々な方式によって徐々に到達されるべき目標として想定されるときにはそうだということ――を悟るようになった。クリシュナムルティが、生きる術《アート・オブ・リビング》は、人が努力して至るべき固定した点という概念を取り除くことにあると語り始めたとき、それが覚醒への呼びかけとなった。著しく実際的で、詩的なまでに健全なこの取り組み方は、非現実的な理想にではなく、日々の実生活に直接関わっていた。かならずしも容易ではなかったが、それが正しいことは明らかで、とてもシンプルであった。

クリシュナムルティはそれをこのように説明した。「生きる術《アート・オブ・リビング》は最も重要な術《アート》であり、他の何よりも偉大であり、詩を書いたり、交響曲を作曲したりするよりも偉大であり、いかなる寺院や教会よりも偉大なことなのです。」それから一息入れた後、彼は続けた。「そして誰もこの術《アート》をあなたに教えることはできません。」

そして最後に、生きる術《アート・オブ・リビング》は、恐怖や悲しみを持たないこと、いかなる葛藤も問題もなしに生きることを意味しており、さらに、それは死ぬ術《アート・オブ・ダイイング》と共に進むことだということを彼は明らかにした。

三月二十五日、月曜日、ランチに現れたのはわれわれ六名だけだった。インドから来た一人の客は三十年以上にわたってクリシュナムルティの親友であった。一同が野生米、ギリシャレンズ豆、オリーブとケーパーのソースであえた蒸しブロッコリーに続いて、柿のクリームの食事を楽しんでいるうちに、友好的な雰囲気と解放感が広がっていった。クリシュナムルティは、グルの伝統や菩薩（ボーディ・サットヴァ）という仏教の観念について、旧友と盛んに会話を交わしていた。彼はこのような存在が実在していたかどうかについて明言することはけっしてなかったが、明らかに彼はその話題に惹きつけられていた。公開対話や私的な会話中に、彼は菩薩や正覚者（enlightened being）について語ることがあった。彼はまた、神智学のいわゆる大師方（Masters [of the Ancient Wisdom]）についての質問にも答えていた——が、その概念を肯定したり否認したりするためというよりはむしろ、無視したり簡単に片づけるためにに。これらの事柄については彼はかなり敏感で、彼の会話の内容が反復されるのを嫌った。なぜなら、それらは容易に誤解される可能性があるからである。そのどれもが彼の教えとは無関係だったのだ。

四月末、東海岸のいくつかの単科大学や総合大学への訪問から最近戻ってきた開発部長が、ランチ集会に加わった。食事中、彼はクリシュナムルティに、彼の教えがいくつかの大学で哲学コースの一部になっていると知らせた。クリシュナムルティの反応は控えめではあったが、これらの最高学府からのそうした知らせに接して、子供のようにわくわくしていた。数枚の紙を出し見せて、部長は説明した。「これらは試験の質問表です。あなたのコースを履修する学生たちはこの試験に合格しなければなりません。」

クリシュナムルティは当惑気味の表情をしたが、関心をそそられて、より詳しく調べるために問題用紙を手にした。

一人の女性理事が口を挟んだ。「それは全部○×（正解・不正解）式ですか、それとも多岐選択式ですか？」

クリシュナムルティを含むテーブルのまわりの一同はどっと笑い、そして部長は答えた。「ええ、○×式の質問も多岐選択式の質問もありますが、しかし試験の主要な部分は論文から成っています。」

やがてクリシュナムルティはそれらの試験用紙を精読して、それらをテーブルの上の彼の取り皿の隣に置いた。彼は、感心したような笑顔を浮かべて、評した。「どれも非常に良いですね。ええ、実に出来映えの良い質問です。」それから、滑稽な仕方で言い添えた。「私が受けたらパスできるかどうか？」

それはすっかり笑いの樽（barrel of laughs）の栓を抜いてしまった。われわれは、笑いが込み上げてくるのを抑えることができなかった。クリシュナムルティの評言に対する部長の応答が、さらに他の笑いを撚り合わせた。「もちろんです。見事に合格すること請け合いです。」〔訳註：〝見事に〟は〝with flying colors〟（太鼓を鳴らし旗をなびかせて）の訳〕

四月初め、天気は突然酷暑に転じた。四月一日、月曜日のランチの会食者は十二名だった。一人を除く全員が学校や財団の長期メンバーだった。私はマリネにした豆腐サラダ、ポテトと卵のサラダ、ガスパチョスープ、プロヴァンス風野菜のクスクス（煮込み）、そしてデザートにチョコレートブラウニーとアイスクリームを用意した。

ほぼ最初から、奇妙で不愉快な緊張がわれわれの間にみなぎっていた。突然、連鎖反応が起こり、鬱積していた敵意を放出させた。われわれの間の唯一の〝部外者《アウトサイダー》〟、ブロックウッドから参観に来た料理人は、われわれがランチに供した料理を高価なごちそうだと思い込んでかなり無邪気に驚嘆し、そして理事の一人が、私の調理した食物の種類が贅沢すぎるとして、すぐに私を譴責した。それに他の理事と役員たちの何人かが次々に同調した。私はぎょっとした——攻撃の矢面に立たされたことに対してだけでなく、こともあろうにクリシュナムルティの面前で不意に互いの憤りが露《あらわ》にされたことに対して。

彼は明らかにこの小声の口論に気づいていたが、少しもそれに巻き込まれず、内気な傍観者的距離を保ち、一言も発しなかった。結局、論争の根っ子まで掘り進むことなしに、われわれは静まった。会話はより遠方の紛争へと矛先を転じた——世界の超大国の情況や核戦争の脅威といった。一人が不安な思いを洩らした。「超大国間の核戦争の後には、人間が生き残れそうな場所は地球上にわずかしか残らないでしょうね。」

われわれは、いったん核の衝突が起こったら自分がどこにいたいかについて、場所選びゲームを始めた。誰かが安全な場所としてニュージーランドを、他の誰かが南米を示唆した。一人の女性がクリシュナムルティの方を向き、彼に訊ねた。「そのような惨事の間中、あなたはどこにいたいと思いますか？　クリシュナジ？」

しばしの間考え込んだ後、彼はいたずらっぽい笑顔で答えた。「オーハイ渓谷はかなり安全な場所だと思うのですが、どうでしょう？　周囲を山々によって守られており、そしてオレンジの木の下に坐っていれば、果物を食べながら生き残れるでしょう。」

「オレンジだけを糧にしてですか？」と私は訝《いぶか》しんだ。

女性が異議を唱えた。「ですが、ここは敵の攻撃の最初の標的の一つになる可能性があるロサンゼルスに近いのですよ。間違いなく、核放射線がこの谷を冒すことでしょう。」

「それにヴァンデンバーグ空軍基地が、おそらく、大陸間弾道ミサイル攻撃に諸《もろ》にさらされるでしょう。」と役員が横槍を入れた。

「なるほど。なるほど。」と、クリシュナムルティは笑いながら応えた。「では、別の場所を見つけることにします。」彼は他のいくつかの選択肢を調べたが、結局はそれらを見限った。とうとう彼は言った。「ああ、見つけました。フランスのドルドーニュはとても暮らしやすい場所です。先史時代の人類がそこの洞穴で何万年もの間住んでいたのですから。私はその地区を訪れたことがあるのです。とても風光明媚で、土地も肥えており、多分、他のどこよりも安全な場所だと思います。」

三日後、木曜日、四月の満月の日はランチがなかった。メアリー・ジンバリストが午前中にロサンゼルスへ車で出かけねばならなくなり、クリシュナムルティは一日中ベッドでくつろぐことになった。それゆえ、われわれは全員がいつものランチを取り消すことに同意しなければならなくなったのだ。そこで私はクリシュナムルティのためのちょっとした食事を用意して、パインコテージの彼の許にそれを届けることにした。

よく晴れた暑い日で、日光はコテージの白塗りの日干し煉瓦造りの壁面からギラギラと照り返っていた。高く持ち上げた右の手の平の上で盆のバランスを取りながら、私がバラの木々の脇を通り過ぎようとしていたとき、生い茂った花々はすでに暑熱の中で萎み始めていた。石段をゆっくり上って深紅色のドアの前に近づくまで、容器が互いにぶつかり合うのを避けるため、私は左手で盆を安定させた。その前の日、彼は私に言っていた。「一時頃来て、ベルを鳴らしてください。私がドアを開けに来ますから。家の中には私一人きりで、誰かが入ってきても聞こえないかもしれないので、ドアに鍵をかけておくことにします。」

私が注意深くボタンを押すと、家の中の奥の方でガーンと鳴る音が聞こえた。数秒間私が立ったままで待っていると、時計がカチカチ時を刻んだ。何のもの音もせず、ただ日中の暑さと多くの昆虫のブンブンという羽音だけがあった。私は彼がベルの音を聞いたかどうか気になって、もう一度ベルを押そうとしたとき、ドアが静かに開いて彼が現れた。

私にとって、クリシュナムルティは常に素晴らしい眺めの的であった。しかし、一定の、しばしば予測できない情況の下では、彼は通常よりもずっと素晴しいことがあった。今が、たまたまそういう稀な場合の一つだった。その上、われわれは二人きりで、差し向かいになっていたのだ。彼は、サンダル履きの足下まで達している、けばだったタオル地の、純白の綿製バスローブをまとっていた。ふっくらした幅広の袖から、彼のほっそりした褐色の手が突き出ていた。彼の頭には、渦巻き状の銀髪が光輪のようにかぶさっていた。

横溢する光が私を圧倒させた。あらゆるものが抜けるように白く、明るかった。昼の強い光が家の内部に溢れ、白い壁面と白い床のタイルから反射していた。そして白いバスローブをまとった、白髪のクリシュナムルティがいた。それは力強い夢の中のシーン、そこではすべての要素が一つの流れるような運動の中に溶け込み、共通の背景から様々な形状や唐草模様を盛んに作り出したり、変形させたりしている、そういうシーンのような印象を与えた。彼は、その盛んに働いている背景から、最高善に達した中世期の大錬金術師のように、前方へ踏み出してきた——単に鉛およびその他の卑金属を金に変えるためだけでなく、あらゆる物およびあらゆる存在を彼自身の中に溶解させ、変形させ、さらに彼を通して、それらを透明な〝空《くう》〟に変えるために。

「こんにちは、マイケル。」と、彼は歓迎の意を込めた笑みを浮かべて言った。彼は光を放射しているように思われ、彼の友好的な目は、優しい、反射してくる火で輝いていた。

「ランチをお届けに伺いました、クリシュナジ。」と私は説明した。「どこへ置いたらいいですか？」

「キッチンのカウンターの上に置いてください。」と彼は言い、キッチンの中に入ってカウンターの上に盆を置く私についてきた。通常、こういう場合にするように、私は様々な料理を名指しし、それぞれの材料を列挙した。彼は私の料理解説に注意深く耳を傾け、その一、二の細かい点について訊ねた後、突然、彼特有の仕草の一つで私の腕を掴み、そして言った。「ありがとう、他の盆に乗せて寝室に運び込みます。」

短い出会いの間中、彼の声の優しい響きを聞いていると、筆舌に尽くしがたい軽快感を味わった。悩みごと、心配ごと、俗世間のすべての気がかりなことは途中で脱落し、後方を歩いているクリシュナムルティと共に、玄関のドアへと戻っていったとき、私は広大無辺な未知の世界の縫い目のない輪郭を感じ取った。文字どおりドアの外に泳ぎ出し、包み込むような彼の面前から離れて、日中のまばゆいばかりの明るさの中に入ると、私は片足を階段の二段目にかけたまま、別れの挨拶をするために向き直って、クリシュナムルティを見つめた。彼はゆったりした白いバスローブの中で輝きながら、非常に姿勢の良い、しかし弱々しい、小柄な身体を直立させ、片手を半開きの深紅色のドアノブに乗せ、もう一方の手をだらりと下げていた。彼はやや焦点が定まっていないような感じで私の方に目を向けた。まるで私の身体自体よりはむしろ私の頭と身体のまわりの空間を凝視しているかのようだった。私が謝意を表しようとしかかったとき、彼が先に語りかけた。彼は外国語で文章を誦んじたが、私はそれを理解することも特定することもできなかった。それらの言葉には重々しい威厳のある響きがあり、それは彼特有の発音によってより高められていた。頭を後ろに傾け、目を半ば閉じて、彼はそれらの言葉を深みのある朗々たる声で、魔法のマントラのように発音した。彼は両目をかっと見開いて真っ直ぐに私の目の中を覗き込んだが、しかしそこには当惑以外の何も見つけなかったかもしれない。

私はおずおずと訊ねた。「申し訳ありませんが、いま何とおっしゃったのですか？」

彼はそれらの言葉を再び唱えた。「*Anna dathu sukhi bhava*（アンナ・ダスー・スキー・バーヴァ）」

そこにはいくつかの強勢《アクセント》と一貫した子音を伴ったリズムがあり、低い長調の振動を作り出していた。私はそれらの語を反唱しようとしたが、うまくいかなかった。「どんな意味なのですか、クリシュナジ？」

「それは古代サンスクリット語の諺《ことわざ》で、『食物を与える者に幸いあれ。』という意味です。」

思いがけない歓喜の念が私の中に湧き起こり、まるで彼から貴重な贈り物をもらったかのように、私は彼に感謝した。「ありがとうございます。」

まばゆいばかりの笑いがわれわれの間を行き交い、そして私はオレンジ畑を通り抜けてアーリヤ・ヴィハーラのキッチンへと舞い戻った。


三日後の土曜日の朝、クリシュナムルティとメアリー・ジンバリストは、ニューヨークシティ行きの飛行機に乗るため、空港へと出発した。四月十一日にニューヨークの国連で講話をする予定になっていたからである。週末の四月二十日と二十一日にワシントンＤ・Ｃのケネディ・センターで二回講話をし、明くる月曜日にオーハイに戻ることになっていた。結局、彼は二週間オーハイを留守にすることになった。

ブロックウッドパークから来た私の同僚と私は、この機会を捉えて、太平洋沿岸沿いにビッグサー経由でサンフランシスコまで、一週間のドライブ旅行をした。オーハイに戻った後、ロサンゼルス国際空港からワシントンD・Cへ行く飛行機に乗り、そこで行なわれる講話に出席することにした。この国の首都を訪問するのは私にとって初めてのことだった。そして私は巨大な権力の集中によってだけでなく、重要美術品のおびただしいコレクションや市街の建築デザインによって非常に感動させられた。

しかしながら、私を最も感動させたのは、クリシュナムルティが土曜日の午後二時三十分に有名なセンター・フォー・ザ・パフォーミング・アーツ（舞台芸術センター）で講話を行なうのを見たことであった。黒いダブルのスーツにワインレッドのタイを締め、胸ポケットに小さな白いハンカチをたたみ込み、広々とした薄暗い舞台の中央にある質素な椅子に彼は腰を降ろした。彼の前にはマイクロホンが置かれており、別のクリップ式マイクが彼の襟に取り付けられていた。一人の人物が大きな舞台の上に独りきりでいて、権力の中心地にある劇場に集った三千人の期待に満ちた多国籍《コスモポリタン》の聴衆と向き合っている――これ以上強く心に訴える対比を思い描くことは困難であった。初めのうちは、スピーカーの調子が悪かったためにやや聞き取りにくかった。が、いったん調整された後は、クリシュナムルティは、かつてないほど説得力のある、簡にして要を得た彼の教えの要約の一つに乗り出した。彼はごくわずかな仕草を交えつつ、まっすぐに背を伸ばし、ほとんど不動のまま椅子に坐って、この上なく真剣に語った。彼は人間の状態について、葛藤と悲しみについて、平和について、探求について、美と恐怖について、時間と思考について話した。

翌朝十一時、彼は聴衆と共に人間の意識内へのパノラマ的な旅を続けた。前日と同じくらい厳粛に、まず快楽と、それがわれわれの人生の中で果たしている支配的な役割を調べることによって始めた。ある時点で、彼は言った。「私たちは自分自身を見るのが怖いのです。お話ししましたように――自分自身を明瞭に、正確に、厳密に見ることは、関係の鏡の中においてのみ可能なのです。それが、私たちが持っている唯一の鏡なのです。あなた方が自分自身を見つめるとき――髪を櫛ですいていようと、髭を剃っていようと、顔に何をしていようと……」

突然、そしてすぐにははっきりわからなかった理由で彼は短く笑い、それから言った。「失礼。」ごく短い沈黙の間合いの後、彼が落ち着きを取り戻そうとしている間に、浴室の鏡を覗くような仕方で自分自身を見つめてごらんなさいという示唆の中に込められたユーモアに何人かの聴衆が気づいて、クスクス笑い始めた。

彼は続けた。「鏡の中を覗き込むのです。」しかし彼はまたもや、自分の中に喚起された大笑いを誘うようなイメージによって圧倒された。「失礼。」と、再び目に笑みたたえて彼は言った。それまでの厳粛な面持ちとはくっきりと対照的な、突然示された愉快げな表情に応えて、聴衆からさらに多くの笑声が沸き起こった。真顔に戻り、再び話を続けようとした途端に、彼はまたもや込み上げてくる笑いを抑えることができなくなった。その衝動を振り払うことができないことに苛立って頭を振り、彼は笑いの波に自分自身を委ね、とうとうその笑いは聴衆全体を包み込んだ。しばしの間抱腹絶倒した後、彼はまたあえぐように許しを乞うた。「失礼。」

彼の言葉はさらなる笑いの輪に呑み込まれた。これは一、二分間も続き、その間中彼は心の底からの、あからさまな喜びの表情を浮かべて、彼の前の何千もの笑顔を眺めていた。その陽気な騒ぎがかなり静まった後、彼は一本の指で頬を掻きながら、こう評した。「おわかりいただけたようで、とても嬉しいです。」

とうとう落ち着きを取り戻して、彼は続けた。「鏡はあなたのありのままの姿を正確に映し出すのです。」

それは、伝染性の陽気な騒ぎの、訳も理由もない突発にしかすぎなかったのかもしれないのだが、この出来事は、自由に流露する、クリシュナムルティの巧まざるユーモアのセンスを見事に証す性質を備えていた。彼は講話を続け、秩序と無秩序、学び、悲しみ、愛と死、宗教、神聖なるもの、そして瞑想へと話し及んだ。それは不思議なほど感動的で、この素晴らしい講話が締めくくられたとき、花束を抱えた一人の少女が舞台に上がって、それをクリシュナムルティに手渡し、彼は背をかがめてそれを彼女から受け取った。

二日後、われわれは全員オーハイに戻り、アーリヤ・ヴィハーラでランチを共にした。八名の客のうちの五名は東海岸には行かなかったので、クリシュナムルティ、メアリー・ジンバリストそれに私がワシントンD・Cでの出来事を彼らに話した。ニューヨークシティでの出来事を知りたくなった私は、彼に訊ねた。「国連での講話はいかがでしたか？　どんな様子だったのですか？」

「私は〝Pacem in Terris〟（地に平和を）協会で話をしましたが、しかし、国連の代表者たちが平和に関心があるかどうか疑問です。講話の後、一人の男性が私たちのところへやって来てこう言いました。『私は国連に四十年間関わってきましたが、あなたの話を聞いて、私は戦争は間違っているという結論に達しました。』想像してみてください。そう理解するまでに四十年もかかったのです！　国連組織を運営しているのはそういう人々なのです。」

メアリー・ジンバリストは柔和に笑い始め、そして説明した。「クリシュナジは平和賞のメダルを贈呈されました。しかし彼はそれをテーブルの上に置き忘れてしまい、一人の男性が彼を追いかけてきてメダルを手渡してくれたのです。」

われわれは出来事の奇妙な経緯に笑った。クリシュナムルティもわれわれの愉快な思いに加わった。

一人の理事がより真剣になって彼に訊ねた。「もしもあなたがノーベル平和賞に指名されたら、お受けになりますか？」

クリシュナムルティは、彼の顔をびっくりしたような表情で見つめて、答えた。「どうして私がそのような賞を受け取ることができるでしょう？　何のための賞ですか？　政治家たちはこの賞を何年にもわたってお互いに与え合ってきましたが、しかし、一向に世界平和は実現しそうにありません。それはただの茶番劇、彼らが興じているある種のゲームのようなものです。いいですか、もしもあなたが正しいことをしているなら、どんなメダルも賞品も受け取らないでしょう。正しい行動はそれ自体が目的なのです。」

突然、われわれは、一斉に、ノーベル平和賞の賛否について、まるでその受賞が現実味を帯びているかのように、興奮気味に話し出した。しかしクリシュナムルティは超然とし、受賞の現実性にも可能性にもまったく無関心だった。

前菜

・トストグリーンサラダ（ビネグレットソースまたはブルーチーズドレッシング付き）

・マリネにした豆腐サラダ（おろしニンジン、細かく角切りにしたセロリ、パセリ、ジンジャー入り）

・ポテトと卵のサラダ（イノンドと細かく角切りにしたピクルス入り）

主食

・冷たいガスパチョスープ（トマト、キュウリ、コリアンダー入り）

・クスクス（パセリ、干しブドウ、アーモンド入り）

・野菜プロヴァンシャル（干しズッキーニのフライ、きのこ、緑と赤と黄のピーマン入り）

デザート

・濃厚チョコレートブラウニー（バニラアイスクリーム付き）

・新鮮な旬の果物

第22章　内的なものの科学者

四月末には新しい泊まり客がアーリヤ・ヴィハーラに顔を見せた。グローエ氏という、スイス出身の隠退した実業家で、最近購入したオーハイの自宅がちょうど改築中だったので、今回の講話の期間中、部屋の一つに引っ越してきたのだ。彼と彼の婚約者であるルーマニア出身の女性がランチの常連になった。

今までもよくあったことなのだが、四月末の数日間にクリシュナムルティの数人の友人がやって来て、われわれとランチを共にした。その中には英国のテレビ・舞台プロデューサーのロナルド・エアがいた。彼は一九八四年六月にブロックウッドパークで、遊び心についてのビデオ収録された対話を行なった。彼は元気に満ちた雄弁な人で、笑いを楽しんでいるように思われた。一同全員にとって嬉しいことに、食事が始まってから間もなく、彼らは互いにジョークを交わし合った。より足繁く訪れた客は、ロサンゼルスにいるコスタリカの領事で、ハリウッドの台本作者《スクリプト・ライター》をしていたシドニー・フィールドだった。彼は年に数回彼の旧友であるクリシュナムルティに会いに来て、われわれとランチを共にした。彼らは六十年前に初めて会い、以来、良き友人同士であり続けた。シドニーは非常に思いやりがあり、謙虚な、言葉づかいの穏やかな人だったが、強い探求心の持ち主であった。三番目の客は宗教学、物理学、哲学の教授、ラヴィ・ラヴィンドラ博士で、元々はインド出身であるが、現在はカナダのノヴァ・スコシアに住み、そこで教鞭をとっていた。過去数年間に二、三度クリシュナムルティを訪れ、何度かの誠実な会話を通して互いに良好な関係を築き上げてきた。

クリシュナムルティの特徴を述べ、彼の教えを分類することは容易ならざることであった。初期の神智学の時代には、救世主《メシア》、世界教師《ワールド・ティーチャー》、キリスト、仏陀に類似した正覚者、そしてロード・マイトレーヤの乗り物としてもてはやされた。自分にあてがわれた役割を拒んだ後、彼は革命家、霊的《スピリチュアル》反逆者、偶像破壊者と見なされた。より最近になって、彼は霊的教師、教育者、心理学者、神秘家、宗教的哲学者など、様々な呼ばれ方をしてきた。当然ながら、紋切り型の命名を受けつけなかったのは、人生に対する彼の包括的なアプローチだけでなく、専門化や学術的制約を超えた、彼の教えの全体性であった。

　私は、しばしば、彼のことを哲学者——その言葉の真の、元々の意味でのそれ——だと思った。彼自身が、いくつかの折に、哲学を「真理への愛」または「生への愛」と定義した。けっして言葉にうるさくなかった彼は、「知恵の友、知恵の愛好者」としての哲学者という、われわれのより逐語的な翻訳（直訳）にたやすく同意した。奇妙にも、彼は、自分は宗教的聖典や哲学的文献のどれもけっして読んだことがないとしばしば強調した。彼は、真理は記録されうるということを、彼自身の名の下に出版された本を含めて、否定した。あるとき、彼は何人かの側近に語ったことがある。「Kの教えは生きたものですが、本はそうではありません。どんな本も。」

　最近彼は、アリストテレスとプラトンについてのテレビ番組を観ていた。それは、美、正義、美徳、自由、幸福などの哲学的概念への彼らの探求と、それに続く公式化、そして、何世紀もの間いかにして彼らの考えがほとんどの現代社会の思潮《エトス》にかなり大きな影響を与え続けてきたかを描き出していた。その番組はアリストテレスへの彼の親近感、ならびにアリストテレスを——ついでに言えば、他の誰をも——霊的権威の座に祭り上げることへの彼の批判的態度の両者を再燃させた。非知（not-knowing）から始め、絶え間ない問い（constant questioning）に依拠するクリシュナムルティ流の対話は、私に二千年以上も前にアテネの市場で実践されたソクラテスの手法をしばしば思い出させた。

五月二日、木曜日のランチでは、クリシュナムルティとラヴィ・ラヴィンドラが、科学的な精神とその虚心に観察・調査する方法について、友好的な笑いによる中断をはさみつつ、ゆるやかな歩調で、だが徹底的な対話に携わった。

クリシュナムルティは、相手の腕に軽く触れながら、熱心に所見を述べた。「ご存知のように、科学的アプローチは――懐疑的で、疑念を持ち、問いを発する。常に問うことをやめず、そして偏らない。そうですね？」

「そのとおりです、クリシュナジ。」とラヴィは答えた。「それは、多分、あなたが問題を探究するやり方にとてもよく似ています――客観的で、先入見がない、等々。」

「同感です。その点までは私たちは意見が一致しています。しかし、なぜ科学者のほとんどはそれと同じ合理的な、私心のない探究基準を自分たちの日常生活に適用しないのですか？――つまり、自己関心、等々を持ち込まないということです。または、あらゆる種類の破壊的な目的に用いられるかもしれない自分たちの仕事の結末を調べることにも？」彼は間を置いて、相手が答えられるようにした。

教授は、科学者の道義的ジレンマを説明したり弁護したりするのをためらっているように思われた。

概して、クリシュナムルティは、事実の記述であり、それゆえ即座の答えを持たない質問をした。もしも人が性急にそれらへの答えを見出そうとせず、静かにそれらに思いを凝らせば、やがてそれらはより深い意味を開示するようになっていった。

ラヴィは、まばゆいほど明るい笑顔を浮かべ、愛情を込めて質問をはぐらかした。「クリシュナジ、あなたは本当に内的なものの科学者ですね。」

それはお世辞のつもりではなく、そしてクリシュナムルティはそれに直接応えなかったが、そう言われたことをかなり喜んだように思われた。

翌日のランチの場で、クリシュナムルティは、アーリヤ・ヴィハーラに滞在していたラヴィに訊ねた。「あなたは古代ギリシャの哲学を研究してこられましたね。アリストテレスの著作と彼についての本も読まれたことでしょう。彼は洞察を持っていたと思いますか？」

彼は〝洞察〟（insight）という用語に特別の意味を付与していた――それは人間の全活動の解明であった。ラヴィは明敏な精神と素晴しいユーモアのセンスを持っていた。彼は笑顔で答えた。「私にはわかりません。多分、ええ、多分ですが、彼はいくつかのことへの洞察は持っていたと思います。」

会話は豊かなユーモアと愛情と共に流れるように進行し、プラトン、聖トマス・アクィナス、カント、アインシュタイン、ボームなどに簡潔に言及していき、クリシュナムルティは心ゆくまで楽しんでいた。ラヴィはジョークを言い、そしてみんなにとって嬉しいことに、クリシュナムルティも笑いながらそれにお返しした。「このジョークは先日聞いたものです。」と彼は言った。「二人の友だちが死んで、首尾よく天国へ行きます。彼らは二枚の羽と後光を持ち、雲の上にいます。一人が相手に言います。『もしもわれわれが死んで天国にいるのなら、なぜこんなに恐い思いがするのだろう？』」

笑いが静まったとき、ラヴィは昔のとてもよく知られたインド人の教師、ナーガールジュナ（龍樹）とパタンジャリについて述べた。彼は、厳密に西洋的な意味での哲学的学派のようなものはインドには存在しないと説明した。クリシュナムルティは応えた。「すみませんが、当座は、そういったすべての学術的な事柄は忘れましょう。哲学というのはどういう意味なのでしょう？　それは真理への愛であり、生への愛であって、書物への愛ではありません。それは生きているものです。」

ラヴィは、学術的な観点から離れることによって、年長者の意見に丁重に従い、そして会話はバラモン的伝統へと移っていった。基本的に、クリシュナムルティはすべての組織化された信念、宗派、宗教、哲学、グル、そして霊的権威を拒否していた。しかしながら、同時に、彼は世界宗教の元々の側面のいくつかを愛好し続けていた。彼はしばしば仏像への深い敬意を表明し、また、時々、彼が〝本来の〟バラモン的伝統と呼んでいたものの美徳を讃えるのを耳にすることができた。

今度は、彼がラヴィに語った。「先日、私が飛行機に乗り、ファーストクラスの区画にいたとき、通路の反対側に教養があり、一見して裕福そうな、良い身なりをした初老の紳士がいました。彼が私に告げたところでは、彼はあるイスラム教国から来たとのことでした。食事時間に、スチュワーデスが食べ物を乗せた盆を運んできました——私の分は菜食です。その紳士はそれに気づいて、私にその訳を訊ねました。そこで私は、何世紀もの間連綿と続いてきた真のバラモンの伝統、本来のそれ——非常に厳格で、厳粛で、妥協の余地のないもの。肉もアルコールも禁じ、しみひとつない清浄さに固執するもの——について彼に語りました。いかにやましいかおわかりでしょう。」彼は、自分もまたこれ以上ないような衛生的で清潔な状態を大事にしていることを含意している、滑稽な顔をした。しかし彼は、バラモンがより低いカースト出身者に触れることも、バラモン以外の人によって触れられた物体に触れることすら禁じるという、極端な形のバラモン的行為を明らかに容赦しなかった。また、正統派のバラモンが実践しているような儀式的な清めや沐浴のどれも実践していなかった。

「そこで私は彼に説明しました。」と彼は続けた。「その厳格さ、清浄さへの要求の背後にあるもの——そのような生き方の真正の清廉さ——単なる空虚な言葉や死んだ伝統でなく、真実の生——おわかりですね。」彼は力強く拳を握りしめ、そして彼の顔は内なる熱情の力で引き締まり、部屋中に充満していくように思われるほどのエネルギーをたぎらせて、〝真実〟という言葉によって彼が何を意味しているかを伝えようとした。「すると、その人はそういったすべてに非常に好奇心をそそられ始め、とうとう自分の食物を菜食に取り替えられないかとスチュワーデスに頼みました。そういうわけで、彼も菜食にしたのです。」

われわれ全員が感動させられた。しばしの間合いの後、彼はほとんど内緒話をするような口調で続けた。「しかし、この本来の、真正のバラモン的伝統——何ものによっても腐敗させられるべきではないそれ——は、もはやどこにも存在していません——インドにも、他のどこにも。今日《こんにち》、そのように生きている人がいるでしょうか？　いいえ、いません。」彼は彼自身の問いに答えた。「そういったすべては跡形もなく消え失せました。」再び、ドラマティックな効果のある間合いがあり、まるでその純粋なライフスタイルを彼自身の人柄と生き方を通して確認するかのように、彼は肯定的な歓喜の念と共に叫んだ。「しかし、その中にはどんな力と美が秘められているか、どうか考えてみてください、皆さん。」

短い沈黙の間合いの後、ラヴィが静かに訊ねた。「しかし、どうしてそうなってしまったのでしょう、クリシュナジ？　なぜ、真正の、腐敗していないバラモン的な生き方が絶え果ててしまったのでしょう？」

クリシュナムルティは、びっくりした顔つきで彼を見た。「どういうわけでこんなことが起こるのか、ご存知でしょう。組織化され、制度化され、指導者と服従者ができ、指導者は服従者をそそのかしたり、搾取したりする。あるいは、その逆のことが起こる。その中にはすでに暴力の種子があります。自己関心（私利私欲）は暴力の始まりであり、服従もまた暴力だからです。」

ラヴィは、インドの叙事詩『マハーバーラタ』中の有名な一章——二輪戦車を駆けているクリシュナと、戦士たる王子アルジュナが、決戦に備えている二つの第一線部隊の間に置かれているときに交わした対話を叙述している——に言及した。「クリシュナはアルジュナに、戦士が自分の大義のために戦うことは、たとえそれが殺人を伴うとしても、彼の義務であり、正しい行為である、と告げます。なぜなら、生と死は一つのものだからです。」と学者は説明した。

インドでのいくつかの公開講話中に、クリシュナムルティはどんな聖典も読んだことがない、バガヴァッド・ギーター——ラヴィが言及した、それだけでしばしば単行本として出版され、多くのヒンドゥー教徒によって神聖視されてきた章——すら読んだことがないと指摘することに、しばしば特別な喜びを感じた。今、彼は経典の解説から生きた現実へと素早く移行し、そして応えた。「しかし、なぜ殺すのですか？ そもそも、なぜ？ 誰もあえてそう問おうとはしません。常にある特定の殺生が選び出され、非難される——核、実験動物、等々——おわかりですね？ けっして全的な質問をしないのです。それは国家のためだ、等々と言い続ける。指導者たちが用いる巧妙な策略をご存知でしょう。ガンジーでさえ——私は彼と個人的に付き合ったことがあります——彼のいわゆる非暴力と断食で、他の人々が彼の望みと要求に応じるよう強いようとしたのです。それは非暴力ではありません！」彼は、振り向いて、ラヴィの方に振り向き、彼の顔をまじまじと見つめて言った。「ガンジーは若い娘と一緒に寝ることを常としていました。確か、彼の姪と——同じ部屋の中でではなく、同じベッドで。それから彼は少しも性欲を感じたり、かきたてられたりせず、禁欲を守れると豪語していたのです。そのような人の中で何が進行していたのか、想像することができますか？」

私は、インドの国民的英雄の奇妙な言動についての話を聞いて当惑させられ、そして訊ねた。「しかし、彼はなぜそんなことをしたのですか？」

「自分自身を試すため、自分の禁欲主義が本ものであることを証明するためです。しかし当の娘のこと、彼女がどんな思いをしていたかには無関心だったのです［訳註1］。」

ラヴィは、今度は教師と生徒、グルと弟子の問題を取り上げ、そしてクリシュナムルティに、なぜ彼がその関係の価値を退けるのかと訊ねた。「ある意味で、クリシュナジ、」と彼は指摘した。「ここにいる私たちはみんなあなたの弟子です。あなたの言に耳を傾け、あなたから学んでおり、そしてあなたは私たちに教えているのです。例えば、このマイケル。」と言って、彼は私を指さした。「彼はあなたに傾倒しており、彼があなたの弟子だということは容易に想像することができます。」

私が名指しされ、クリシュナムルティの弟子の役が振り当てられて、私は突然感情の高まりを覚え、そして選択を迷わせられた。一方では、彼の弟子であるという観念が、厳粛で、古風な仕方で私の心に訴えたが、これを彼の友だちであることとどのように折り合わせたらいいか、皆目わからなかった。（誰かの弟子であると同時に友だちであることが可能だっただろうか？）他方では私は、師弟関係に内在する矛盾、権力と知識の古いごまかしを見ることができた。

クリシュナムルティは愉快げな笑みを浮かべ、ラヴィを指さして言った。「いえ、いえ、それは〝私は知っている〟と〝あなたは知らない〟との間での古くからのゲーム、イニシエーション、秘密の知識の伝授といった、伝統的なナンセンスです。私たちは、そういうものとはまったく違うことを言っているのです。私たちは一緒に前進し、一緒に探究し、一緒に見出し、一緒に学んでいるのです――さもなければ、どんな意味があるというのですか？　さもなければ、宗教の名のもとに何千年もの間実践されてきた方法、方式、等々に逆戻りしてしまいます。ご存知のように、それが果てしない葛藤、悲しみ、戦争をもたらしてきたのですから。」

ラヴィが、カナダに帰るための飛行機に間に合うよう空港へ行かねばならなくなったので、われわれはこの問題にそれ以上深入りしなかった。彼はわれわれの厚遇に対して愛情を込めて謝意を表し、別れを告げた。

五月四日の土曜日は満月の日だった。新婚早々のグローエ夫妻を含めて、八名がランチに集った。会話の話題は車に集中した。クリシュナムルティは、人間の営為のすべての分野で優秀なものを好んだ。良い衣服、良い懐中時計、その他日常生活の中で実際に役立つ人造品を高く評価した。彼は良い車を特に好み、そして彼のお気に入りはメルセデスだった。私は、ある機会に彼に訊ねたことがある。「クリシュナジ、最も精巧な車であるとして有名なロールスロイスやベントレーをどうして使用しないのですか？　なぜメルセデスの方が好きなのですか？」

「ロールスロイスはあまりにもこれ見よがしで、けばけばしすぎます。メルセデスの方がずっと控えめで、技術的に最も良くできています。彼らが最初の自動車メーカーなのですから、良いに決まっています。」

われわれが最近の車の刷新について話し合っていたとき、誰かがメルセデスの一九八五年機種のパンフレットを出して見せた。われわれは一緒になってカタログにざっと目を通し、スマートな車体とそれに見合った高価格にため息をついた。クリシュナムルティは５００ＳＥＬクーペの外観やその他の細部が気に入ったことを認めた。価格表を見ながら、彼は訊ねた。「この車は、もし当地で買うとしたら、どのくらいの値段がするのでしょう？」

エルナが私の方を向いて、頼んだ。「値段がいくらなのか見つけられる？」

最寄りのメルセデス・ディーラーがサンタバーバラにあることを思い出したので、私は席からさっと立ち上がって言った。「見つけてみましょう。」電話で問い合わせてみると、メーカー希望小売価格は五万八千ドルだった。

私が直ちにそのデータを中継したところ、もしもその車をドイツの工場から購入し、アメリカに出荷してもらえば、なんと一万ドルも節約することができることが明らかになった。クリシュナムルティは心を動かされたように見えたが、購入を決断しようとしているようには思われなかった。ガレージにはすでにダークグリーンの450SLCスポーツクーペが一台入っており、購入後十年も経っておらず、走行距離も一万五千マイル以下で、新品同様であり、すべての実際的目的のために彼の専用だったからである。

二日後、ランチの後でテーブルを拭き清めていると、彼は私を脇に連れ出して、内緒話をした。

「マイケル、ちょっと頼みたいことがあるのですが。」

「いいですとも。」

「レオン・ユリス[訳註2]という作家を知っていますか？」

私はすぐに、いくつかの有名なアクション大作の著者がランチ集会に加わろうとしていることを私に告げようとしていたのだと察知した。それで彼の名前を以前聞いたことがあるかどうか私に訊ねたのだと気づいて、私は答えた。「ええ、知っています。彼は *Exodus*（邦訳『エクソダス 栄光への脱出』犬養道子訳、一九六一年）およびその他のいくつかの冒険小説を書いています。」

彼は私の腕を柔らかく掴んだが、しかし熱情的な切迫感がこもっていた。「そう、そのとおりです。町へ行くことができますか？——しかし、特にそれだけのために行ったりしないでください。今度町に買い出しに行くとき、そこの書店で彼のスリラー小説を数冊買ってきてくれませんか？　*Topaz*（『黄玉』）という本をまだ読んでいないのです。メアリーは文通で忙殺されているので——彼女には頼みたくないのです。代金は彼女が払ってくれます。」

「午後、マーケットでちょっとした買い物をするため町へ行きますので、彼の本があるかどうか見てみましょう。」

「それはありがたい。」そう言って彼はキッチンを去り、パティオのドアを開けて出て行った。

その午後遅く、私は車で町へ行き、ちょっとした用事を済ませた後、アーケード街の書店でレオン・ユリスのペーパーバック本を二冊買った。

講話が始まる前の週の半ばに、われわれは七名だけのささやかなランチ集会を開いた。われわれはヒットラー、ムッソリーニ、スターリンの話をし、人間に対する恐るべき犯罪を犯した全体主義体制について話し合った。誰かが所見を述べた。

「人類の歴史上で最悪の犯罪はホロコーストでしょう――ナチス・ドイツの強制収容所で何百万ものユダヤ人やその他の罪のない人々が組織的に殺されたのですから。」

クリシュナムルティは誰かに罪を負わせることは滅多になかった。彼は現在の瞬間に根を下ろしており、それゆえグローバルな視点を持っているように思われた。彼は言った。「惨事は過去に起こってきただけでなく、たった今も世界で起こっています。捕虜強制収容所は依然として存在しています。ホロコースト（大量虐殺）を犯したのはドイツ人だけではありません。たった今もあちこちでホロコーストが起こっているのです。世界で何が起こっているかご存知でしょう。カンボジア、アフリカ、ロシア、そして中国。特定の人種グループの六百万人だけでなく、今現在何百万もの人々がイデオロギーのために拷問にかけられたり、殺されたりしているのに、私たちはそういったすべてに無関心です。ここアメリカでも、アメリカ・インディアンの絶滅という、あなた方自身なりの大虐殺を犯したではありませんか――どうか、直面してください！」

会話は、次に、世界で目下進行中の紛争へと移った――イランとイラク、北アイルランド、レバノン、等々での。誰かが、パレスチナ人を過度に抑圧しているイスラエル政府のことを批判した。しかしクリシュナムルティは、通常したように、イスラエルをしっかりと弁護した。「それは違います。イスラエルに何ができるというのですか？　壁に押しつけられているのですよ。背中を海に向けて、狼たちに囲まれているのです。どこへ行けというのですか？　自分自身を守る以外にやりようがないのです。どうか、全体としての情勢をご覧になってください。」

一九八五年のオーハイ講話の初日は五月十二日土曜日で、また、たまたまクリシュナムルティの九十回目の誕生日だった。そのような日に普通したように、十一時までに万事が整うよう、私は朝早くからランチの準備を始めた。そんなことで、私は普通六十分から九十分続く十一時の講話に出席するために、アーリヤ・ヴィハーラの西八マイルにあるオーク・グローブまで車で出かけることができた。その後、午後一時半から二時にランチを出せるように、急いで戻ることを常とした。

クリシュナムルティはけっして自分の誕生日を祝わなかった。誰にも祝いの言葉を述べさせようとしないどころか、それを誰かが口にすることを本当に嫌がっていた。そこで、オーク・グローブに出かける前に私はバラ園に行って、暗紅色の、香りの強い、見事なバラを一輪切って、テーブルの彼の席の前にある花瓶に差しておいた。

それは奇妙な日で、肌寒く、どんより曇り、灰色がかっていた。私がオーク・グローブに着いたとき、何千もの人々の間にある私の予約席を見つけるのが困難だったので、私は端の方に坐ったのだが、そこは人の出入りが激しかった。私の隣にいた男性はぎくしゃく動き続けながら大声で独り言を言い、その上二機の軍用ヘリコプターが頭上で旋回していた。私はかなり気を散らされて、クリシュナムルティの話についていくことに困難を覚えた。しかし彼は熱情に充ちており、自分の主張を通すために何度か逆説的な表現に訴えた。「話し手の言うことに耳を傾けないで、」と彼は言った。「皆さん自身に耳を傾けてください。」後ほど、彼は皮肉っぽく次のように評した。「それゆえ世界のすべての宗教は……馬の口から語られた［directly from the horse's mouth：直接本人から伝えられた］神聖な啓示だと自認しているのです。」

翌日、天候は回復していき、陽光が雲を刺し貫き、徐々に消散させていった。クリシュナムルティは罪悪感という複雑な問題に取り組んだ――どのようにそれが思考と記憶によって煽られるか、いかにそれが不毛この上なく、そして破壊的か、そしてどのようにそれが感情、欲望および恐怖に関連しているか。その日のランチの参加者はププル・ジャヤカールを含めて十二名だった。彼女は、執筆完了に近づいていたクリシュナムルティの伝記について長々と話した。

忙しい週だった。われわれは、クリシュナムルティとランチを共にするためにやって来る客たちのひっきりなしの流れを出迎えた。木曜日の午前中の第二回目の質疑応答集会で、彼は事前に提出されていた、聴衆からのメモ書きされた質問を脇にどけて、聴衆と直接やりとりすることにし、彼らが何について本当に話し合いたいかを訊ねた。数名の人々と話し合っている途中で、彼は強調した。「どうかこのKをあなた方自身を見つめるためを鏡として使ってください。鏡も話し手も重要ではありません。彼が言っていることが、あるがままのあなた方を映し出すのに役立ちさえすればいいのです。」集会の後、クリシュナムルティを含むわれわれ一行十四名は、ランチを食べに近くのランチハウス・レストラン［アメリカの郊外に多く見られる、平屋造りの、牧場主の家風のレストラン］へ行った。それは嬉しい変更だった。

十八日の土曜日までに天候は一変した。快晴で、空気は澄み渡り、周囲を取り巻いている丘陵の斜面の隅々を、滅多にないほどくっきりと純正な美しさの中に際立たせた。クリシュナムルティは皮切りに言った。「実に美しい朝ですね。どうか楽しくお過ごしください。」彼はヨーガとその商業化について、ヨーガの王であるラージャ・ヨーガについて、そしてそれがいかなる方式も訓練も持たず、その目的は、もっぱら、深く倫理的な生き方の実現にあると指摘した。そして、彼は煙に巻くように言い添えた。「また、他人には教えることのできないヨーガがあるのです。」

彼は他に、紋切り型の知恵とはまったく対照的な、若干の驚くべき発言をした。「恐怖があるとき、神が現われるのです。」「成功は凡庸以外の何ものでもありません。」「英知が自分自身の力で育まれたと思い込んで、自惚れること。」そして「私たちは、私たち自身に対してとてつもなく正直でなければなりません。さもなければ、心の底からの歓喜が沸き起こることはありません。」彼は、数日前にランチの場で話した、天国にいる二人の男についてのジョークを繰り返し、それからユーモアの社会的側面についての所見を述べた。「ユーモアは必要です。笑うことができること、良いジョークを見分けること、一緒に笑うことができること——一人きりでいるときにではなく、誰かと一緒にいるときに。」後で快楽、恐怖、欲望について語ったとき、彼はこう言った。「良いシガーを持ち、良い食事をとる……」良いシガーという言葉を彼が口にするのを聞いたのはこれが初めてだった。クリシュナムルティは、新しいひねり、新しい一瞥、あらかじめ予知することがおそらくできないであろう何かで私を驚かせることをけっしてやめなかった。

翌日の五月十九日、日曜日は、第四回、最後の講話だった。そのときは、これがオーク・グローブでの彼の最後の講話になろうとは、われわれの誰もがまったく知らなかった。木々の間に差し込むまだらな光の中で鳥の鳴き声を聞きながら、何の分け隔てもなく身近な問題について話し合い、自由、連続性、そして死に探りを入れている二人の友だちの姿を彼は喚起させた。彼は真面目な面持ちで言明した。「死以上に確実で最終的なものは他にないかもしれません。」

聴衆の何人かが死についての彼の所見を聞いて笑ったとき、彼は彼らに真剣に忠告した。「どうか笑わないでください。これはきわめて真面目なことがらなのです。ユーモアを持つべきはでないと言っているのではありません。笑うことは良いことですが、しかし、笑いは事実に直面することを避ける手段になる可能性があります。ですから、それに気づかねばなりません。」一瞬後、彼は語調を和らげ、そして言った。「ユーモアを持つべきではないと言っているのではありません。良いジョークを聞いたら思いきり笑ってください。」聴衆からの笑いが勢いを増していくのに合わせて、彼は嬉しそうに言い添えた。「話し手は数多くのジョークを収集してきました――下品なジョークではなく、良いジョークを。今それらを披露するつもりはありませんが。」

無秩序、知識の蓄積、執着について探究しつつ、彼は指摘した。「私たちは膨大な記憶の集積物です。記憶の束なのです。」彼が以前にも同様のことを言っているのを聞いたことがあるが、彼の言葉は突然の啓示のように私の心を打った。それらは、それほど具体的で、直接的で、論理的で、明白だった。私はそれらを聞き、そして事実を観察することができた。彼は死と終末についての探究を続け、笑いながら一つの物語を語った。「私は、沢山のお金を貯めて、大金持ちだった男性と知り合いだったことがあります。彼が死にかかっていたとき、戸棚の中に文字どおりの財産を保管していました――私はたまたまその場にいたのです。彼はダイヤモンド、金、預金通帳などを確かめるために、息子に戸棚の鍵を開けるように言いました。彼は、それを幸福そうに眺めながら、死んでいったのです。」

聴衆が笑い始めると、彼は悲しげに言った。「おわかりですね。」そして今度は彼自身が笑いながら言った。「彼は自分が死にかかっていることに決して気づきませんでした――なぜなら、大事なのはもっぱらお金で、死ぬことではなかったからです。」彼が宗教についての探究を進めるにつれて、彼の熱情は強まっていった。彼は、宗教のことを、慣習的に教会に通うことや、儀式を執り行うことや、祈りを捧げたりすることとはまったく別の何かだと見なしていた。「人間が宗教としてまとめあげてきたいかなるものも、少しも宗教ではありません。」と彼は言った。彼は脳と心、気づき、瞑想をより深く探究した後、この上なく謙虚に言った。「話し手は自分自身のちっぽけな脳だけでなく、人類の脳を見守ってきました。」そして最後にこう言った。「すべての時間が止まったとき、時間を超越した何かが現われます。それが瞑想であり、真の宗教的精神なのです。」

私は、このときほど彼が自分の意識をすっかり空っぽにしたのを観察したことは滅多になかった。彼は自分のエネルギーの最後の一オンスまで使い切ったように見えた。私は車のところに急ぎ、街を抜けて東の端へと車を走らせた。グランド・アベニューで、灰色のメルセデス・セダンを追い越した。メアリー・ジンバリストによって運転されているその車の中で、クリシュナムルティは彼女の傍らにじっと坐っていた。

その日のランチには私を含めて十一名が出席した。私はニンジンとジンジャーのサラダ、マリネにしたアーティチョークとオリーブのサラダ、新鮮なほうれん草のラザニア、アスパラガス、トロピカルフルーツサラダを用意した。私が着いてから三十分も経たないうちに、クリシュナムルティが手に若干のものを抱えて、パティオからキッチンに入ってきた。

「お早うございます。クリシュナジ。」と、ほとんど午後二時頃だったのだが、私は言った。

「お早う、マイケル。」と彼は答えてから窓の方に歩いて行き、カウンターの上に三冊のペーパーバック本と、すり切れた黒革に包まれた小さな、平べったい物を置いた。私は、彼が着替えをし、ブルージーンズとネイビーブルー色の毛織りのカーディガンを着、スウェードのローファー〔つっかけ型の浅い靴〕をはいていることに気づいた。朝着ていたものと同じなのは緑色の正絹のシャツだけだった。私は、まるでこの人が二時間も経たない前に、私が今までに聴いた講話のうちで最も完璧で啓発的な講話の一つをした人物と同じかどうかを確かめでもするかのように、しげしげと彼の顔を覗き込んだ。

「そう、あれはすでに済んだことです。」とだけ彼は述べた。彼が講話の終結に言及しているのだと私は思った。カウンターにもたれた彼は、エネルギーを使い果たしているように思われたが、しかし冷静沈着で、子供のように機敏であるように見えた。出し抜けに、彼は言った。「あなたの車が私たちのすぐ横を通り過ぎて行くのが見えました。」私は何と応えればいいかわからなかった。なぜなら、私の精神はまだ講話の余韻に浸っていたからである。普通、われわれは講話の中味や性質についての評言をクリシュナムルティに向かってすることは控えた——それはあまりにも僭越だったであろうから。しかし、私はまだそれにすっかり圧倒されていたので、「あれは、あれは……とても信じられないほどでした。」と、どもりながらでも評するよう迫られるのを感じた。

彼は、私から視線をそらして窓の外を見た後、簡単に言った。「あれはもう終ったことです。」

そう、済んだのだ。しばしの沈黙の間合いの後、私は深呼吸し、気を落ち着けて、カウンターの上の品物に注意を向けた。「これは何ですか？」と私は訊ねた。

「スリラーものです、マイケル。」と彼は答えた。「その中ですでに読んだことのあるものがあるかどうか、調べてください。そしてこの中には目覚まし時計が入っています。もし役に立ちそうなら、差し上げます。」

私は注意深くそれを持ち上げ、その重さに驚いた。私はそれについてしばらく推測したり、上からそれをいじったりした後、開けてみた。その四角い、金縁のついた表面に、時計メーカーの名前が付いていた。「ジャガー・ルクルト」と私は叫んだ。このスイスの有名な高級時計メーカーの名前が「ザ・ニューヨーカー」誌の広告に出ていたのを思い出したからである。「ありがとうございます！」

彼は、喜びに満ちた私の謝意をさらりと受け流して、言った。「まだかなり正確に動くと思います。」

それをまたカウンターに置き直しながら、私は言った。「今日の客はごくわずかです。」

「準備は万端整いましたか？」と彼は言った。「皆さんにそう知らせていいですか？」

われわれは他の九名の客に会うために歩を進めた。会話はやや控えめで、話題は、間近に迫ったクリシュナムルティのブロックウッドパーク旅行だった。クリシュナムルティ自身はもの静かで、内気で、通常の時間の要求もなく、通常の人間的営みを忘却していた。われわれはランチを短時間で済ませた。彼に休息が必要だということを、全員が知っていたからである。

［訳註1］『ガンジーの実像』（ロベール・ドリエージュ著／今枝由郎訳、白水社文庫クセジュ、二〇〇二年）の中で、次のような話が紹介されている。

晩年になって、彼の禁欲の誓いの守り方に、非難が寄せられた。周知の通り、彼は、絶えず献身的な若い女性に取り巻かれていた。彼は、彼女らを自分のベッドで寝させるのが習慣となり、彼を暖めるために、服を脱いで彼の裸体に身体をぴったり寄せて寝るよう要求した。ニルマル・クマル・ボーズという弟子が、この変わった習慣を暴露した。問いつめられたガンジーは、最初は、裸の女性を横にして眠るということを昂然と否定し、その後、それはブラフマーチャリヤの実験であると言った。ボーズは、なんら精神性のない実験のために女性の身体を利用するのは、女性の軽蔑であると反論した。

ガンジーは、若い女性に自分の身体を洗ってもらい、マッサージをしてもらった。正統ヒンドゥー教徒も、厳しい禁欲を課されていた弟子たちも、これにショックを受け、ガンジーのブラフマーチャリヤの解釈を嘲笑した。ガンジーの姪アバ・ガンジーは、ボーズの暴露を確認し、結婚してからもガンジーと寝ることを習慣にしていることを認めた。もう一人の姪マヌも、１９６２年から１９６７年にかけて厚生大臣をつとめた女医スシラ・ナヤルも、ガンジーを暖めた女性であった。スシラ・ナヤルは、最初はブラフマーチャリヤはいっさい問題にされなかったと断言した。ガンジーがそれを言い出したのは、人がこの習慣を聞きつけ、許しがたいと思うようになってからである。彼の傍らに生活していた若い女性は、彼とはかなり曖昧な関係を持っていたようである。

［訳註2］レオン・ユリス Leon Marcus Uris（一九二四～二〇〇三年）は、アメリカのユダヤ系作家、脚本家。メリーランド州ボルチモア出身。

ユダヤ人の問題を扱った作品に優れたものが多い。脚本家としての代表作は『ＯＫ牧場の決斗』『怒りの丘』がある。執筆した小説にも、映画化、もしくはテレビの長時間ドラマ化されて話題になったものが多い。彼の作品は人道的でヒューマニズムにあふれる作品が多い。代表作の『栄光への脱出』は第二次世界大戦の後のイスラエル建国を扱ったものである。（Wikipedia）

思考はこの瞬間を保持することはできない。
この瞬間は時間の中にはないからである。
この瞬間は時間の終焉である。
その瞬間には時間は停止する。
その瞬間にはいかなる運動もない。
したがってそれは他のいかなる瞬間とも関わっていない。
それは原因を持っておらず、それゆえ始めも終わりもない。
そのような無《ナッシング》の瞬間の中にあらゆるものがある。

―― *Krishnamurti's Journal*（『クリシュナムルティの日記』より）

第23章　長いお別れ[訳註1]

この日は、数回にわたる講話が終了した後の月曜日で、クリシュナムルティは五日後に英国へ向けてオーハイを去ることになっていた。テーブルではわれわれ九名がややもの思わしげに食事をしていて、会話は短くて素っ気なかった。誰もがそれぞれのもの思いに沈んでいるようだった。私はきまり悪く感じ始め、神経質になり、私の脳は何か言うべきことをあたふたと探し求めていた。しかし何も思いつくことができず、たった一つのニュース項目さえ浮かんでこなかった。事実、私はどこを見たらいいかわからなくなった。静まり返った一枚岩のような、厳粛だがしかしくつろいだ表情を浮かべたクリシュナムルティの面前にいたからである。私は目の前の食べ物に集中していたが、その間中私は、ナイフとフォークが皿に触れる音や、長い沈黙の間合いの間に交わされた若干の言葉に耳を傾けていた。

突然私は正面を向いて、クリシュナムルティの凝視を真向から受け止めた。私がまじまじと彼の両目を覗き込むと、彼の両目は静かに私を観察していた。彼は視線をそらしたり、そむけたりせず、とてつもない静寂をたたえて私をじっと見つめ続けていた。われわれの目が会ったその瞬間、私は自分ががらんとした暗黒、広大な空《くう》の中を覗き込んでいるように思った。彼の側には何の反応も、笑みも、認知も、判断もなく、ただ凝視だけがあった。私は、一瞬、自然のすべての非個人的な力が私に触れ、空間の限りない深さそれ自体が私のあらゆる動きを見守っているように思った。私はとてつもなく大きなショックを受けたが、しかしそれは危惧というよりはむしろ、突然の鋭敏さを伴っていた。私の心臓は激しく高鳴った。深呼吸して、気持ちを落ち着かせると、不安にさせるが、しかし漠然としていて、明確に言い表わしがたい、異様な感覚だけが残った。

クリシュナムルティの隣に坐っていた、彼の古くからの知人で、オーストラリアから来たラジオのジャーナリストである男性が、一九二九年の〈星の教団〉解散についてのいくつかの質問を彼にし始めた。

「なぜ組織解散に踏み切ることを選んだのですか、クリシュナジ？」

「私がそれを選んだのではありません。私は生まれてからこのかた一度も選んだことはありません。それは単に避けがたくなったのです。明晰さがあるところには選択はないのです。」

二人の間の会話は人間の真理探求に焦点を合わせながら続けられた。「人は、真理を追求してそれを手に入れることはできません。」そして、しばしの間を置いてから彼は言った。「これについての美しい話があります。あなたが以前、それを聞いたことがあるかどうかわかりませんが。一人の若者が家を後にして、真理を探求し始めます。彼は世界中を旅し、多くの教師の許で学び、知識や技法を身につけます。が、どういうわけか真理はいつも彼をするりと避け、彼はけっしてそれを把握することができません。彼が年老いてから家に戻り、玄関のドアを開けると、なんとそこにあるではありませんか！　真理は以前からずっとそこにあり、彼を待ち受けていたのです。真理は、探し求めて得られるものではないのです。」そう、彼は締めくくった。

長い沈黙の間合いの後、男性は質問を続けた。「しかし、なぜ講話をなさるのですか、クリシュナジ？」

「他に何をしたらいいか知らないからです。」クリシュナムルティは謙虚に答えた。「それ以外の何をしたらいいのか、本当に知らないのです。ですから、今までずっとそうしてきたのです。おわかりいただけるでしょうか？　当初、私は非常に内気で、人前で語ることが苦痛でした。ありとあらゆることを試みました。しばらくの間、カーテン越しに語ったこともありますが、やがてそれを放棄しました——あまりにも馬鹿馬鹿しかったからです。」

若かりし頃の彼がカーテン越しに聴衆に話しかけている姿を思い浮かべて、われわれ全員が笑った。笑いは気分をなごやかにした。

一人の教師が彼に訊ねた。「ですが、特にインドであなたが受けるすべての崇拝や敬慕についてはどう思われますか？」

「インドにおいてだけではありません。」とクリシュナムルティは答えた。「ここでもそうです。」そして皮肉っぽい一瞥をテーブルのまわりに向けた。全員が、まるで「私は違います。」と沈黙のうちに主張するかのように、彼の凝視に応えているように思われた。突然彼はどっと笑い出し、そして叫んだ。「それは実に気違いじみています。全体がひどく馬鹿げています。」

私は彼の屈託のない笑いに加わったが、彼が〝それ〟によって何を意味したのかよくわからず、依然として当惑させられていた。われわれの浮き浮きした気持ちがおさまった後、私は訊ねた。「クリシュナジ、〝それ〟によって何を意味していらっしゃるのですか？　講話等々の全部をですか？」私は、〝それ〟にはわれわれが置かれている全状況も含まれているということを、テーブルのまわりの他の客たちに向かって仕草で示した。彼が私の方に顔を向けて見つめたとき、彼の目にはまだ笑い涙が残っていた。「そのとおり、その全部です。それに彼のまわりの愉快な仲間全員も。」そう、彼は自分の胸に向かって細い人差し指を突き立てながら、いたずらっぽい笑みを浮かべて答えた。われわれ全員がその愉快な仲間の一部であることは確かだったが、われわれは彼の笑いに加わった。

二日後、カリフォルニア州の前知事ジェリー・ブラウンが、彼の補佐官の一人と共にクリシュナムルティとランチを共にするために訪ねてきた。私はテーブルのずっと端の方の席にいたので、彼らの会話についていくチャンスはあまりなかった。しかし私は、集めることができた切れ端から、彼らの取り組み方と関心事がかなり大きく相違していることがわかった。

クリシュナムルティはより大きな文脈を強調し続け、意識の変容の必要性を力説していた。ある時点で、彼は前知事にこう訴えた。「もしもたった五人の人々が結集して正しいことをすれば、つまり、本気でそうすれば、彼らは全人類の意識に大きな影響を与えることができるでしょう。」

ブラウン氏は、それとは対照的に、生態学的問題により関心があったらしく、自動車の高い燃料消費、その結果起こる大気汚染、そしてそれに関連した統計資料について話した。彼の取り組み方は、外面的な、規制的な措置によるものだった。彼らはいくつかの点では同意したが、より根本的な問題については見解が一致しなかった。

いくつかの折に、私はクリシュナムルティが、ここオーハイとブロックウッドパークで、ときには職員の助けを受けながら、熱心にメルセデスを洗浄しているのを見たことがあった。彼が最高の注意を払って車を磨いているのを見守っているうちに、私は彼を助けて、簡単な手仕事を一緒にしてみたいという奇妙な願いを感じていた。そしてとうとう、私の願いが部分的にかなえられる機会が訪れた。ブラウン前知事とのランチの後で、クリシュナムルティが私にこう頼んだのだ。「マイケル、引き受けてもらいたいことがあるのです。緑色のメルセデス、あのスポーツクーペを水洗いした後、ワックスがけしてくれませんか？」

「いいですとも、いつしたらよろしいですか？」

「もしあなたの時間が許すなら、今日の午後に。ジンバリスト夫人が、必要なものをすべてあなたに渡します。あいにく、私は手伝えません――今の私にはいささか荷が重いのです。」

私は自分一人で楽にやりこなせますと急いで彼に請け合い、キッチンの清掃を終えた後、メアリー・ジンバリストに電話して、これから洗車に伺うと告げた。

暖かい、雲一つない午後だった。スマートな緑色の車体が、胡椒の木の下にあるガレージ前の車回しの場所に駐車されていた。何百匹もの蜂が、アーチ状の枝からぶらさがっているおびただしい数の白い小さな花の間でブンブンうなっていた。私はセーム皮製の布巾、ソープ、ワックス、数個のバケツ、乾布、それに長い水ホースを持参して作業を始めた。私が洗車してみたかったのは、今まで一度もしたことがなかったからだ。半ば無我夢中で、私はフォレストグリーン〔新緑色〕のラッカーを一インチずつこするためにエネルギーを注いだ。ワックスがけを終えた後、私はそれをピカピカに輝くまで磨き上げた。唯一の問題は、磨き布から出るごく微細な繊維が、磁性フィラメントのように、ミラーリング表面に付着してしまうことだった。それらを取り除くために私が払わねばならなかった努力にはゴールがあるように思われた。とうとう、車は日光の中でまばゆく輝くようになり、カンタス湖までのドライブの準備を整えた。

翌日、クリシュナムルティがランチ直前にキッチンに入ってきたとき、彼は私の洗車作業を高く評価してくれた。「昨日の午後の洗車作業ですが、本当によくやってくれましたね。実は、窓からあなたの様子を眺めていたのです。」

誉めるつもりでそう言ったのではなかったのかもしれないが、彼がそのような言い方をしてくれたことを私は嬉しく思った。

ランチには十一人名の客がいた。食後のテーブルの上を片づけた後、クリシュナムルティがキッチンにいる私に近寄ってきて、訊ねた。「今日の午後、買い物に出かけますか?」

「はい、クリシュナジ、二つほどしなければならない用事があります。何か入手してくる必要がありますか?」

「明日英国に発つので、荷造りが大変なのです。ジンバリスト夫人はいろいろなことで手一杯です——貯蔵食糧庫を空にしたり、冷蔵庫の中をきれいにしたり、等々。」彼は小さい白いセラミック製の瓶を取り出して、私に手渡した。「郵便局の筋向かいにある薬局に行って、これと同じものを一瓶買ってきてくれませんか?スキンクリームです。かなり高価で、二十ドルほどします。代金はジンバリスト夫人から受け取ってください。」

私は小瓶を取り上げて、ラベルを調べた。アーモンド油から作られたスキンクリームだった。クリシュナムルティ自身が使用するのだろうが、一瓶では長くはもたないだろうと思い、九カ月も留守にするのだから、それに備えて余分にストックしておいた方がよいと助言しようと思った。私は彼に訊ねた。「クリシュナジ、一瓶だけで足りますか?　二、三瓶買ってきましょうか?」

私の示唆に彼はちょっと苛立たされたようだった。真剣に私を見つめて、きっぱりと答えた。「私が欲しいのは一瓶だけです。二瓶あるいは三瓶ではなく。一瓶だけ。それ以上は要りません。」

「よくわかりました。一瓶だけ買って、パイン・コテージにお届けしましょう。」

彼は、独特の仕草で私の腕を掴み、「ありがとう、マイケル。」と言った。

「どういたしまして、クリシュナジ。」

一九八五年五月二十四日の金曜日が出発の日だった。クリシュナムルティ、メアリー・ジンバリスト、彼らと旅行に同行するグローエ夫妻が午後二時にロサンゼルス国際空港に向けて出かけられるように、十二時半からの早めのランチを共にした。このランチにはわれわれ十一名が参加した。そのときは知るよしもなかったが、それはクリシュナムルティにとってアーリヤ・ヴィハーラでの最後のランチになることとなった。不思議にも、それはかなり厳粛な出来事であった。クリシュナムルティを含む全員がいつになく、とても無口で、物思いに沈んでいた。そこに行き渡っている気分によっていささか意気消沈させられているのを感じ始めていたとき、どういうわけか、クリシュナムルティが前月唱えてくれたサンスクット語が私の中にぱっと閃いた。とっさに私は、"*Anna dathu sukhi bhava*"（アンナ・ダスー・スキー・バーヴァ）という朗々とした句を唱えて、静寂の中に送り込んだ。それらの語句を唱えてから、私はクリシュナムルティに向かって訊ねた。「いかがですか、クリシュナジ、正しく発音されていますか？」

静かに彼は言った。「アンナ・ダスー・スキー・バーヴァ。」

私は彼にならってその語句を繰り返し、そして私がそれをほぼ正確に発音するようになるまで、彼はそれをかなり真面目な、厳格な仕方で三回も訂正してくれた。

テーブルのまわりにいた他の人々は、あたかもより偉大で、より意義深いことが自分たちの内面を占めているかのように、丁重な関心と共にわれわれ二人の間の言葉のやりとりについてきた。その後、われわれ十一名は、若干のちょっとしたやりとりをしてから、無言のままの物思いに戻った。するとクリシュナムルティは、突然、気を取り直して、私が今まで一度も聞いたことがないことを、沈み込んだ空気の中に言い放った。視線を上げて、われわれを非常に注意深く見つめながら、彼はわれわれ一人ひとりそして全員に向かって挨拶した。「皆さん、私をここに迎え入れてくれて本当にありがとう。Kのためにしてくれたすべてのことに対して、心から感謝いたします。Kは、どこに行こうと、どこに滞在しようと、いつも客として温かく迎え入れてもらいました。」

それは、深く真剣な思いと、触れることも、疑問をはさむこともできない、崇高な威厳をもって発せられた、思わずあっと言わせる通告だった。同時に、それにはとても深い謙虚さと、単純素朴な純真さが籠っていたので、私は骨の髄まで感動させられた。多分、他の人々も彼の気取りのなさに驚かされたにちがいない。いずれにせよ、普段は俊敏で熱心なわれわれのエゴは、自分が彼の言葉に反応できなくなっていることを見出した。張りつめた沈黙の間合いの後、何人かの人は、財団も資産も実際にはすべて彼のものであり、彼の名を冠している、等々と反論し始めた。誰かが、われわれは実は全員がこの地球上の客なのではないかと訊ねた。こうした活発なやりとりが続いている間中、クリシュナムルティは無言のままだった。耳を傾け、観察していたが、彼はそれらの動揺から超然としているように思われた。彼はあたかも、威厳と、元々備わっている無比の真剣さにくるまれているかのようにして、坐っていた。彼は、われわれの動揺の洪水の中でびくともしない、岩のようであった。

ランチが終わり、全員が立ち上がった。三十分後、われわれ数名は彼に別れを告げるため、胡椒の木の下に一列に並んだ。理事の一人と握手したとき、リシヴァレーで開かれることになっていた国際教育会議に言及して、彼は言った。「十一月にインドでお会いしましょう。」この会議には、私を含むオーハイの四名の教職員も出席することになっていた。

とうとう彼は私の所に来て握手し、笑顔で言った。「ルージュモンでお会いしましょう、マイケル。」

彼は、七月の集会期間中滞在することになっていた、スイスのザーネン近辺にある村の名に言及していたのだ。彼とメアリー・ジンバリストは、今まで長年にわたりそこで彼らの料理を作っていたイタリア人女性が高齢になり、仕事を続けられなくなってしまったので、私に料理を引き受けるようあらかじめ頼んでいた。私は喜んで彼らの要請に応じた。

「ありがとうございます、クリシュナジ、」と私は答えた。「どうぞ良い旅を！」

学校の新しいワゴン車の荷台にスーツケースを固定した後、クリシュナムルティ、メアリー・ジンバリスト、グローエ夫妻が車に乗り込み、われわれは走り去っていく彼らに手を振って別れを告げた。

このとき、これが最後の別れの挨拶、胡椒の木の下で彼に手を振ってさよならを言う最後のときになるという予感を、われわれの誰かが少しでも持っただろうか？

それから二カ月も経っていない一九八五年の七月中旬、峡谷の西端、マリコーパ・ハイウエーの近くで山火事が発生し、強風と乾燥した暑熱に煽られて、谷の東端に向けてゆっくりと進んでいった。引き続き、焔は南側の峯々に沿って燃え広がり、サルフアー山とブラック山を巻き込んでいった。谷全体があっという間に火の輪で取り囲まれ、それはまる五昼夜の間猛威を振るった。濃い煙と白い灰の微粒子が空中にたちこめた。太陽はぼんやりしたオレンジ色の球体にしか見えなくなり、谷間の上に不気味な赤みを帯びた光を投じていた。二晩続けてわれわれはアーリヤ・ヴィハーラから撤退しなければならなかった。火の海が建物のほんの数百ヤード近くまで迫ってきたからである。炎が静まったのは、風向きをちょうどタイムリーに変えた幸運と、何千人もの消防夫たちの勇気ある努力が組み合わさったおかげであった。

焔がとうとう収束し、煙が晴れたとき、まさに奇跡が起こっていた――大きな損害はなく、一人も死者が出ず、一軒の焼失家屋もなかったのだ。しかし周囲の山々と原野は徹底的に破壊されていた。あたり一帯は、焼けただれた木の根本、黒ずんだ灰、多数の小動物の死骸だらけの焼け野原と化していた。

私が一面青々としたアルプス渓谷に着いたのは講話終了から一週間経ったときだったので、ルージュモンでの料理の仕事は部分的にしか実行できないことが判明した。幸い、クリシュナムルティが滞在期間を二週間延ばすことになったので、致命的な手遅れにならずにすんだが。

私がクリシュナムルティと同じ別荘に滞在することになっていることが判明したことは、嬉しい驚きであった。パルチャー博士とブロックウッドパークのシェフであるラーマン・パテルが一階の部屋に同居していたが、もう一名加わることを気にかけなかった。クリシュナムルティとメアリー・ジンバリストは二階の部屋を使用していた。講話の期間中はずっとラーマンが別荘で食事を用意していたので、残りの二週間はキッチンの仕事をわれわれ二人で分担することにした。

間もなく、私はショッキングな知らせに接した。二十五年続けた後、終了したばかりの講話をザーネンでの最後の講話にするとクリシュナムルティが決定したというのだ。今後は年一回の集会が、ヨーロッパではブロックウッドパークでだけ催される。このようにすれば、長い旅行の必要もそれに伴う彼のエネルギーへの負担も最小限にされるだろう。

これら、ザーネンでのクリシュナムルティとの最後の日々はくつろぎの日々で、それらは絶妙な最高潮感を持っていた。ここの別荘は、広さがカリフォルニアで慣れていたそれよりも狭く、そのため同室者も私も、一日中何度もクリシュナムルティに出会うことになった。毎日彼のすぐ近くにいることは、私にとっては高められた気づきの経験であった。私は、自分の思考と感情だけでなく、自分の短所や限界にも痛烈に気づくようになった。それほど炎の間近にいることは、きつい、苦悩させられることさえありうる経験なのだ。その焔の性質は中心なしにあることだったので、それは、その射程内にある自己の内実をくっきりと露呈させる傾向があった。今までより以上に、私は私自身を他人と比較する仕方、評価されたいという願望、そしてその結果起こる分裂性、羨望、嫉妬に接触させられるようになった。

たとえそうでも、八月初旬のこの十二日間、われわれ五名は一家団欒に似た何かを味わった。そして数名の賓客がいた——過去にクリシュナムルティのためにシャレー・タンネ［Chalet Tannegg：タンネ荘］を賃貸してくれたヴァンダ・スカラヴェッリ、寛大にも自分のアパートの使用をわれわれに許可してくれたグローエ氏、そしてインドから来たアシット。彼らはほぼ毎日のように、昼食と夜食をわれわれと共にした。

ルージュモンから、クリシュナムルティとメアリー・ジンバリストはブロックウッドパークへと旅立ち、その間、私のほうもまた、ハンプシャーにある寄宿制学校に行く前に、ドイツにいる母親の許を訪ねに行った。ブロックウッドの公開講話は八月二十四日から九月一日までであった。色鮮やかな秋が空中に、そして数多くの壮麗な木々の葉叢の中にあり、そしてクリシュナムルティは、いま一度、彼方にある源泉からのエネルギーを結集させたように見えた。

よく晴れたある朝、講話が行われていた二つの大テントの隣で数名の作業員が一台の黄色いクレーンを設置しているのを見て、私は驚いた。クレーンに連結されていた台座がテントの天井よりさらに高くまで持ち上げられ、そこから一人のカメラマンが、列になってテントに入場している人々の様子をフィルムに収めていた。ある独立系のテレビ会社がクリシュナムルティのドキュメンタリーを製作していて、その後、それは一九八六年一月に「人間の要素」(*The Human Factor*)というシリーズの中で放映された。「花の役割」(*The Role of a Flower*)と題された三十分の番組を後日観たとき、クリシュナムルティがインタビューの途中で見せた快活さとユーモアに私は驚かされた。ある時点で、今後どれくらい長く数千名の人々への講話を続けるつもりかという質問に答えて、彼は言った。「私が"gaga"言い出したら(頭がおかしくなったら)、直ちに話すのをやめさせるよう、友人たちに頼んであります。」それから一転して、より真面目になって、言い添えた。「まだたっぷりとエネルギーを蓄えています……」

時々、自己宣伝に長けた、商売上手のグルと同類扱いされることがあったが、クリシュナムルティはスピリチュアリティの全舞台を見事なユーモアで眺めていた。ムッシュー・シャトランという人が、最近「トップ・グルになる方法」という題の、風刺の効いた短いエッセイをフランス語で書いた。それは、どうすれば成功したグルになれるかをユーモラスに述べたものである――鏡の前で慈悲深い表情を浮かべる練習をする。長い髭をはやす。弟子たちにスピリチュアルな進歩を遂げたという錯覚を起こさせる、等々、ブロックウッドパークでこの記事がクリシュナムルティに披露されたとき、彼はそれをとても面白いと思い、英訳して配布するよう奨めた。彼はある講話の途中でそれに言及しさえし、とても巧みに書かれていて、面白いと述べた。

大テントの中での四回の講話と二回の質疑応答集会は彼の体調が良好であることを示していたが、その他の日には彼は弱々しく，老衰しているように見えた。近辺からだけでなく、はるか遠方からも彼の講話を聴くためにやって来た何千もの人々に向かって話すことに、持てるかぎりのエネルギーを彼が費やしていたことは明らかだった。私は学校のキッチンの手伝いをし、時々彼の夜食を西棟の部屋まで持参した。講話が終了した日の翌日の夕方、私は彼の食事を乗せた盆を彼の寝室まで運んでいった。彼はそこで一日中身体を休めていたのだ。ドアをノックして彼の応答を聞いた後、私は部屋に入り、そして夕方の日射しを防ぐためにカーテンが閉められているのを見て驚いた。突然、私は奇妙な気まずさを覚えた。彼は大きなベッドの中にいる小さな子供のように見えた。髪の乱れた頭を大きな枕の上にもたせかけ、ペーパーバック本の上に片手を置いて、うつ伏せになっていた。

「ハロー。」と言って彼は弱々しく笑い、そして私は彼の挨拶に応えた。

「そこに置いておいてください。」と彼は言って、ベッドの隣にある低いテーブルを指した。それほど憔悴し、疲れ果て、老け、そしてげっそりしている彼を見たことは滅多になかった。それは胸が張り裂けるようであった。私はベッドのかたわらにしばし立ちつくし、大いなる静けさを感じたが、適切な返事を思いつくことができなかった。彼は暖かい微笑を浮かべて私を見つめ、痩せた片腕を途中まで上げてから言った。「ありがとう、マイケル。」

「こちらこそ、クリシュナジ。」そう言って、私は静かに部屋から出ていった。

ブロックウッドパークに翌年建てられることになっていた大きな中央棟のことで建築家と長々と話し合った後、クリシュナムルティは、十月末にグローエ氏共々インドに向けて出発した。三週間後、一九八五年十一月、私はボンベイに飛び、そこから汽車でバラナシ目指して旅を続け、三十時間にわたる強行軍の末、ガンジス河沿いにあるその古都に到着した。

ラージガート校と教育センターは、ヴァルナ川とガンジス河の合流点に位置している。それは、多くの人々が動きまわっている広大な所有地である。かつて自室を持っていたことがある私は、クリシュナムルティの家を探しに出かけた。快い古木に囲まれたその家は、雄大な流れを一望に見渡す小高い川岸の上に位置していた。横溢するまばゆいばかりの色彩と共に、夕暮れが迫っていた。突然私は、ぼやけたサフラン色の光の中を、ゆったりした白衣姿の人物が近づいてくるのに気づいた——それはクリシュナムルティだった。

彼は、八名の、いずれもゆったりした、緩やかに垂れたインド服をまとった人々を従えていた。私の最初の衝動は子供のように彼に向かって駈け寄ることだったが、しかし自制した。グルが尊敬されている国土の中での適切な行動規則について、確信が持てなかったからである。

明らかに、彼もまた私だと認めていた。彼は同行者を後ろに残したまま、真っ直ぐに私に近づいてきた。それは、こちらに向かって押し寄せて来る一筋の力強い浪のようであり、そして真っ白になった私のメモリーバンクからかき集めることができた言葉は、「今晩は、クリシュナジ。」だけであった。

私の方に近寄ってきて、あからさまな驚きと共に、彼は叫んだ。一体全体ここで何をしているのですか、マイケル？」(What the hell are you doing here, Michael?)

私の内側で愛情が急激に高まったので、こらえきれなくなって私は彼に抱きついた。その瞬間、彼はしっかりと私の両腕を掴み、私は、お返しとばかりに、彼の細い肘をぎゅっと握った。われわれは、夕陽の中で腕と腕を組み合っていた。彼の同行者たちの何人かは、彼が選んだ歓迎の言葉を聞いて笑っていた。

「お目にかかれて嬉しいです、クリシュナジ。」と、どもりながら私は言った。

「どうやってここまで来たのですか、マイケル？」

私が説明し始めると、彼は突然言った。「そう、今、思い出しました。ルージュモンで私に話していたことを。どこに滞在しているのですか？」

私がよく世話されていることを彼が確認した後、われわれは「お休みなさい。」の挨拶を交わし、それから彼は同行者たちと一緒に家の中に入っていった。

四日後、朝九時に、木々の下の日陰になっている場所で一九八五年のバラナシ公開講話が始まった。彼は、千人余りの人々に向かって、誰のことも助けるつもりはないと言うことによって、彼の講話を始めた。そして数瞬後には、愛情を込めて訊ねた。「私は何か変なことを言いましたか？　そうお訊ねしたのは、みなさんがひどく真面目くさった顔つきをしていらっしゃるからです。」

彼が語り始めた瞬間から、奇妙な歓喜の念が内側に沸き起こってくるのを私は感じた。それは講話の間中私と共に留まり、さらに翌日まで続いた。

翌日の朝の第二回目の講話中に、彼は所見を述べた。「涙と笑いは感覚の一部です。ユーモアも感覚の一部です。」それに続けて、彼は言った。「まるで私の気が確かではないとおっしゃりたいかのように、私を見つめないでください。」

一九八五年十一月二十二日、彼はラージガートでの最後の講話を行なった。ほぼ冒頭から彼は上機嫌で、皮肉たっぷりに、誘いかけるように訊ねた。「誰かここに来てお坐りになりませんか？　本気で言っているのです。さあ、どうぞいらしてください。」すると間もなく、あご髭を生やした若者が演壇の上に登り、彼の隣に坐った。様々な実用的技能について話しながら、彼は言った。「技能を身につけること、優れた大工、優れた配管工、そして優れた料理人になること！」その瞬間、彼は私の坐っているあたりを見渡して、一瞬私と目が合うと、小声で呟いた。「ハロー、マイケル。」それから聴衆に向かって言った。「非常に優秀な料理人である私の友だちが数人います。また、非常に優れた哲学者、心理学者、精神科医もいます――みんなここにいらしています。」

人生はわれわれのほとんどにとって苦闘であるという事実に言及しながら、彼は、彼自身の簡略版の〝進化論的三段論法〟を披露した。「猿は苦闘する、したがってわれわれは猿である。ある非常に有名な作家――私の知人だった――が書いています。『多分、われわれが檻の中にいるべきなのだ、猿ではなく。』」

数瞬後、優しそうに笑いながら、彼は聴衆に向かって言った。「あなた方は最高の仲間です。」(You are a crazy crowd〔訳註：crazyには〝最高の〟、crowdには〝仲間〟という意味がある〕）そして宗教について話した後、彼はこう言った。「とても気の利いたジョークを披露させていただいていいでしょうか？　これはたまたま地獄でのことで、遠くに悪魔がいます。」真っ直ぐに前方を指さしながら、彼は言い添えた。「私は特定の誰かに向かって指さしているわけではありません。悪魔はあちらの隅にいます――ご存知の、二本の角と一本の尻尾があるキリスト教の悪魔です。」そして神話の中の獣に馴染みのない聴衆のために、二本の指を頭の両側にかざして、角の形にしてみせた。「そこに二人の人間が登場し、何か話し合っています。一方が他方に言います『ひどく暑くてうんざりしないか？』すると他方が言います。『熱は熱でも乾性温熱《ドライ・ヒート》だよ（確かにとても暑いけれど、湿気がないだけましだと思うよ。）』」

彼は自分自身のジョークに悦に入って静かに笑顔を見せ始めたが、大多数の聴衆がなんの応答もしないことに気づいた。彼は、地獄にいた二人の人間が悲観主義者《ペシミスト》と楽観主義者《オプティミスト》だという決定的な点を明らかに言い忘れてしまったのだ。彼は、ドンキホーテまがいの表情でまわりを見回して、訊ねた。「ジョークはお嫌いですか？変わった方々ですね！　私はたくさんのジョークを知っていますが、今回はこれでおしまいにします。」

二日後、彼はバラナシを後にして、マドラスとリシヴァレーへと向かった。

今までに、彼の具合がかなり悪いことがはっきりしてきた。見るからに体重が落ちてきて、肉体的エネルギーが急激に減少しているように思われた。たとえそうでも、勢いを緩ませることなく、彼は職員集会、生徒たちとの話し合い、そして面接を続けた。

ある朝の生徒たちとの話し合いの途中、彼は次のような物語を話した。「ある宗教的教師は、毎朝弟子たちに講話をすることを常としていました。ある朝、彼が講義を始めようとしたちょうどそのとき、一羽の鳥が飛んできて、窓枠にとまります。それは思いきり鳴き、数分間愛らしくさえずり続けます。教師は一言も話さず、ただその鳥の声に聴き入っています。そして鳥が飛び去ると、彼は弟子たちに向かって言います。『今日の説教はこれにておしまい。』」

彼は、健康状態に不安があるときでも、話すべき逸話や物語に事欠くことは決してないように思われた。後ほど、リシヴァレー校の教師たちとの三回日の対話集会のとき、彼は訊ねた。「ジョークを一つお話しさせていただいていいですか？　先日、飛行機に乗ってどこかに旅していたときのことです。『どこからいらしたのですか？』と誰かが私に訊ねました。『おお、どこ、どこかからです。』と私は言いました。すると彼は言いました。『実際はどこからいらしたのですか？　あなたはトルコ人ですか？　ペルシヤ人ですか？　それともイスラム世界の一員ですか？』私は言いました。『いや、いや、いや。』すると彼が『どこからいらしたのですか？』と畳みかけるので、私は言いました。『リシたちのヴァレー（仙人たちが住んでいる峡谷）から来ました（この場所にかなりふさわしい名前です。）』すると彼は訊ねます。『そこはどこにあるのですか？』『あなたには見つけられない場所に。』と私は答えました。」

十二月十四日に国際教育会議が、すべてのクリシュナムルティ校の教師たちの参加のもとに始まった。オーハイからはわれわれ四名、ブロックウッドからは五名が来ていた。クリシュナムルティは単なるオブザーバーでいたかったのだが、間もなく全面的に参加し、討議をより高いレベルへと引き上げた。嬉しいことに、彼はいくつかのジョークでわれわれを元気づけてくれた。その一つは、われわれの何人かがごく最近訪ねた、カルナータカ州［バンガロールを州都とする、インドの南西部にある州の一つ］の隣の州、マイソール（Mysore）との語呂合わせだった。「私はインド中を旅してきました。どうか［長旅のせいでできた］私の腫れ物の痛み（my sore）をお察しください。」

リシヴァレーでの最後の数日間に、われわれ一行十二、三名は、緑の稲田と芳しいマンゴーの木立の間を、黄昏時の光を浴びながら彼と一緒に散歩した。身体がよろめくことはあったが、彼はわれわれの先頭に立って、力強く大股で歩いた。古色蒼然とした岩がころがっている丘陵の間を彼と一緒に歩くことは、大きな恵みであった。［本書冒頭の口絵参照］

十二月二十三日の夜明け前、彼はマドラスに向けて出発した。数日後、われわれ三、四名はヴァサンタ・ヴィハールで彼に合流した。彼は明らかに具合が悪かった。しばしば疲労を感じ、食欲がほとんど、またはまったくなく、その結果体重とスタミナが落ちていた。何名かの医者が彼に付き添っていたが、その中の誰も非常に深刻な状態だと思われる病状を正確に診断することはできなかった。それは非常に気をもませる出来事だった。

クリスマスの日で、私はアデイヤール海岸でのクリシュナムルティの夕方の散歩に同行するよう招かれた。それは、七十五年前、当時十四歳の少年だった彼が、神智学協会の長老のうちの何人かによって〝発見された〟のと同じ海岸だった。彼は利己的でない、純粋なオーラを持っていたので、〝神《ロード》の乗り物〟として白羽の矢を立てられたのだった。われわれ十二名は、日没の一時間半前に、三台のアンバサダーに分乗して、神智学協会本部の不規則に広がっている敷地を通り抜けた。敷地の外れで、それを防護している壁の中の狭い門を一列になって通り抜け、ドラマティックな次元の風景へと踏み込んだ。自然と大地全体が気分を浮き立たせる活気ととてつもなく大きな活力を帯び、限りない美を露わにしていた。青い水平線から爽やかな風が吹いてきて、波しぶきが黄色い砂浜に打ち寄せていた。沈みゆく太陽の斜めの光線の中で、大空と大地と大洋のとりどりの色がきらきらと輝いていた。

その瞬間の広大無辺さが私の五感を圧倒した。ほんの一瞬、私は、自分自身が地球の広大な曲面の上に直立して動いている、ちっぽけな点であるように感じた。そして、まるで私の知覚にグローバルな文脈を付与するかのように、何か白くて巨大なものが東方の水平線上にある海の深みからゆっくりと現われた。満月が鏡のような水面の上に昇ってきたのだ。同時に、西の方を見ると、太陽が椰子とバンヤン樹のシルエットの背後に沈んでいくのが見えた。

われわれは、四名ずつの小グループに別れて、浜辺と平行に走っているアスファルトの歩道に沿ってそぞろ歩いた。われわれがアディヤール川の河口を横切っている、断片しか残っていない歩道橋に至ると、クリシュナムルティが、三名の同行者を数歩後に控えさせて、川の上の壊れた橋桁のところに一人きりで佇んでいるのが見えた。彼は不動のまま、沈黙の記念碑のように、大地の美と共に一人きりで立っていた。風が彼の衣服をはだけさせ、それらを、明るい帆のように、騒がしくはためかせていた。彼は、浅黒い肌をした腰布姿の五、六名の漁師たちが、波しぶきをかき分けて網を投げ、ほんの数匹の飛び跳ねる魚を捕っているのを見守っていた。しばらくして、彼は向きを変えて、先ほどまでいた場所へと戻ってきた。私の脇を通り過ぎたとき、彼の顔は黄金で彫られ、やせ衰えていたが、しかし光り輝いているように思われた。彼の白髪はぱらぱらと左右に揺れ動いており、そして通り過ぎるとき、彼は海の微風の中に身体をかしげた。透き通るような慈悲心が彼の身体から輝き出ていた。

［訳註1］*The Long Good-bye*（レイモンド・チャンドラー著、清水俊二訳、ハヤカワ・ミステリ文庫、一九七六年）の邦訳書のタイトル。

その枯れ葉をそのすべての美と色と共に見つめたとき、
　人は、多分、最後にではなく最初に
自分自身の死がどうあらねばならないかを
非常に深く理解し、それに気づくことだろう。
　死は恐るべきものでも、
避けられたり、延期されたりすべきものでもなく、
むしろ明けても暮れても共にいるべきものである。
するとそれから、とてつもない無限の感覚が訪れる。

——*Krishnamurti to Himself*（『最後の日記』より）

第24章　最後の日々

翌日、クリシュナムルティは、思いがけず、賓客用ダイニングルームでのランチに来ていた国外からの客や理事たちに加わった。われわれに混じっていつものように話したり食べたりしている彼を見ることはわれわれの希望を育み、重病によって能力を奪われるのではないかというわれわれの危惧を和らげた。マドラス公開講話は明くる一九八五年十二月二十八日の午後に始まることになっており、そしてそれらは予定どおり進行するだろうと、われわれはかなり確信していた。しかし一夜明けると、いくつかの不利な症状が彼の健康の急激な悪化を示した。最も気がかりだったのは、彼がひどい発熱を起こしたことである。医師たちの忠告にじっと耳を傾けた彼は、彼の講話を聞くために、大変な努力を払ってはるばる遠方からやって来た人々のことを思いやった。最終的に、高熱にもかかわらず、第一回講話が計画どおり同日の午後に行なわれことになった。

ほとんど講話の冒頭から、クリシュナムルティが〝彼自身ではない〟ことが充分すぎるほど明らかになった。彼の様子、話し方、彼が言ったことの大きな部分が、疑う余地もなく、彼が高熱に浮かされていることを示していた。講話の後、よろよろしながらなんとか演壇を下りると、彼はたちまち熱心な聴衆の群に取り囲まれてしまった。彼はそれでも二百ヤード離れた居室に行くため、押し寄せる人波の間をくぐり抜けて前進しなければならなかった。オーハイとブロックウッドからの二人の理事が素早く彼を救出するために近づいてきて、彼の手を取り、彼を護衛するため、騒がしい人だかりをかき分けていた。彼らの一人は、まるで王室の伝令官のように大声で叫んだ。「道を開けなさい、道を開けなさい！」遠方から見守っていると、クリシュナムルティは無力で疲れ切っているように見えた。彼の身体は震え、ほとんど気を失っていた。

翌日、マドラスでの講話はあと二回だけ、一月一日と四日に行なうことに決められた。その他のすべての予定は、ボンベイ講話も含めて中止された。

まだ未診断の症状の深刻さに直面させられた彼は、自分が太平洋ルートですみやかにカリフォルニアに戻ることを望んでいることを明らかにした。彼が二週間以内にオーハイに到着する計画を立てたので、私もまたキッチンを不測の事態に備えることができるようにするため、急遽帰ることが必要になった。私は早速新しい航空切符を購入した。一九八五年十二月三十日の午後遅くに、私はマドラスを去ることになった。

出発前、私は別れを告げるためにクリシュナムルティに会いに行った。彼は大きなベッドに横たわっていたが、かなり元気そうに見えた。私に会うのを心から喜んで、彼は嬉しそうに私を迎えてくれた。頬や目元が落ち窪み、すっかり痩せ衰えた彼を見て、私はショックを受け、そして彼の額に大きなバンドエイドが貼り付けられていることに気づいた。彼はすぐに説明した。「昨晩ベッドから出ようとしていたとき、うっかり足をすべらして、転んでしまったのです。」私がびっくりして心配そうにしているのに気づいて、子供のような無邪気さで急いで言い添えた。「心配ご無用。ベッドの端に頭をぶつけただけです――今はすっかり治りました。」彼は震える手を傷ついた箇所まで動かした。私は、数時間以内に出かけますと彼に告げ、そして彼の柔和で繊細な手を握った。いつものように素っ気ない、感傷的でない別れ《グッドバイ》の挨拶の後に「よい旅を。カリフォルニアで会いましょう。」と静かに言ったとき、彼は自信に満ちていた。

私はマドラスからニューデリーへ、さらにヨーロッパ経由でカリフォルニアに飛び、一九八六年一月六日にオーハイに到着した。その五日後の一月十一日、われわれは今一度クリシュナムルティを胡椒の木の下で出迎えた。しかし、それは胸が張り裂けるような出来事だった。彼はエネルギーが枯渇し、ひどく痩せ、車から降りてから、やっとの思いでパイン・コテージまで一人で歩いて行った。あまりにも弱っていて、アーリヤ・ヴィハーラまでランチを食べに来ることができないほど衰弱していることが判明したので、かわりに彼は、ごくわずかながら、食事をすべてパイン・コテージで摂ることにした。昼夜ぶっ通しで三名——メアリー・ジンバリスト、パルチャー博士、スコット・フォーブス——が彼の世話をし、そのうちの後者二名はマドラスからロサンゼルスまでの飛行中彼に付き添ってきた。

私はアーリヤ・ヴィハーラで住人や訪問客のための食事の準備で忙しかったので、クリシュナムルティの様子はあまり見ていなかったが、彼の容態ついての知らせは主にパルチャー博士から得ていた。たとえそうでも、彼が私設車道を行ったり来たりの短い散歩をしたときなど、一筋の希望の光や回復の見込みがあるように思われた。

一月二十一日の火曜日、私がランチの盆をパイン・コテージに運んでいき、オレンジ畑を出て曲がり角まで来たとき、思いがけない光景が私の目に映じた。クリシュナムルティが、身動きもせずに、胡椒の木の周りを取り巻いている低い円形壁の上に腰を下ろし、数歩離れてパルチャー博士とスコットが、いざというときに手助けできるように身構えていた。彼は日光の中で青霞む丘陵の輪郭をじっと見つめ、そして大地ならびに丘や谷の彼方にある何かと静かに交流していた。私は、あたかも聖なる土地に踏み込んで、愛と死と創造の行為を目撃してしまったかのように感じがして、突然、すまないことをしてしまったという思いに襲われた。同時に私は、彼の青ざめた顔色、疲労し、憔悴しきった姿を見てぞっとさせられた。私が爪先立ちでその場を離れたとき、彼は私に気づかなかったが、あとの二人は静かに私がいることを認めた。

彼は、激痛を訴えたため、翌朝サンタポーラ病院の集中治療室に運び込まれた。三名の付き添いが彼に同行し、八日間の入院に備えた。入院中、彼はいくつかのテストを受け、その結果、彼が悪性腫瘍を患っていることが確認された。

それは一つの山場であった。X線、鼻チューブ、静脈栄養摂取、モルヒネ注射、輸血、CATスキャン、そして最後に肝臓の組織検査を受けている間に、彼が不治の膵臓癌にかかったという知らせを聞いた彼の友人や関係者たちが次々に英国、インド、そして世界のその他の部分からアーリヤ・ヴィハーラに集ってきた。今までに、彼の健康状態に関するいくつかの公式発表が行なわれ、そして予定されていた五月のオーハイ講話は正式に取り消された。皮肉にも、それらは、一定額の入場料を必要とする最初の講話になることになっていた。切符は印刷され、すでに予約が受け付けられており、したがって事務局は支払い済みの人々に払い戻しをしなければならなかった。

一月三十日、木曜日の午前十時、救急車が胡椒の木の下で警報を鳴らし、クリシュナムルティは二名の医務員によって担架でパイン・コテージに運び込まれた。病床と点滴装置が据えられ、そして看護婦たちが二十四時間体制で彼の世話をすることになった。そのときまでには彼はもはや食事を摂ことができず、点滴栄養補給に頼るしかなくなっていた。

二月一日午後一時、パイン・コテージ内のキッチンに盆を運び込んだとき、私は居間に病床が据えられていることに気づいた。ベッドの傍らの湾曲した金属台には、クロームの腕金から吊るされているいくつかのプラスチック製ボトルが置かれ、透明な管を通して澄んだ液体を一滴ずつ、眠っている患者の静脈に流し込んでいた。糊をきかせた純白の看護服をまとった男性看護士がベッド脇に坐り、患者と監視用画面と点滴装置を黙って見守っていた。帰り際に私はしばし立ち止まり、適当な距離を置いてその稀な光景を見つめた。それは私が今まで一度も見たことがない何かであった——睡眠中のクリシュナムルティという。

うねうねした白いリンネルの中でぼんやりしているひ弱な子供のような彼は、ゆっくりと規則正しく呼吸しており、さしあたりは苦痛がないように見えた。彼の銀髪は乱れており、まだ美しさを保っている容貌を取り巻いている後光のように広がっていた。それは胸が張り裂けるような痛ましい姿だった。私は、不意に、このかけがえのない生命の栖になって護ってあげたいという衝動を感じたが、同時に、自分のまったくの無力さを痛感していた。明らかに、老病死はわれわれに共通の運命であると定めている生の掟《おきて》を誰も免れられないのだ。彼自身がしばしばそれについて話し、冗談めかして"Tutti gli uomini debbeno morire, forse ahch'io"というイタリア語の諺《ことわざ》を引用した。それがどういう意味かを私が彼に訊ねたとき，彼はその言葉の意味を英訳してくれた。"All men must die, perhaps I, too."（すべての人は死ななければならない。多分、私も。）そしてわれわれは全員が笑った。しかし、今、彼の生の終焉に思いを致すと、笑いは私の心からはるか向こうに遠のいていった。

病床で眠っている彼を見たとき、彼の長い生涯を通じて彼が受け、そして彼自身がしばしば驚嘆した〝神秘的な保護〟が——たとえ希薄になっているとしても——依然として存在しているような気がした。われわれにできることのすべては、静かな畏怖の念をもって、彼の生命が最後の夜明けに向かって展開していくのを見守ることだった。私は、彼の穏やかな呼吸に耳を傾けながら、魔法にかかったように立ちすくんでいた。突然、かすかな溜息が彼の唇から漏れ、雪のような白さにくるまれた彼の浅黒い頭がゆらりと動いた。アーリヤ・ヴィハーラのダイニングルームで私の世話を必要としている二十五名の客のことを思い出して、私は急いでパイン・コテージを後にした。

食べたり話し合ったりしている人々でいっぱいのダイニングルームに入ると、私は著しい対照を味わった――向こうでは、静かな家の広々とした空間の中で死にかかっている人が穏やかに呼吸し、そしてここでは、彼の友人たちが歓談している。それは、スリリングなドラマの中の二つの異なったシーンのように思われた。しかし、われわれの中の誰かが、何が起ころうとしているのかに思いを馳せていただろうか？　われわれは、自分が目撃している出来事のとてつもない広大さと、われわれもまたその不可分な部分であるということに気づいていただろうか？

午後遅くに、われわれはアーリヤ・ヴィハーラの居間に集まり、パルチャー博士からクリシュナムルティの健康に関する現在の状況についての概要報告を受けた。われわれの中の誰も、彼の容態の深刻さについていかなる幻想も持つことはできなかった。終りが近づいていた。それは数日、数週、または数カ月すら先かもしれないが、しかし、何ものも避けがたい衰滅を阻止することはないであろう。彼の容態は常に移り変わっており、ジェットコースターに乗っているのに似ており、モルヒネの投与によってもほとんど緩和されない激痛から、何の乱れもない平静さと瞑想中の澄み切った覚醒の瞬間にまで及んでいた。

いくつかの機会に、彼はまわりの人々に、鎮痛薬は彼の脳に何の悪影響も及ぼしておらず、また理解力を減ずることもなかったと確言した。

パルチャー博士の報告では、前夜はずっと、睡眠薬も他のいかなる薬もなしにクリシュナムルティは眠ることができ、朝、爽やかな気分で元気に目覚めた。午前中彼は、過去数週間悩まされ続けた激痛に見舞われることなく過ごした。午後はずっと彼は、学校と財団に関する彼の最後の指示を受け、そして彼に最後の敬意を払うために海外からやって来た友人や理事たちに会見した。

日曜日の夜から月曜日中ずっと、強風が山々から吹き降りてきて、低木の間を渦を巻いて突進し、木々を揺さぶり、力強い空気の精霊のように、屋根の上や家の四隅でヒューヒューと音を立てた。それは、解放された自然の猛烈な活力、様々なパワーがみなぎった夜であった。

二月三日の午後、いま一度丘や木々を眺めることができるように、車椅子で戸外に連れ出してほしいとクリシュナムルティは頼んだ。多分彼は、こよなく愛した地球に別れを告げたかったのだろう。実は、それが彼が大空の下で、木々を友とし、自然と交流することができた最後のときだったことが判明した。

われわれは、全員、彼が返り咲き《カムバック》を遂げているのだというあらぬ希望を抱いた――彼はそれほど生き生きとしていて、力強そうに見えたのだ。

同じ日の夕方、私はクリシュナムルティの世話をしている人々のための食事を持参して、パイン・コテージまで歩いていった。暗くなりつつあったオレンジ畑を通り抜けながら、私はもう一度クリシュナムルティに会い、彼と話をする機会を持てないか思案した。彼に訊ねたい特に意義ある最後の質問も打ち明け話も持ち合わせていなかったので、面会を要請することについていささか気後れした。また、自分のエゴとそのちっぽけな欲求や執着で彼に負担をかけることも望まなかった。けれども、同時に、彼は私のかけがえのない友だちだった。彼にお別れを言う機会を、たった一分でも二分でもいいから、持つことはできないだろうか？　これらの問いがここ数日間私の精神の中でわだかまっていて、どうしたらいいか思案し続けていた。

キッチンのカウンターに食品容器と共に盆を置いた後、メアリー・ジンバリストに、ごく短い時間だけでもいいからクリシュナムルティに会うことはできないか訊ねてみた。少々思案した後彼女は、誰かに彼の様子を見てくるよう頼んだ。

しばしの後、私はパイン・コテージの新しい部分とクリシュナムルティの居室のあるやや古い部分とをつないでいる廊下を歩いていた。彼の寝室に入ると、それがほとんど真っ暗闇であることがわかって、私はびっくりした。かすかな光だけが夜の部屋を照らしていた。その中に自分自身を適応させ、自分の目を部屋の輪郭に合うよう調節させるために、私は三十秒ほど無言で立ち尽くしていた。それは異様な光景だった。クリシュナムルティは夜着姿で病床の上にうつ伏せになり、両脚を毛布できつく巻いていた。パルチャー博士が左側に立って、背と肩を力強く揉みほぐしていた。

私は、言うべきことを何も思いつくことができなかった。「ごきげんいかがですか？」というような簡単な挨拶すら、あいまいで不適切であるように思われた。私は部屋の影の中を近づいていったが、彼らは二人とも無言だった。私の喉の中には大きな塊があり、そして苦痛、同情、およびとてつもなく多くのものを――われわれすべてに、人類に、そして私自身に――与えてくれたこの偉人との親交の大波によって、私は圧倒された。同時に私は、憐憫、涙、悲嘆といったいかなる感情の表出も、彼にとっては忌むべきものにちがいないことに気づいていた。私がかろうじて口に出すことができたのは、「おお、クリシュナジ。」という喘ぎに近い言葉だけだった。

私が手を差し伸べると、彼はそれをうつ伏せの身体を少々上にそらして握ってくれた。その間中ずっとパルチャー博士はマッサージを続け、静かな、友好的な微笑で私の存在を認めてくれていた。クリシュナムルティの手の感触は、今まで感じたうちで最も柔らかく、すべすべしていた。絹やベルベットのように、それは滑らかでしなやかだった——汗ばんでも湿ってもいず、熱くもなく脆くもなく、乾いてもいず冷たくもなかった。

彼は大きく見開いた両目で私を見つめた。「おお、ハロー、マイケル。」

私はきわめて奇妙な現象を感知した。それは私をびっくりさせることも、驚かせることもなく、むしろ私を畏怖の念で満たした。私はクリシュナムルティの中に光を見ることができたのだ。一世紀にもなんなんとする、終末期疾患に冒されているその身体から、本当に光が輝き出ていた。一筋の精妙な光が彼を通してはっきりと輝き、まるでそれを、彼の手を握ったまま脇に立っている私の上に注いでいるかのようであった。パルチャー博士がマッサージを続けている間、クリシュナムルティと私は、無言のまま——なんの分け隔てもない友人同士として——握手し合っていた。そこには新しさと大いなる自由の感覚、自ずから伝わってくる無比の純真さのそれがあった。

時計が刻む時間では、われわれの無言の握手はほんの二、三分間続いただけだった。しかし、それは普通の時間の範囲内にはなかった。それは時間の間合いの中、一つの瞬間から次の瞬間への間隙の中にあったのだ。私は感極まっていた。すると彼は、いとも静かに言った。「大勢の人々に料理を出さなければならないので、さぞかし大変でしょう。」

一瞬、私は、感動して口がきけなくなった。彼は心からそう言ったのだ。今までよりもさらにどう応えたらいいかわからなくなって、私は戸惑った。口ごもり、うろたえ、そして涙が出そうになった。「おお、どうかお気遣いなく。造作もないことですから。」

　互いの手が離れていく間も、私は依然として精妙な光が彼から放たれてくるのを知覚することができ、その間中もずっと、パルチャー博士は、身体の不快感を和らげるために手なれた操作を続けていた。私は、大きな感謝の念が波のように身内に湧き上がってくるのを感じた。向きを変えて部屋を立ち去る前に、私は言った。

「ありがとうございます、クリシュナジ、本当にありがとうございます。」

　彼はそれに応えて言った。「グッドバイ、サー。」


その翌日、昂進した彼の病状を考慮すれば、彼の気分は珍しいほど良くなっていた。サンタポーラの主治医、ドイッチュ博士は病状緩和の可能性を指摘し、クリシュナムルティは自分が再び旅行したり講話したりすることができるようになるだろうかと訊ねさえした。最後にもう一度だけ、われわれの間に希望の灯がともり、奇跡への切なる願い、とうてい見込みのない、愚かしい期待を抱かせた。これは、クリシュナムルティのこの世での最後の日々に行き渡っていた感情がどういうものだったかを示唆している。関係者たちの気分は、ジェットコースターに乗っているように、揺れ動き続けていたのだ。

　二月五日までに、彼が最後の緊急事項を伝達したいと望んでいた友人および関係者のほとんどがオーハイに到着した。三十名に及ぶ彼らは、アーリヤ・ヴィハーラとその周辺の理事や友人たちの家に分宿させられた。「現在の世界事情」という授業をオーク・グローブ高校で担任することに加えて、私は一週間中一日も休むことなく、すべての客に昼食や夕食を用意していた——それは私を忙殺させた。ほんの百ヤードしか離れていない、オレンジ畑の向こう側で起こっていることのひどく痛ましいインパクトに対する防壁となってくれたのは、多分、この猛烈な活動だったのかもしれない。私は奇妙な麻痺感に襲われ、ほとんどの客たちの殺気立った討議からすっかり自分を遠ざけていた。彼の現在の体調についての知らせが時々漏れ伝わってきたし、また、食べ物を運んでいく途中、パイン・コテージの居間の中にいる彼を折々かいま見ていた。奇妙なことに、私は彼のことを考えることができなくなっていた。より深いレベルで私は、自分の知識や想像力では、彼の耐えている苦しみの深さを推し量ることはできないということに気づいていたのだ。

二月五日の午後遅くに、そのときまでに習慣化していた容態の悪化が再び始まった。彼は財団の主だった人々を呼び寄せ、そして彼らに話しかけている途中、苦痛と不快感が耐えられないほど募ったので、彼は何度か話を中断させ、苦痛と衰弱のあまり言葉を詰まらせた。彼は彼らにオーハイを立ち去り、そして、彼の死を見届けるまで居残り続けないよう懇願した。全員ではないが、ほとんどが彼の要請を尊重した。もちろん、それは深刻なジレンマだった。居合わせていた全員が互いに愛し合っていたわけではないが、しかしわれわれは皆、疑いなく、クリシュナムルティへのあまりにも不完全な愛において団結していたからだ。

二日後、英国人の理事の一人がクリシュナムルティに問いかけた。「Kという、あのとてつもない理解とエネルギーの焦点に、彼の死後、実際に何が起こるのでしょう?」彼の答えは即座で、短く、そして明快だった。「消え失せてしまいます。」そして強く心に訴える、詩的で、どこか謎めいたニュアンスのある補足として、彼はこう言い添えた。「あなたが把握しそこなってきたもの——あの広大な“空《くう》”——があなたにわかりさえすればいいのですが。」(If you only knew what you had missed — that vast emptiness.)

このコメントを告げられたとき、私はそれがきわめて興味をそそられる所見だと思った。しかし私は、われわれのほとんどは単に、生きている間に、生の見事な素晴しさ、その意味でのその広大な空《くう》を知覚しそこなってきただけだと彼が言いたかったのか、または彼の教えと存在を通してわれわれに示そうとしていた空《くう》を知覚する機会をわれわれが掴みそこなってきたという事実に特に言及していたのか、またはその両方だったのか、自分が確実に突き止めたと感じていたわけではけっしてない。

数時間後、彼自身のイニシアティブで、彼の最後の記録された声明を発表した。その中で彼は、彼の肉体を通り抜け、使用してきたエネルギーと英知について語った。彼はまた、彼が見るかぎり、彼の周囲の誰一人として、起こったことのとてつもない大きさをうすうすすらも感知していなかったことを明らかにし、彼の周囲の誰も、また世界中の誰も、彼が話してきたことを理解しなかったと繰り返し強調した。それは、ことに彼の身近にいた人々にとっては、ショッキングな言明であった。そう告げられたとき、それは私に、彼が何度かの折に語っていた物語をありありと思い出させた——仏陀の弟子のうちのたった二人だけが〝正覚者〟を理解し、そしてその両者とも彼らの師の入滅のはるか以前に他界した、という。

二月の第二週に入ると、かなりの数の客たちが彼の要請に応じて立ち去り始めた。しかし、海外からの若干数の理事たちは、この期に及んでおめおめと立ち去ることはできなかった。彼らは居残って、徐々に衰弱して行く彼の様子を遠くから見守っていた。そういう訳で、アーリヤ・ヴィハーラで昼夜食を摂る客の数は、三十名から十五ないし二十名まで減少していった。

二月十日の昼下がり、私は食事の盆をパイン・コテージに運んでいった。もしクリシュナムルティが重態でなかったら、居間の中の光景はのどかなものだっただろう。数名の人が肘掛け椅子やソファーに静かに坐っており、特に寒かったわけでもないのに、暖炉には火が赤々と燃えていた。一つのソファーが、暖炉の前に縦に置かれていた。帰り際に私は、クリシュナムルティが、それまで横たわっていたソファーから男性看護士に助けられて真っ直ぐに坐り直しているのに気づいた。そのような姿の彼を見ることは私にとってショックだった。終生彼は独立性を、精神のそれだけでなく、身体のそれも維持してきたのに、今や、ただ坐るという簡単な動作にも他人の助けを要するほど弱り果ててしまった。それは私の目に涙を催させた。哀れな姿だった。

私は毛布に包まれた弱々しい身体にもっと近づきたいという衝動を覚え、そして彼の傍らにひざまずいた。彼はほとんど頭を動かすことができなかった。かわりに、彼は大きな目を私に向けた。それらは、生と死の間で釣り合いを保っている、測り知れないほどの深さをたたえた鏡のようであった。注意深く彼の視野に入るようにしながら、私は、火のパチパチという音に負けないほどの声で言った。「今日は、クリシュナジ。」他には、言うべきことが何も思い浮かばなかった。

それに応えて、彼は右手を数インチ上げたが、疲労困憊のせいで、再び下げてしまった。彼の中には少しの力も残っていなかった。彼はゆっくり口を開けて何かをつぶやき、渇きのため砂漠で死にかかっている人のように、しわがれ声を出した。彼の声は弱々しく、そして彼の言葉は火のパチパチという音でかき消された。私は指先でごく軽く彼の手に触れたが、絹のように滑らかな皮膚の下にはほとんど脈動が感じられなかった。身内に込み上げてくる憐憫の情と心の疼きで涙が出るのを懸命にこらえながら、私はつぶやいた。「ありがとうございます。さようなら。」

それに応えて彼は目をくるりと回し、重い溜息をついた。われわれが会ったのはそれが最後だった。このような痛ましい状態にある彼を目のあたりにした私は、彼の苦しみが終わることだけを願った。

パルチャー博士は、居間に定期的な要旨説明メモを回して、彼の病気の進行状況を知らせてくれた。加えて、彼の現在の状態を詳しく述べた日報も作成していた。これらの通知はキッチンの中の電話の隣に掲示されたので、問い合わせに答えようとする人は誰でも、プリントされた声明を読み上げることができるようになった。彼の容態を知りたがっている報道関係者や世界中の人々から、多くの電話がかかってきた。

お知らせ――その一：一九八六年二月十三日。「クリシュナジは熟睡しました。苦痛やその他の肉体的不快感もありませんでした。彼は脱力感を覚えています。あまり話したがりません。体温、脈拍、呼吸、血圧は通常の範囲内です。点滴はうまくいっています。彼は、好んでテレビを見たり、ニュースを聞いたりしています。」

お知らせ――その二：同日（一九八六年二月十三日現在のクリシュナジの容態を訊ねる人々向けの医学的報告）。「クリシュナジは一晩中ぐっすり眠りました。体温は、短時間の間ですが、二回上昇しました。彼は支えられて炉辺に坐り、踊っている炎を楽しそうに見ていました。彼は世界のニュースを読んで聞かせるよう頼みました。このようにして五、六時間坐り続けた後、休みました。栄養補給は静脈注射で維持されています。日中にうたた寝をすることで睡眠不足を埋め合わせています。夕方テレビを観ました。」パルチャー記

お知らせ――その三：一九八六年二月十四日（一九八六年二月十四日現在の彼の容態を知りたい友人向けの――報道関係者向けではない――医学的報告）。「クリシュナジは良くない朝を迎えました。痛みはなかったものの、夜も良くありませんでした。昼前、二回ほど苦痛に襲われましたが、それらはすぐに過ぎ去りました。居間に行くよりはむしろ、ベッドの中にいる方を好みました。少しの間、軽度の熱を出しました。ドイッチュ博士が午後に彼を訪ね、そして彼らは映画、ゴルフ、スキーについての興味深い会話を交わしました。クリシュナジは良く眠りました。」パルチャー記

お知らせ――その四：一九八六年二月十五日。「クリシュナジは八時間ぶっ続けに熟睡した後、爽快な気分で目覚めました。しかし脱力感を覚え、疲れを感じ、そしてうたたねしがちです。熱はさほどありませんが、発汗が続きました。午後は映画を見て、そばにいる人々とちょっとしたジョークを交わしました。彼は午後八時半に就寝しました。」パルチャー記

お知らせ――その五：一九八六年二月十七日。「二月十六日午前三時までクリシュナムルティはかなり良く眠りました。それ以降は、かなり起伏のある日になりました。彼は、不規則な間隔を置いて、様々な強さの痛みを一日中覚えました。夕方までにはすっかり憔悴し、眠りたがりました。いつもの睡眠剤が午後七時に投与されました。苦痛のため一時間ほど眠れませんでしたが、その後、痛みが減少し始めるにつれて、彼は意識を失い、一九八六年二月十七日、月曜日、午前十二時十分に亡くなりました。」パルチャー記

エピローグ

一九八六年二月十七日の真夜中直後にクリシュナムルティが亡くなってから、十年が過ぎた。この年月の間に起きた最大の変化は、知恵の友、生と真理の友であるクリシュナムルティ抜きで生きることだった。学校も財団ももちろん続いている――ごく少数の理事、役員、職員の出入りはあったが。他の多くの変化がわれわれ自身の中および世界中で起こった。絶え間ない挑戦があった。何よりも重要なのはこの質問であった。「われわれは、一緒に、および個人的に、与えられてきたこの宝をどうしたらいいのだろう？」

彼は厖大な遺産を残していった――量で換算するだけでも、二千五百本のオーディオ記録、五百本以上のビデオテープ、十万頁近くの印刷物（単行本と筆記録）、何千頁もの手紙と手書きの原稿、無数の写真、およびかなりのフィート数のフィルム――要するに、文字どおり古文書の山であり、その多くは未公表・未刊行のままである。明らかにこれらの材料を保存し公表・刊行することは、歴史的および実際的観点から見て重要である。しかしクリシュナムルティ自身は、彼の教えは生きたものであり、他方、本やその他の記録は生きていないと強調した。

したがって、それ――生きたもの、われわれ自身の生――こそはまさに、われわれに残されたものである。クリシュナムルティがわれわれ全員に課した挑戦――「完全に自由であれ」というそれ――を、われわれはどこまで受けて立つ覚悟ができているだろうか？　恐怖や葛藤から自由である――それは明らかにきわめて重要であるが――だけでなく、自由であること、無条件に自由であることが。

訳者あとがき

本書は、*The Kitchen Chronicles: 1001 Lunches with J. Krishnamurti* by Michael Krohnen. Edwin House Publishing, Ojai, California, 1997. の全訳です。また、一九九九年に刊行された同名の訳書の［新装・新訳版］でもあります。これは故・高橋重敏氏が訳され、印刷も知り合いの印刷屋さんに頼み、発売だけをコスモス・ライブラリーが担当するというかたちで刊行されたものです。不幸にして、高橋氏が二〇〇六年に他界されたため、以後は若干残ったものがアマゾンで発売されるに留まっています。

そこで、原書出版社と新たに契約を結び、ついでに新装・新訳版として刊行することにいたしました。高橋氏の訳文をできるだけ尊重し、文中と各章末に若干の「訳註」を添えて、よりわかりやすくなるようにしておきました。一九九九年版の出版経緯については、高橋氏の「訳者あとがき」をホームページで紹介しておきましたので、参考にしていただければ幸いです。

一九七五年からクリシュナムルティの没年である一九八六年までの著者とクリシュナムルティとの交友録とも言うべき本書に、余計な補足を加える必要はないと思います。

一つだけ、著者が詩を書いていたのにそれがどこにも出てこないので、クリシュナムルティの没後に書かれた献詩を以下に紹介して、訳者あとがきに代えさせていただきます。

ありがとう、先生！

あなたが誰であったとしても、何であったとしても、
私の人生に影響を与えてくれたことに対して感謝する。
ハレー彗星よりももっと稀で、もっとユニークで、もっと素晴しく、
むしろ太陽や、月や、すべての星たちのように、
一つに合わさって、一つの輝かしい出来事に向かって進んでいった。

多分私は胸を張って言うことはできない、
「ええ、私は変わりました。私の存在の源泉、私の意識の根底で変容しました」と。

が、私の人生に影響を与えてくれたことに対して感謝する。
あなたの存在で、あなたの微笑で、あなたの笑い声で、あなたの友情で、
まったき愛と慈悲心の流露に他ならないこれらのもので、
私の人生に影響を与えてくれたことに対して感謝する。

そして教えは厳粛で、非個人的で、星のように輝かしく、
今後何年にも何年にもわたって全人類を導く標識である。

ありがとう、先生！

[新装・新訳版]『キッチン日記：J.クリシュナムルティとの1001回のランチ』
The Kitchen Chronicles: 1001 Lunches with J. Krishnamurti

2016年6月3日　第1刷発行

発行所　(有)コスモス・ライブラリー
発行者　大野純一
〒113-0033　東京都文京区本郷3-23-5　ハイシティ本郷204
電話：03-3813-8726　Fax：03-5684-8705
郵便振替：00110-1-112214
E-mail：kosmos-aeon@tcn-catv.ne.jp
http://www.kosmos-lby.com/
装幀　瀬川　潔
発売所　(株)星雲社
〒112-0012　東京都文京区大塚3-21-10
電話：03-3947-1021　Fax：03-3947-1617
印刷／製本　モリモト印刷(株)
ISBN978-4-434-22117-0 C0011
定価はカバー等に表示してあります。

「コスモス・ライブラリー」のめざすもの

古代ギリシャのピュタゴラス学派にとって〈コスモス Kosmos〉とは、現代人が思い浮かべるようなたんなる物理的宇宙（cosmos）ではなく、物質から心および神にまで至る存在の全領域が豊かに織り込まれた〈全体〉を意味していた。が、物質還元主義の科学とそれが生み出した技術と対応した産業主義の急速な発達とともに、もっぱら五官に隷属するものだけが重視され、人間のかけがえのない一半を形づくる精神界は悲惨なまでに忘却されようとしている。しかし、自然の無限の浄化力と無尽蔵の資源という、ありえない仮定の上に営まれてきた産業主義は、いま社会主義経済も自由主義経済もともに、当然ながら深刻な環境破壊と精神・心の荒廃というつけを負わされ、それを克服する本当の意味で「持続可能な」社会のビジョンを提示できぬまま、立ちすくんでいるかに見える。

環境問題だけをとっても、真の解決には、科学技術的な取組みだけではなく、それを内面から支える新たな環境倫理の確立が急務であり、それには、環境・自然と人間との深い一体感、環境を破壊することは自分自身を破壊することにほかならないことを、観念ではなく実感として把握しうる精神性、真の宗教性、さらに言えば〈霊性〉が不可欠である。が、そうした深い内面的変容は、これまでごく限られた宗教者、覚者、賢者たちにおいて実現されるにとどまり、また文化や宗教の枠に阻まれて、人類全体の進路を決める大きな潮流をなすには至っていない。

「コスモス・ライブラリー」の創設には、東西・新旧の知恵の書の紹介を通じて、失われた〈コスモス〉の自覚を回復したい、様々な英知の合流した大きな潮流の形成に寄与したいという切実な願いがこめられている。そのような思いの実現は、いうまでもなく心ある読者の幅広い支援なしにはありえない。来るべき世紀に向け、破壊と暗黒ではなく、英知と洞察と深い慈愛に満ちた世界が実現されることを願って、「コスモス・ライブラリー」は読者と共に歩み続けたい。